모두의 기본소득, 재원을 마련하다

모두의 기본소득, 재원을 마련하다

2021년 12월 6일 초판 1쇄 인쇄
2021년 12월 10일 초판 1쇄 발행

지은이   유영성 외
엮은이   경기연구원
펴낸이   김영애
편 집   김배경
디자인   창과현
마케팅   윤수미
펴낸곳   SniFactory (에스앤아이팩토리)

등록일   2013년 6월 3일
등 록   제 2013-00163호
주 소   서울시 강남구 삼성로 96길 6 엘지트윈텔 1차 1210호
전 화   02. 517. 9385
팩 스   02. 517. 9386
이메일   dahal@dahal.co.kr
홈페이지   http://www.snifactory.com

ISBN 979-11-91656-15-2 (03320)

가격 28,000원

모두의 기본소득, 재원을 마련하다

유영성 외 지음 · **경기연구원** 엮음

다할미디어

기본소득, 현실에 더 가까워지도록

기본소득을 둘러싼 수많은 쟁점 사항들에 대한 논의 중 단연 압권이 '재원조달'이라고 할 것이다. 그동안 기본소득 지급 관련하여 다양한 재정모형 및 수정 모형이 제시되었고, 이를 뒷받침하는 여러 가지 재원조달 방안들 또한 여러 논문에 실리거나 보고서로 발표되기도 했다.

대부분 기본소득 재원조달 방안은 '세금 부과(목적세 신설 포함)' 또는 '재정구조 개혁'에 치중했다고 할 수 있다. 실행 가능성 측면에서 이러한 제안들이 얼마나 설득력 있는지, 제시한 재원조달 방안들이 제대로 된 정당성을 확보하고 있는지, 더 나아가 얼마나 포괄적인지가 여전히 논의의 중요한 주제이기도 하다. 뭔가 제대로 된 재원조달 방안을 마련해야만 현실에서 실질적인 기본소득 추진이 가능할 것이란 문제 제기가 꾸준히 나오고 있는 실정이다.

이 책은 이에 대한 적절한 해답을 주고자 본격적으로 시도한 기본소득 재원조달 방안 연구 결과를 담고 있다. 그동안의 여러 다양한 논의들에서 한 발 더 나아간 내용을 담고 있다. 종합적이고, 정당성을 확보하고 있으며, 실행 가능성 높은 방안들을 엄선해 구체적으로 탐구하고 있다. 그런 만큼 현실 유용성이 매우 크다고 할 수 있다. 모쪼록 본 연구의 내용이 기본소득 사업을 추진하는데 재원조달의 어려움을 장애로 거론하는 그런 우려를 줄이는데 기여하기를 바란다.

2021년 12월
경기연구원 이사장 허성관

기본소득 지급도, 재원조달도 모두 가능하다

이 책은 기본소득의 재원조달 방안을 다룬다. 이 책에서의 재원조달 방안은 그 철학적 기초를 '공유부'에 두고 있다.

공유부는 광의와 협의로 구분할 수 있다. 광의의 공유부에 근거할 경우 인간의 활동으로 생기는 수익 일체가 일정 정도 공유부의 기여에 의한 것으로 해석할 수 있다. 이러한 광의의 공유부는 기존 조세의 개편을 통한 기본소득 재원조달에 논리적 정당성을 부여해 준다. 한편, 협의의 공유부 개념에 입각할 경우 구체적인 개별 공유부를 지정해야 하고, 그에 합당한 재원 확보 방식은 이러한 개별 공유부로부터 창출하는 수익에 대한 지분 배당 내지 기본소득 지급을 위한 신설 세금 설정 및 부과를 의미한다. 이러한 조세체계와 결을 달리하여 재정개혁, 즉 기존 재정의 지출 부분에서 기본소득 재원을 조달하는 방식을 취할 수도 있다. 이 또한 그 논거는 공유부, 즉 다분히 협의의 공유부 개념 적용에 두고 있다. 이뿐만 아니라 새로운 관점에서 공유부 개념에 근거하면서도 조세나 재정의 영역에서 벗어나 화폐의 영역에서 기본소득 재원을 조달할 수도 있다.

이 책은 기본소득으로 지급할 수 있는 재원으로서 공유부에 근거한 정당성을 획득한 모든 가능한 방안을 망라하고 있다. 따라서 기본소득 금액을 정해 놓고 그에 부합한 일정한 재정모델을 설정한 후 해당 금액을 지급하기 위한 재원조달 방안을 제시하는 접근을 취하지 않는다. 본 연구는 조달 가능한 재원의 최대한을 모색한 후 그 규모를 추계해 제시한다. 이는 그 실현가능한 재원조달 방안들과 조달액의 추계 범위 내에서 상황에 맞춰 단계별로 취할 수 있는 조합들을 살펴보는데 도움이 될 것이다.

이 책은 기본소득 재원조달 방안을 크게 기존 조세체계 개혁, 신규 세목 발굴, 재정개혁, 화폐개혁 등의 4가지 범주로 구분하여 다루고 있다. 이들 범주 각각에서 여러 가지 세부 방안들을 제시하며, 구체적으로는 다음과 같다.

먼저 '**조세개혁**' 범주에서 재원조달 방안은 크게 일곱 가지를 들고 있다. 첫 번째 방안은 소득세 비과세 및 감면의 정비이다. 두 번째는 과거보다 많이 저하된 고소득층의 평균세율을 높일 뿐 아니라, 그 아래 계층의 한계세율을 높이는 것을 말한다.

세 번째는 기존의 누진적인 소득세와는 별도로 기본소득을 위한 목적세로서 정률의 시민/국민소득세 또는 기본소득세를 신설하는 것이다. 이는 비과세·감면의 정비나 세율 인상이 저항에 부딪힐 때 대안이 될 수 있고, 신설의 목적을 기본소득을 통한 재분배로 명확히 함으로써 국민적 동의를 받기도 용이하다.

네 번째는 기본소득의 과세소득화이다. 이는 지급된 기본소득을 기존의 누진적 세율로 과세하는 것인데, 이렇게 되면 기본소득의 재원을 자체적으로 조달할 수도 있고, 특히 고소득자일수록 높은 한계세율로 환수당하기 때문에 부자에게 기본소득을 주는 것에 대한 반대를 완화할 수도 있다.

다섯 번째는 법인소득에 대해서도 기본소득 목적세와 동일한 세율로 과세하는 것이다. 여섯 번째는 현재 소득불평등보다 자산불평등이 더욱 심하고 부동산 보유세의 경우 실효세율이 역진적이기까지 한데, 이를 완화하는 차원에서 재산세를 강화하는 것을 들 수 있다.

마지막으로 장기적으로 유럽보다 낮은 부가가치세 인상도 검토할 필요가 있으며, 또 현재의 '코로나19' 위기를 타개하기 위해 한시적인 재난회복 특별세도 도입해 볼 수 있다.

다음으로 '공유부 기반 신규 세목 발굴' 범주에서는 다섯 가지 방안을 들 수 있다. 공유부에 대해서는 사회구성원 모두가 권리를 가지므로, 모두가 그 수익을 배당받기 위해 공유부 수익에 과세하는 것은 정당성을 갖는다. 그리고 그에 대한 과세는 소득재분배와 경제조절 기능도 갖는다. 이 책에서는 구체적으로 다음과 같은 공유부 기반 신규 세목 발굴을 방안으로 제시한다.

첫 번째 방안은 모든 토지의 지가에 비례세로 부과하는 토지보유세 도입이다. 두 번째는 플랫폼 기업들에게 부과하는 빅데이터세 도입이다. 세 번째는 기후위기의 주범인 탄소배출을 억제하기 위한 유도적·조정적 조세로서의 탄소세 도입이다. 네 번째는 기존의 각종 소득세 외에 기본소득만을 위한 별도의 지식소득세(또는 사회가치소득세) 도입이다. 다섯 번째는 지역적 차원에서 젠트리피케이션(gentrification)을 방지하고 지역 주민들의 도시권(right to city)을 보장하기 위해, 지역의 평판이나 브랜드 가치 등 무형의 자산가치인 지역 상징자본에 대한 과세이다.

광의의 공유부 개념에 입각해 세제개편 전반에 대해 도입 가능성을 논하는 것은 차치하고, 일단 협의의 공유부 개념에 한정하여 이에 기반한 신설 세목 도입 가능성을 판단해 보면, 다분히 정성적 판단이긴 하지만 조세정치학적 이해관계, 경제와 사회 전체에 대한 보편타당한 미래 전망, 문제 상황에 대한 대중의 밀착도, 예상 가능한 지지세력의 결집도, 예상 가능한 저항세력의 결집도 등의 측면에서 토지보유세, 빅데이터세, 탄소세, 지식소득세 순으로 가능성이 높다고 볼 수 있다.

다음의 기본소득 재원조달 범주로 '**재정개혁**'이 있다. 기본소득은 '모두의 몫을 모두에게', 즉 공유부 수익 전액을 사회구성원 모두에게 이전하는 것이다. 따라서 공유부 수익에 대한 과세와 기본소득의 이전은 연동되어야 하는데, 이를 위해 기본소득은 세입과 세출 간의 특별한 견련관계(牽聯關係)가 성립하는 특별회계로 관리하는 것이 타당하다.

이러한 기본소득 특별회계의 세입항목은 과세수입과 세외수입으로 구분할 수 있다. 먼저 과세수입은 토지보유세, 지식소득세, 빅데이터세 등이될 것이다. 지역 상징자본 과세는 지역 기본소득의 재원이므로 지방재정 특별회계로 관리할 필요가 있다. 그리고 기본소득 특별회계의 세입항목으로서 일반회계로부터의 전입을 열어둘 필요가 있다.

다음으로 세외수입과 관련해서는 기존 정부 예산상의 세외수입 중 공유부 수익에 해당하는 국공유 재산의 운용수익을 기본소득 특별회계로 편입하고, 그 관리·운용의 효율화를 통해 그 수입을 확대하고, 신규 세외수입을 발굴하는 노력이 필요하다. 이 세외수입으로 공유부 기본소득기금을 조성할 수 있다. 그리고 이 기본소득기금의 수익에 대한 국민 모두의 배당권이 보장되어야 하며, 그중 일부는 투자를 통해 기금의 수익을 늘릴 수도 있다. 또한 국가(일반회계), 개별 기업, 개별 시민 등이 미래 산업 육성을 위한 기본자본 풀(basic capital pool)을 조성한다면, 기본소득기금도 여기에 참여할 수 있다.

한편, 세출 예산의 재편성을 통해 기본소득의 재원을 확보할 수 있다. 즉, 기존의 세입예산 가운데 기본소득 지급의 근거가 되는 공유부 수익으로부터 발생하는 공유세입이 상당하다. 또한 세출예산 가운데 특권층, 부동산 부자에 의해 공유자산이 사유화되는 항목들도 기본소득 재원으로 전환될 필요가 있다. 기금전출금, 일반회계, 특별회계에 편성되어 있는 이러한 항목들로부터 기본소득 재원을 확보할 수 있다. 그리고 재건축초과이익이나 개발부담금 등도 포함하면, 추가적인 기본소득 재원을 확보할 수도 있다.

마지막 재원조달 범주로 '**화폐개혁**'을 들 수 있다. 역사적 증거에 따르면 화폐는 국가 주권에 의해 탄생했다. 즉, 국가는 구성원에게 세금을 부과하는 동시에 납세 수단을 정함으로써 국가가 정한 화폐를 유통시킬 수 있었다.

주권화폐론은 정부가 화폐를 직접 발행하는 체제를 확립하기 위해서 정부가 직접 발행하는 법정화폐로써 은행화폐를 대체할 것을 제안한다. 이 제도에서 중앙은행이 화폐공급을 늘리는 기본적인 경로는 화폐를 발행하여 정부의 재정에 보태는 방식이다. 이 화폐는 대출이나 자산 매입이 아니라 정부의 지출을 통해서 유통에 들어가기 때문에 그 자체가 순수한 화폐 발행 이익이다. 정부로 이전된 새 화폐를 어디에 사용할 것인가는 정부와 의회의 소관사항이지만, 정부의 지출 방식으로는 시민에게 직접 주는 기본소득, 정부지출의 지원, 세금 감면, 그리고 기업 등을 위한 간접적인 자금 제공 등을 들 수 있다. 이 책에서는 새 화폐의 정부지출 방식으로 기본소득의 재원으로서 활용을 제안하고 있다.

이들 논의를 종합하여 본 책에서는 기본소득 재원조달 항목과 항목별 조달 가능한 금액을 구하여 제시하고 있다. 중복항목들을 조정하고, 보수적 입장을 취하여 일부 항목들을 제외하는 등의 과정을 거친 후 추산한 **공유부 기반 재원조달로 지급할 수 있는 기본소득의 액수는 대략 [연 1,200~1,500만 원, 월 100~125만 원] 구간에 속하는 것으로 나타났다.**

이러한 기본소득 지급 가능금액과 재원을 조달할 재정적 방안을 제시하더라도 국민들이 기본소득제를 현실적으로 도입 가능하다고 여길 수 있게 하기 위해서는 실현 일정을 제시하는 것이 중요하다. 따라서 본 연구는 재원조달의 특징 및 실현 가능성에 맞춰 단기(2~3년), 중단기(2~7년), 장단기(2~10년)의 기간 구분을 하여 일종의 로드맵을 제시하고 있다.

특히 본 연구는 현행법의 테두리 속에서 정치적 결단만으로도 도입 가능하다고 보이는 재원조달 방안들로 구성된 단기의 경우조차도 국민 1인당 연 71~365만 원(월 약 6~30만 원)을 지급할 수 있다는 것을 보여주고 있다.

2021년 12월
저자들을 대신하여 유영성 씀

차례

Part 1.. 기본소득의 토대, 재원

1장
기본소득 현실화는 재원 마련에서부터 18

2장
재원조달에 대한 이론 보기 25

Part 2.. 재원조달 방안들

3장
조세개혁으로 재원 마련하기 40

4장
공유부에 기반한 신규 세목 만들기 121

기본소득을 둘러싼 수많은 쟁점 사항들에 대한 논의 중 단연 압권이 '재원조달'이라고 할 것이다. 이 책은 이에 대한 적절한 해답을 주고자 본격적으로 시도한 기본소득 재원조달 방안 연구 결과를 담고 있다. 그동안의 여러 다양한 논의들에서 한 발 더 나아간 내용을 담고 있다. 종합적이고, 정당성을 확보하고 있으며, 실행 가능성 높은 방안들을 엄선해 구체적으로 탐구하고 있다. 그런 만큼 현실 유용성이 매우 크다고 할 수 있다.

Part 1

|

기본소득의 토대, 재원

1장

기본소득 현실화는
재원 마련에서부터

●

2009년에 기본소득한국네트워크(BIKN: Basic Income Korean Network)가 발족되었다. 이후 한국에서 기본소득은 2016년 성남시에서 기본소득의 현실적 변형 형태인 '청년배당'이라는 이름으로 실시되었고, 2019년에 경기도에서 청년배당으로 시작했다가 이후 '청년기본소득'으로 명칭이 바뀌면서 경기도 전역으로 확대되었다. 2020년 들어서는 '코로나19'가 대유행하면서 '경기도 재난기본소득(중앙정부는 '긴급재난지원금')'이 지급되기 시작했다. 이후 유사한 이름의 각종 재난성 지원금이 전국적으로 확산되었다. 바야흐로 이러한 위기적 상황과 맞물리면서 한국에서 기본소득은 큰 관심사가 되었고 이에 대한 논의 또한 급물살을 타게 되었다. 물론 2019년 훨씬 이전부터 연구자들이나 시민운동가들 사이에선 기본소득이 큰 쟁론을 불러일으키는 주제였던 것이 사실이다.

　기본소득을 둘러싸고 수많은 쟁점 사항들이 있었지만 그중 대단히 중요하게 취급되고 모든 논의의 귀결로 부각되었던 주제가 바로 '재원'이었다고 할 것이다. 기본소득 지급 관련하여 수많은 학자들이 다양한 재정모형 및 수정 모형을 제시했고, 이를 뒷받침하는 여러 가지 재원조달 방안들 각각 및 조합이 논문에 실리거나 보고서로 발표되었다. 대부분 기본소득 재원조달의 방안은 '세금 부과(목적세 신설 포함)' 또는 '재정구조 개혁'에 치중했다고 할 수 있다. 물론 가장 최근에 발간된 책,《모두의 경제적 자유를 위한 기본소득》(유영성 외, 2020)에서는 기존의 논의들 위에 새롭게 인터넷 공유지를 통한 공유지 수익을 다루고, 심지어 저인망식 재원조달 다각화 방안을 제시하기도 했다.

이러한 제안들이 현실 실행가능성 측면에서 얼마나 설득력 있는지를 놓고, 제시한 재원조달 방안들이 제대로 된 정당성을 확보하고 있는지, 더나아가 종합적인 면에서 얼마나 포괄적인지가 여전히 논란거리이다. 이러한 논란이 잠잠해질 만큼 설득력 있는 방안이 제시되지 않는 한, 이 땅에서 온전한 기본소득의 추진은 요원하다. 그런 만큼 제대로 된 재원조달 방안을 마련해야만 현실에서 실질적인 기본소득 추진이 가능할 것이란 문제 제기가 여기저기서 나오고 있는 실정이다. 특히 경기도는 기본소득 사업을 적극적으로 추진하는 정책적 상황과 맞물려있어 더욱 그러한 필요성을 느끼고 있다 할 것이다.

이 책에서는 이러한 문제의식을 반영하고 이에 대한 적절한 해답을 주고자 기본소득 사업의 재정적 실행가능성 확보 방안을 모색해 보고자 한다. 비단 재정적 실현 가능성에만 논의를 한정하지는 않는다. 정치적 맥락도 함께 고찰할 것이다. 이러한 연구에서 탐구하는 기본소득 재원조달 방안은 그동안의 여러 다양한 논의들에서 한 발 더 나아가 보다 종합적이고, 정당성을 확보하고 있으며, 실행가능성이 높은 것들이 되도록 했다.

지난 10년간의 기본소득 논의들

국내에서 기본소득 논의가 활성화된 지 10여 년이 지났다. 그런데 그동안 기본소득에 관한 소개, 기본소득의 철학적 근거, 소득재분배 효과, 다른 사회보장과의 관계 등에 관한 논의는 많았던 데 비해, 기본소득의 재원조달에 관한 논의는 상대적으로 활성화되지 못했다. 그렇다고 관련 논의가 전무했던 것은 아니며, 최근 들어 다양한 재원들에 관한 부분적인 연구들이 조금씩 제출되고 있다. "기본소득의 재원은 조세, 공동자산 배당, 화폐제도 개혁 등 세 가지로 나눌 수 있"(강남훈, 2019: 158)는 바, 이 세 가지를 구분하여 선행연구를 정리해 보면 다음과 같다.

먼저, 조세를 재원으로 고려하는 연구로는 이원재 외(2019), 유종성(2018), 유종성(2020) 등이 있는데, 이 연구들은 비과세·감면의 정비나 불요불급한 재정지출의 정비 등 세입 및 세출의 구조조정, 증세, 시민소득세의 신설 등에 대해 논의하고 있다.

마찬가지로 조세를 재원으로 고려하지만, 기존의 세목들이 아니라 기본소득이 공유부(공유자산, 공유지) 수익의 배당이라는 원칙적 관점에서 공유부 수익에 근거한 세목을 신설하자는 연구들도 있다. 자연적 공유부인 토지에 토지/국토보유세를 부과하여 토지배당을 지급하자는 대표적인 연구로는 전강수·강남훈(2017), 전강수·남기업·강남훈·이진수(2018) 등이 있다. 자연적 공유부인 공기를 오염시키는 탄소배출에 대해 탄소배출 감축을 유도하는 교정적 조세로서 탄소세/생태세를 부과하여 탄소/생태배당을 지급하자는 연구로는 강남훈(2013), 금민(2020), 유영성·금민·김재신(2020) 등이 있다. 한편, 금민(2020), 목광수(2020), 유영성·금민·마주영(2020) 등의 연구는 인공적 공유부에 해당하는 빅데이터를 독점적으로 사용하여 수익을 얻는 플랫폼 기업들에게 빅데이터세를 부과하는 방안에 대해 논의하고 있다.

화폐발행 체계를 개편하여 기본소득 재원을 조달하자는 연구도 있는데, 안현효(2019)는 헬리콥터 머니의 발행을 주장하고 있고, 이와 유사한 개념으로 서익진(2019)은 주권화폐의 발행과 시민화폐의 도입을 주장하고 있다.

이상의 연구들을 자세히 보면 대부분이 최근 2~3년 이내에 수행된 것들인데, 한편으로는 이 연구들이 기본소득의 재원조달에 관한 선구적인 연구라 할 수 있지만, 다른 한편에서 아직은 매우 초보적인 수준에 머물러 있다고 할 수 있다. 실제로 이 연구들은 본격적인 연구서라기보다 시론적인 논문 수준에서 수행된 것들이다.

이러한 상황에서 이 책에 담은 연구는 선행 연구들의 성과를 발판 삼아 논의를 한 단계 심화시키고, 특히 분산되어 진행된 재원조달 관련 연구를 총괄하여 집대성하려고 한다는 측면에서 선행 연구들과 차별성이 있다.

재원조달 방안 5가지 영역

이 책이 다룬 연구 과제는 기본소득 재원조달 방안이다. 단도직입적으로 이에 대해 탐구하며, 재원조달 방안으로 검토해 볼만한 것들을 최대한 다 다루었다. 그렇다고 원칙 없이 아무 것이나 다루지는 않았다. 재원조달의 원리와 정당성을 확보하는지를 따져보는 작업이 선결된다. 구체적인 내용은 다음과 같이 5개 장에 골고루 안배해두었다.

먼저 재원조달에 관한 이론적 측면을 고찰한다. 특히 재원을 다른 용도로 쓰지 않고 기본소득으로 지급해야만 하는 정당한 논리적 근거를 규명하는 차원에서 공유부 이론을 탐색한다. 그 연장에서 조세정의와 효율성을 다루며, 세금 부과 시 비례세와 누진세의 특장을 검토한다. 기본소득은 재정적으로 실현가능하다고 하더라도 현실에서는 숱한 경제적 이해관계가 부딪히는 만큼 이를 극복하는 방안이 중요하다. 특히 그것이 증세일 경우 더욱 그렇다. 이런 맥락에서 기본소득 재원조달의 정치적 실현 가능성은 매우 중요한 주제가 된다. 그런 만큼 이 장에서 기본소득 재원조달의 정치적 측면을 심도 있게 고찰했다.

둘째, 조세개혁을 통한 재원조달을 고찰한다. 기본소득의 재원조달 방안 중 공유부 이론에 근거하여 정당성을 확보한 방안으로 세제 부분이 있다. 여기서는 기존 세제의 개혁을 다룬다. 구체적으로 근로소득세를 넘어선 다양한 소득세 징수를 다루는 소득세 개혁과 재산세 강화를 검토한다. 더 나아가 소비세와 재난회복 특별세를 살펴본다.

셋째, 공유부 이론에 근거한 세제 중 신규 세목 발굴에 해당하는 내용을 살펴본다. 해당 세목들을 분류하며 그 타당성을 논했다. 특히 토지보유세와 토지배당, 빅데이터세와 빅데이터 배당, 탄소세와 탄소배당, 기본소득형 지식소득세 또는 사회가치소득세를 심도 있게 고찰했다. 추가적으로 지역상징자본 과세를 통한 지역기본소득 재원조달에 대해서도 다뤘다.

넷째, 재정개혁을 통한 재원조달을 고찰한다. 기본소득 지급은 일반재정론의 원리를 벗어난다. 일반재정론은 정부가 필요한 사업을 하기 위해 걷은 돈(세금, 수입 등)을 일반회계로 전입시켜 사용한다. 이것을 반드시 기본소득에 써야 한다는 정당한 이유가 없다. 반면에 기본소득은 공유부에 근거해 확보한 재원인 만큼 반드시 기본소득으로만 써야 하기 때문에 일반회계가 아니라 특별회계로 처리해야 한다. 그런 만큼 국가(정부)의 재정재량권이 없고 정부는 그냥 위임업무만 수행할 뿐이다. 이런 맥락에서 기본소득 특별회계 수입항목들로 무엇이 있는지 살펴보았다.

더 나아가 기존 예산재편성을 통해 얼마나 재원확보가 가능한지 고찰한다. 기존 세입 중에서 공유 자원이나 자산의 매각이나 임대를 통한 수입

〈그림 1-1〉 연구 수행체계

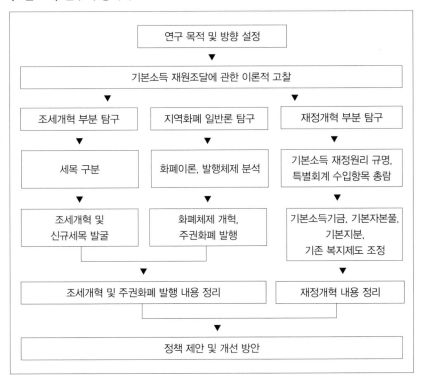

은 공유부 수익이라 할 수 있는데, 이러한 공유세입이 정부의 판단에 따라 일부는 가난한 사람에게 지급되지만 직간접적으로 부동산 부자(기업 포함)들에게 특혜성으로 공여되는 경우도 많다. 이 공유세입을 기본소득의 재원으로 전환하기 위해 그 규모와 범위를 고찰하였다.

　　마지막으로, 공유부의 일종으로 화폐를 취급하는 분야에 대해서 다루었다. 먼저 주권화폐를 본격적으로 다루기 위해 화폐의 속성과 기원에 대한 이론을 검토하였다. 더 나아가 현대화폐발행 체제와 작동원리 및 그 문제점들을 분석하였다. 기존의 민간은행에 의한 신용화폐 발행체제를 극복하는 차원에서 화폐체제를 개혁하고 국민이 주인인 화폐 공유부 이론을 정립한 뒤 국민이 주권을 갖는 화폐로서의 주권화폐가 전국민 기본소득 지급의 재원이 됨을 밝혔다. 그리고 향후 제도개혁 전망을 부가해서 언급하였다.

이 책은 이러한 다섯 가지 기본소득 재원조달 방안에 대한 논의 위에서 향후 정책적으로 취할만한 것들을 제시하고 있다.

2장

재원조달에 대한
이론 보기

•

기본소득 재원과 공유부

기본소득은 흔히 공유자원 또는 공유부의 평등한 배당으로서 정당화된다 (권정임·곽노완·강남훈, 2020; 금 민, 2020). 공유부의 범위는 좁은 의미로 볼 수도 있고 넓은 의미로 볼 수도 있다. 좁은 의미로 보면 공유부는 토지와 자연자원(석유 등), 환경, 빅데이터 등으로 기본소득의 재원이 상당히 제한되지만, 넓은 의미에서 공유부를 정의하면 모든 소득과 재산 및 소비에 대한 과세가 기본소득의 재원으로 정당화된다.

토지는 미국 건국의 아버지 중 한 명으로 불리는 토마스 페인이 1796년 그의 저서 『농업의 정의』에서 토지 지대를 기본소득으로 분배하자고 주장한 이래 많은 사람들에 의해 기본소득의 이상적인 재원으로 제시되었다. 한국에서도 전강수·강남훈(2017), 강남훈(2020) 등이 국토보유세를 재원으로 하는 토지배당 기본소득을 제안했고, 이재명 경기도지사가 2017년 민주당 대선후보 경선 시 국토보유세-토지배당을 공약한 이래 경기도에서라도

이 정책을 실험적으로 실시할 수 있게 해 달라고 요청하고 있다. 곽노완(2017)은 토지보유세 외에 재개발과 재건축의 초과이익 등 개발이익의 환수를 보다 적극적으로 추진하여 기본소득의 재원을 마련하자고 제안하고 있다.

기후변화의 원인으로 지목되는 이산화탄소 배출 억제를 꾀하는 한편 증세에 대한 정치적 수용을 쉽게 하는 방안으로 탄소세 또는 환경세를 재원으로 탄소배당/환경배당을 하자는 주장도 국내외적으로 제기되고 있다. 미국에서는 그레고리 맨큐를 비롯한 저명한 경제학자들이 탄소세와 탄소배당을 주장하는 공동성명을 발표했으며, 실제로 스위스가 이 정책의 성공적인 사례로 알려지고 있다(강남훈, 2019; 금 민, 2020).

공유자원으로 누구나 인정할 수 있는 토지의 지대, 천연자원 등의 수익과 자연환경 오염에 대한 대가 등만 기본소득 재원으로 할 때에는 기본소득이 낮은 수준에 그칠 수밖에 없다. 빅데이터와 같은 새로운 공유부를 추가해도 빅데이터의 수익을 어떻게 환수하느냐는 기술적 문제가 있거니와 실제 얼마나 큰 규모의 재원을 제공할 수 있을지도 의문이다.

그러나 공유자원과 공유부의 개념을 훨씬 더 폭넓게 이해할 수도 있다. 노벨 경제학상 수상자인 허버트 사이먼은 공유부의 개념을 확장하여 오늘날 사회적 생산의 90%는 개개인의 노력의 결과라기보다는 과거로부터 축적되어 온 지식과 기술, 정보, 제도 등에 기인한다고 본다. 따라서 도덕적으로는 90%의 소득세가 마땅하지만 70%의 소득세를 부과하여 세수의 절반은 모두에게 기본소득을 지급하는 데 사용하자고 한다(Simon, 2000).

이처럼 공유부를 넓은 의미로 이해하면 기본소득의 재원은 소득, 재산, 소비 등에 대한 어떠한 조세도 다 포함할 수 있고, 그 규모도 정치적 합의에 달린 문제가 된다. 사회적 생산 또는 국민소득의 몇 퍼센트를 기본소득으로 모두에게 평등 분배할 것인가에 대한 사회적 합의에 따라 국민소득의

5%나 10% 수준으로도 할 수 있고, 20%나 25% 수준으로 할 수도 있는 것이다. 즉, 개개인의 기여에 따른 분배와 필요/욕구에 따른 분배를 어느 정도로 하며, 개개인의 기여의 몫을 계량화해서 따지기가 어려운 공동적인 생산의 평등한 분배를 어느 정도로 할 것인지에 대한 사회적 합의의 문제가 된다.

기여에 따른 분배가 정의로우며 기여하지 않은 사람에 대한 분배는 일종의 무임승차로서 정의롭지 않다는 견해도 있을 수 있다. 즉, 노동을 조건으로 하지 않는 기본소득을 반대하는 논거이다. 그러나 오늘날 기여에 따른 몫이 공정하게 분배되기보다는 과다보상과 과소보상으로 인한 임금과 소득의 불평등이 커지고, 사회적으로 유익한 무급노동의 광범위한 존재를 고려하면 노동을 조건으로 하고 기여를 측정하여 이에 따른 분배만을 인정하자는 주장은 오히려 불공정과 불평등을 인정하는 논리가 된다.

〈표 2-1〉을 보면 2018년 가수의 평균소득은 6,430만 원이었는데, 상위 1% 가수는 34억 4,700만 원, 상위 10% 가수는 5억 9,970만 원의 소득을 올린 데 비해 절대다수인 하위 90%는 평균 480만 원의 연소득 또는 40만원의 월소득 밖에 벌지 못했음을 보여준다. 상위 1%의 배우는 17억 260만 원, 하위 90%의 배우는 540만 원, 상위 1%의 모델은 4억 9,210만 원, 하위 90%의 모델은 250만 원의 연소득을 각각 올렸다. 이러한 극심한 차이가 기여도의 차이로 정당화될 수 있는가? 과다보상과 과소보상의 존재를 인정한다면 이 문제를 해결하는 가장 쉽고 공정한 방법은 기여에 따른 보상의 비중을 100%로 하지 말고 사회적 생산의 일정한 비율을 평등한 분배와 필요에 따른 분배에 할당하는 것이라고 할 수 있다.

사회복지에서는 필요 또는 욕구에 따른 분배를 중요하게 여긴다. 장애인이나 병자에게 기여를 따지지 않고 필요에 따른 분배를 일정하게 하는 것은 당연하다.

〈표 2-1〉 2018년 연예인 소득

(단위: 명, 백만 원)

구분	배우 등			모델			가수		
	인원	수입금액	평균	인원	수입금액	평균	인원	수입금액	평균
전체	18,072	653,180	36.1	8,179	86,629	10.6	6,372	409,578	64.3
상위 1%	180	306,460	1,702.6	81	39,863	492.1	63	217,160	3,447.0
상위 10%	1,807	565,504	313.0	817	68,459	83.8	637	382,013	599.7
하위 90%	16,285	87,676	5.4	7,362	18,170	2.5	5,735	27,565	4.8

자료: 국세청이 양경숙 의원실에 제출한 자료

　　그러나 기여를 정확하게 측정하기 어려운 것과 마찬가지로 필요/욕구를 정확히 측정하는 것도 쉽지 않다. 또한 공유부에 대한 평등한 권리를 일정하게 인정한다면 사회적 생산의 일정한 비율을 기본소득으로 평등하게 분배하는 것이 공정하다고 할 수 있다.

　　기본소득은 공유부의 평등한 권리에 근거한 것이므로 재분배가 아니라 선분배가 되어야 한다고 할 수 있다. 알래스카 영구기금처럼 석유 자원의 수입을 주민들에게 직접 배당하는 방식은 재분배가 아닌 선분배의 형식을 취한다고 볼 수 있다. 그러나 현실적으로 앞에서 본 연예인 소득의 경우처럼 매년 생산되는 부가가치의 대부분이 과다보상과 과소보상으로 분배되는 시장경제 체제에서 조세와 급여의 재분배 체계를 통하지 않고서는 공유부의 일부를 평등 분배하는 것이 사실상 불가능하다. 따라서 소득, 재산, 소비에 대한 일반적 조세를 재원으로 하여 모두에게 기본소득을 지급하는 재분배 방식이 정당화된다. 또는 기본소득을 선분배한 후 그 재원을 각종 조세로 충당한다고 생각할 수도 있다.

　　기본소득의 주된 재원을 소득, 재산, 소비에 대한 일반적 조세에 두는 것은 기본소득이란 권리가 납세의 의무와 연동되지 않으면 성립되지 않음을 의미한다. 즉, 기본소득이란 권리를 누리면서 납세의 의무를 회피한다면 이는 부당한 무임승차가 될 것이다. 소비세는 소비를 하는 한 회피할 수 없으므로 무임승차 방지는 결국 소득과 재산에 대한 세금을 회피하지 않고 정직하게 납세하는 것을 의미한다. 생애 중 일정 기간은 소득과 재산이 전무한 때도 있겠지만 생애 전체를 통해 소득과 재산이 전무한 사람은 극히 예외적인 경우가 아니면 찾아보기 어려울 것이다. 따라서 납세의 의무를 기본소득의 유일한 조건으로 한다면, 기본소득이 무임승차를 허용, 조장한다는 우려는 불식될 수 있을 것이다.

이 연구에서는 넓은 의미의 공유부 논리에 근거하여 공유부에 대한 만인의 평등한 권리를 실현한다는 점에서, 그리고 기여에 따른 분배원리만으로는 분배정의가 실현될 수 없고 평등의 원리가 일정부분 적용되어야 한다는 점에서 모든 소득, 재산, 소비에 대한 조세를 기본소득의 재원으로 검토한다.

조세정의와 효율성

기본소득의 재원 마련을 위해 증세를 도모할 때, 가능하면 조세정의를 실현하며 경제적 효율성을 해치지 않는 방안을 강구하는 것이 바람직하다. 조세정의 및 경제적 효율성을 동시에 실현하기 위해서는 능력에 따른 부담 원리에 근거한 누진적 과세와 함께 생산적 활동보다 불로소득에 대한 과세를 강화하고 부정적 외부효과를 일으키는 행위에 대한 과세를 강화하는 것이 필요하다.

능력에 따른 부담의 원리 차원에서 역진적인 과세보다는 비례적인 과세나 누진적인 과세가 보다 바람직하다. 특히 소득과 자산의 불평등이 극심해지는 상황에서 조세의 누진성을 강화하는 것이 요청된다. 따라서 역진성을 띠는 소비세보다는 소득이나 재산에 대한 비례적 또는 누진적 과세가 우선적으로 고려될 필요가 있다.

보편적 증세와 부자 증세 중 어느 쪽을 택할 것이냐에 있어서 기본소득은 부자에게서 빼앗아 가난한 자에게 나누어주는 '로빈 후드 식' 재분배가 아니라 사회적 생산의 일부를 모두가 평등하게 나누는 것이라는 점에서 부자 증세만으로 접근해서는 안 되며 보편적 증세와 부자증세를 병행할 필요가 있다. 부자증세 만으로 보편적인 기본소득 재원을 충분히 마련하는 것은 현실적으로 어렵다는 점도 인식해야 한다.

토지보유세는 능력에 따른 과세가 될 뿐 아니라 토지에 대한 지대, 즉 불로소득을 과세한다는 점에서 조세정의 실현 및 경제적 효율성의 양 측면에서 헨리 조지 등에 의해 널리 옹호되어 왔다(김윤상 외, 2018). 토지뿐만 아니라 주택을 포함한 부동산에 대해서도 불로소득 과세가 필요하며, 금융자산도 정상수익률(normal rate of return)을 넘어서는 지대를 창출하여 부의 불평등을 강화하고 있으므로 부동산과 금융자산을 포함한 순자산에 대한 부유세의 도입이 필요하다. 예를 들어 사에즈와 주크먼(Saez and Zucman, 2019)이 제안한 고액 자산가에 대한 누진적 부유세(wealth tax) 도입 방안은 적극적으로 고려해 볼 만하다. 특히 자산불평등이 세대 간 이전을 통해 기회의 불평등을 심화시키는 세습 자본주의의 문제를 극복하기 위해 상속과 증여에 대한 과세도 강화할 필요가 있다. 영국의 조세제도 개편을 위한 〈멀리이스 리뷰(Mirrlees et al., 2011)〉가 제안한 누진적인 생애누적수증세제 (lifetime capital receipts tax)의 도입도 적극적인 고려 대상이 된다. 이는 각 개인이 일생 동안 누구로부터든지 받는 상속·증여액에 대해 누적하여 그 누적총액에 대해 누진적 과세를 하는 방안이다.

탄소세 또는 환경세는 환경에 해를 끼치는 행위에 대한 과세로서 조세정의 및 효율성 차원에서 정당화된다. 최근 문재인 대통령이 '2050년 탄소

중립'을 선언하여 지구온난화에 대응하는 세계적 흐름에 동참할 것을 밝힌 만큼 탄소세의 도입은 불가피한 선택으로 보인다. 다만, 세금 자체로는 에너지 가격 등의 상승으로 말미암아 고소득층보다 저소득층에게 더 큰 부담이 되어 역진성을 가질 수 있으나, 세수를 1/n로 배당함으로써 역진성 문제를 해결할 수 있고 소득재분배에 긍정적인 효과를 낼 수 있다(금민, 2020).

　　기본소득 주창자들 중 소비세인 부가가치세를 주요 재원으로 제안한 경우도 있다. 미국 민주당 대선 후보로 나서 기본소득 공약으로 선풍을 일으켰던 앤드류 양이 부가가치세로 재원을 마련하겠다고 했고(Yang, 2018), 이에 대해 저명한 경제학자인 그레고리 맨큐가 지지를 표명한 바 있다(Mankiw, 2019). 부가가치세 자체는 역진성을 가지나 기본소득과 결합하면 소득재분배에 긍정적인 효과를 가지게 된다. 또한, 연간소득이 아닌 생애소득을 기준으로 볼 때는 부가가치세의 역진성이 별 문제가 되지 않는다는 견해도 있다. 이 연구에서는 부가가치세도 가능한 선택지로서 배제하지는 않으나, 소득과 재산에 대한 누진적 과세 또는 비례적 과세를 우선순위로 고려한다.

정률세(비례세) 모델과 누진세 모델

유럽의 기본소득 운동에서 경제학자들의 가장 큰 주목을 끈 모델은 기존의 복잡한 소득세를 정률의 단순한 소득세로 대체하고 기존의 복잡한 사회보장제도를 단순한 기본소득으로 대체하는 정률세 기반 기본소득 모델(basic income/flat tax)이다. 앳킨슨은 정률세/기본소득 모델이 '21세기 조세 및 사회보장 개혁에 관한 진지한 논의에서 빠뜨릴 수 없는 어젠다'라며 공공경제학의 중요한 주제로서 이론적 분석을 했다(Atkinson, 1995).

정률세에 기반한 기본소득 모델은 소득공제를 전면 폐지하고 모든 시장소득에 대해 정률로 과세하는 대신 모든 개인이 정액의 기본소득을 지급받는 것이다. 이는 소득공제를 정액의 환급형 세액공제(refundable tax credit)로 대체하는 것과 마찬가지라고 할 수 있다. 소득공제는 한계세율(marginal tax rates)이 높을수록, 즉 고소득자일수록 더 큰 금액의 감세 혜택을 얻는 데 반해 정액의 환급형 세액공제는 모든 이가 동일한 금액의 혜택을 받게 된다.

기본소득은 부자나 가난한 자에게나 동일한 금액을 지급하기 때문에 소득재분배 효과가 없다고 착각하기 쉽다. 기본소득에 재분배효과가 있다면 그 재원조달을 위한 누진적 과세를 할 때 나타나는 것이라고 주장하기도 한다. 따라서 비례적인 정률세에 기반한 기본소득은 재분배효과가 없다고 생각하는 이들이 있기 때문에 간단한 가상적 사례를 들어 정률세/기본소득 모델의 재분배효과를 보여주고자 한다.

다음 〈표 2-2〉는 시장소득에 대해 10%의 정률세를 부과하여 얻은 세수를 정액의 기본소득으로 지급할 때의 소득재분배 효과를 예시한다. 5분위별 소득은 2019년도 한국의 가구별 평균소득의 분포에서 가져왔으며, 편의상 가구당 인원수의 차이는 무시하기로 한다.

이 표는 10% 정률세에 기반한 기본소득을 실시하면 5분위 배율이 27.6에서 13.0으로 낮아짐을 보여준다. 1분위 소득자는 시장소득 486만 원에 대해 48.6만 원의 세금을 내고 533.3만 원의 기본소득을 받으니 가처분소득이 971.3만 원으로 늘어난다. 5분위 소득자는 시장소득 1억 3,408만 원에 대해 1,340.8만 원의 세금을 내고 533.3만 원의 기본소득을 받으니 가처분소득이 1억 2,601.1만 원으로 줄어든다. 시장소득의 5분위 배율이 세금을 내고 나서 바로 변하지 않는다. 세후소득의 5분위 배율은 27.6 그대로이고, 지니계수도 그대로이다. 그러나 동일한 금액의 기본소득을 받고 난 후에 5분위 배

〈표 2-2〉 10% 정률 소득세 기반 기본소득의 재분배 효과

(단위: 만 원)

소득분위	시장소득	세금	세후소득	기본소득	가처분소득
1분위	486	48.6	437.4	533.9	971.3
2분위	2,151	215.1	1,935.9	533.9	2,469.8
3분위	4,087	408.7	3,678.3	533.9	4,212.2
4분위	6,561	656.1	5,904.9	533.9	6,438.8
5분위	13,408	1,340.8	12,067.2	533.9	12,601.1
계	26,693	2,669	24,024	2,669	26,693.0
5분위배율	27.6		27.6		13.0
지니계수	0.4534		0.4534		0.4080

주 1) 위 표의 분위별 소득은 2019년 가계금융복지조사(통계청, 2019)의 가구소득 분포
주 2) 기본소득 금액은 세금총액을 5로 나눈 금액. 따라서 세금 총액과 기본소득 총액은 일치한다.
행정비용은 무시한다.

율이 13.0으로 낮아진다. 지니계수는 0.4534에서 0.4080으로 정확히 10% 감소한다.

정률세-정액지급 시나리오에서 평균소득자는 세금 부담액과 기본소득 수급액이 정확하게 일치하며, 평균소득 이하 계층은 순수혜자가 되고 평균소득 이상 계층은 순부담자가 된다. 일반적으로 중위소득이 평균소득보다 낮으므로 중위소득자는 순수혜자가 된다. 〈표 2-2〉에서는 중위소득자인 3분위(소득하위 40퍼센트에서 60퍼센트까지)까지 순수혜가 됨을 알 수있다. 이건민(2018)은 t 퍼센트의 단일세율로 과세해 정액급여를 하면 불평등 정도를 나타내는 지니계수가 t 퍼센트만큼 감소한다는 것을 수학적으로 보여준다.

앳킨슨(Atkinson, 1995)은 누진세에 기반한 기본소득을 배제하지는 않았지만, 정률세 기반 기본소득 모델에 집중했다. 그러나, 후에 앳킨슨(2015)은 정률세를 선호하던 초기의 입장에서 선회하여 누진세에 기반한 모델을

옹호했다. 다만, 최소한도의 노동 또는 사회적 기여를 조건으로 하는 참여
소득(participation income)을 주장하면서 동일한 재원으로 사회보험 강화
안과 기본소득형 참여소득안을 실시할 때의 소득재분배 효과를 시뮬레이
션한 결과, 기본소득형 참여소득안이 우월함을 보여주고 있다. 누진세로
재원 마련을 하면 평균소득자도 순수혜자가 되며, 최상위 계층이 더 많은
부담을 하게 되어 소득불평등 완화 효과가 더 커진다.

소득세를 주된 재원으로 하는 기본소득을 도입할 때, 특히 누진세를 주
장할 때 제기되는 문제는 근로유인 저하로 인한 경제적 효율성 하락이다.
소득세의 세율이 지나치게 높으면 생산성을 떨어뜨려 오히려 세수가 줄어
들게 된다는 것이다. 특히 오늘날 복지국가에서 고소득층보다도 공공부조
에 의존하는 저소득층이 흔히 80% 이상, 심지어 100% 내외의 한계세율에
직면하여 근로유인이 박탈되며 복지의존과 실업의 덫 또는 빈곤의 덫에 빠
지는 문제가 제기되고 있다. 그러나 최근의 연구들은 적정 최고세율이 상
당히 높은 수준에 달할 수 있음을 보여주고 있다. 피케티, 사에즈와 스탄체
바(Piketty et al., 2014)는 세수 극대화를 위한 적정 최고 한계세율이 83%라
고 추정한다. 앳킨슨(Atkinson, 2015: 186-7)은 영국의 새로운 통합 공적부
조 제도인 보편적 세액공제(Universal Credit)가 65%의 환수율을 적용하는
것에 비추어 최고 소득계층의 한계세율이 이보다 낮아서는 공정하지 않다
는 점을 내세워 65%의 최고 한계세율을 제안하고 있다. 앳킨슨의 논리를
적용하면, 한국에서는 기초생활보장 생계급여의 경우 근로소득에 대해
30% 소득공제를 인정하는 보충형 급여로서 근로소득에 대해 70%의 한계
세율이 적용되는 것에 비추어 (실제로는 기초생활보장 수급자들에게 주어지
는 각종 공공 또는 민간의 부가적 프로그램 혜택을 감안할 때 훨씬 더 높은 한
계세율에 직면하고 있다고 볼 수 있음) 70% 이상의 최고 한계세율을 주장할
수 있을 것이다.

높은 수준의 한계세율을 두는 목적은 고소득층의 평균세율(average tax rate)을 높이는 데 있으며, 이를 위해서는 최고 한계세율보다도 그 아래 소득계층들의 한계세율을 높이는 것과 과세 베이스를 넓히는 것이 중요하다 (Atkinson, 2015: 188).

과세 베이스를 넓히기 위해서는 각종 비과세, 소득공제, 세액공제와 감면 등을 정비할 필요가 있다. 특히 소득공제는 저소득층보다 고소득층에게 더 큰 감세혜택을 주는 역진성이 있으므로 소득공제의 폐지 또는 축소를 통해 보편적 증세와 함께 조세의 실질적 누진성을 제고할 수 있다. 판 파레이스와 판더보르트는 1인당 GDP 10% 정도의 기본소득은 비과세 감면의 정비와 기존 소득보장 급여의 부분적 대체만으로도 대부분의 나라에서 자체 조달이 가능할 것이라고 했다(Van Parjis and Vanderborght 2017: 135).

또한, 앳킨슨(2015)이 제안한 것처럼 누진적인 소득세 하에서 기본소득을 과세소득(taxable income)으로 하면 상당부분을 세금으로 환수하게 되므로 재원 마련의 부담이 줄어들 뿐만 아니라 저소득층은 낮은 한계세율로, 고소득층은 높은 한계세율로 기본소득의 일부를 세금으로 내게 되어 실질적으로 소득에 따른 차등 지급의 결과를 초래하여 소득재분배 효과는 더욱 커진다. 소득불평등이 심하고 특히 최상위계층에 소득이 집중된 경우에 소득재분배 효과를 크게 하려면 누진세＋과세소득화 모델을 취할 수 있다.

증세의 정치적 실현 가능성

멜처와 리처드(Meltzer and Richard, 1981)의 고전적인 정치경제학 모델에 따르면 민주주의 사회에서는 불평등이 높을수록, 특히 평균소득과 중위소득 간의 거리가 벌어질수록, 중위유권자가 높은 세금과 재분배를 선호하게 되어 증세와 복지 지출 확대로 더 많은 재분배가 이루어질 것으로 예측한다. 여러 연구에 의하면, 일반적으로 저소득층이 고소득층보다 증세와 재분배에 대해 적극적인 선호를 보이기는 하나 선호도의 차이가 아주 크지는 않으며, 정부에 대한 신뢰가 낮을 경우에는 소득수준에 관계없이 증세에 대해 부정적인 경향이 발견된다. 따라서, 증세에 대한 국민적 지지를 얻으려면 정확하고 신빙성 있는 정보의 제공과 함께 다수 국민에게 복지 효능감을 주는 것이 중요하다(Alt, Prston and Sibieta, 2010).

일반적으로 중간계층은 자신들을 배제한 선별복지를 위한 증세에 동의하지 않는 경향이 있다. 반면 복지가 사회적 기본권으로, 누구나 보편적으로 누리는 사회에서는 복지증세에 대한 사회적 합의가 쉽다(Rothstein, 1998). 기본소득을 위한 증세는 중위소득자를 포함해 평균소득자 이하는 순수혜자가 되므로, 선별복지 확대를 위한 증세보다는 쉬울 것이다. 최근 세계은행이 펴낸 보편적 기본소득에 대한 탐구 보고서에서도 기본소득이 중위유권자의 지지를 토대로 복지증세를 용이하게 한다는 정치경제학적 분석을 다루고 있다(Gentilini et al. eds. 2020).

스웨덴, 핀란드, 노르웨이 등 북유럽 국가들은 개인의 소득을 보호해야 할 민감한 정보로 보지 않고 누구나 타인의 소득을 알 수 있도록 공개하고 있다(유종성, 2019). 이처럼 개인 소득을 공개하는 전통이 투명한 사회가 정부에 대한 높은 신뢰를 만들고 높은 조세부담률에 기초한 고복지국가를 지탱하는 것으로 보인다. 기본소득을 위한 증세를 성공적으로 이루기 위해서는 국민들이 증세로 인한 세부담과 기본소득 수급의 수혜가 소득계층별로, 그리고 각자 자신들에게 어떻게 주어지는지, 그리고 전반적인 소득불평등 및 빈곤의 완화효과에 대해 잘 알 수 있도록 투명하게 정보를 제공하여 신뢰를 얻는 것이 중요할 것이다.

우리도 북유럽 국가들처럼 개인소득을 전면적으로 공개하거나, 적어도 공적인 책임이 있는 것으로 간주되는 김영란법 대상자들에 대해서는 매년 공개하도록 하여 투명사회를 지향할 필요가 있다. 개인정보 공개가 당장 어렵다면, 미국 국세청이 전 미국인의 소득과 세금에 대한 자세한 패널데이터를 구축하여 정책연구에 제공하듯이(Chetty et al., 2018), 한국의 국세청도 소득과 세금 자료의 구축 및 이의 공익적 연구 활용에 적극적으로 협조할 필요가 있다.

이 책은 기본소득으로 지급할 수 있는 재원으로서 공유부에 근거한 정당성을 획득한 모든 가능한 방안을 망라하고 있다. 따라서 기본소득 금액을 정해 놓고 그에 부합한 일정한 재정모델을 설정한 후 해당 금액을 지급하기 위한 재원조달 방안을 제시하는 접근을 취하지 않는다. 대신 기본소득 재원조달 방안을 크게 기존 조세체계 개혁, 신규 세목 발굴, 재정개혁, 화폐개혁 등의 4가지 범주로 구분하여 다루고 있으며, 각각의 범주에서 여러 가지 세부 방안들을 제시한다.

Part 2

재원조달 방안들

3장

조세개혁으로
재원 마련하기

●

증세로 찾는 재정적 실현 가능성

보편적 기본소득을 실현하는 데서 가장 크게 제기되는 반론이 재정적 실현
가능성이다. 전국민에게 1인당 월 30만 원씩만 지급하려 해도 약 187조 원
(2018년 GDP 1,898조 원의 9.8%), 즉 GDP의 10%에 가까운 예산이 소요
되는데, 이처럼 큰 규모의 재원을 당장에 마련하기가 쉽지 않은 것이 사실
이다.

　기본소득을 아주 낮은 단계부터 시작할 수는 있지만, 1인당 GDP의
10% 정도는 너무 머지않은 미래에 도달할 수 있어야 실질적 자유의 증진
을 위한 의미 있는 기초소득 보장이 될 것이다. 더 나아가 1인 가구 생계급
여(2020년 기준 월 52만 7천 원)를 대체할 수 있는 정도의 기본소득을 실시
하려면 GDP의 16% 이상의 예산이 필요한데, 생계급여 등 공공부조의 많
은 부분을 대체하는 데서 나오는 재원을 고려하면 GDP의 15% 정도의 순
재원이 필요하게 된다. 그동안 기본소득을 주장하는 국내의 여러 학자들이

월 30만 원 내지 50만 원 수준의 기본소득 실시를 제안한 바 있다(강남훈, 2019; 김교성 외, 2018; 유종성, 2020a; 이원재 외, 2019).

기본소득 재원의 일부는 재정지출 구조의 개혁과 기존 현금복지의 일부를 대체하여 마련한다 하더라도 상당한 정도의 증세가 필요하다. 한국은 조세부담 중 공공사회지출의 비중이 40% 정도로서 OECD 국가들의 평균 수준인 60%에 많이 뒤떨어진다. 따라서 증세 없이 재정지출 구조 개혁만으로도 GDP의 5% 정도는 조달할 수 있다고 볼 수 있으나, 이러한 재정지출 구조를 일거에 바꾸기는 어렵고 적어도 5년 내지 10년의 중장기 계획이 필요할 것이다. 기존의 현금복지 중 일부를 기본소득으로 대체한다 해도 GDP의 1% 내지 2% 이상을 대체하기는 어려우며, 또한 기본소득으로 대체하는 것이 바람직하지 않은 현금복지와 현물급여, 공공서비스 등 복지수요의 증가를 고려할 때 기존 복지의 대체에서 큰 재원을 상정하는 것은 비현실적이고 바람직하지 않다.

따라서 GDP의 10% 내지 16% 수준의 기본소득을 실시하려면, 재정지출 구조의 과감한 선진국형 개혁과 더불어 기존 현금복지의 일부 대체로 GDP의 5% 이상의 재원을 마련한다고 해도 GDP의 5% 내지 10% 규모의 증세 방안을 마련하는 것이 필요하다. 더구나 공공서비스 등 복지수요의 증가를 고려하면 GDP 10% 이상의 증세 방안을 준비할 필요가 있으며, 2018년의 조세부담률(사회보장기여금 포함)이 GDP의 28% 정도로서 GDP의 45% 내외에 달하는 선진국 수준을 따라가려면 중장기적으로 GDP의 15% 이상의 증세가 필요하다고 볼 수 있다.

정부의 중장기 사회보장 재정추계에 의하면 현재의 복지제도를 유지하는 것만으로도 고령화에 따른 복지수요의 증가로 2060년이면 GDP의 28.2%를 복지지출에 사용할 것으로 전망하고 있다. 따라서 GDP 10% 내지 16% 수준의 기본소득을 실시할 경우 기존 복지제도의 부분적 대체 및 개혁이 필연적으로 요청된다. 따라서 기본소득 도입은 기존 사회보장제도의 전면적 개혁과 함께 논의되어야 한다(유종성, 2020b).[1]

단기적으로는 재난지원금 또는 재난기본소득의 보편적 지급을 위한 재원 마련의 문제도 있다. 코로나19가 장기화되는 것을 고려하면 2021년도 중에, 그리고 경우에 따라서는 2022년도에도, 1인당 연 50-100만 원 정도의 보편적 재난기본소득을 2-3회에 걸쳐 지급하는 것이 필요할 수 있다. 재정절감과 국채발행 등으로 재원을 충당할 수도 있겠으나, 재난으로 인한 고통분담과 이익공유 차원에서 재원(25-50조 원)의 일부를 특별세로 조달하는 방안을 고려할 필요가 있다고 본다. 가령 GDP의 0.5% 또는 1%에 해당하는 약 10조 원 또는 20조 원 정도를 재난기본소득 특별세로 조달하는 것이 가능하다면, 25조 원 또는 50조 원 규모의 재난기본소득의 실현 가능성을 높일 뿐 아니라 영구적인 기본소득의 도입 가능성에 대한 공감대를 높이고 정치적 합의를 촉진하는 데 중요한 역할을 할 수 있을 것이다.

이 연구는 이상의 상황들을 고려하여 최소한 GDP의 5% 내지 10%, 나아가서 GDP의 10% 내지 15% 정도의 증세방안을 제시하고자 한다. 그러나 이 연구는 단순히 세수 확보만이 아니라 조세정의의 실현과 효율성의 측면도 함께 고려할 것이며, 가능하면 증세에 대한 국민적 동의를 구하기 쉽고 정치적 실현 가능성을 높이는 방안을 강구하고자 한다.

본 연구에서는 조세개혁의 구체적 방안들을 제안하며 가능한 경우에는 세수추계를 제시한다. 끝으로 기본소득 실시에 따르는 조세-급여체계 및 조세행정의 개혁과제에 대해 간단히 살펴보고, 소득과 자산 및 과세정보의 공개에 대해서도 논하고자 한다.

---

[1]   이는 본 연구의 범위를 벗어나므로 다루지 않으며, 관심있는 독자는 유종성(2020b)을 참고하기 바란다.

이때, 하나의 조세개혁 패키지를 제시하기보다는 GDP의 5% 내지 10%, 나아가 GDP의 10% 내지 15% 정도의 증세를 하고자 할 때 선택 가능한 여러 가지 메뉴를 제시하고자 한다. 또한 GDP의 0.5% 또는 1% 규모의 재난기본소득 특별세 도입방안을 함께 제시하고자 한다.

조세개혁과 기본소득의 종합적인 소득재분배 효과와 노동시장 및 거시경제에 미치는 효과 등에 대해서는 후속 연구과제로 남겨둔다. 이러한 후속 연구들은 조세 이외의 다양한 재원조달 방안들과 조세개혁 방안들 중에서 어떤 메뉴들을 어떻게 조합하여 어느 정도 규모의 기본소득을 어떤 방식으로 실시할 것이냐(가령, 전국민 동일금액 또는 연령별 차등금액 지급 등)에 대해 두세 가지의 종합적인 방안들을 수립하여 수행하는 것이 바람직하다고 본다.

이 연구는 기존의 기본소득론자들이 제시한 재원에 대한 논의 및 조세개혁에 대한 권위 있는 연구문헌들의 검토를 거쳐 고찰한 이론적 근거에 입각해, 구체적인 조세개혁 방안들로 이룰 수 있는 증세 규모에 대한 추계를 제시할 것이다. 세수추계에는 국세청이 발행하는 〈국세통계연보〉를 비롯하여 행정안전부의 〈지방세통계연감〉, 한국은행의 〈국민계정〉 등의 자료를 활용할 것이다. 자료의 한계로 정확한 추계는 어렵지만 가능한 한 구체적인 추계를 제시하고자 한다. 이후 최종적으로 GDP의 5%, 10% 및 15% 규모의 증세를 이룰 수 있는 시나리오들을 제시하고자 한다. 이용할 수 있는 가장 최근의 자료가 대부분 2018년 귀속 소득을 기준으로 하므로 이 연구에서는 2018년을 기준으로 세수를 추계하고 2018년 GDP의 몇 퍼센트를 차지하는지를 표시하고자 한다.

소득세 개혁

소득세 비과세 및 감면의 정비

1) 기본 방향

한국은 대부분의 OECD 국가들에 비해 비과세 소득과 각종 소득공제, 세액공제 및 감면 등 소득세에 광범위한 감면을 허용하고 있다. 특히 과거 국가 주도의 산업화 과정에서 저임금을 유지하며 복지지출을 억제하는 대신 근로소득공제, 근로소득세액공제 등을 도입했다. 이로 인해 상당수의 근로소득자가 면세점에 미달하여, 2018년 귀속 근로소득 연말 정산자 18,577,885명 중 38.9%(7,219,101명)가 결정세액이 없다. 고소득자들은 이처럼 면세자가 많은 것과 상위층의 소득세 부담률이 높은 것에 불만을 토로하나, 사실 이러한 조세감면의 혜택은 어차피 낼 세액이 작은 저소득층보다는 고소득층이 더 크게 받게 된다. 특히 세액공제에 비해 소득공제는 동일한 금액의 공제라도 한계세율이 더 높은 고소득층일수록 실질적인 감세혜택이 커지게 된다. 이러한 조세감면을 재정복지, 또는 숨겨진 복지라고도 하며, 조세지출이라고도 하는데 일반적으로 조세지출이나 재정복지는 역진성을 띄게 된다.

근로장려금, 자녀장려금 등 근로장려세제를 제외하고는 대부분의 조세지출이 저소득층보다 고소득층에게 더 큰 감세 혜택을 준다는 것은 이미 여러 실증분석 결과에서 일관되게 확인된다(김우철, 2014; 김태일·박종수, 2010; 임주영·박기백·김우철, 2014). 강남훈(2018)은 2015년 귀속 근로소득세의 각종 소득공제와 세액공제 및 감면으로 인한 1인당 조세감면액이 하위 10% 근로자에게는 27만 8천 원이고 상위 10% 근로자에게는 790만 7천 원으로 28.4배가 되는데, 이러한 조세지출을 기본소득으로 전환하면 소득

재분배에 상당한 효과가 있을 것임을 보여주고 있다. 권혁진·신우진(2010)은 가족복지 성격을 지닌 인적공제도 매우 역진적이며, 이를 보편적인 이전지출로 전환하면 재정의 세입, 세출 측면 모두에서 재분배효과가 제고될 수 있음을 보여주고 있다.

〈표 3-1〉은 한국이 근로소득공제, 본인공제 등 기본 소득공제를 가장 많이 가지고 있으며, 일본과 미국이 한국 다음으로 기본 소득공제를 많이 해주는 편임을 보여주고 있다. 반면 여러 나라들이 기본 소득공제를 전혀 가지고 있지 않으며, 호주, 캐나다, 이탈리아 등은 기본 세액공제만을 가지고 있다. 캐나다의 경우 1987년 소득세 세율을 인하하면서 소득공제를 세액공제로 전면 전환했다. 한국의 경우는 1980년대 이후 최근까지 여러 차례 소득세율을 대폭 인하하면서도 소득공제를 축소하기는커녕 더욱 확대해왔다. 즉, 최고 소득세율이 1975년 70%에서 1981년 62%, 1989년 50%, 1994년 45%, 1996년 40%, 2002년 36%, 2005년 35%까지 인하되었다가 2012년 이후 몇 차례 인상으로 현재 42%인데, 2013년 세제개편 시 일부 소득공제를 세액공제로 전환하기는 했지만 아직도 OECD 국가 중 소득공제가 가장 많은 편이다.

본 연구에서는 다음의 세 가지 안을 검토한다.

첫째, 종합소득세의 분리과세를 허용하지 않고 양도소득, 퇴직소득 등에 대한 분류과세 외에는 전면적인 종합과세를 시행하며 모든 비과세와 소득공제, 세액공제 및 감면을 폐지하고 이중과세 방지를 위한 외국납부세액공제와 법인세 단계에서 이미 낸 세금을 이중으로 내지 않도록 하는 배당세액공제만을 남겨두되 현행 세율구조를 유지하는 안(1안).

둘째, 소득공제 중 근로소득공제, 인적공제와 신용카드 소득공제, 세액공제 중 근로소득세액공제, 자녀세액공제와 교육비세액공제만을 폐지하며 현행 세율체계를 유지하는 안(2안). 이 안을 다시 현행 분리과세를 유지하

<표 3-1> 각국 개인소득세의 기본 소득공제, 기본 세액공제, 피부양자 공제

국가명	영세율 구간($)	최저 세율	기본 소득공제	기본 세액공제	피부양자공제 등
Korea		6%	본인 150만; 근로소득 70%(총급여 5백만까지), 공제율 점감, 2%(1억 초과분). 공제 한도액 2천만원	근로소득 산출세액 55% (1.3백만 이하), 30%, 0% (33백만 초과); 표준세액 공제 13만; 환급형 근로 장려 최대 1.5/2.6/3백만	피부양자 소득공제 150만; 자녀세액공제 (15만/30만); 환급형 자녀장려금 70만; 사회보험료 소득공제
Australia	18,200	19%	–	저소득층, 점감	–
New Zealand		10.5%	–	–	
Canada		15%	–	본인 1,745, 피용자 177; 환급형 근로장려 최대 1,043/1,894	1인당 세액 1,745
Italy		23%	–	기본공제 1,880(점감, 과 세소득 55,000 초과시 0); 환급형 근로장려 최대 960	배우자, 자녀 세액공 제; 사회보험료 소득 공제
Finland	16,500	65%	근로관련 비용 620	환급형 근로장려 최대 1,025	자녀 1인당 세액 100
Sweden	430,200	20%	기본공제 13,100–34,300	근로장려 최대 26,486/30,000(65세이상)	사회보험료 소득공제
UK		20%	기본공제 10,600(100,000 초과소 득의 50% 차감, 소득 121,200 이상 0)	환급형 근로장려금 최대 4,780	자녀세액공제 최대 6,105
US		10%	표준공제 6,300/9,250; 본인공제 4,000 (고소 득시 점감)	EITC 최대 9,880/13,870/6,580	부양가족 소득공제 4,000; 환급형 자녀 세액공제 최대 1,000
Japan		5%	기본공제 380,000; 근로소득 40%(공제율 점감), 한도 2,450,000(총급여 15백 만 초과)		배우자, 자녀 소득공 제 380,000 (19–22세 630,000–); 사회보험 료 소득공제

자료: 안종석(2016), OECD (2019), 국세청(2020)

는 안(2a안)과 전면적 종합과세를 실시하는 안(2b안)으로 나누어 볼 수 있다.

　수많은 소득공제와 세액공제 및 감면을 일시에 모두 정비하는 것이 어려울 경우 근로소득 관련 공제와 인적공제 등은 기본소득이 대체 역할을 더 잘 수행할 수 있고, 신용카드 소득공제의 경우 매출 투명화라는 정책목표는 이미 달성했으므로 기본소득 재원으로 전환해도 무방할 것이라 본다. 그동안 신용카드 소득공제 폐지 논의가 번번이 실패한 것은 이 제도의 폐지로 얻는 세수를 국민에게 직접적인 혜택으로 되돌려주는 대안 제시가 없었기 때문이라고 본다.

2) 1안의 세수효과

종합소득세의 분리과세를 허용하지 않고 양도소득, 퇴직소득 등에 대한 분류과세 외에는 전면적인 종합과세를 시행하며 모든 비과세와 소득공제, 세액공제 및 감면을 폐지하고 이중과세 방지를 위한 외국납부세액 공제와 배당세액 공제만을 남겨두되 현행 세율구조를 유지하는 안의 세수 증대 효과는 매우 클 것으로 보인다. 그러나 국세청이 비과세되는 재배업 소득은 물론이고 분리과세 되는 소득들에 대한 인별 합산 자료를 제공하지 않기 때문에 세수추계를 제대로 할 수가 없다. 본고에서는 국세청이 국회에 제출한 통합소득[2] 천분위 자료를 토대로 한 세수추계를 제시한다.

　국세청이 유승희 의원실에 제출한 통합소득 자료(2018년 귀속 소득)는 2,324.7만 명에 824.1조 원의 통합소득, 500.3조 원의 과세표준, 61.7조 원의 결정세액을 보여주고 있다. 연말정산 근로소득(1,857.8만 명, 681.6조 원에서

2　연말정산 근로소득 중 비과세소득을 제외한 과세소득과 종합소득 신고 소득금액을 인별로 합산한 소득을 말한다. 재배업소득 등 비과세 소득 및 분리과세로 종결되는 일용근로소득과 2천만 원 이하의 금융소득, 그리고 원천징수되는 사업소득, 연금소득, 기타소득 중 종합소득 신고에서 제외된 부분은 포함되지 않는다.

비과세 4.1조 원을 뺀 677.5조 원)과 종합소득금액(691.1만 명, 213.7조 원)을 단순 합계한 것보다 인원수와 소득금액이 작은 것은 연말정산 근로소득자 중에 종합소득 신고를 한 중복인원이 있기 때문이다. 통합소득보다 과세표준 총액이 작은 것은 근로소득 공제, 인적공제, 신용카드소득공제 등 각종 소득공제 때문인데, 소득공제를 전면 폐지하면 통합소득 금액이 그대로 과세표준이 된다.

〈표 3-2〉는 각 소득분위별로 평균소득금액에 대해 현행 소득세율(6%에서 42%까지의 누진세율)을 적용하면 총세액이 현행 61.7조 원에서 137.6조 원으로 비약적으로 증가함을 보여준다. 외국납부세액 공제와 배당세액 공제 외에는 일체의 세액공제와 감면도 폐지하는 안이므로 새로운 결정세액은 총세액에서 외국납부세액 공제와 배당세액공제를 더한 금액(1.7조 원)을 빼면 135.9조 원이 된다. 이는 현행 세제에 의한 결정세액 61.7조 원보다 두 배가 넘으며, 추가세수는 74.2조 원이 된다.

〈표 3-3〉은 각 분위별로 1인당 세액과 세율이 얼마나 증가하는지를 보여준다. 통합소득의 평균 실효세율은 7.5%에서 16.7%로 늘어난다. 1인당 평균세액은 265.6만 원에서 592.1만 원으로 평균 326.5만 원이 늘어난다. 소득분위별로 1인당 세금 증가액을 보면 상위 37%까지는 326.5만 원보다 더 많이 늘어나며, 하위 63%는 세금 증가액이 326.5만 원보다 적다. 즉, 추가세수를 모든 통합소득자에게 정액(326.5만 원)의 기본소득으로 지급하면 하위 63%는 순수혜, 상위 37%는 순부담 계층이 되어 상당한 소득재분배 효과를 낼 수 있게 된다. 세율은 저소득자일수록 더 많이 늘어나지만, 세액은 고소득자일수록 더 많이 증가하므로 늘어난 세수를 정액의 기본소득으로 지급하면 소득재분배 효과가 크게 나타나는 것이다.

앞에서 통합소득은 연말정산 근로소득 중 비과세소득을 제외한 과세소득과 종합소득 신고 소득금액을 합한 것이므로 근로소득 중 비과세소득

〈표 3-2〉 2018년 귀속 통합소득 분위별 결정세액 및 소득/세액공제 및
감면 폐지시 1인당 세액 및 총세액

(단위: 백만 원)

구분	인원	근로+종합소득	과세표준	결정세액	1인당 통합소득	1인당 세액	총세액
전체	23,246,938	824,129,036	500,344,295	61,755,385	35.451	5.921	137,651,312
0.1%	23,246	34,202,256	33,285,305	11,532,982	1,471.318	582.554	13,542,039
0.2%	23,247	11,545,470	10,901,030	3,376,404	496.643	173.257	4,027,714
0.3%	23,247	8,611,488	8,015,348	2,324,410	370.434	122.774	2,854,121
0.4%	23,247	7,132,417	6,531,031	1,805,816	306.810	97.324	2,262,493
0.5%	23,247	6,234,525	5,641,572	1,490,318	268.186	82.511	1,918,128
0.6%	23,247	5,607,714	5,005,166	1,275,362	241.223	72.265	1,679,940
0.7%	23,247	5,147,091	4,541,781	1,122,069	221.409	64.735	1,504,903
0.8%	23,247	4,792,445	4,171,898	998,913	206.153	58.938	1,370,137
0.9%	23,247	4,514,633	3,886,785	908,344	194.203	54.397	1,264,569
1.0%	23,247	4,290,549	3,657,843	831,979	184.564	50.734	1,179,417
2%	232,469	35,809,376	29,212,097	5,973,227	154.039	39.135	9,097,664
3%	232,470	29,108,168	22,430,870	3,823,862	125.213	28.924	6,724,056
4%	232,469	25,647,887	18,990,723	2,868,930	110.328	23.715	5,512,972
5%	232,469	23,344,049	16,824,255	2,363,586	100.418	20.246	4,706,629
6%	232,470	21,638,789	15,185,503	1,990,134	93.082	17.679	4,109,773
7%	232,469	20,373,986	13,934,102	1,711,541	87.642	15.814	3,676,268
8%	232,470	19,366,265	12,921,565	1,481,934	83.307	14.774	3,434,410
9%	232,469	18,466,315	12,094,998	1,299,973	79.436	13.845	3,218,427
10%	232,469	17,648,413	11,360,018	1,152,061	75.917	13.000	3,022,131
15%	232,469	14,449,025	8,648,732	705,847	62.155	9.697	2,254,278
20%	232,469	12,118,360	6,835,076	462,519	52.129	7.291	1,694,918
25%	232,469	10,403,413	5,556,757	309,811	44.752	5.633	1,309,445
30%	232,469	9,047,345	4,689,889	212,700	38.919	4.758	1,106,035
35%	232,470	7,971,460	4,028,608	146,447	34.290	4.064	944,651
40%	232,470	7,051,847	3,486,807	104,307	30.334	3.470	806,709
45%	232,470	6,289,652	2,990,760	76,617	27.056	2.978	692,380
50%	232,470	5,603,743	2,502,430	53,286	24.105	2.536	589,494
55%	232,469	5,021,373	2,150,469	42,965	21.600	2.160	502,139
60%	232,469	4,487,893	1,849,124	31,017	19.305	1.816	422,117
65%	232,469	3,959,680	1,593,094	34,170	17.033	1.475	342,886
70%	232,469	3,304,640	1,233,723	22,667	14.215	1.052	244,629
75%	232,469	2,642,057	1,031,181	24,614	11.365	0.682	158,523
80%	232,469	2,008,314	728,206	20,462	8.639	0.518	120,499
85%	232,470	1,441,894	390,629	11,251	6.202	0.372	86,514
90%	232,470	953,458	227,047	4,378	4.101	0.246	57,207
95%	232,470	543,656	78,591	55	2.339	0.140	32,619
100%	232,470	-	-	-	-	-	-

은 제외된 것이다. 이뿐만 아니라 비과세되는 대부분의 농림어업 소득(2017년 국민계정상 29.7조 원 중 종합소득 신고된 0.4조 원 제외한 29.3조 원)과 원천 분리과세로 종결되는 일용근로소득(776.9만 명, 62.9조 원)과 종합소득 신고에서 제외되는 대부분의 연말정산 사업소득(55.9만 명, 2.2조 원), 종합과세에서 제외된 원천징수 이자·배당소득(47.6조 원 중 종합과세된 이자·배당소득 17.8조 원을 뺀 29.8조 원)과 원천징수 기타소득(435.5만 명, 15.5조의 지급총액, 소득금액 8.5조 원 중 종합과세된 기타소득 2.5조 원을 뺀 6조 원), 그리고 원천징수 사업소득(613.2만 명, 94.1조 원 중 일부) 중 종합소득 신고에 포함되지 않은 부분(원천징수사업소득은 종합소득신고를 하는 것이 원칙이나 실제로는 많은 경우 신고를 하지 않는 것으로 추정됨)을 모두 종합과세에 포함하면 총통합소득의 인원수와 소득금액이 늘어날 것이고, 추가세수는 훨씬 더 늘어날 것이다.[3] 국세청이 인별로 소득과 세금을 통합한 자료를 제공하지 않고 있기 때문에 전면적인 종합과세를 실시하며 각종 소득공제와 세액공제 및 감면 폐지시의 추가세수를 계산하는 것이 불가능하고, 농림어업 소득의 경우 소득 파악과 과세가 어려운 부분이 많긴 하지만 어림잡아서 통합소득이 최소한 100조 원, 많게는 120~130조 원가량 증가할 것이며, 추가 세수도 최소한 6조 원 이상(최저세율 6%만 적용해도 6조 원 내지 7.8조 원) 증가할 것으로 추정된다. 따라서 전면적인 종합과세 실시 및 비과

---

3   2018년 기준으로 원천징수사업소득자가 613.2만 명(이중 병의원 9만을 제외하면 대부분 사업자등록 없이 인적 용역을 제공하는 이들임, 국세통계연보 4-4-6)인데 종합소득 신고 사업소득자(연보 3-2-3)가 502만 명에 불과하며, 종합소득신고 사업장별 신고건수가 788만 건(사업소득자 중 2개 이상의 사업장을 가진 경우가 있음, 연보 3-2-5)인 것을 보면 원천징수 사업소득자 중에 종합소득 신고를 하는 인원수가 그리 많지 않을 것으로 추정된다. 국세청이 윤후덕 의원실에 제출한 자료에 의하면, 원천징수 사업소득자 중 상위 28%만이 연간 1천만 원 이상의 수입금액을 올리고 있어 다수의 저소득 사업소득자들이 종합소득 신고를 하지 않는 것으로 보인다. 1천만 원 이하 소득자 440여만 명의 수입금액은 9조 원으로 전체 원천징수 사업소득 94.1조 원의 9.5%밖에 안 된다.

〈표 3-3〉 2018년 귀속 통합소득 분위별 1인당 결정세액 및 소득/세액공제 및
감면 폐지시 1인당 세액 및 추가세액

(단위: 백만 원)

구분	인원	1인당 통합소득	1인당 세액	세율	1인당 수정세액	수정 세율	1인당 추가세액
전체 평균	23,246,938	35.451	2.656	7.5%	5.921	16.7%	3.265
0.1%	23,246	1,471.318	496.128	33.7%	582.554	39.6%	86.426
0.2%	23,247	496.643	145.240	29.2%	173.257	34.9%	28.017
0.3%	23,247	370.434	99.988	27.0%	122.774	33.1%	22.786
0.4%	23,247	306.810	77.680	25.3%	97.324	31.7%	19.645
0.5%	23,247	268.186	64.108	23.9%	82.511	30.8%	18.403
0.6%	23,247	241.223	54.861	22.7%	72.265	30.0%	17.403
0.7%	23,247	221.409	48.267	21.8%	64.735	29.2%	16.468
0.8%	23,247	206.153	42.970	20.8%	58.938	28.6%	15.969
0.9%	23,247	194.203	39.074	20.1%	54.397	28.0%	15.323
1.0%	23,247	184.564	35.789	19.4%	50.734	27.5%	14.945
2%	232,469	154.039	25.695	16.7%	39.135	25.4%	13.440
3%	232,470	125.213	16.449	13.1%	28.924	23.1%	12.476
4%	232,469	110.328	12.341	11.2%	23.715	21.5%	11.374
5%	232,469	100.418	10.167	10.1%	20.246	20.2%	10.079
6%	232,470	93.082	8.561	9.2%	17.679	19.0%	9.118
7%	232,469	87.642	7.362	8.4%	15.814	18.0%	8.452
8%	232,470	83.307	6.375	7.7%	14.774	17.7%	8.399
9%	232,469	79.436	5.592	7.0%	13.845	17.4%	8.253
10%	232,469	75.917	4.956	6.5%	13.000	17.1%	8.044
15%	232,469	62.155	3.036	4.9%	9.697	15.6%	6.661
20%	232,469	52.129	1.990	3.8%	7.291	14.0%	5.301
25%	232,469	44.752	1.333	3.0%	5.633	12.6%	4.300
30%	232,469	38.919	0.915	2.4%	4.758	12.2%	3.843
35%	232,470	34.290	0.630	1.8%	4.064	11.9%	3.434
40%	232,470	30.334	0.449	1.5%	3.470	11.4%	3.021
45%	232,470	27.056	0.330	1.2%	2.978	11.0%	2.649
50%	232,470	24.105	0.229	1.0%	2.536	10.5%	2.307
55%	232,469	21.600	0.185	0.9%	2.160	10.0%	1.975
60%	232,469	19.305	0.133	0.7%	1.816	9.4%	1.682
65%	232,469	17.033	0.147	0.9%	1.475	8.7%	1.328
70%	232,469	14.215	0.098	0.7%	1.052	7.4%	0.955
75%	232,469	11.365	0.106	0.9%	0.682	6.0%	0.576
80%	232,469	8.639	0.088	1.0%	0.518	6.0%	0.430
85%	232,470	6.202	0.048	0.8%	0.372	6.0%	0.324
90%	232,470	4.101	0.019	0.5%	0.246	6.0%	0.227
95%	232,470	2.339	0.000	0.0%	0.140	6.0%	0.140
100%	232,470	-	-	-	-	-	-

세 감면의 폐지시 추가 세수의 규모는 2018년 기준으로 80조 원 이상으로 추정된다.

우리나라 소득세제는 종합과세를 원칙으로 하면서도 납세자의 편의를 위해 분리과세를 광범위하게 허용하고 있지만, 홈택스를 이용하면 종합소득 신고에 큰 어려움이 없으므로 굳이 전면적인 종합과세를 더 이상 미룰 이유가 없다. 또한, 현재는 농림어업 소득의 대부분을 비과세하고 있으나, 이들을 포함한 전국민에게 기본소득을 지급할 경우 이들에게도 소득세 납부의 의무를 면제해줄 필요가 없고 오히려 납세자로서 떳떳하게 기본소득 수급의 권리를 누리는 것이 좋을 것이다.

3) 2안의 세수 효과

소득공제 중 근로소득공제, 인적공제와 신용카드 소득공제, 세액공제 중 근로소득세액공제, 자녀세액공제, 교육비세액공제만을 폐지하며 현행 세율체계를 유지하는 안의 세수효과는 〈국세통계연보〉를 기준으로 추정한다. 가장 최근 자료인 2018 귀속연도 기준 자료를 사용한다. 현재의 분리과세를 유지할 경우(2a안)에는 연말정산 근로소득세와 종합소득세 두 가지에 대한 세수효과 추정으로 거의 전부가 포괄되지만, 전면적 종합과세를 할 경우(2b안)에 대해 세수효과를 추정하려면 인별 통합소득에 대한 자료가 필요하기 때문에 연말정산 근로소득과 종합소득 신고소득에 대해서만 추계를 하고, 나머지는 어림짐작을 하는 수밖에 없다.

① 근로소득자(2019년 국세통계연보 기준)

국세청 자료에 따르면 2018 귀속연도 기준으로 전체 근로자는 1,857.7만 명이며, 전체 급여 총액은 681.6조 원이고, 근로자가 부담하는 세금은 결정세액 기준으로 38.3조 원이다. 여기서 결정세액은 산출세액에서 각종 세액공

⟨표 3-4⟩ 근로소득세 원천징수: 총급여 구간별 소득 및 세액

(단위: 천명, 10억원)

구간	인원	급여총계	과세표준	산출세액	결정세액
1천만 이하	0.1	0.4	0.4	0.1	0.1
1.5천만 이하	224.0	3,235.4	1,166.8	70.0	2.5
2천만 이하	1,331.5	24,010.2	9,628.4	577.8	87.3
3천만 이하	2,510.4	62,183.1	28,438.2	1,884.9	494.7
4천만 이하	1,730.3	60,600.4	30,450.9	2,706.8	1,115.2
4.5천만 이하	730.3	31,169.9	16,109.1	1,627.8	830.0
5천만 이하	657.3	31,363.7	16,575.8	1,776.6	981.6
6천만 이하	1,078.1	59,417.4	32,771.0	3,751.5	2,279.0
8천만 이하	1,493.3	103,913.2	62,239.2	7,872.3	5,523.6
1억 이하	802.8	71,438.0	47,359.3	7,181.6	5,787.3
2억 이하	710.4	90,742.0	67,617.9	13,489.7	12,066.0
3억 이하	56.2	13,398.0	11,385.9	3,188.2	3,060.8
5억 이하	22.5	8,430.1	7,508.9	2,378.7	2,321.0
10억 이하	8.7	5,752.2	5,277.5	1,858.7	1,830.0
10억 초과	2.8	5,285.8	5,013.8	1,952.8	1,928.8
과세자 소계	11,358.8	570,939.7	341,543.1	50,317.4	38,307.8
1천만 이하	3,054.3	14,852.7	1,480.3	88.8	0.0
1.5천만 이하	1,274.5	15,826.2	3,917.3	235.0	0.0
2천만 이하	711.0	12,648.5	2,905.4	174.3	0.0
3천만 이하	1,229.9	30,561.6	10,469.4	651.9	0.0
4천만 이하	652.4	22,482.5	8,771.6	655.6	0.0
4.5천만 이하	143.5	6,106.0	2,352.1	200.1	0.0
5천만 이하	79.6	3,783.2	1,488.8	137.9	0.0
6천만 이하	55.9	3,027.6	1,243.5	126.3	0.0
8천만 이하	15.5	1,038.8	474.2	54.6	0.0
1억 이하	1.2	122.7	67.6	9.9	0.0
1억 초과	1.3	221.8	156.8	36.6	0.0
비과세자 소계	7,219.1	110,671.6	33,327.1	2,371.2	0.0
합계	18,577.9	681,611.3	374,870.2	52,688.6	38,307.8

주) 국세통계연보(2019) 표 4-2-4를 토대로 계산했다.

〈표 3-5〉 주요 세액공제

구분	조문	주요내용(공제금액 및 한도 등)
배당세액공제	소법 §56	종합소득금액에 배당가산(Gross-up)[1]된 배당소득금액이 합산되어 있는 경우 배당세액(Gross-up 대상 배당소득 총수입금액x11%)을 산출세액에서 공제
기장세액공제	소법 §56의2	간편장부대상자인 사업자가 복식기장에 따라 소득금액 계산하는 경우, 산출세액의 20% 공제, 연 100만원 한도
외국납부 세액공제	소법 §57	종합소득산출세액에서 전체 종합소득에서 외국에서 소득세 납부한 국외원천소득 금액이 차지하는 비중만큼 외국납부세액 공제
재해손실 세액공제	소법 §58	재해로 인해 사업용자산(토지제외) 총액의 20%이상 상실한 경우, 소득세액 중 상실비율에 따라 공제
근로소득 세액공제	소법 §59	산출세액 130만원 이하분 55%, 산출세액 130만원 초과분 30% 공제, 50~74만원 한도(총급여 수준이 증가할수록 세액공제 한도 점감)
자녀 세액공제	소법 §59의2	공제대상 자녀(다자녀·7세이상·출산입양 자녀) 인원 및 유형에 따라 공제
연금계좌 세액공제	소법 §59의3	연금계좌 납입액에 대해 12%(종합소득금액 4,000만원 근로소득만 있는 경우 5,500만원 이하는 15%)로 공제
특별 세액공제	소법 §59의4	의료비·교육비·기부금에 대한 세액공제 및 표준세액공제
전자신고에 대한 세액공제	조특법 §104의8	전자신고 방법으로 소득세 또는 법인세 과표 신고하는 경우 해당 납부세액에서 2만원 공제
현금영수증 가맹점에 대한 세액공제	조특법 §126의3	현금영수증가맹점이 현금영수증 발급하는 경우 해당 과세기간별 건당 5천원 미만 현금영수증 발급선수x20원 공제
기타조특법상 세액공제		기부정치자금 세액공제/근로소득자의 월세 세액공제 성실사업자 등에 대한 의료비·교육비·월세 세액공제 연구·인력개발비에 대한 세액공제, 각종 투자세액공제 등

주 1) 1) 법인의 소득금액에 대해 법인단계에서 부담한 법인세의 일정부분을 주주단계의 배당소득에 대한 종합소득세에서 공제하기 위해 배당액에 11%를 가산(Gross-up)
주 2) 소법은 「소득세법」을 말하며 조특법은 「조세특례제한법」을 말함

자료: 「2020 대한민국조세」, 국회예산정책처, 2020.

〈그림 3-1〉 근로소득 과세표준의 도출

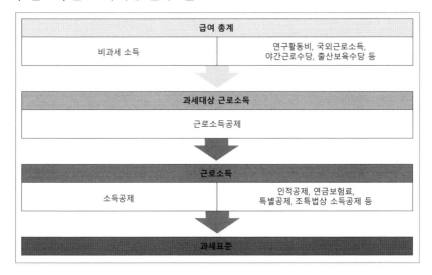

〈그림 3-2〉 종합소득 소득공제(근로소득자 공제)

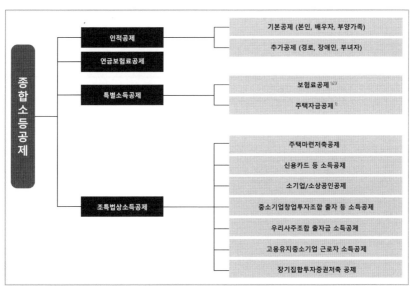

주 1) 근로소득자만 이용 가능한 소득공제제도(단, 성실사업자의 경우 2008년부터 의료비·교육비 공제 허용)

주 2) 보장성 보험료 공제는 세액공제로 이동(2014.1.1.분부터)

자료: 「2020 대한민국조세」 국회예산정책처, 2020.

제를 차감한 금액으로 소득에 대한 실질적인 세금 부담을 의미한다.

본 연구의 관심사인 소득세 관련 비과세 및 감면 규모를 살펴보자. 먼저 과세 대상에서 제외하는 비과세소득이 3.0조 원으로 소규모로 나타나고 있으며, 주요 대상으로는 연구활동비, 국외근로소득, 야간근로수당, 출산보육수당 등이 있다. 근로소득에서 제외하고 있는 근로소득공제는 170.6조 원으로 나타나고 있다. 다음으로 다양한 소득공제가 있다. 〈그림 3-1〉에 나타난 것처럼 소득세의 소득공제는 인적공제, 연금보험료공제, 특별소득공제, 조특법상 소득공제가 있다. 특별소득공제 중에서 보험료공제, 주택자금공제와 조특법상 소득공제인 주택마련저축공제, 신용카드 등 소득공제는 근로소득자만 감면 대상이다. 이러한 소득공제의 규모는 132조 원에 이르고 있으며, 이러한 소득공제의 핵심은 인적공제로 54.1조 원에 달한다. 기타 국민연금, 개인연금 등 연금보험료공제가 있고, 주택차입금처럼 소득공제 성격도 있다.

따라서 모든 공제를 없애는 방식은 연금보험료에 대한 공제를 허용하지 않게 되며, 소기업소상공인공제, 투자조합소득공제, 고용유지 중소기업 근로자 소득공제 등 사업과 관련된 소득공제도 다수가 존재하고 있는데, 이는 개인의 소득에 대해 특별대우를 해주는 다른 소득공제와는 성격이 다르다고 볼 수도 있다. 이들에 대해서도 소득공제 방식이 과연 적절하고 효과적인 정책수단인지에 대해 의문이 제기될 수 있고, 조세지출보다는 더 투명한 직접적인 재정지출로 정책목적을 달성하는 것이 낫다고 할 수 있다. 그러나 일시에 다 폐지하기에는 논란의 소지가 있으므로 기본소득 도입시 폐지해도 가장 논란의 소지 없을 근로소득공제와 인적공제, 신용카드 소득공제만 폐지하는 것으로 한다.

세액공제와 감면의 규모는 약 14.4조 원에 이르고 있다. 세액공제도 모두 폐지하는 것은 어렵다. 외국납부 세액공제는 거주지 과세원칙에 따른 세액공제이며, 배당세액공제는 법인단계의 과세로 인한 이중과세를 조정하기 위한 것이다. 역시 기본소득 도입시 폐지해도 가장 논란의 소지가 없을 근로소득세액공제와 자녀세액공제, 그리고 존속의 필요성이 약한 교육비세액공제만 폐지하는 것으로 한다.

세액공제는 폐지할 경우에 그 자체가 세수의 증대로 나타난다. 반면 소득공제는 폐지할 경우에 증가하는 세수의 계산이 쉽지 않다. 본 연구의 세수 증대 추정 방식은 다음과 같다. 먼저 T는 산출세액, 소득공제는 D라 하면, 과세표준 TI = 총급여 (Y)-소득공제 (D)가 된다. t는 법정 한계세율, B_k와 B_{k-1}는 k번째 과세구간의 끝과 시작점을 의미한다. 또한 $1(.)$는 $(\ )$에 해당하면 1, 아니면 0을 의미하는 지표함수로 가정한다. 표기의 편의를 위해 $1(B_k) = 1(B_{k-1} < TI_i \leq B_k)$, $1(B_{k-1}) = 1(TI_i \geq B_{k-1})$ $1(B_{k-1}) = 1(TI_i \geq B_{k-1})$로 한다. 이 경우 특정 개인의 산출세액은 다음과 같다.

$$T_i = \sum_k 1(B_k)(TI_i - B_{k-1})t_k + \sum_k 1(B_{k-1})(B_{k-1} - B_{k-2})t_{k-1} \quad (1)$$

특정 소득공제가 없어진 경우의 세수, 과세표준 및 소득공제 규모를 T^*, TI^*, D^*라고 하면 세수의 증가는 다음처럼 나타낼 수 있다.

$$\Delta T_i = T_i^* - T_i \quad (2)$$

소득공제 감소분 $R = D - D^* = TI^* - TI$ 라고 하자. 구간이 변하지 않는 경우에는 단순히 과세표준이 소득공제 감소분만큼 감소하므로 세수 증가는 $R_i t_{ki}$ 이다. 즉, 소득공제 감소 규모에 과세표준의 한계세율을 곱한 값이다. 따라서 구간이 바꾸지 않는 정도로 비과세 및 감면을 정비하는 경우의 추가 세수는 $\Delta T = \sum_i R_i t_{ki}$ 이다.

반면 과세표준 구간이 변하는 경우는 복잡한 형태를 가진다. 먼저 과세표준 구간이 1단계 변하는 경우 과세표준이 변하지 않는 부문의 세수 증가는 $(B_k - B_{k-1})t_k$이고, 변하는 부문의 세수 증가는 $(TI^* - B_k)t_{k+1}$이다.

소득공제 감소분인 R에서 차지하는 비중 $w = (TI^* - B_k)/R$ 이라고 하면 $1 - w = (B_k - B_{k-1})/R$ 이 된다. 따라서 $[w\,t_{k+1} + (1-w)\,t_k]\,R$ 이 세수 증가분이 된다. 구간이 2단계 변하는 경우의 세수 증대 규모는 $(B_k - B_{k-1})\,t_k + (B_{k+1} - B_k)\,t_{k+1} + (TI^* - B_{k+1})\,t_{k+2}$ 이다. 같은 방법으로 생각하면 세수 증가는 $[w_2\,t_{k+2} + w_1\,t_{k+1} + (1 - w_2 - w_1)\,t_k]\,R$ 이다. 여러 단계도 위 방법을 사용할 수 있으며, 소득공제가 전혀 없는 경우에도 한계세율 τ_k를 초과할 수는 없다. 즉, $[w_\tau \tau_k + \dots + (1 - w_\tau - \dots - w_1)\,t_k]\,R$ 로 표현된다.

특정 소득구간에 다수의 개인이 존재하므로 소득공제를 조금 축소하면 소수의 사람만이 다음 단계의 과세구간으로 이동하고, 대부분의 납세자는 원래의 과세 구간이 적용될 것이다. 반면 소득공제 감축의 규모가 커지면 커질수록 소득이 속한 구간의 한계세율인 τ_k가 적용될 가능성이 높다.

본 연구에서는 추정을 위하여 다음과 같은 가정을 한다. 먼저 한계세율이 변하는 비율은 $w = R/D$ 라고 가정한다. 또한 세율과 비중의 가중평균 $w_\tau \tau_k + \dots + (1 - w_\tau - \dots - w_1)\,t_k$ 은 $w\tau_k + (1-w)\,t_k$ 의 근사치로 계산할 수 있다고 가정한다. 예를 들어, $R = w = 0$ 이면 한계세율은 t_k 이다. 소득공제가 하나도 없는 경우인 $R = D,\, w = 1$ 이면 τ_k가 된다. 앞에서 살펴본 것처럼 소득공제가 전혀 없는 경우에 적용할 세율은 아래와 같다.
$$w_\tau \tau_k + \dots + (1 - w_\tau - \dots - w_1)\,t_k = w\tau_k + (1-w)\,t_k$$

그리고 현재의 소득공제에 따른 세율인 t_k는 소득 구간별 산출세액을 과세표준으로 나눈 값을 사용한다. 해당 세율은 소득공제가 있는 상황에서 평균적인 한계세율을 의미한다. 소득공제가 없는 경우의 한계세율은 소득구간에 적용되는 최고 한계세율을 사용했다. 국세통계연보가 소득구간과 완전히 일치하지 않는 경우에는 비례적인 방법으로 소득구간의 세율을 구했다. 예를 들어, 1,500만 원 이하 1천만 원 초과인 경우에는 1,200만 원까지가

〈표 3-6〉 근로소득공제

총급여액	공제액	공제한도
0 ~ 500만원	총급여액의 70%	
500만원 ~ 1,500만원	350만원 + 500만원 초과분의 40%	
1,500만원 ~ 4,500만원	750만원 + 1,500만원 초과분의 15%	2,000만원
4,500만원 ~ 1억원	1,200만원 + 4,500만원 초과분의 5%	
1억원 ~	1,475만원 + 1억원 초과분의 2%	

자료 : 「2020 대한민국조세」 국회예산정책처, 2020.

〈표 3-7〉 신용카드 소득공제 한도 추이 및 제도 개요

총급여액	2016년 이전	2017년	2018년 이후
~7천만원	300만원	300만원	300만원
~1억 2천만원		300만원	250만원
1억 2천만원~		200만원	200만원

제도	항목	기간별 공제제도		
		3월	4-7월	2월 이전/8월 이후
소득공제율	• 신용카드	30%	80%	15%
	• 현금영수증, 직불·선불카드	60%	80%	30%
	• 도서·공연·박물관·미술관 사용분	60%	80%	30%
	• 전통시장, 대중교통 사용분	80%	80%	60%
소득공제 한도	• 총급여 7천만원 이하 • 총급여 7천만원~1.2억원 • 총급여 1.2억원 초과 * 전통시장, 대중교통, 도서·공연·박물관·미술관 사용분	min(300만원, 총급여20%) 250만원 200만원 각 100만원 추가		
일몰 기한	2022. 12. 31			

자료 : 국회예산정책처 작성

6% 세율이고, 초과분은 15% 세율이므로 2:3의 비율로 세율을 적용했다. 즉, 9.6%의 세율을 적용한다.

〈표 3-8〉 근로소득세 세수 효과(보수적 추정) 요약

(단위: 10억원)

구분		과세자	비과세자	합계
소득공제	근로소득공제	21,041.2	4,319.0	25,360.2
	인적공제	5,231.1	1,340.4	6,571.5
	신용카드	2,238.3	542.8	2,781.1
	소계	28,510.6	6,202.3	34,712.9
세액공제	근로소득	5,793.6	977.4	6,771.0
	자녀	706.4	218.8	925.2
	교육비	1,097.5	105.2	1,202.7
	소계	7,597.5	1,301.4	8,898.9
합계		36,108.1	7,503.7	43,611.8

근로소득공제는 폐지하면 보수적으로 추정할 때 약 25.4조 원의 세수 증대가 발생할 것으로 예상된다. 현재 근로소득공제는 비과세소득은 아니지만 과세대상근로소득에서는 제외되어 있다. 더 나아가 근로소득공제는 과세대상 소득에 포함되지 않으므로 해당 소득공제를 폐지하면 과세대상 소득을 기준으로 계산한 한계세율보다 더 높은 한계세율이 적용될 것이다. 따라서 본 연구의 추정치보다 더 높은 세수 증가가 발생할 수 있다는 점에 유의할 필요가 있다.

신용카드 소득공제를 폐지하면 세수 증대 규모는 약 2.8조 원이다. 신용카드 사용을 활성화하기 위하여 만들어진 제도이므로 신용카드 사용이 보편화된 지금은 폐지 논의가 많은 상태이다.

인적공제를 폐지하면 세수 증대 규모는 약 6.6조 원이다. 이러한 인적 공제는 사람을 대상으로 하는 지원이므로 기본소득 형태의 지원과 밀접한 관련을 갖는다.

세액공제의 경우를 보면 폐지할 경우에 근로소득 세액공제는 6.7조 원,

<표 3-9> 근로소득세 비과세 및 소득공제 세수 효과

(단위: 천명, 10억원)

구간	근로소득공제	인적공제	신용카드	전체 비과세 및 소득공제
1천만 이하	0.0	0.0	0.0	0.0
1.5천만 이하	142.7	22.7	0.1	198.6
2천만 이하	1,332.9	170.5	31.0	2,157.3
3천만 이하	2,736.8	371.1	192.8	5,061.7
4천만 이하	2,277.9	384.7	268.6	4,522.4
4.5천만 이하	1,091.5	227.0	160.1	2,259.1
5천만 이하	1,347.1	278.7	176.1	3,282.9
6천만 이하	2,395.7	606.6	329.8	6,395.1
8천만 이하	3,555.4	1,160.6	492.5	10,001.8
1억 이하	2,555.6	840.6	290.7	7,368.1
2억 이하	3,003.3	1,023.7	277.5	8,440.3
3억 이하	311.9	89.6	14.9	764.6
5억 이하	154.3	36.3	3.4	368.5
10억 이하	81.8	14.5	0.6	199.4
10억 초과	54.4	4.5	0.1	114.3
과세자 소계	21,041.2	5,231.1	2,238.3	51,134.0
1천만 이하	544.1	209.4	7.2	802.3
1.5천만 이하	692.4	166.4	27.9	1,143.3
2천만 이하	628.3	150.7	79.7	1,461.5
3천만 이하	1,214.9	294.4	183.1	3,013.8
4천만 이하	758.9	253.4	147.3	2,056.6
4.5천만 이하	189.4	91.7	41.1	563.1
5천만 이하	141.6	75.2	27.5	509.4
6천만 이하	108.0	70.0	21.7	428.2
8천만 이하	32.3	24.9	6.5	135.5
1억 이하	3.4	2.0	0.4	16.8
1억 초과	5.6	2.3	0.3	23.7
비과세자 소계	4,319.0	1,340.4	542.8	10,154.2
합계	25,360.2	6,571.5	2,781.1	61,288.2

주> 국세통계연보(2019) 표4-2-4를 토대로 계산한 것임.

〈표 3-10〉 근로소득세 세액공제 폐지의 세수 효과

(단위: 10억원)

구간	근로소득	자녀	교육비
1천만 이하	0.0	0.0	0.0
1.5천만 이하	38.5	0.0	0.0
2천만 이하	317.4	0.0	0.3
3천만 이하	1,023.2	5.2	5.8
4천만 이하	1,132.4	32.5	29.4
4.5천만 이하	472.2	37.5	36.5
5천만 이하	425.7	52.3	52.1
6천만 이하	705.1	123.5	131.5
8천만 이하	880.1	219.9	310.7
1억 이하	401.3	115.1	236.2
2억 이하	354.4	109.3	262.6
3억 이하	27.2	7.4	20.7
5억 이하	10.7	2.5	8.0
10억 이하	4.1	0.9	2.9
10억 초과	1.3	0.3	0.8
과세자 소계	5,794	706	1,097.5
1천만 이하	48.2	0.0	0.0
1.5천만 이하	126.1	1.0	0.3
2천만 이하	84.9	10.9	2.3
3천만 이하	276.7	51.8	16.4
4천만 이하	267.4	75.1	30.5
4.5천만 이하	79.9	32.7	16.9
5천만 이하	48.0	22.8	14.7
6천만 이하	35.5	18.8	15.6
8천만 이하	9.7	5.1	7.2
1억 이하	0.6	0.3	0.6
1억 초과	0.6	0.3	0.6
비과세자 소계	977	219	105.2
합계	6,771	925	1,202.7

주〉 국세통계연보(2019) 표4-2-4를 토대로 계산한 것임.

자녀 세액공제는 0.9조 원, 그리고 교육비 세액공제는 1.2 조 원의 세수 증대 효과가 나타날 것으로 보인다.

따라서 기본소득과 밀접한 공제를 폐지하면 얻을 수 있는 세수 증대는 소득공제 효과 34.7조 원과 세액공제 8.9조 원을 합하여 약 43.6조 원으로 나타나고 있다. 특히, 근로소득공제의 경우에는 한계세율이 증가할 것이므로 실제 세수 증대효과는 본 연구에서 추정한 43.6조 원을 상회할 것으로 예상된다.

비현실적인 상황이지만 모든 소득공제를 다 없애는 경우의 세수는 61.3조 원으로 나타나고 있다.

다음으로 다른 방법으로 세수추계를 해 본 결과를 제시한다. 2018년 귀속 근로소득세에서 비과세소득을 과세소득에 포함시키고 소득구간별로 근로소득공제, 인적공제, 신용카드공제 적용을 취소하여 증가된 과세표준에 따라 산출세액을 새로 계산하면 41.8조 원이 증가한다(〈표 3-11〉). 여기에 근로소득 세액공제, 자녀 세액공제, 교육비 세액공제 금액을 합한 8.9조 원을 더하면 세수 효과는 50.7조 원으로 추정된다. 앞의 보수적 추정방식과 달리 근로소득공제와 인적공제 등의 폐지로 과세표준의 구간이 상승하는 경우가 다수 발생하는 것을 다 고려하여 추정하는 방식이므로 보다 정확한 추계가 될 수 있다. 다만, 각 구간별 소득의 분포가 정상분포(normal distribution)라면 이 추계가 정확할 수 있으나, 정상분포와 다를 경우 다소 과대 추정될 수 있으므로 이 추정을 상한선(upper bound)으로 보면 될 것이다.

각 소득구간별 평균소득과 현행과 개혁안의 세액 및 실효세율은 〈표 3-12〉와 같다. 현재는 1천 5백만 원 이하 소득구간(455여만 명)의 경우 평균 실효세율이 거의 0에 가까워 대다수가 면세점 이하임을 보여주며, 1천 5백만 원 이상 3천만 이하 소득구간(578만여 명)도 평균 실효세율이 1% 미만으로 이 중 상당수가 면세점 이하이다. 그러나 근로소득공제와 근로소득

〈표 3-11〉 2018년 귀속 근로소득세 소득구간별 급여총계, 과세표준과 비과세, 근로
소득 공제, 인적공제, 신용카드 공제 폐지시의 과세표준 및 세수효과

소득구간	인원	급여총계	과세표준	수정과세표준	근로소득공제 등 폐지효과
1천만원 이하	3,054,410	14,853,025	1,480,703	14,539,690	783,491
1.5천만원 이하	1,498,558	19,061,528	5,084,095	18,342,612	837,792
2천만원 이하	2,042,515	36,658,769	12,533,824	34,827,398	2,266,103
3천만원 이하	3,740,289	92,744,691	38,907,576	86,647,904	6,420,859
4천만원 이하	2,382,689	83,082,928	39,222,474	75,908,327	5,450,529
4.5천만원 이하	873,850	37,275,881	18,461,215	33,773,557	2,294,323
5천만원 이하	736,879	35,146,898	18,064,610	31,756,282	2,053,182
6천만원 이하	1,133,975	62,445,009	34,014,544	56,284,080	3,703,923
8천만원 이하	1,508,812	104,951,970	62,713,399	94,883,816	6,969,169
1억 이하	804,069	71,560,679	47,426,919	65,664,389	4,371,315
2억 이하	711,671	90,963,784	67,774,773	84,885,314	5,580,282
3억 이하	56,225	13,397,964	11,385,935	12,730,927	558,769
5억 이하	22,488	8,430,089	7,508,941	8,072,817	279,199
10억 이하	8,661	5,752,218	5,277,467	5,535,284	159,556
10억 초과	2,794	5,285,832	5,013,763	5,160,515	115,715
계 / 평균	18,577,885	681,611,265	374,870,237	629,012,903	41,844,204

주〉 국세통계연보(2019) 표4-2-4를 토대로 계산한 것임.

세액공제 등 핵심 공제제도의 폐지시에는 1천 5백만 원 이하 최저소득계층
도 평균 실효세율이 5%를 넘어 예외적인 경우 외에는 거의 모두가 소액이
라도 세금을 내게 될 것으로 보인다. 실효세율은 저소득층이 고소득층보다
상대적으로 더 많이 오르게 되지만, 세액의 절대적인 증가는 고소득층일수
록 더 크게 나타난다. 전체적으로 평균 실효세율이 5.6%에서 13.1%로 두
배 이상 오르게 되어 세수가 두 배 이상으로 오르게 되는데, 세수 증대효과

〈표 3-12〉 2018년 귀속 근로소득세 소득구간별 평균 급여총계, 결정세액과
근로소득공제 등 폐지시의 평균 세액

(단위: 천원)

소득구간	인원	평균소득	결정세액	실효세율	수정세액	수정세율
1천만원 이하	3,054,410	4,863	0	0.00%	272	5.60%
1.5천만원 이하	1,498,558	12,720	2	0.01%	671	5.28%
2천만원 이하	2,042,515	17,948	43	0.24%	1,356	7.55%
3천만원 이하	3,740,289	24,796	132	0.53%	2,281	8.94%
4천만원 이하	2,382,689	34,869	468	1.34%	3,413	9.79%
4.5천만원 이하	873,850	42,657	950	2.23%	4,348	10.19%
5천만원 이하	736,879	47,697	1332	2.79%	4,954	10.39%
6천만원 이하	1,133,975	55,067	2010	3.65%	6,184	11.23%
8천만원 이하	1,508,812	69,559	3661	5.26%	9,229	13.27%
1억 이하	804,069	88,998	7198	8.09%	13,572	15.25%
2억 이하	711,671	127,817	16955	13.26%	25,818	20.20%
3억 이하	56,225	238,292	54439	22.85%	65,361	27.43%
5억 이하	22,488	374,871	103211	27.53%	116,569	31.10%
10억 이하	8,661	664,152	211288	31.81%	230,628	34.73%
10억 초과	2,794	1,891,851	690319	36.49%	732,601	38.72%
계 / 평균	18,577,885	36,689	2062	5.62%	4,793	13.06%

주) 국세통계연보(2019) 표4-2-4를 토대로 계산한 것임.

는 50.7조 원으로 나타난다. 보편적 증세를 이룩하면서도 절대적인 부담액
은 고소득층이 더 크게 하여 늘어난 세수를 기본소득 재원으로 사용하면
저소득층일수록 더 큰 수혜를 받게 된다.

② 종합소득자(2019년 국세통계연보 기준)

다음으로 종합소득세를 살펴보자. 2018년 기준으로 전체 납세자 수는 691.1
만 명이고, 소득의 규모는 213.7조원이다. 비과세 및 감면을 감안한 결정세

〈표 3-13〉 종합소득세 소득별 구성

(단위: 10억원)

	종합소득	이자소득	배당소득	사업소득
0 이하	-	0.3	0.1	553.4
1천만 이하	14,284.6	1.4	0.3	11,040.4
2천만 이하	22,113.5	7.0	8.1	13,634.3
4천만 이하	33,347.5	246.0	350.3	17,706.9
6천만 이하	21,389.3	180.9	329.0	10,774.3
8천만 이하	16,238.1	144.4	331.8	7,347.1
1억 이하	12,673.8	128.3	344.1	5,511.4
2억 이하	31,636.7	407.6	1,521.4	14,116.7
3억 이하	13,758.5	208.9	979.2	6,737.9
5억 이하	13,423.0	239.9	1,262.5	6,990.0
5억 초과	34,849.3	961.1	10,125.5	12,839.5
합계	213,714.0	2,526.0	15,252.3	107,251.8
	부동산임대	근로소득	연금소득	기타소득
0 이하	163.4	297.2	7.4	28.6
1천만 이하	1,252.6	1,856.7	109.1	389.2
2천만 이하	2,116.2	6,181.6	200.8	190.9
4천만 이하	3,584.7	11,245.2	238.2	233.0
6천만 이하	2,337.4	7,661.2	75.0	167.9
8천만 이하	1,671.2	6,661.9	33.5	133.6
1억 이하	1,254.6	5,358.0	18.8	124.4
2억 이하	3,056.0	12,262.1	29.8	387.4
3억 이하	1,248.4	4,447.5	8.0	189.0
5억 이하	1,091.4	3,696.4	5.8	190.2
5억 초과	1,796.5	8,670.4	5.7	540.0
합계	19,572.4	68,338.2	732.2	2,574.3

주) 국세통계연보(2019) 표3-2-3를 토대로 계산한 것임.

액의 규모는 31.8조 원으로 나타나고 있다. 각종 소득공제의 규모가 36.1조 원이고, 이중 인적공제의 규모는 20.7조 원이다. 소득공제와는 달리 세액공제와 감면의 규모는 6.2조 원에 불과하다(세액공제 4.9조, 세액감면 1.3조).

원천징수로 종료되는 소득을 제외한 종합소득의 전체 규모는 213.7조 원이고, 이 중에서 사업소득의 규모가 107.2조 원으로 가장 큰 규모를 차지하고 있다. 연말정산과 종합소득 신고에서 중복으로 나타난 근로소득의 규모가 68.3조 원이다. 부동산임대소득은 19.6조 원으로 나타나고 있다. 임대소득은 사업소득과 분리되어 2014년부터 규모가 집계되고 있다. 배당소득이 15.2조 원, 이자소득이 2.5조 원으로 가장 작게 나타난다.

감면을 폐지할 경우의 세수 효과는 보수적으로 추정할 경우 인적공제 효과가 약 1.9조 원이며, 너그럽게 추정할 경우에는 인적공제의 효과가 3.0조 원에 달한다. 또한, 신용카드소득공제 효과가 0.5조 원에 달한다(〈표 3-13〉). 각종 세액공제 및 감면이 6.3조 원으로 나타나고 있다. 다만 창업 중소기업 등 폐지하기 어렵거나 사업성 감면이 다수 존재한다. 교육비 세액공제가 약 0.2조 원, 자녀세액공제는 0.4조 원이다. 따라서 소득공제 중 인적공제와 신용카드공제를 폐지할 경우 추가 세수는 최대 3.5조 원, 그리고 교육비 세액공제와 자녀세액공제를 폐지할 경우 0.6조 원을 더하면 4.1조 원 가량으로 추정된다. 보수적으로 추정할 때에는 3조 원의 추가세수가 예상된다.

③ 2안의 세수 효과 종합

이상에서 살펴본 바와 같이 현재의 분리과세를 유지하면서 소득공제 중 근로소득공제, 인적공제와 신용카드 소득공제, 세액공제 중 근로소득 세액공제, 자녀 세액공제와 교육비 세액공제 만을 폐지하며 현행 세율체계를 유지하는 안(2a안)의 세수효과는 근로소득세에서 43조 원 내지 50.7조 원, 종

〈표 3-14〉 종합소득세 과세표준 구간별 소득공제 폐지효과

(단위: 명, 10억원)

	인원	종합소득	산출세액	인적공제 폐지효과	신용카드공제 폐지효과
0	515,252	869.9	12.1	0	0
1천만 이하	3,369,830	24,823.1	793.1	500.3	51.1
1.5천만 이하	337,107	5,319.4	222.9	117.5	26.9
3천만 이하	1,440,925	36,006.4	2,558.4	685.9	153.1
4천만 이하	307,526	13,043.1	1,269.7	164.4	39.4
4.6천만 이하	132,158	6,810.0	710.0	85.1	28.1
5천만 이하	71,978	4,101.2	453.2	68.5	15.4
6천만 이하	142,489	9,158.8	1,124.1	143.9	32.3
7천만 이하	104,992	7,856.2	1,074.4	115.4	24.7
8천만 이하	79,755	6,796.9	1,005.2	91.4	18.6
8.8천만 이하	51,526	4,870.1	760.9	60.8	16.6
1억 이하	58,065	6,064.9	1,025.2	101.2	17.7
1.5억 이하	131,388	17,355.9	3,542.6	272.6	33.5
2억 이하	58,444	10,716.4	2,636.9	147.4	12.6
3억 이하	50,734	12,864.2	3,620.6	138.9	8.9
5억 이하	32,720	12,845.8	4,084.5	108.0	5.0
7억 이하	11,282	6,764.6	2,345.3	46.4	1.6
10억 이하	6,536	5,509.4	2,014.3	35.0	0.9
10억 초과	8,381	21,937.7	8,756.8	88.4	1.4
합계	6,911,088	213,714.0	38,010.1	2,971.0	487.9

주) 국세통계연보(2019) 표3-1-4를 토대로 계산한 것임.

합소득세에서 3조 원 내지 4.1조 원으로 합해서 46조 원 내지 54.8조 원 규모에 이를 것으로 추정된다. 보수적 추정보다는 관대한 추정값에 가까울 것으로 보면, 대략 50조 원 이상의 추가 세수를 예상하면 될 것이다.

전면적 종합과세를 실시할 경우(2b안)에 대해서는 인별 총소득에 대한 자료의 부재로 세수추계가 불가능하긴 하지만, 어림잡아 최소한 60조원 이상의 추가 세수가 예상된다.

4) 양도소득세의 비과세·감면 정비

양도소득세에 대한 자세한 논의는 이 연구의 다른 파트를 참조하기 바라며, 여기서는 비과세·감면 정비와 관련해 간단한 언급만 하기로 한다. 양도소득세는 부동산, 주식 등 자산의 가격 상승에 따른 자본이득을 실현할 때 과세하는 조세이다. 양도소득세는 분류과세라고 하여 종합소득과 별도로 과세된다. 과거에 부동산 양도소득세는 예외규정이 많아 실효성이 약했으나 최근에 많이 강화되어 왔다. 반면에 주식 양도차익에 대한 과세는 아주 좁게 정의된 대주주가 아니면 거의 비과세되어 왔다. 정부가 뒤늦게나마 거래세를 축소하면서 주식양도차익에 대한 과세 강화 방안을 추진하고 있는 것은 다행스러운 일이다. 이에 대해 정치권에서 소위 동학개미의 반발 및 부동산에 몰리는 자금의 주식시장 이동 유인 필요성을 들어 제동을 걸고 있는데, 근로소득에 대한 과세에 비해 불로소득인 자본이득에 대해 과도한 특혜를 주는 것은 조세정의 차원에서 정당화하기 어렵다.

상속재산에 대한 양도소득세 면제는 합리적인 이유를 찾을 수 없으므로 폐지해야 할 것으로 본다(Mirrlees et al., 2011: 364-7). 우리나라의 경우에 10년 이내에 증여한 재산에 대해서는 상속세 과세 대상에 포함시키고, 이전에 납부한 증여세는 세액공제를 하고 있기는 하다. 그러나 상속 시점에 상속인에게 상속되는 피상속인의 재산이 증가한 부분, 즉 자본이득에 대해서는 양도소득세를 부과하고 있지 않다.

세율의 인상

지금까지 기존의 소득세 세율체계는 수정하지 않고 비과세·감면의 정비, 전면적인 종합과세의 확립 등 소득세의 정상화를 통한 기본소득 재원 마련 방안을 고찰해보았다. 그러나 기본소득의 수준을 더 높이고자 하면 소득세의 세율을 다소간 인상하여 누진성을 강화하고 세수를 더 늘릴 수도 있다. 여기서는 전면적 종합과세 실시 및 비과세·감면의 정비에 더해 소득세 세율을 인상하는 방안을 검토한다.

앞에서 소득세 적정 최고세율이 83%라는 피케티 등(Piketty et al., 2014)의 연구와 최고세율을 65% 수준으로 하자는 앳킨슨(2015)의 제안을 살펴본 바 있다. 한국의 소득세 최고세율은 1949년에 65%에서 시작하여 1975년에 70%로 최고를 기록했으나 1981년 62%로 인하된 이래 거듭된 인하와 최근의 인상으로 현재 42%(지방소득세 4.2% 합하면 46.2%)이며, 최근 정부의 세제개편안은 이를 45%로 올리는 것으로 되어 있다.

최고세율은 세수 증대보다는 최고 소득계층의 행태 변화를 유도하는 데 더 큰 의미가 있다. 즉, 1980년대 이후 각국에서 최고세율을 내림에 따라 대기업 CEO들이 자신들의 소득을 극대화하기 위해 단기 수익에 치중하고 회계부정까지 일으키는 사례들이 생겼으며, 최고 소득층의 국민소득 점유율이 상승해왔다. 또한 한국에서도 소득세 최고세율이 70%였던 1970년대에 높은 경제성장을 이룩했고, 미국과 유럽 국가들도 전후 소득세 최고세율이 80% 이상에 달할 때 자본주의와 복지국가 황금기를 구가했다. 본고에서는 10억 원 이상에 대해 정부안인 45%보다 높은 60%(지방소득세 6%를 합하면 66%가 됨)를 제안한다.

고소득층의 평균세율을 높이고 세수를 늘리고자 하면 최고 소득세율보다 그 아래 소득계층들의 한계세율을 높여야 한다. 아마도 1단계에서는

〈표 3-15〉 소득세 세율 인상안

과표(백만원)	세율(현행)	개정안
0 - 12	6%	12%
12 - 46	15%	16%
46 - 88	24%	26%
88 - 150	35%	37%
150 - 300	38%	40%
300 - 500	40%	45%
500 - 1000	42%	50%
1,000 이상	42%	60%

세율 인상 없이 비과세·감면 정비만으로 시작할 수도 있겠지만, 국민적 합의가 성숙하면 세율 인상을 통해 기본소득 재원을 늘려 기본소득 금액을 올릴 수 있을 것이다.

〈표 3-15〉에 제시하는 안은 어디까지나 하나의 예시일 뿐이나, 수용 가능성과 실질적 효과를 함께 고려한 것이다. 먼저 과표 1,200만 원 이하에 적용되는 현행 최저세율 6%를 12%로 올리고, 과표 1,200만 원~4,600만 원에 대한 세율을 15%에서 16%로 올린다. 4,600만 원~8,800만 원에 대한 세율을 24%에서 26%로, 8,800만 원~1억 5천만 원에 대한 세율을 35%에서 37%로, 1억 5천만 원~3억 원에 대해서는 38%에서 40%로 각각 2%씩 올린다. 3억 원~5억 원은 40%에서 45%로, 5억 원~10억 원은 42%에서 50%로, 10억 원 이상에 대해서는 42%에서 60%로 각각 세율을 인상한다. 저소득 구간의 세율 인상이 실제로는 저소득층과 중간소득층에게 유리하게 작용하지만, 그럼에도 이에 대한 반대 여론이 강하면 1,200만 원 이하에 대한 세율 6%는 그대로 유지할 수도 있을 것이다.

위와 같이 인상된 세율을 모든 소득공제와 세액공제 감면을 폐지하고

〈표 3-16〉 2018년 통합소득에 대한 소득계층별 1인당 평균세액과 실효세율:
현행, 조세감면 폐지시, 조세감면 폐지 및 세율인상시의 비교

(단위: 천원, %)

상위 퍼센타일	2018년 통합소득	현행		조세감면 폐지		감면폐지+세율인상	
		세액	실효세율	세액	실효세율	세액	실효세율
0.1%	1,471,318	496,128	33.7%	582,554	39.6%	723,531	49.2%
1.0%	184,564	35,789	19.4%	50,734	27.5%	54,565	29.6%
10%	75,917	4,956	6.5%	13,000	17.1%	14,658	19.3%
20%	52,129	1,990	3.8%	7,291	14.0%	8,474	16.3%
30%	38,919	915	2.4%	4,758	12.2%	5,747	14.8%
40%	30,334	449	1.5%	3,470	11.4%	4,374	14.4%
50%	24,105	229	1.0%	2,536	10.5%	3,377	14.0%
70%	14,215	98	0.7%	1,052	7.4%	1,794	12.6%
90%	4,101	19	0.7%	246	6.0%	492	12.0%
전체평균	35,341	2,656	7.5%	5,921	16.7%	7,011	19.8%

2018년 귀속 통합소득(연말정산 근로소득+종합소득 신고금액)에 적용하면 결정세액이 61.8조 원에서 163.0조 원으로 101.2조 원 늘어난다. 세율 인상 없이 조세감면 폐지만 했을 경우에는 결정세액이 137.7조 원으로 75.9조 원 증가(외국납부세액 공제와 배당세액공제를 합한 1.7조 원을 빼면 74.2조 원 증가)했는데, 세율인상으로 25.3조 원이 추가로 늘어난 것이다. 즉, 기본소득 재원으로 활용할 수 있는 추가재원은 99.5조 원이 된다. 분리 과세되는 모든 소득을 종합과세하면서 위와 같이 세율을 인상한다면, 위의 통합소득 외에 100조 원 내지 130조 원의 과세대상 소득이 추가되므로 추가세수는 최소한 110조 원 이상에 이를 것이다(100조 원에 12%만 적용해도 12조 원 추가됨).

아울러 각 소득계층별 1인당 평균 세액과 실효세율은 〈표 3-16〉과 같이 늘어나게 된다. 통합소득자 전체(2,324.7만 명)의 평균 소득세 부담(265.6만

원, 7.5%)은 세율 인상 없이 소득공제와 세액공제, 감면만 폐지할 경우에는 592.1만 원(16.7%)으로, 세율인상까지 결합할 경우 701.1만 원(19.8%)으로 늘어나게 된다. 두 경우 모두 각 소득계층별 증가 세액을 평균 증가 세액과 비교해보면, 상위 30% 이내의 고소득층은 평균보다 더 큰 금액의 증가를, 상위 40% 이하의 중간소득층과 저소득층의 세부담 증가액은 평균 세부담 증가액보다 작은 것을 보여준다. 즉, 평균 증가세액과 같은 금액의 기본소득을 지급받으면 상위 40% 이하의 중간소득층과 저소득층은 순수혜자가 되며, 상위 30% 이내의 고소득층은 순부담자가 된다. 그러나 현재 저소득층은 물론 중간소득층까지 실효세율이 매우 낮은 데 비해 이들의 실효세율이 상당히 오르게 되어 부자에게만 집중적으로 과세하는 것이 아니라 누구나 능력에 따라 공평하게 부담하는 구조를 가지게 된다. 보편적 증세와 부자증세를 결합한 방식이라고 할 수 있다. 그러면서도 기본소득과 결합할 때에 지나치게 높아만 가는 소득불평등을 개선, 완화하는 효과적인 수단이 된다.

기본소득을 위한 목적세로서의 시민·국민소득세 또는 기본소득세의 도입

기존의 누진적인 소득세를 굳이 정률세로 바꿀 필요는 없지만, 기존의 소득세에 덧붙여 기본소득을 위한 목적세로서 정률 소득세를 신설하는 방안을 고려해볼 수 있다.

이러한 방안은 두 가지 측면에서 장점이 있다. 첫째는 기존 소득세의 비과세·감면 정비, 전면적인 종합과세 확립 등 대폭적인 개혁의 추진이 저항에 부딪혀 어려울 때 대안으로 선택할 수 있는 방안이다. 둘째는 증세의 목적을 분명히 하고 추가 세수를 기본소득에만 사용하는 특별회계로 관리하도록 하면 증세에 대한 국민적 동의를 받기가 더 쉬울 수 있다는 점이다.

참고할 만한 방안으로 강남훈(2019a)의 '시민소득세-시민배당안'과 이매뉴얼 사에즈와 개브리얼 주크먼(Saez & Zucman, 2019)이 21세기 사회보장의 새로운 재원으로 제안한 국민소득세(national income tax)가 있다.

강남훈(2019a)은 기존의 소득세를 존치한 가운데 기본소득을 위한 목적세 형태로 모든 가계귀속 소득(가계본원소득과 가계자산소득 포함)에 대해 일체의 비과세·감면 없이 10% 단일세율의 '시민소득세'를 부과하여 세수 전액(약 120조 원 추정)을 전체 국민에게 1/n로 '시민배당'(월 20만원)으로 지급하자고 제안한다. 구체적으로 2017년의 명목 GDP 1,730조 원 가운데 가계본원소득 1,061조 원과 가계자산소득 136조 원(부동산 양도차익 84.8조 원, 배당소득 19.6조 원, 주식양도차익 17.4조 원, 이자소득 13.8조 원) 및 각종 면세소득에 대해 10%를 과세하면 120조 원 이상이 조달되어 전국민에게 월 20만 원의 시민배당이 가능하다고 한다.

이매뉴얼 사에즈와 개브리얼 주크먼(Saez & Zucman, 2019)은 기존의 개인소득세와 법인소득세 외에 모든 노동소득(사회보험료 및 부가급여 등 포함)과 자본소득(기업이윤 및 이자소득)에 일체의 비과세 감면 없이 6%의 세금을 부과하는 국민소득세를 신설하여 미국에서 전국민 의료보험과 유아 공교육 및 대학 등록금 무상 등을 실현하자고 제안했다. 구체적 시행방안으로 노동소득에 대해서는 모든 고용주들(비영리단체와 정부 포함)로부터 임금뿐만 아니라 사회보험료 등을 포함한 일체의 인건비에 대해 정률로 원천과세하며, 기업들은 기존 법인세 외에 이윤 전체(배당과 사내유보 포함)에 대해 동일한 세율로 세금을 내도록 한다는 것이다. 개인과 비영리단체의 이자 수입, 해외로부터의 수입 등에 대해서는 개인들에게 과세한다. 이렇게 하면 국민순소득(국민총소득-감가상각)의 거의 대부분을 세원으로 포괄할 수 있으며, 다만 자가 소유자의 귀속임대소득(imputed rent)과 비공식 부문 등 조세행정이 미치기 어려운 부문이 과세 베이스를 국민소득의 7%

<표 3-17> SNA 이행에 따른 분배 GDP의 영업잉여 변화

자산범위 확대 계상방법 변경 예
(기업의 R&D)

(1993 SNA)					(2008 SNA)				
		GDP	지출GDP				GDP	지출GDP	
			소비	투자				소비	투자
생산 GDP	산출액(A)	230			생산 GDP	산출액(A)	230 [+0]		
	중간투입(B) (R&D)	160 (40)				중간투입(B)	120 [−40]		
분배 GDP	부가가치 (A−B)	70	50	20	분배 GDP	부가가치 (A−B)	110 [+40]	50	60 [+40]
	− 피용자보수	30				− 피용자보수	30		
	− 영업잉여	40				− 영업잉여	80 [+40]		

주〉[ ] 내는 1993 SNA방식 대비 2008 SNA방식의 금액 증감을 나타냄.
　　자료: 보도자료 「국민계정의 새로운 국제기준 이행 및 2010년 기준년 개편 결과」, 한국은행.
　　2014. 3. 24.

정도 잠식할 것으로 추정한다.

　　강남훈(2019a)의 시민소득세는 과세 베이스에 기업이윤을 포함하지 않는 반면 가계의 자본이득을 포함하며, 사에즈와 주크먼(2019)의 국민소득세는 기업이윤을 포함하는 반면 자본이득을 포함하지 않는다. 이들은 대신 부동산과 금융자산을 포함한 순자산에 대해 고액자산가를 대상으로 부유세를 도입할 것을 주장한다.

　　사에즈와 주크먼(2019)은 국민소득세에 자본소득을 포함시키는 것이 중요하다고 강조한다. 자본소득보다 노동소득에 대한 세율을 높게 하면, 고소득자들이 법인화하여 절세를 할 유인을 갖게 된다. 법인화를 할 경우 개인소득세보다 낮은 법인소득세로 과세를 하는 이점에 더하여 차량 구입 및 운행비 등을 포함해 여러 소비지출을 비용 처리할 수 있어 노동소득과 자본소득에 차등을 두지 않고 동등하게 과세해야 한다는 것이다.

강남훈의 시민소득세와 사에즈와 주크먼의 국민소득세 아이디어를 결합하고, 필요시 고소득층에 대해서는 누진세율을 도입할 수도 있다고 본다. 즉, 모든 노동소득과 자본소득은 물론 자본이득에 대해서도 정률(가령 5% 또는 10%)로 원천과세한 후 각 개인의 종합소득이 일정액(가령 1억 원)을 초과할 경우 초과분에 대해 약간(가령 1-5%)의 추가 과세를 할 수도 있을 것이다. 우선 국민소득세 방식을 검토해본다.

1) 국민소득의 개념

국민계정의 GDP 개념은 일정 기간에, 국내에서 생산한, 최종 생산물(재화와 서비스)의 가치를 시장가격으로 평가한 금액으로 정의된다. 이러한 기본 개념은 변화가 없지만 GDP의 구체적인 계산 방식은 계속 변하고 있다. 가장 최근의 변화를 살펴보면 한국은행은 GDP 추계의 기준을 1993 SNA(System of National Accounts)에서 2008 SNA로 전환했다.

2008 SNA에서 가장 핵심적인 변화는 연구개발을 최종생산물로 인식하는 것이며, 이에 따라 연구개발은 고정자산 중에서 지식재산생산물의 범주에 포함되었다. 중간소비로 처리하였던 군함, 잠수함, 전투기, 탱크 등의 군사용 장비도 최종생산물로 인식한다. 미사일, 로켓, 폭탄 등과 같은 일회성 무기도 미사용분은 재고자산으로, 사용하면 중간소비로 처리하고 있다. 1993 SNA에서 자산으로 처리하도록 권고하고 있던 오락·문학작품 및 예술품 원본도 자산으로 인식한다. 결과적으로 GDP 추계기준의 변화로 GDP에서 기업의 영업잉여가 증가하는 현상이 발생한다. 그러나 기업은 현재도 연구개발을 비용(중간투입)으로 계산하여 수익을 계산한다. 이에 따라 GDP 상의 소득(피용자보수 및 영업잉여)과 과세대상이 되는 소득과의

<表 3-18> 2018년도 제도부문별 소득계정(사용부문)

(단위: 10억원)

	비금융법인	금융법인	일반정부	가계 등	합계
피용자보수	563,497.5	40,939.7	128,596.4	135,111.5	868,145.1
순영업잉여	322,447.9	48,684.5	1,540.5	116,483.2	489,156.1
기타생산세	12,116.4	1,373.3	10.1	11,795.2	25,295.0
기타생산보조금	−3,195.0	−167.8	−3.0	−1,829.8	−5,195.6
고정자본소모	238,521.3	8,449.4	54,249.3	57,920.1	359,140.1
총부가가치	1,133,388.0	99,279.1	184,393.3	319,480.2	1,736,540.6

자료: 한국은행. 경제통계시스템

차이가 있다.

국민계정 통계에는 생산, 지출, 자산 등 다양한 통계가 있지만 과세와 밀접한 관련을 가지는 것은 소득계정과 관련된 통계이다. 소득발생계정은 생산활동으로 발생한 부가가치가 노동과 자본에 분배되는 것을 표시한 것이다. 노동에 분배된 것이 피용자보수이며 자본에 분배된 것이 영업잉여이다. GDP를 계산할 때 감가상각을 차감하지 않으므로 감가상각도 GDP의 구성요소가 된다. 더 나아가 최종생산물(재화와 서비스)의 가치를 시장가격으로 평가하고, 이러한 시장가격에는 소비세(보조금을 차감한 순생산 및 수입세)를 포함하므로 소비세도 GDP의 구성요소이다. 즉, 'GDP = 피용자보수 + 순영업잉여 + 감가상각 + 소비세 − 보조금'으로 구성된다. 2018년의 경우에 소비세를 제외한 총부가가치는 1,736.5조원이다.

피용자보수는 현금 급여는 물론 창사기념품처럼 현물 형태의 급여도 포함한다. 피용자를 위한 각종 복지 관련 지출도 피용자보수에 포함한다. 각종 사회보장과 관련된 피고용자 분담금도 일단 피용자보수로 계산하고, 피용자가 이를 사용한 것으로 본다. 더 나아가 사회보장과 관련된 고용주 분담금 및 정부 분담금도 피용자보수에 포함한다. 고객이 종업원에 직접 지급한 각종 봉사료도 고용주가 수취한 다음에 지급한 것으로 본다.

피용자보수는 임금 및 급여와 고용주 부담 사회부담금으로 구성되는데, 고용주 부담 사회부담금은 실제 사회부담금과 의제사회부담금으로 구분된다. 의제사회부담금은 기금 또는 준비금을 적립하지 않고 사유가 발생하면 지급하는 사회보장과 관련된 금액을 말하며, 퇴직금이나 육아휴직수당 지급액 등이 대표적이다.

생산 및 수입세는 생산물세와 기타생산세로 구분되는데, 기타생산세는 자본(토지, 건물 및 자산)의 소유 및 이용에 대해 부과한 세금인 반면 생산물세는 재화와 서비스의 생산 및 판매와 관련된 과세이다. 기타생산세에는 인지세, 종합부동산세, 지역자원시설세, 주민세, 재산세, 자동차세 등이 있다. 반면 생산물세에는 부가가치세 등 각종 소비세 및 관세가 포함된다.

보조금은 생산 또는 가격과 관련된 보조금으로 유가보조금 등이 대표적이다. 생산과 무관한 보조금은 이전지출로 취급하여 GDP 계산에서 제외된다.

부가가치를 창출하는 활동으로 부가가치가 생긴 이후에는 소득 발생에 참여한 정도에 따라 다시 분배가 되는데 이를 나타낸 것이 본원소득분배계정이다. 피용자보수는 가계(가계 및 비영리단체)가 받는다. 영업잉여, 즉 감가상각을 차감한 순영업잉여는 다시 영업의 비용인 이자 및 임대비용으로 지불되고, 정부에 세금을 납부하면 일반적으로 생각하는 법인세 납부후 순이익 형태가 된다. 이러한 순이익은 주주에게 배당되거나 회사에 남아 있게 된다.

임대비용에 해당하는 임료는 토지에 대한 임대료만 계산하고 있다. 일반적인 임대료는 다른 제도단위의 고정자산을 사용하는 데 따른 지불액으로 서비스 생산으로 기록된다. 다시 말하면 사업 활동을 통한 수입으로 보며, 이를 통하여 부가가치가 창출되면 영업잉여로 계상된다.

〈그림 3-3〉 소득의 분배와 처분

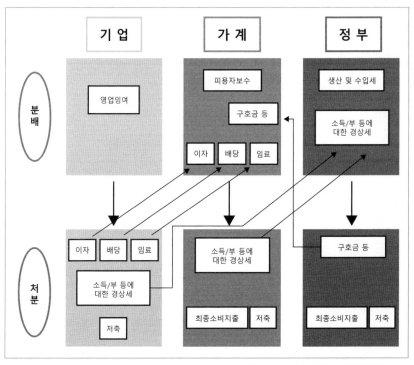

자료: 「우리나라의 국민계정」 한국은행(2015).

가계는 피용자보수 이외에 소규모 자영업 등에서 발생한 영업잉여도 포함한다. 또한 자가주택소비(귀속임대소득, imputed rent)가 가계의 영업잉여로 잡히는 것도 여기에 포함된다. 결과적으로 가계의 영업잉여는 과세가 어려운 대상으로 남게 된다.

국내총생산은 경제주체들이 국내에서 생산 활동을 수행한 결과 받은 소득 총액과 일치한다. 즉, 국내총생산은 지역을 중심으로 하지만 국민총소득은 사람을 중심으로 경제활동을 계산하는 방식이다. 따라서 국내총생산에 국외순수취요소소득(=국외수취요소소득−국외지급요소소득)을 더하면 국민총소득(GNI)이 된다. 국민소득은 순소득을 측정하기 위하여 간접세 및

〈그림 3-4〉 생산 및 분배 소득관련 개념

	개념설명
국민총소득	**Gross National Income** - 우리나라 국민이 생산 요소를 제공하고 받은 소득 = GDP + 순수취 요소소득
국민총가처분 소득	**Gross National Disposable Income** - GNDI = GNI + 순 경상이전
국내순생산	**Net Domestic Product** - NDP = GDP - 고정자본 소모
국내순소득	**Net National Income** - NNI = GNI - 고정자본 소모
국내소득	**National Income** - NI = NNI - 순간접세 (간접세-기업보조금)

자료:「우리나라의 국민계정」한국은행(2015).

감가상각 등을 제외한 소득을 말한다.

국민소득 = GDP + 국외순수취요소소득 − 고정자본소모 − 순간접세 (2)

2) 국민소득 과세 베이스

앞의 식(2)에 따르면 국민소득 = 순영업잉여 + 피용자보수 + 순수취요소소득
으로 표현된다. 이러한 형태가 현재의 과세베이스와 부합하는지 살펴보자.
현재 사용하는 기업의 과세베이스(순영업잉여)는 다음처럼 표현된다.

법인 및 개인사업자의 소득 = 국민소득 기준 순영업잉여 – 연구개발

– 이자비용 – 임대비용 + 해외부문 순소득 (3)

국민계정상의 순영업잉여는 489.1조 원이다. 국민계정에 따르면 영업잉여는 이윤(배당 이전), 이자, 임대료 형태로 나타난다. 먼저 기업의 이윤, 즉 법인소득과 사업소득을 살펴보자. 국세통계에 나타난 법인소득은 239.4조 원이다. 그리고 종합소득금액에 나타난 사업소득은 107.2조 원이다. 더 나아가 부동산임대소득도 사업소득의 일부로 표현되므로 부동산임대소득 19.6조 원을 추가하면 사업소득의 규모는 136.8조 원이 된다.

다음으로 이자소득을 살펴보자. 원천징수 자료를 보면 그 규모는 22.5조 원이다. 배당소득은 이윤과 중복되므로 제외한다. 법인소득, 사업소득, 이자비용, 임대비용 등을 다 포함하여도 합계는 388.7조 원이다. 따라서 국민소득 방식과 과세베이스 방식의 차이는 약 100.4조 원으로 나타난다. 핵심적 차이는 연구개발비가 영업잉여로 계상되는 점이다. 기업경영분석에 나타난 경상개발비 및 연구비는 약 40.5조 원이고, 정부 및 금융기업 등을 포함하면 이보다 클 것이다. 또한, 국민계정상 농림어업의 요소소득(2017년)은 29.7조 원으로 나타나지만, 10억 이상의 고소득과 판매시설을 설치하여 판매하는 작물재배업 외에는 비과세되므로 과세대상 사업소득금액이 0.4조 원밖에 잡히지 않는다. 또 다른 차이는 가계의 영업잉여로 잡히는 주택 자가소비이다. 국민계정 상으로 가계의 이자소득(원천 기준)은 32.8조 원이지만 과세상으로는 22.5조 원으로 일부 누락이 있다. 더 나아가 연말정산 사업소득 2.2조 원의 대부분이 종합소득 신고에 제외되었을 것으로 보이며, 원천징수 사업소득이 94.1조 원에 해당하지만 모두 종합소득 신고 자료에 나타나는 것이 아니므로 사업소득도 일부 과소 추정되었을 것으로 보인다. 연간 1천만 원 미만의 원천징수 사업소득이 총 9조 원에 이르는데, 이

〈표 3-19〉 영업잉여 관련 과세베이스와 국민계정 차이

(단위: 조원)

구분	과세베이스				국민계정
	법인소득	사업소득	이자	합계	영업잉여
금액	239.4	126.8	22.5	388.7	489.1

주) 법인소득, 사업소득, 이자 및 임대소득은 국세통계연보 자료

처럼 소액의 사업소득은 종합소득 신고를 하지 않을 가능성이 크다. 연말정산과 원천징수 사업소득은 이미 실질적으로 과세 베이스에 잡히고 있고, 재배업 등 비과세를 폐지한다면 최소한 10조 원 내지 많게는 20~30조 원은 과세 베이스에 추가될 수 있을 것이다.

다음으로 피용자보수를 살펴보자.

국세 통계에서 근로소득의 규모는 연말정산 급여 총계 681.6조 원(국세통계연보 4-2-4)에 일용근로소득 62.9조 원(국세통계연보 4-4-9)을 더한 744.5조 원이 된다. 여기에 국민계정에 나타난 고용주의 실제 사회보험료 104.7조 원을 더하면 849.2조 원이 된다. 이 외에 과세 베이스로 추가할 수 있는 것으로 기타소득 8.5조 원(2018년 원천징수 지급총액 15.5조 원, 필요비용 공제한 소득금액 8.5조 원)이 있다. 결과적으로 과세자료로 파악할 수 있는 피용자보수의 규모는 857.7조 원이다. 이는 국민계정에 나타난 피용자보수 866.9조 원보다 9.2조 원 작은 금액으로 큰 차이는 아니다. 현재 기업이 부담하는 사회보험료는 과세 베이스에서 제외되어 있으나, 이를 과세 베이스에 포함하면 피용자보수의 경우 국민계정에 나타난 금액의 99% 가까이를 포착할 수 있을 것으로 보인다.

따라서 국민소득을 과세하는 경우에 현재 파악되는 과세 베이스는 피용자보수에서 855.7조 원에 영업잉여에서 388.7조 원을 더한 1,246.4조 원에 최소한 10조 원 내지 많게는 20~30조 원을 더한 금액에 이른다. 즉,

〈표 3-20〉 피용자보수 관련 과세베이스와 국민계정 차이

(단위: 조원)

구분	과세베이스				국민계정
	근로소득	고용주의 사회보험료	기타	합계	피용자보수
금액	744.5	104.7	8.5	855.7	866.9

〈표 3-21〉 국민소득을 과세하는 경우의 과세표준

(단위: 조원)

근로소득	법인소득	사업소득	이자	기타	사회보험료	합계
744.5	239.4	126.8+10/30	22.5	8.5	104.7	1,246.4+10/30

〈표 3-22〉 2018년도 국민소득

(단위: 조원)

국내총생산 (GDP)	고정자본 소모	국내순생산 (NDP)	총본원소득 (GNI)	해외순수취	순생산물세	국민소득 (NI)
1,898.2	359.1	1,539.1	1,905.8	7.6	161.7	1,385.0

자료: 한국은행. 경제통계시스템

1,256조 원에서 많게는 1,270조 원 내외에 이를 수 있어 국민소득 1,385조 원의 90.7% 이상을 포착하게 된다.

3) 국민소득세 과세 방식과 세수 추계

사에즈와 주크먼(Saez & Zucman, 2019: 188-189)은 피용자보수에 대해서는 고용주로부터 원천과세를 하는 방식을 취할 것을 제안한다. 기업, 비영리기관, 정부 등 고용주가 사회보험료와 부가혜택을 포함한 인건비 전액을 기준으로 정해진 세율에 따라 납세를 하도록 한다. 일용근로소득자와 표준 고용관계 밖에서 이루어지는 인적 용역에 대해서는 원천징수 근로소득세 및 사업소득세와 함께 원천징수한다. 다음으로 모든 법인 및 개인사업자의 이윤에 대해 과세한다. 사용자 부담 사회보험료와 달리 인건비가 아닌 이

〈그림 3-5〉 명목GDP와 법인세 과세베이스의 개념적 관계도

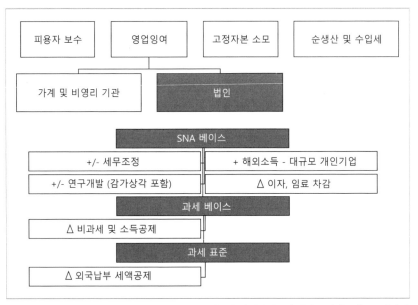

자료: 허찬국·박기백(2018).『인구구조의 변화가 과세베이스에 미치는 영향』. 한국조세재정연구원.

윤을 기준으로 과세하므로 고용회피 유인이 없다는 장점이 있다.

기업의 이자소득과 임대소득은 이윤에 포함되므로 별도로 과세할 필요가 없고, 개인과 비영리조직에 대해서만 이자소득과 임대소득에 대해 과세한다. 국내 기업으로부터 받은 배당소득은 기업이윤에 대해 이미 과세가 되었으므로 추가로 과세하지 않되, 해외로부터 수취한 배당소득은 다른 해외로부터의 소득과 함께 과세한다. 사회보험료가 과세 베이스에 포함되므로 연금, 실업급여 등 사회보험 급여와 공공부조도 과세 베이스에서 제외한다. 국민계정에서 소득으로 잡는 자가주택 소비(귀속 임대소득)와 연구개발비도 과세 대상에서 제외한다. 사에즈와 주크먼은 미국의 경우 국민소득세가 국민소득의 93%를 과세 베이스로 포착할 수 있을 것으로 보았으나, 위에서 본 것처럼 우리나라의 경우도 90% 이상을 포착할 수 있을 것으로

〈그림 3-6〉 명목GDP와 종합소득(근로소득 제외) 과세베이스의 개념적 관계도

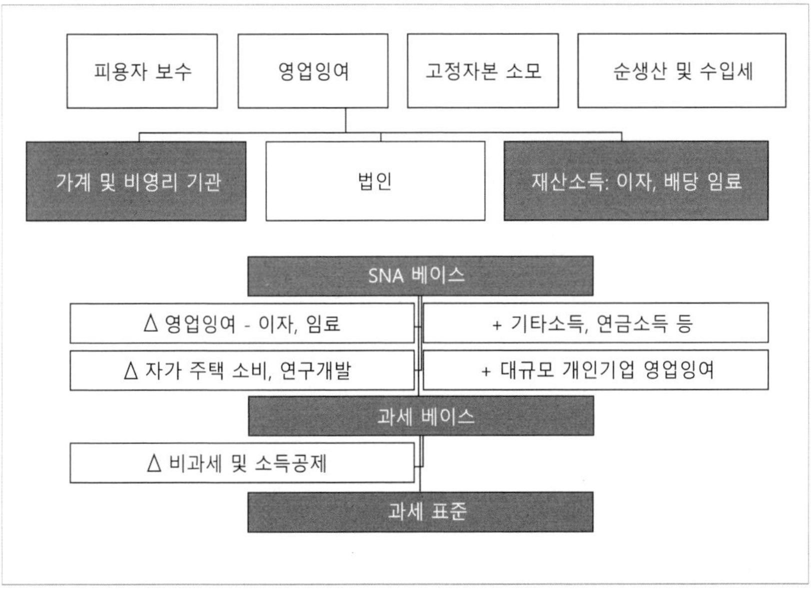

자료: 허찬국·박기백(2018).『인구구조의 변화가 과세베이스에 미치는 영향』. 한국조세재정연구원.

보인다.

국민소득세의 세수 추계는 간단하다. 비과세·감면 없이 포착되는 모든 과세 대상 소득에 대해 정률로 과세하므로 과세 베이스 총액에 세율을 곱하면 된다. 보수적으로 위에서 파악한 1,256조 원(2018년 기준)을 과세 베이스로 잡고 5%의 세율로 과세하면 62.8조 원, 10%의 세율로 과세하면 125.6조 원의 세수가 이루어진다.

4) 시민소득세와 국민소득세를 결합한 '기본소득세' 방안

사에즈와 주크먼은 부유세를 제안하는 반면 자본이득은 국민소득세의 과세 베이스에서 제외하고 있다. 이는 '국민소득세'라는 명칭에서 귀결되는 당연한 결과이다. 국민소득 계정에서 자산가치의 상승으로 인한 자본이득

은 국민소득으로 보지 않기 때문이다. 그러나 정상 수익률을 넘어서는 자본이득을 과세하지 않고 생산적 활동으로 인한 소득에는 과세한다는 것은 설득력을 얻기 어렵다. 따라서 기업이윤은 과세 대상에서 제외하면서 가계의 자본이득을 과세 대상으로 포함한 강남훈(2019a)의 시민소득세 개념과 자본이득은 과세대상에서 제외하면서 기업이윤까지 과세대상에 포함한 사에즈와 주크먼의 국민소득세 개념을 합하는 방안을 고려할 필요가 있다. 명칭은 '시민소득세'라고 할 수도 있고, 기본소득을 위한 목적세로 하여 '기본소득세'라고 할 수도 있을 것이다. 여기서는 기본소득세란 명칭을 사용하기로 한다.

2018년 부동산과 주식 등의 양도차익 106.7조 원 중 장기보유특별공제를 제한 양도소득이 85.9조원에 달한다(국세통계연보 5-1-1). 앞에서 국민소득세의 과세 베이스로 포착한 1,246.4조 원 + 10조 내지 20~30조 원에 양도소득 85.9조 원을 더하면 기본소득세의 과세 베이스는 1,342조 원 내지 1,360조 원이 된다. 5%의 세율을 적용하면 2018년 기준으로 67.1조 원 이상의 세수가, 10%의 세율을 적용하면 134.2조 원 이상의 세수가 추정된다.

끝으로 생각할 수 있는 방안은 기본소득세를 5% 내지 10% 세율로 원천과세한 후 고액 소득자에 대해서는 종합소득세 단계에서 약간의 누진적인 과세를 더하는 것이다. 가령 1억 원 초과소득에 대해 1% 추가 과세로 시작하여 3억 원 초과소득에 대해 2%, 5억 원 초과소득에 대해 3%, 그리고 10억 원 초과소득에 대해 5%의 세율로 추가적인 과세를 하는 방안을 더하는 것이다. 보편적 과세와 부자 증세를 결합하는 방안이다.

기본소득의 과세소득화

기본소득에 대한 반대 논거의 하나가 한정된 재원을 가지고 부자에게까지

정액의 기본소득을 지급하는 것은 예산 낭비라는 것이다. 사실 고소득자는 기본소득을 받는 것보다 훨씬 더 큰 금액의 세금을 부담하게 되므로 이러한 반대가 큰 설득력을 가지는 것은 아니지만, 그럼에도 많은 사람들이 이런 반론에 수긍하는 경향이 있다. 따라서 기본소득을 보편적으로 지급하지만 소득수준에 따라 실질적으로 차등지급을 한다고 하면 기본소득에 대한 설득력을 보다 높일 수 있을 것이다. 기본소득의 과세소득화는 고소득자일수록 높은 한계세율로 환수를 당하기 때문에 개인별 소득 수준에 따라 기본소득을 차등 지급하는 것과 같은 효과를 지니게 된다. 따라서 수직적, 수평적 소득재분배에 보다 강력한 효과를 발휘할 수 있으며, 기본소득의 순비용을 절감하는 효과도 있다.

유럽, 특히 북유럽 국가들은 각종 공적 이전소득을 과세소득(taxable income)에 포함시켜 소득세를 과세한다. 〈그림 3-7〉을 2009년에 덴마크는 GDP의 4% 가까이, 스웨덴은 GDP의 3%가 넘는 금액을 공적 이전지출에서 직접세로 환수했다(Adema et al. 2014). 덴마크는 2009년 공적 사회지출이 GDP의 30.2%에 달했으나 여기서 GDP의 3.8%를 직접세로, GDP의 2.6%를 간접세로 환수해 순 사회지출은 GDP의 23.8%였다. 이런 방식으로 복지지출의 순규모를 줄이면서 소득재분배 효과는 강화하는 것이다.

불평등 연구의 대가인 앤서니 앳킨슨(2015)이 영국에 대해 자녀수당을 보편적으로 지급하되 "과세소득화" 하는 방안을 제안한 것도 이러한 취지이다. 아동수당의 경우 저소득층에는 노인 가구가 많을 뿐만 아니라 임신 가능 연령층도 저소득 불안정취업자들은 출산율이 낮아 아동수당 수혜자의 비중이 낮다. 따라서 아동수당은 수직적 소득재분배 면에서 역진적인 경향이 있다. 아동수당 지급액을 약간 인상하되 이를 과세소득화하면 면세 또는 저율 과세되는 저소득층에게는 수당 인상의 혜택을 다 누리게 하고 고소득층으로부터는 최고 46.2%(최고 소득세율 42%+지방소득세율 4.2%)까

<그림 3-7> 공적/사전 이전소득에 대한 직접세의 GDP 비중(2009년)

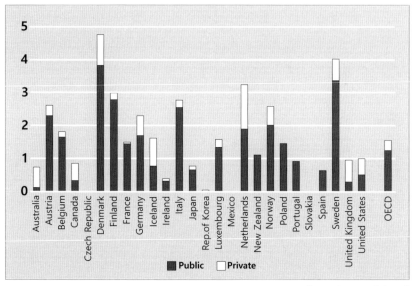

자료: Adema et al. (2014)

지 환수하게 되어 이러한 역진성을 방지할 수 있게 된다.

　과세소득화의 세수효과를 추정해보자. 앞에서 소득세의 각종 공제, 감면을 폐지하여 이를 통합소득(연말정산 근로소득+종합소득 신고금액)에 적용할 경우 현행보다 세수가 75.9조 원 늘어나며, 1인당 세액은 326.5만 원 증가함을 보았다. 추가 세수를 2,324.7만 명의 통합소득자에게 1인당 326.5만 원씩 기본소득으로 지급할 수도 있겠지만, 기본소득을 과세소득화해 일부 환수할 경우에는 기본소득 금액을 늘려서 지급할 수도 있다.

　<표 3-23>은 1인당 386.2만 원의 기본소득을 모든 통합소득자에게 지급하되 이를 과세소득화할 경우를 나타낸 것이다. 기본소득 과세로 1인당 평균 59.7만 원이 환수되어 순기본소득은 326.5만 원이 되어 326.5만 원을 기본소득으로 지급하되 과세소득화하지 않을 경우보다 예산 부담이 증가하지 않고 완전히 재정중립적인 기본소득이 실시됨을 보여준다. 고소득자

일수록 기본소득 수급액에 대해 보다 높은 한계세율로 반환을 하므로 순기본소득은 작아지게 되며(최상위 0.1%는 224만 원), 저소득층일수록 커져서 최저소득층은 세금을 낸 후의 순기본소득이 363만 원으로 과세소득화 없이 326.5만 원을 지급받을 때보다 더 큰 실질적 혜택을 입게 된다.

과세소득화를 효과적으로 하고자 하면 각종 분리과세와 비과세 감면을 폐지, 축소하는 한편 무엇보다도 전면적인 종합소득 과세를 조속히 실시할 필요가 있다. 지금처럼 분리과세가 광범위하게 허용되는 상황에서는 종합과세 대상 인원이 작아서 과세소득화의 효과가 제한적일 수밖에 없다. 모든 소득자가 종합소득 신고를 하도록 의무화하는 것이 기본소득 도입과 동시에 반드시 필요하다고 본다. 연말정산자를 종합소득으로 흡수하는 것은 어렵지 않은 일이고, 현재 연말정산도 종합소득 신고도 하지 않는 경우는 절대 다수가 저소득층이어서 기본소득 수급액이 세금보다 더 클 것이므로 이들에게 제대로 된 정보를 제공하면 종합소득 신고를 마다 할 이유가 없다. 홈택스 이용에 어려움을 겪는 이들에게는 사회복지공무원 등의 행정력을 동원하여 도우면 어려울 것이 없다고 본다. 종합소득 신고를 기본소득 수급의 유일한 조건으로 하거나, 일정한 계도 기간을 설정하여 이 기간 중에 종합소득 신고자에게는 미신고자보다 기본소득 금액을 약간 더 높여서 지급하는 방안도 고려할 수 있을 것이다.

종합소득 신고를 전면적으로 의무화하지 않고 각종 공제와 감면을 유지하면서 현행처럼 분리과세를 광범위하게 허용할 경우 과세소득화의 효과는 제한적일 수밖에 없다. 〈표 3-24〉는 기본소득으로 개인당 100만 원을 지급하고 이를 과세소득화할 경우 연말정산 근로소득자와 종합소득 신고자에게 기본소득에 대한 과세로 거둘 수 있는 세수를 보여준다. 종합소득 신고자 중 210.8만 명은 근로소득 연말정산자와 중복되는데 이들이 종합소득의 과세표준 구간에 어떻게 분포되는지를 알 수 없으므로 중복 부분을

〈표 3-23〉 통합소득(2018년 귀속)에 대해 조세감면 없이 종합과세하여 추가 세수를
기본소득으로 지급하되 과세소득화할 경우의 소득재분배 효과

(단위: 천원)

소득구간	통합소득	세액	기본소득	한계세율	추가세금	순기본소득	최종소득
0.1%	1,471,318	582,554	3,862	42%	1,622	2,240	891,004
1.0%	184,564	50,734	3,862	38%	1,468	2,394	136,224
10%	75,917	13,000	3,862	24%	927	2,935	65,852
20%	52,129	7,291	3,862	24%	927	2,935	47,773
30%	38,919	4,758	3,862	15%	579	3,283	37,444
40%	30,334	3,470	3,862	15%	579	3,283	30,147
50%	24,105	2,536	3,862	15%	579	3,283	24,852
70%	14,215	1,052	3,862	15%	579	3,283	16,446
90%	4,101	246	3,862	6%	232	3,630	7,485
전체평균	35,341	5,921	3,862	15.46%	597	3,265	32,685

제외하지 못했다. 이 경우에 세수효과는 너그럽게 추정해도 근로소득 연말정산자의 경우에 2조 421억 원으로 평균 세율 11.0%, 종합소득자의 경우에 7,446억 원으로 평균 세율 10.8%를 보인다. 〈표 3-23〉의 통합소득에 대해 기본소득 과세소득화를 할 경우 평균 세율이 15.5%였던 것에 비해 훨씬 낮게 나온다. 종합소득 신고자에게 기본소득을 과세소득화하는 것은 소득세법의 간단한 개정으로 가능할 것이지만, 연말정산 근로소득자에 대해서는 좀 더 복잡한 입법이 필요할 것으로 보인다.

기본소득의 과세소득화와 동일한 효과를 낼 수 있는 대안으로 소득 구간별 세율 조정을 하는 방안도 고려할 수 있다. 기본소득은 비과세하고, 고소득 세율 구간으로 갈수록 세율을 조금씩 더 높이는 것이다. 세율을 더 올리는 것과 기본소득을 과세소득화하는 것 중에 어느 쪽의 정치적 수용성이 더 높으냐에 따라 선택해도 될 것이다.

〈표 3-24〉 근로소득 연말정산자와 종합소득 신고자에 대해 기본소득(연 1백만원)을
과세소득화할 경우의 세수 추계와 평균 실효세율

과세표준 규모별	한계세율	근로소득 연말 정산 인원	세수(백만원)	종합소득 신고 인원	세수(백만원)
0	–	2,107,605	–	515,252	–
1.2천만 이하	6%	7,343,975	440,639	3,706,937	222,416
4.6천만 이하	15%	7,144,433	1,071,665	1,880,609	282,091
8.8천만 이하	24%	1,527,160	366,518	450,740	108,178
1.5억 이하	35%	339,340	118,769	189,453	66,309
3억 이하	38%	89,170	33,885	109,178	41,488
5억 이하	40%	16,728	6,691	32,720	13,088
5억 초과	42%	9,474	3,979	26,199	11,004
총계		18,577,885	2,042,146	6,911,088	744,573
평균세율			11.0%		10.8%

법인세

이상에서 개인소득의 과세 강화 방안을 중심으로 살펴보았다. 법인소득에 대해서는 국민소득세 또는 기본소득세의 일부로 논의하였을 뿐이다. 법인세(법인소득세)에 대해서도 세율 인상 등 과세를 강화할 필요성이 있으나, 국민소득세 또는 기본소득세의 과세 베이스에는 개인소득 뿐 아니라 법인소득도 포함된다. 또한 기본소득세는 자본이득까지 과세 대상으로 하는데, 여기에는 개인뿐 아니라 법인의 자본이득도 당연히 포함된다.

법인세는 법인의 소득에 과세하는 세금이다. 2018년 귀속연도의 경우 산출세액은 약 70.2조 원이며, 과세표준은 약 350.2조 원이다. 법인세와 관련한 다양한 증세 방안이 가능하다. 전체적으로 세율을 10% 높이면 약 7.2조 원의 세수 효과가 나타난다. 그러나 우리나라의 법인세율이 낮지 않다는

〈표 3-25〉 법인세 신고 현황

(단위: 10억원)

과세표준 구간	법인수	당기순이익	과세표준	산출세액	공제감면
0	354.6	35,609.5	0.0	0.0	0.0
1억 이하	227.9	8,685.6	7,565.6	758.5	125.6
2억 이하	60.6	8,534.0	8,760.3	883.9	182.7
5억 이하	53.4	15,095.0	16,604.6	2,248.3	530.0
10억 이하	20.7	12,985.4	14,425.4	2,425.8	541.9
20억 이하	11.0	14,134.9	15,283.9	2,779.3	547.7
50억 이하	7.0	18,929.6	21,242.9	4,029.5	624.6
100억 이하	2.4	16,658.9	16,741.1	3,241.5	397.2
200억 이하	1.2	14,842.2	17,360.0	3,435.2	396.9
500억 이하	0.9	25,724.7	26,484.9	5,475.0	429.2
1000억 이하	0.3	17,650.3	20,499.3	4,383.7	343.1
5000억 이하	0.2	43,862.7	50,014.8	10,903.6	795.4
5000억 초과	0.1	99,721.0	135,214.0	29,721.5	4,982.1
합계	740.2	332,433.7	350,196.8	70,286.0	9,896.4

주) 국세통계연보(2019) 표 8-1-4

점을 감안하면 쉽지 않은 과제로 판단된다.

　비과세·감면의 규모가 9.9조 원에 이른다. 그러나 비과세 및 감면 축소
는 쉽지 않을 것이다. 가장 규모가 큰 외국납부세액공제는 그 규모가 약
2.7조 원 수준이지만 이중과세 방지를 위한 세액공제이므로 폐지가 불가능
하다. 연구인력개발비 및 관련 시설투자도 지속적으로 감축하고 있는 실정
이므로 일부 축소가 가능하겠지만 완전 폐지는 부적절한 것으로 보인다.

　결과적으로 비과세 및 감면 축소보다는 세율 조정이 더 가능성이 있는
대안이라고 판단된다. 앞에서 살펴본 국민소득세 또는 기본소득세 방식을
취할 경우에는 자연스럽게 법인세 세율을 높이는 효과가 발생한다. 개인소

<표 3-26> 법인세 주요 세액공제 항목

(단위: 백만원)

	중소기업		일반법인	
	법인수	금액	법인수	금액
외국납부	751	91,157	850	2,708,447
연구인력개발비	6	303	1,420	953,703
신성장동력.원천기술 연구개발비	0	0	55	124,543
연구 인력개발 설비투자	170	1,951	359	123,465
생산성향상 시설투자	393	16,627	534	1,123,157
안전설비투자	51	1,409	314	26,498
에너지절약 시설투자	481	9,674	285	93,274
고용창출투자	1,860	83,647	702	504,315
근로자 복지증진 시설투자	97	2,968	109	22,085
의약품 품질관리개선 시설투자	25	1,958	43	15,298

주〉 국세통계연보(2019) 표 8-3-2

득세만 올리고 법인소득세는 올리지 않으면 개인사업자들이 법인화를 통해 조세 회피를 할 유인이 커지므로 기본소득세를 통해 개인과 법인의 소득에 대해 동일한 세율로 과세함으로써 이러한 유인을 방지할 수 있다.

재산세제 강화

소득불평등보다도 자산불평등이 더 크고 갈수록 심화되어 자산으로부터의 불로소득(자본이득)이 소수에게 집중되고 흙수저와 금수저에 따른 가난과 부의 대물림이 사회통합을 저해하고 있다. 그동안 종합부동산세가 일종의 부유세 역할을 해왔으나 최상위층에게 집중된 금융자산을 과세대상에서 제외하여 부유세 측면에서는 불공정하며, 토지의 효율적 이용과 지가안정을 기하는 차원에서는 보편적인 토지보유세보다 효과가 작은 문제가 있다. 따라서 종합부동산세를 폐지하는 대신 모든 토지에 대해 토지보유세를 정률로 과세할 것과 고액자산가에 대한 부유세를 도입할 것을 제안한다. 주택에 대해서도 토지와 건물을 분리하여 토지에 더 무거운 과세를 하는 것이 바람직하다고 보지만, 기술적, 정치적 문제를 고려할 때 현행 재산세 체제를 유지하면서 개혁하는 방안도 고려할 수 있다고 본다.

현행 재산세제의 문제점

1) 낮은 부동산 보유세와 실효세율의 역진성

먼저 우리나라 재산세의 GDP 대비 비중이 국제적으로 높은 편이어서 토지보유세를 포함한 부동산에 대한 과세를 강화하는 것은 불필요하다는 견해를 검토할 필요가 있다. 국회예산정책처(2019)에 의하면, 우리나라 재산세가 2017년 기준 GDP의 3.0%로서 OECD 평균 1.9%보다 높고 G7 평균 3.2%와 비슷하다고 한다. 그러나 부동산 거래세율(취득, 등록세)은 한국이 GDP 대비 1.07%로서 OECD 평균인 0.37%보다 훨씬 높으나 보유세율은 한국이 0.798%로서 OECD 평균인 1.102%보다 낮은 편이다. 더구나 한국은 GDP 대비 부동산 시가총액 비율이 매우 높은 편이어서 민간보유 부동산 시가총액 대비 보유세율은 0.156%로서 OECD 평균인 0.435%의 1/3 수준에 불과하다(이선화 2017).

고율의 거래세는 지방재정의 주요한 수입원으로서 역할을 하고 있으나 효율성 측면에서는 바람직하지 않다. 반면 토지에 대한 보유과세는 지대의 환수라는 차원에서 생산적 활동에 대한 과세에 비해 효율적이다. 또한 토지는 공급탄력성이 없고 위치를 옮길 수도 없기 때문에 건물에 대한 과세와 달리 보유과세의 부담을 임대료 인상으로 전가할 수 없고 지가안정

〈표 3-27〉 재산세 과세표준 및 세수

(단위: 천건, 10억원)

	합계	과세분	비과세분	과세분 비율
건수	55,202	34,782	20,421	63.0%
과표	5,317,372	4,079,637	1,237,735	76.7%
세액	17,487	11,796	5,692	67.5%

〈표 3-28〉 재산세 유형별 과세표준 및 세수

(단위: 천건, 10억원)

	토지분	건물분	주택분
건수	12,468	4,568	17,716
과표	1,786,795	500,457	1,778,170
세액	5,612	1,622	4,534

〈표 3-29〉 토지가격 추정

(단위: 천명, 10억원)

	2015	2016	2017	2018	2019
토지 가격	6,749.3	7,146.5	7,638.9	7,989.1	8,301.8
민간보유분	5,014.8	5,312.4	5,716.0	6,176.9	6,590.2
지가지수	97.584	100.218	104.105	108.877	113.139

자료: 토지가격, 한국은행 경제통계시스템 / 지가지수, 한국감정원

〈표 3-30〉 토지가격 공시지가 기준(정부 부문 제외)

(단위: 천명, 10억원)

	비법인	법인(정부 제외)	개인	합계
토지 가격	84.9	1,046.8	2,964.9	4,096.6

자료: 토지가격, 한국은행 경제통계시스템 / 지가지수, 한국감정원

의 효과를 낼 수 있다. 그동안 정부는 종합부동산세(종부세)를 강화해왔으나 종부세는 그 대상이 협소하여 부동산 가격의 안정에는 큰 효과를 발휘하지 못하는 반면 강한 조세저항을 불러오고 있다. 토지를 비롯한 부동산 가격

〈표 3-31〉 재산세: 총괄자료 1

구 분 (Classification) 자치단체별 (Localities)		합 계(Total)			건 수 (Cases)
		건 수 (Cases)	과 표 (Tax Base)	세 액 (Tax Amount)	
합 계(Total)		55,202,314	5,317,371,560,223	17,487,229,597	34,781,763
소계 Sub total	시계(City Total)	26,501,141	2,415,992,149,072	7,366,273,324	16,917,135
	군계(County Total)	13,881,913	422,758,879,338	1,085,749,529	6,382,080
	구계(District Total)	14,819,260	2,478,620,531,813	9,035,206,744	11,482,548
서 울 Seoul		6,350,509	1,376,068,908,363	5,475,109,438	4,915,354
부 산 Busan		2,532,269	300,726,135,954	997,100,484	1,968,045
대 구 Daegu		1,666,964	190,261,704,512	629,801,934	1,264,552
인 천 Incheon		2,016,046	326,881,901,309	1,062,014,927	1,573,337
광 주 Gwangju		1,066,839	90,599,580,467	278,611,723	770,044
대 전 Daejeon		988,066	110,227,970,879	386,706,337	746,465
울 산 Ulsan		986,641	115,650,104,184	348,242,180	673,864
세 종 Sejong		359,108	61,349,225,735	137,114,802	214,768
경 기 Gyeonggi		10,591,350	1,428,105,021,993	4,517,703,716	7,466,346
강 원 Gangwon		2,838,432	128,040,329,960	392,893,711	1,565,933
충 북 Chungbuk		2,457,817	123,681,830,629	349,432,542	1,361,926
충 남 Chungnam		3,626,824	214,352,432,113	557,325,105	2,135,770
전 북 Jeonbuk		3,563,399	119,590,275,192	334,217,571	1,687,314
전 남 Jeonnam		4,654,388	146,618,199,763	358,208,388	2,118,227
경 북 Gyeongbuk		5,316,952	213,084,081,457	587,307,571	2,774,736
경 남 Gyeongnam		4,955,212	283,725,147,253	845,028,985	2,848,363
제 주 Jeju		1,231,498	88,408,710,460	230,410,183	696,719

자료: 지방통계연감(2019) 표 9-1-1

의 안정을 기하기 위해서도 토지보유세를 보편적으로 강화할 필요가 있다.

현행 재산세와 종합부동산세는 주택에 대해 토지와 건물을 구분하지 않고 과세하고 있는데, 종부세의 경우 별도합산 토지(상가, 사무실 부속토지 등)에 대해서는 80억 원까지 공제해주고 주택(주택부속 토지 포함)에 비해 저율과세하고 있다. 과표현실화율도 아파트보다 단독주택이 낮고, 상업용지 및 건물은 더 낮다. 아파트 소유자보다 대저택 소유자에게 유리하고, 주

〈표 3-32〉 재산세: 총괄자료 2

과 세 분(Taxation)		비과세분(Non-Taxation)		
과 표 (Tax Base)	세 액 (Tax Amount)	건 수 (Cases)	과 표 (Tax Base)	세 액 (Tax Amount)
4,079,636,900,307	11,795,546,504	20,420,551	1,237,734,659,916	5,691,683,093
1,878,352,237,924	5,059,238,408	9,584,006	537,639,911,148	2,307,034,916
322,247,804,843	675,794,740	7,499,833	100,511,074,495	409,954,789
1,879,036,857,540	6,060,513,356	3,336,712	599,583,674,273	2,974,693,388
1,050,666,048,063	3,722,105,950	1,435,155	325,402,860,300	1,753,003,488
236,248,369,994	681,715,447	564,224	64,477,765,960	315,385,037
149,030,803,442	426,339,417	402,412	41,230,901,070	203,462,517
233,441,871,891	670,931,906	442,709	93,440,029,418	391,083,021
69,886,223,149	190,847,478	296,795	20,713,357,318	87,764,245
76,562,950,381	230,631,150	241,601	33,665,020,498	156,075,187
94,738,947,935	247,803,833	312,777	20,911,156,249	100,438,347
41,217,014,479	79,517,055	144,340	20,132,211,256	57,597,747
1,109,933,224,596	3,121,745,916	3,125,004	318,171,797,397	1,395,957,800
92,088,494,641	231,300,848	1,272,499	35,951,835,319	161,592,863
93,608,630,559	224,904,802	1,095,891	30,073,200,070	124,527,740
171,143,808,451	384,574,093	1,491,054	43,208,623,662	172,751,012
90,743,169,322	215,826,955	1,876,085	28,847,105,870	118,390,616
113,836,532,122	230,620,455	2,536,161	32,781,667,641	127,587,933
168,579,837,919	402,330,222	2,542,216	44,504,243,538	184,977,349
222,656,654,528	577,136,144	2,106,849	61,068,492,725	267,892,841
65,254,318,835	157,214,833	534,779	23,154,391,625	73,195,350

자료: 지방통계연감(2019) 표 9-1-1

택 소유자보다 건물주와 대토지 소유 재벌에게 유리한 불공정한 세제이다. 재산세와 종부세뿐만 아니라 재건축초과이익부담금, 상속세, 증여세 등의 과표가 낮게 책정되어 부동산 부자들일수록 실질적으로 감세를 받는 상황이다(곽노완 2017).

재산세 자료를 보면 2018년 기준으로 전체 과세표준의 규모는 5,317조 원이지만 정부 보유 부동산 등 비과세 대상을 제외한 과세분의 과세표준은

〈표 3-33〉 재산세: 과세물건별 1

구분 Classification 자치단체별 Localities		합 계 Total		
		건 수 Cases	과 표 Tax Base	세 액 Tax Amount
합 계(Total)		34,781,763	4,079,636,900,307	11,795,546,504
소계 Sub total	시계(City Total)	16,917,135	1,878,352,237,924	5,059,238,408
	군계(County Total)	6,382,080	322,247,804,843	675,794,740
	구계(District Total)	11,482,548	1,879,036,857,540	6,060,513,356
서 울 Seoul		4,915,354	1,050,666,048,063	3,722,105,950
부 산 Busan		1,968,045	236,248,369,994	681,715,447
대 구 Daegu		1,264,552	149,030,803,442	426,339,417
인 천 Incheon		1,573,337	233,441,871,891	670,931,906
광 주 Gwangju		770,044	69,886,223,149	190,847,478
대 전 Daejeon		746,465	76,562,950,381	230,631,150
울 산 Ulsan		673,864	94,738,947,935	247,803,833
세 종 Sejong		214,768	41,217,014,479	79,517,055
경 기 Gyeonggi		7,466,346	1,109,933,224,596	3,121,745,916
강 원 Gangwon		1,565,933	92,088,494,641	231,300,848
충 북 Chungbuk		1,361,926	93,608,630,559	224,904,802
충 남 Chungnam		2,135,770	171,143,808,451	384,574,093
전 북 Jeonbuk		1,687,314	90,743,169,322	215,826,955
전 남 Jeonnam		2,118,227	113,836,532,122	230,620,455
경 북 Gyeongbuk		2,774,736	168,579,837,919	402,330,222
경 남 Gyeongnam		2,848,363	222,656,654,528	577,136,144
제 주 Jeju		696,719	65,254,318,835	157,214,833

4,079조 원(선박 항공기 제외 시 4,065.5조 원)이다. 과세분을 기준으로 하는 경우에 재산세 세수는 11.8조 원, 종부세 세수는 1.9조 원이다. 재산세의 재산유형별 과세표준을 살펴보면 토지분이 1,786.8조 원, 건물분이 500.5조 원, 주택분이 1,778.1조 원이다. 재산유형별 세수는 토지분이 5.6조 원, 건물분이 1.6조 원, 주택분이 4.5조 원이다.

그런가 하면, 기초생활보장, 기초연금, 근로장려금 등 수급자 선정 및

재산세 (토지분) Land			재산세 (건축물분)	
건 수 Cases	과 표 Tax Base	세 액 Tax Amount	건 수 Cases	과 표 Tax Base
12,468,465	1,786,795,038,685	5,611,880,191	4,567,743	500,457,460,292
6,243,489	880,479,914,293	2,515,536,292	2,198,357	254,780,669,370
4,325,340	203,110,638,843	415,390,154	526,869	52,925,871,919
1,899,636	703,204,485,549	2,680,953,745	1,842,517	192,750,919,003
715,888	382,078,319,491	1,628,051,234	892,937	88,277,102,459
346,872	88,509,781,684	318,475,372	299,181	29,725,952,983
257,037	52,051,082,170	183,183,425	185,229	18,033,341,190
319,232	110,972,121,162	342,976,623	217,641	26,207,810,579
165,816	20,919,962,761	72,109,570	98,774	10,639,315,753
143,287	23,916,685,139	89,909,743	113,541	11,937,092,314
201,374	41,028,987,684	121,883,881	76,993	16,665,545,464
80,402	24,463,929,772	37,888,258	25,063	3,072,435,522
2,143,932	509,765,152,311	1,556,556,942	1,093,706	124,298,961,225
801,772	48,698,786,844	125,727,627	214,423	14,484,796,052
667,943	45,954,608,353	108,451,796	145,458	16,093,237,767
1,178,696	97,762,098,172	210,214,847	184,261	28,846,216,150
894,733	43,582,924,231	98,216,770	162,545	14,912,378,138
1,349,921	63,765,321,474	121,341,435	172,511	23,855,549,742
1,532,992	89,775,384,364	211,107,593	265,418	30,400,999,932
1,309,648	106,439,068,915	290,065,570	321,211	36,028,527,503
358,920	37,110,824,158	95,719,505	98,851	6,978,197,519

자료: 지방통계연감(2019) 표 9-1-2

수급액 산정에 있어서 재산(주택, 토지, 자동차 등)의 소득환산액을 소득인 정액에 포함시킴으로써 이들 빈곤 취약계층이 상대적으로 높은 재산 보유 세를 실질적으로 부담하는 셈이다. 또한 건강보험 지역가입자의 보험료 산 정에도 재산의 소득환산액을 적용하므로 이들이 직장가입자에 비해 상대 적으로 높은 재산세 실효세율을 부담하는 셈이다. 이처럼 현행 재산세와 종합부동산세제는 불합리하고 불공정한 점이 있다.

<표 3-34> 재산세: 과세물건별 2

| Building | 재산세(주택분) (House) | | |
세 액 Tax Amount	건 수 Cases	과 표 Tax Base	세 액 Tax Amount
1,622,382,193	17,716,228	1,778,170,353,123	4,534,197,571
803,747,668	8,460,765	739,849,375,435	1,734,187,485
138,797,222	1,524,826	66,006,229,348	121,091,817
679,837,303	7,730,637	972,314,748,340	2,678,918,269
315,390,221	3,305,116	577,506,346,053	1,770,427,782
103,624,347	1,317,221	117,076,078,866	257,908,196
63,836,880	821,633	78,831,171,727	179,141,862
97,655,138	1,034,031	89,574,045,820	220,079,306
38,646,805	505,268	38,232,551,100	79,948,238
41,386,438	489,381	40,681,335,867	99,292,131
43,603,499	394,613	36,929,400,298	82,004,385
9,228,025	109,276	13,680,578,887	32,400,560
408,926,079	4,224,755	475,795,820,959	1,156,063,977
47,458,944	548,346	28,842,633,924	57,939,083
48,502,064	548,199	31,213,642,700	67,426,790
77,706,520	771,480	44,445,365,591	96,411,162
48,885,753	629,574	32,152,724,804	68,553,130
56,935,226	592,900	25,863,407,037	51,460,774
87,178,716	974,454	48,259,776,944	103,703,571
111,007,987	1,212,618	79,778,622,898	175,113,658
22,409,551	237,363	19,306,849,648	36,322,966

2) 최상위 자산계층에 집중된 금융자산의 비과세

현행 종부세는 부동산 부자보다도 진짜 최상층 부자들인 주식 부자들을 우
대하고 있다. 김낙년(2019)의 우리나라 개인자산 분포에 관한 연구에 의하
면, 상위 10%가 전체 순자산의 62.9%, 상위 1%와 0.1%가 각각 23.9%,
10.0%의 집중도를 보여 소득의 집중도보다 훨씬 더 최상층 집중도가 높다.
자산 종류별로 보면 주택이나 연금, 보험에 비해 사업용 자산과 금융자산

선 박 (Ships)			항 공 기 (Aircrafts)		
건 수 Cases	과 표 Tax Base	세 액 Tax Amount	건 수 Cases	과 표 Tax Base	세 액 Tax Amount
28,475	2,326,798,343	5,130,499	852	11,887,249,864	21,956,050
14,309	1,152,978,133	2,511,146	215	2,089,300,693	3,255,817
4,888	183,399,418	480,013	157	21,665,315	35,534
9,278	990,420,792	2,139,340	480	9,776,283,856	18,664,699
1,153	18,688,844	56,764	260	2,785,591,216	8,179,949
4,729	641,106,061	1,265,672	42	295,450,400	441,860
643	3,025,755	8,930	10	112,182,600	168,320
2,308	229,942,730	533,901	125	6,457,951,600	9,686,938
178	881,735	2,597	8	93,511,800	140,268
232	793,421	2,273	24	27,043,640	40,565
872	110,460,189	305,264	12	4,554,300	6,804
27	70,298	212	–	–	–
3,867	65,156,338	181,218	86	8,133,763	17,700
1,372	61,920,821	174,667	20	357,000	527
303	2,155,627	6,394	23	344,986,112	517,758
1,285	75,574,086	219,390	48	14,554,452	22,174
447	28,765,449	71,221	15	66,376,700	100,081
2,860	350,891,578	880,024	35	1,362,291	2,996
1,836	136,377,535	324,516	36	7,299,144	15,826
4,850	338,276,966	732,543	36	72,158,246	216,386
1,513	262,710,910	364,913	72	1,595,736,600	2,397,898

자료: 지방통계연감(2019) 표 9-1-2

의 집중도가 매우 높다. 특히 금융자산은 상위 1%와 0.1%가 각각 51.6%, 35.0%의 집중도를 보인다. 이에 비해 주택은 상위 1%와 0.1%가 각각 9.9%, 1.1%의 집중도를 보여 금융자산보다는 집중도가 덜한 편이다. 자산 종류별로 1인당 평균을 보면 주택은 상위 5%, 1%, 0.1%가 각각 5억 8,600만 원, 8억 3,600만 원, 9억 4,400만 원으로 큰 차이가 없으나, 금융자산은 상위 5%, 1%, 0.1%가 각각 6억 3,900만 원, 23억 9,300만 원, 161억 6,900만 원으

<표 3-35> 순자산의 분위별 1인당 평균과 자산 집중도

	1인당 평균 자산(백만 원) A					자산 집중도(%) B				
	금융자산 a	연금보험 b	주택 c	사업용 자산 d	순자산 e	금융자산 f	연금보험 g	주택 h	사업용 자산 i	순자산 j
1분위	-16.8	138	-24.1	-29.5	-56.7	-3.6	3.4	-2.8	-6.7	-2.6
2분위	1.6	3.4	0.5	-0.2	5.2	0.3	0.8	0.1	-0.0	0.2
3분위	5.7	5.5	0.9	-0.1	12.1	1.2	1.3	0.1	-0.0	0.6
4분위	6.2	13.4	3.0	-0.4	22.1	1.3	3.3	0.3	-0.1	1.0
5분위	8.4	22.2	7.9	0.0	38.6	1.8	5.4	0.9	0.0	1.8
6분위	14.3	31.2	20.5	1.8	67.7	3.1	7.6	2.4	0.4	3.1
7분위	21.3	42.8	48.8	5.7	118.6	4.6	10.5	5.7	1.3	5.5
8분위	26.5	56.4	112.3	16.1	211.3	5.7	13.8	13.2	3.6	9.8
9분위	36.8	85.3	214.4	47.6	384.1	7.9	20.9	25.2	10.8	17.7
10분위	360.8	134.4	466.4	400.9	1,362.5	77.6	32.9	54.8	90.7	62.9
평균/ 합계	46.5	40.8	85.1	44.2	216.6	100.0	100.0	100.0	100.0	100.0
상위 5%	639	147	586	678	2,051	68.8	18.0	34.5	76.8	47.4
상위 1%	2,393	161	836	1,773	5,164	51.6	4.0	9.9	40.2	23.9
상위0.5%	4,132	180	945	2,517	7,773	44.9	2.2	5.6	28.8	18.1
상위0.1%	16,169	244	944	4,081	21,438	35.0	0.6	1.1	9.3	10.0
순자산 (조원)	1,937	1,700	3,543	1,842	9,022					

주 1) 여기서 분위는 순 자산을 기준으로 한 것임.
주 2) 주택과 사업용 자산은 순 자산이며, 부채 중에서 임대보증금(부채)과 부동산 담보대출이 공제
　　되어 있고 금융자산은 부채 중에서 신용대출은 금융자산에서 공제되어 있음.
자료: 김낙년(2019), 가계금융복지조사(마이크로 데이터)

로 상위층 내에서도 최상위로 갈수록 크게 높아진다.

결국 현행 종합부동산세는 아파트 소유자를 주된 타깃으로 하면서 대

저택 소유자와 건물주들, 대규모 토지를 소유한 재벌들을 상대적으로 우대하는 한편 최상위층의 금융자산은 아예 비껴가고 있다. 양도소득에 대한 과세도 부동산 양도차익에 비해 주식 양도차익에 대한 과세가 미약하다.

대안: 정률의 부유세 도입[4]

부동산과 금융자산을 포함한 순자산 기준으로 최상위 1%의 고액자산가에 대해 부유세를 부과, 기본소득 재원으로 사용할 것을 제안한다. 구체적으로 순자산 20억 원 초과분에 대해 1%, 20억 원 초과분에 대해 2%, 200억 원 초과분에 대해 3%의 누진세율로 과세할 것을 제안한다.

　　김낙년(2019)의 연구에서 인용한 〈표 3-36〉을 보면 2017년 기준으로 우리나라 성인 인구의 개인자산 분포에서 최상위 1%의 하한 경계 순자산 액이 21억 1,660만 원이다. 대략적으로 순자산 21억 원 이상이면 최상위 1% 자산가라고 볼 수 있다. 대략 순자산 30억 원 이상이면 최상위 0.5%, 그리고 대략 80억 원 이상이면 최상위 0.1% 자산가에 속한다. 또한, 앞의 〈표 3-35〉에 의하면 최상위 0.1% 자산가의 평균 자산은 214.4억 원, 최상위 0.5%의 평균 자산은 7.8억 원, 최상위 1%의 평균 자산은 51.6억 원이다. 이를 기초로 하여 순자산 20억 원 초과분에 대해 1%, 30억 원 초과분에 대해 2%, 80억 원 초과분에 대해 3%의 누진세율을 적용하면 〈표 3-37〉과 같이 대략 28.7조 원 이상의 세수를 올릴 수 있을 것으로 추정된다. 순자산 20억 원에서 21억 1,660만 원 사이에 속하여 최상위 1% 바로 밑에 위치하는 이들에 대한 세금은 포함하지 않은 계산이다. 최상위 1%의 평균세액은 약

4　토지보유세도 핵심적인 대안이지만, 이에 대해서는 4장에서 자세히 다루기 때문에 여기서는 생략한다.

〈표 3-36〉 자산분포상 특정위치에 있는 자의 자산

	20세 이상 인구 A					가구주 B				
	금융 자산	연금 보험	주택	사업용 자산	순 자산	금융 자산	연금 보험	주택	사업용 자산	순 자산
p10	-26.8	-	-	-	-	-57.6	-	3.0	-	13.2
p20	-3.6	-	-	-	8.9	-24.7	4.9	20.0	-	43.6
p30	-	4.4	-	-	16.3	-9.2	11.2	47.0	-	84.7
p40	3.5	9.4	-	-	29.0	-1.0	19.7	75.1	-	136.1
p50	6.4	15.6	-	-	50.3	3.6	30.9	112.7	-	198.8
p60	8.9	24.4	5.0	-	88.4	7.5	45.1	159.7	-	273.2
p70	14.3	37.5	60.0	-	156.2	13.9	65.0	216.0	1.6	377.8
p80	30.8	59.5	141.0	-	275.2	32.1	97.3	297.9	60.0	541.3
p90	80.8	109.8	281.8	53.7	535.1	88.4	157.2	459.1	239.0	875.0
p95	158.0	168.8	436.8	211.1	865.6	182.4	225.5	657.5	568.0	1,329.1
p99	652.9	347.0	946.8	1,055.4	2,116.6	827.8	431.0	1,350.8	1,750.9	3,092.9
p99.5	1,059.7	441.3	1,315.1	1,705.7	3,078.9	1,303.0	533.8	1,620.1	2,519.0	4,388.6
p99.9	4,339.1	682.4	2,016.8	3,912.5	8,185.9	7,769.1	778.4	2,504.6	6,002.9	15,807.9

주 1) p10은 각 자산액이 높아지는 순서로 정렬했을 때 자산이 낮은 10%의 위치에 있는 자의 자산을 뜻한다. p99는 상위 1%, p99.9는 상위 0.1%에 위치한 자의 자산액.

주 2) 순 자산 기준임.

주 3) 자산 종류별로 각각 자산액이 높아지는 순서로 정렬한 후 특저 위치의 자산액을 구함.

자료: 김낙년(2019)

6,900만 원인데, 그 중에서도 최상위 0.1%의 평균세액은 5억 1,314만 원, 그 다음 0.4%는 평균 자산 43억 5,700만 원에 평균세액 3,714만 원, 그 다음 0.5%는 평균자산 25억 5,500만 원에 평균세액 555만 원을 부담하게 된다. 세율구간을 다소간 상향 조정하여 순자산 20억 이상에 대해 1%, 50억 이상에 대해 2%, 100억 이상에 대해 3%의 세율을 적용하면 세수는 대략 25조원 내외로 예상된다.

〈표 3-37〉 부유세 세수 추계

(단위: 명, 백만원)

성인인구중	인원수	평균순자산	평균세액	총세액
top 0.1%	41,655	21,438	513.14	21,374,847
next 0.4%	166,620	4,357	37.14	6,188,267
next 0.5%	208,275	2,555	5.55	1,155,926
top 1%	416,550	5,164	68.97	28,728,207

부유세에 대해서는 그동안 자산의 해외 이전, 자산가치 평가의 어려움 등이 제기되어 왔다. 피케티도 일국에서 부유세를 제대로 시행하기 어렵다고 보아 부유세를 위한 전세계적 차원의 협력을 주장했다. 그러나 최근 사에즈와 주크먼은 부유세 실행의 난점들을 극복할 수 있는 방안을 제시했다.

국토보유세(40.9조 원)와 부유세(25조 원)만으로도 연 65조 원 이상의 세수를 올릴 수 있으며, 기존의 토지분 재산세와 종부세를 대체한 후에도 연 55조 원 이상의 추가 세수가 예상된다. 다만 국토보유세가 지가안정화에 기여하고 부유세가 자산 집중을 억제하는 데 성공하면 GDP 대비 국토보유세와 부유세의 비율은 점차 감소할 수도 있을 것임을 고려하여 기본소득 재원의 대부분을 여기에 의존하기보다는 소득세를 주요 재원으로 삼는 것이 보다 안정적일 것이다.

상속·증여세의 강화: 누진적인 생애누적수증세제의 도입

1) 기본방향

상속·증여세는 기회의 평등이란 관점에서 소득세보다 중과할 필요성이 있다. 기회의 평등을 실현하는 관점에서 과세 대상은 상속이나 증여를 하는 사람이 아니라 받는 사람이 되어야 하며, 일생 동안 타인으로부터 상속 또는 증여받은 재산의 총액에 대해 누진적으로 과세하는 것이 바람직하다(Atkinson, 2015: 193-196; Mirrlees et al., 2011: 347-367). 피상속인이나 증여자가 아닌 상속·증여를 받는 사람을 기준으로 과세하는 것은 상속과 증여의 분산을 유도하는 장점이 있으며, 또한 일생 동안 누구로부터 증여나 상속을 받은 재산이든지 누적한 총액에 대해 누진적으로 과세하는 것은 자신의 노력에 의한 것이 아닌 상속 증여에 의한 과다한 재산 축적을 완화함과 동시에 누진적으로 환수하는 것이다.

한국의 상속세는 상속받는 사람(상속인)이 아닌 상속하는 사람(피상속인)의 총상속가액을 과세대상으로 하며 피상속인이 10년 이내에 증여한 재산 외에는 합산하지 않고 있다. 따라서 부유층은 미리 미리 증여를 하여 상속세 부담을 줄일 수가 있다. 증여세는 증여하는 사람이 아니라 증여받는 사람을 과세대상으로 하고 있으나, 증여 전 10년 이내에 동일인으로부터 받은 증여가 아닌 재산은 합산하지 않는다.

누진적인 생애누적수증세제(a progressive lifetime capital receipts tax)를 도입하면 상속·증여세제를 통합하여 개인이 일정액의 금액(가령 현재의 상속 일괄공제액인 5억 원)까지 상속·증여받은 재산이 누적될 때까지는 공제를 해주되 공제액을 초과하는 상속·증여재산이 생길 때부터 누진적으로 과세하는 것이다. 즉, 상속 또는 증여를 받는 재산이 생길 때마다 기존의 상속·증여재산 총액에 합산하여 한계세율을 적용하는 것이다. 세율은 현재의 상속세와 증여세에 동일하게 적용되는 1억 이하 10%, 5억 이하 20%, 10억 이하 30%, 30억 이하 40%, 30억 초과 50%를 5억 원의 기본공제 이후의 수증액에 대해 적용하면 된다.

상속세와 관련하여 소수의 부자를 위한 세금 없는 부의 대물림과 경영권의 상속으로 악용되고 있는 가업상속 공제제도를 전면 폐지하거나 원래 입법 취지처럼 중소 가족기업에 한정하도록 공제 요건과 한도를 대폭 축소

〈그림 3-8〉 상속세 과세표준과 세금

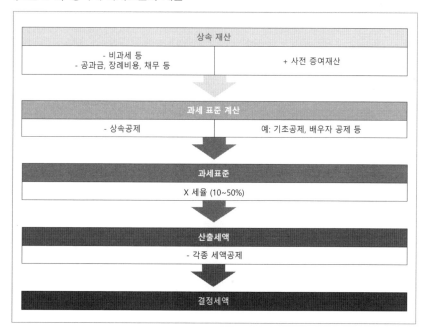

하고 가업승계 증여세 과세특례도 폐지 또는 축소할 필요가 있다(이충희·
최한수, 2019).

2) 현황 및 세수 효과

상속세는 상속재산에 과세하는 세금이다. 특기할만한 것은 사전 증여재산
을 합산한다는 점이다. 다만 그 기한이 10년에 불과하다는 약점이 있다. 이
에 따라 10년 이전에 증여되는 주택 등이 합산에서 제외되고 있어서 최근
가격이 급등한 주택의 증여가 활발해졌다.

상속세는 2018년의 경우 국세 세수가 2.5조 원에 불과하며, 상속재산의
규모는 15.1조 원으로 나타났다. 상속공제를 모두 없애도 증가하는 상속세
세수는 5천억 원 미만이다.

〈표 3-38〉 상속세 결정 현황

(단위: 백만원)

구간	인원	상속재산	비과세 등	증여자산	상속공제
1억 이하	1,512	1,153,065	176,532	122,057	1,020,040
3억 이하	2,062	1,964,344	293,380	240,561	1,516,286
5억 이하	1,199	1,351,847	179,613	230,480	924,700
10억 이하	1,518	2,350,711	305,197	423,645	1,374,659
20억 이하	930	2,067,567	223,927	427,889	979,677
30억 이하	307	1,075,382	127,763	230,310	438,704
50억 이하	216	1,092,162	116,104	224,932	376,336
100억 이하	156	1,286,575	140,585	300,193	348,590
500억 이하	95	1,915,456	115,931	409,203	366,495
500억 초과	7	550,724	33,395	298,649	25,329
경정	0	340,021	47,138	222,677	28,962
합계	8,002	15,147,854	1,759,565	3,130,596	7,399,778
구간	과세표준	산출세액	세율	결정세액	세수효과
1억 이하	75,175	7,415	9.90%	4,612	17,413
3억 이하	391,483	55,224	14.10%	42,942	41,385
5억 이하	472,166	80,202	17.00%	61,651	30,509
10억 이하	1,082,522	233,455	21.60%	186,659	65,818
20억 이하	1,278,491	363,493	28.40%	298,252	63,666
30억 이하	737,352	246,412	33.40%	198,549	42,696
50억 이하	822,398	312,339	38.00%	257,878	44,095
100억 이하	1,082,405	470,830	43.50%	377,610	61,152
500억 이하	1,817,445	867,038	47.70%	700,919	55,307
500억 초과	789,868	391,714	49.60%	237,640	16,561
경정	485,409	137,066	28.20%	152,953	13,310
합계	9,034,714	3,165,188		2,519,665	451,913

주〉국세통계연보(2019) 표 6-2-2

사전상속을 의미하는 증여세는 2018년의 경우 국세 세수가 5.3조 원이다. 증여의 규모는 과세가액 기준으로 47.6조 원으로 나타나고 있는데, 증여공제를 모두 없애도 증가하는 세수는 1조 원 미만으로 나타난다. 다만 최근 증여가 증가하며, 증여세의 세수는 증가하는 추세이다.

현행 상속·증여세제의 골격을 유지하는 한 공제 축소만으로는 상속·증여세제의 강화 및 세수 증대에 한계가 있다. 이에 따라 생애누적수증세제의 도입이 필요하다. 주택과 대규모 주식의 사전 증여를 포함, 모든 자산에 대해 생애에 누적된 증여 자산을 합산 과세하면 상당한 규모의 세수 증대가 예상된다. 다만, 세수 추계를 할 자료가 부재하다.

소비세 및 재난회복 특별세

본 연구는 기본소득의 재원조달에 있어 소득세와 재산관련 세제에 초점을 두고 있다. 소비세는 그 자체로는 역진적 성격을 띠고 있기 때문에 우선순위에서 뒤로 돌렸다. 그러나 유럽의 선진복지국가들이 높은 조세부담률로 높은 수준의 공공사회지출을 하는 데에는 고율의 부가가치세가 중요한 몫을 하고 있다는 점을 고려할 필요가 있다. 또한 연간소득이 아닌 생애소득의 관점에서 보면 소비에 대한 과세가 그다지 역진적이지 않다는 주장도 있다. 연간소득과 달리 생애소득과 생애지출은 비슷하며(주된 차이는 상속과 증여), 현재의 소득보다는 현재의 지출이 생애소득을 더 잘 대표한다는 것이다(Mirlees et al., 2011: 26). 또한 부가가치세가 가진 다소의 역진성은 기본소득의 재분배효과에 비하면 거의 무시해도 될 정도이다. 따라서 부가가치세가 우선순위는 아니지만 소득세와 재산관련 조세로 기본소득 재원이 충분하지 않아 추가 재원을 찾을 때 부가가치세가 유력한 후보가 될 수 있다.[5]

끝으로 재난지원금에 대해 보편지급과 선별지급에 대한 논란이 추후에도 예상되며, 이와 관련하여 재원에 대한 논의가 반드시 순탄하지 않게 이루어질 가능성이 있다. 코로나19로 인해 직접적인 피해를 받은 이들에 대한 선별 지원이 당연히 이루어져야 하겠지만, 여러 가지로 직간접적 피해를 받은 이들을 다 파악하고 이들의 피해 정도를 측정하는 것이 사실상 불가능한 만큼 전국민에 대한 보편적인 재난기본소득이 당분간 필요할 것으로 본다. 코로나19로 모두가 고통을 겪고 있지만 고통의 정도가 다르고 소득에 대한 영향도 다르게 받고 있으며, 또한 코로나19로 인해 특수를 누리는 사업도 있으므로 고통분담과 이익 공유 차원에서 재난회복 특별세를 통해 재난기본소득 재원의 일부를 조달하는 것이 좋을 것이다.

부가가치세

부가가치세는 전체 GDP에서 투자를 제외하고 소비에 과세하는 세금이다. 다만 소비지국 과세원칙에 따라 국내 소비만 과세하므로 수출은 부가가치세 과세대상에서 제외되는 반면 수입은 부가가치세 과세 대상이 된다. 부가가치세 세율은 경감세율, 표준세율, 할증세율로 구분하는데 우리나라는 할증세율이 없고, 표준세율은 10%이다. 경감세율로는 면세와 영세율 제도가 있다.

영세율은 특정 재화나 용역에 대하여 영(0%)의 세율을 적용하는 것을 말한다. 영세율이 적용되는 재화와 용역은 수출이 그 대상이며, 수출 이외

---

5   또한 탄소세, 교통혼잡세, 미세먼지 유발세 등 비롯해 환경에 피해를 끼치는 생산 및 소비활동에 대한 과세를 통해 부정적 외부효과를 억제하는 동시에 세수를 1/n로 배당하여 증세에 대한 국민적 동의와 지지를 획득하는 방안도 기본소득의 중요한 한 전략이 될 수 있다. 이에 대해서는 4장에서 자세히 다루고 있기 때문에 여기서는 생략한다.

〈표 3-39〉부가가치세 체계

과세대상	재화와 용역의 공급 및 수입
소비형	투자재 제외, 최종 소비 기준
세 율	10%, 면세, 영세율
방 식	전단계 매입세액공제 = 매출세액(매출액 * 세율) - 매입세액

에는 매우 예외적으로 적용하는 것이 원칙이다. 면세는 영세율과 달리 최종 재화의 매출액에는 과세하지 않지만 중간재에는 과세한다. 면세의 대상은 생필품과 권장재로 분류할 수 있다. 미가공식료품, 수도, 의료 서비스 등이 대표적인 생필품이며, 문화, 예술, 학술 등 공익성이 있는 재화가 권장재라고 할 수 있을 것이다. 인적용역, 금융서비스, 토지 등 생산요소에 대한 것도 면세로 하고 있다.

부가가치세 세수는 2018년의 경우에 국세 세수가 70.0조 원이고, 지방소비세 규모가 9.1조 원이다. 따라서 79.1조 원이 부가가치세 전체 세수가 된다. 현행 10% 세율을 기준으로 생각하면 부가가치세의 과세 베이스는 791조 원이 된다. 따라서 1%p 세율 인상은 약 7.9조 원 세수 증대를 가져온다. 물론 일부는 지방정부의 지방소비세로 이전된다. 영세율과 면세율 대상을 축소하면 세수 효과는 더 커질 것이다. 서민 생필품 등을 면세하는 것은 행정적 복잡성과 인센티브 왜곡을 초래하므로 가능하면 부가가치세의 면세를 없애고, 소득세와 재산세 및 기본소득을 통해서 소득재분배 효과를 내도록 하는 것이 낫다 (Mirlees et al., 2011).

유럽 여러 나라가 20% 내지 25%의 부가가치세율을 가지고 효율적인 경제를 유지하는 것을 보면 5% 내지 10% 정도 부가가치세 세율을 올리는 것을 유력한 선택지로 삼을 수 있다. 특히 기본소득을 낮은 수준에서 도입하여 점차 확대해 나갈 경우 기본소득 수준을 높이기 위한 재원으로서 부가가치세의 면세율 대상 축소 및 세율 인상은 적극 고려할만하다.

재난회복 특별세

코로나19 위기가 언제 끝날지 예측하기 어려운 상황에서 재정건전성을 전혀 고려하지 않고 재난지원금 또는 재난기본소득을 계속 지급하기는 어려울 수 있다. 이에 재난회복 기본소득 재원 마련을 위한 고통분담과 이익공유의 원칙을 제시하고자 한다. 첫째는 고통분담의 원칙이다. 코로나19로 인해 다수의 국민이 직간접적인 피해를 입고 고통을 겪고 있지만 그 피해와 고통의 정도가 다르다. 따라서 상대적으로 고통을 적게 당하는 사람들이 고통을 더 심하게 당하는 사람들과 고통을 나누는 것이 필요하다. 다음으로 이익 공유의 원칙이다. 코로나19가 모두에게 고통을 안겨다 준 것만은 아니다. 어떤 기업과 개인들에게는 새로운 사업의 기회를 열어다 주었다. 마스크 업체는 물론이고 비대면 활동이 증가함에 따라 온라인 쇼핑 등 이익을 본 경우도 꽤 있다. 코로나19와 직접적인 관계는 없을지 모르지만 최근 아파트 등 부동산 가격 상승으로 불로소득을 누린 이들도 상당수 있다. 많은 사람들이 고통을 겪고 있을 때 이들의 이익을 일정 부분 나누자고 할 필요가 있다.

재난회복 기본소득의 재원 마련에 당분간 일부는 기존 재정지출의 절감과 국채발행 등으로 충당할 수 있겠지만, 적어도 일정 부분은 재난회복 고통분담 및 이익공유 특별세(약칭: 재난회복 특별세)를 통해 마련할 것을 제안한다. 구체적으로는 앞에서 언급한 기본소득세의 방식을 아주 낮은 수준에서 도입한다. 기존의 소득세를 유지한 채 노동소득과 자본소득, 자본이득을 포함한 모든 소득에 1%의 세금을 원천징수하고, 연소득 1억 원을 초과하는 경우에는 1억 원 초과분에 대해 1%의 세율로 추가과세한다. 또

〈표 3-40〉 증여세 결정 현황

(단위: 백만원)

구간	인원	증여자산	비과세 등	과세가액	증여공제
1천만 이하	32,085	970,873	127	949,017	801,858
5천만 이하	46,655	3,069,610	148	3,119,692	1,804,105
1억 이하	30,462	3,528,652	140	3,737,621	1,375,360
3억 이하	29,611	5,790,390	401	6,778,881	1,628,747
5억 이하	10,095	3,743,835	40	4,640,495	605,392
10억 이하	7,086	3,835,966	0	5,413,110	464,629
20억 이하	2,483	2,277,626	0	3,543,383	156,318
30억 이하	745	1,171,275	0	1,864,537	52,144
50억 이하	494	835,794	0	1,929,749	28,116
50억 초과	705	3,409,850	0	15,759,124	33,045
경정	0	−23,823	−103	−132,062	1,961
합계	160,421	28,610,048	753	47,603,547	6,951,675
구간	과세표준	산출세액	세율	결정세액	세수효과
1천만 이하	147,085	14,900	10.10%	15,014	81,230
5천만 이하	1,315,373	133,792	10.20%	128,541	183,503
1억 이하	2,361,980	241,390	10.20%	220,278	140,559
3억 이하	5,149,255	745,339	14.50%	637,500	235,756
5억 이하	4,034,492	717,231	17.80%	568,170	107,623
10억 이하	4,948,204	1,073,896	21.70%	768,035	100,837
20억 이하	3,385,765	969,891	28.60%	640,807	44,779
30억 이하	1,812,302	594,255	32.80%	376,043	17,098
50억 이하	1,901,483	707,235	37.20%	310,780	10,457
50억 초과	15,726,074	7,520,229	47.80%	1,660,256	15,802
경정	−134,236	−77,305	57.60%	−7,855	1,129
합계	40,647,777	12,640,853		5,317,569	938,775

주〉 국세통계연보(2019) 표 6-4-2

한 기본소득의 권리에는 납세의 의무가 수반된다는 원칙에 입각해 재난회복 기본소득을 전국민에게 지급하되 고액 세금체납자는 제외하는 것이 마땅할 것이다.

구체적 시행방안으로 노동소득에 대해서는 기존 근로소득세 외에 모든 고용주들(비영리단체와 정부 포함)이 임금뿐만 아니라 사회보험료 등을 포함한 일체의 인건비에 대해 1% 세금을 내고, 기업들은 기존 법인세 외에 이윤 전체(배당과 사내유보 포함)에 대해 1% 세율로 세금을 내도록 한다. 개인과 비영리단체의 이자 수입, 해외로부터의 수입 등에 대해서는 개인들에게 과세한다. 이렇게 하면 국민순소득(국민총소득−감가상각)의 거의 대부분을 세원으로 포괄할 수 있다. 2018년 국민순소득 1,546조 원의 80%를 포착하여 1% 과세를 하면 12.3조 원 이상의 세수가 나온다. 여기에 1억 원 이상 소득자에 대해 일체의 소득공제 없이 1억 원 초과분에 대해 1%를 추가로 과세하면 2018년 통합소득(근로소득+종합소득)을 기준으로 0.9조 원의 세수가 추가되어 총 13조 원 이상의 세수가 확보될 수 있다.

이처럼 성인 1인당 연 100만 원의 재난회복 기본소득을 지급하면서 1억 원 이하의 소득에 1%, 1억 원 이상에 대해 2%의 누진세율 과세를 하면 연 1억 원 이하 소득자는 세부담보다 기본소득 수급액이 더 크게 된다. 만일 성인 피부양가족이 있으면 1억 5천만 원 소득자까지 순수혜가 되며, 아동 2인이 있는 외벌이 4인 가구라면 연소득 2억 원까지 순수혜자가 된다.

과감한 세제 개혁은 국민 동의부터

이상에서 제시한 여러 조세개혁 방안으로 이룰 수 있는 추가세수로 GDP 10% 내지 15%의 기본소득 재원을 마련하는 것이 가능하다. 재정지출구조의 개혁과 기존 사회보장 현금지출의 일부 대체를 통해 GDP 5% 내지 6% 의 기본소득 재원을 마련하면 합해서 GDP 15% 내지 20% 규모의 기본소득도 가능할 수 있으며, 추가 재원의 일부는 공공서비스 확대 등에 사용할 수도 있게 된다.

또한 앞에서 제시하지 않은 유력하고 정치적으로 쉬운 증세방안으로 자연증세가 있다. 소득세와 재산세 등의 과표 구간을 조정하지 않고 놔두면 GDP 증가와 물가상승으로 인해 자연적으로 과표 구간이 올라가서 더 높은 한계세율로 과세되는 소득과 재산의 비중이 높아지게 되어 GDP 증가율보다 더 빠른 속도로 세수가 늘게 된다. 이러한 자연증세는 재정지출 구조 조정을 통한 기본소득 재원 마련을 쉽게 해준다. 즉, 기본의 재정지출 중 낭비적이거나 중복 비효율적인 부분들을 절감하는 노력을 해도 기본소득 재원을 일시에 크게 마련하기는 쉽지 않은데, 재정의 자연증가분을 기본소득 재원으로 사용하면 다른 부문 예산을 절대적으로 감축하지 않고도 상대적 비중을 줄여나갈 수 있게 된다. 이러한 자연증세로 인한 세수는 재정지출구조 개혁에 유리한 조건을 만들어주는 것으로 보되, 여기서는 세제개혁에 따른 순수한 증세효과만을 가지고 GDP의 10% 내지 15%를 마련하는 방안들을 예시하고자 한다.

우선 기본소득의 재원을 좁은 의미의 공유부에 한정하기보다는 넓은 의미의 공유부에 과세하는 것으로 하면 모든 소득, 재산, 소비에 대한 과세를 재원으로 삼는 것이 정당화된다. 또한, 적어도 GDP의 10% 이상 규모로 기본소득을 실시하고자 하면 특정 항목만으로 재원을 조달하는 것은 바람직하지 않다. 일반적으로 조세의 비효율성은 한계세율로 나타나므로 특정 세목으로 조달하면 한계세율이 급증하는 현상이 발생하기 때문이다. 다만, 우리나라의 경우 소득세의 비중이 OECD 평균의 절반 수준에 불과하여 소득세의 공제 감면을 정비하고 전면적인 종합과세를 실시하는 등 소득세의 정상화를 우선적으로 도모할 필요가 있다. 또한 강남훈(2019a)이 제안한 시민소득세, 사에즈와 주크먼(2019)이 제안한 국민소득세, 또는 이들 개념을 바탕으로 한 정률의 기본소득세 도입을 추가로 고려할 필요가 있다.

지금까지 검토한 여러 증세방안을 요약한 〈표 3-41〉에서 소득세 개혁방안으로 우선 소득세 비과세 감면의 전면 정비 또는 부분 정비(근로소득공제, 인적공제, 신용카드소득공제, 근로소득세액공제, 자녀세액공제, 교육비세액공제의 폐지)와 전면적인 종합과세의 도입, 그리고 세율인상 등의 방안들을 조합한 몇가지 안의 세수효과를 표시했다. 이 중에 하나의 안을 선택하면 작게는 50조 원(비과세·감면의 부분 정비안)에서 많게는 110조 원(비과세·감면 전면 정비와 전면적 종합과세 실시 및 세율인상안)까지의 추가 세수를 낼 수 있다. 또한, 5% 또는 10% 단일세율로 과세 가능한 모든 노동소득과 자본소득, 즉 요소 국민소득(factor national income)에 과세하는 국민소득세 또는 자본이득(capital gains)까지 과세하는 기본소득세의 도입안의 세수효과를 표시했다. 작게는 62조 원에서 많게는 134조 원까지의 세수 효과가 예상된다. 본 연구의 우선적 권고안은 소득세 비과세·감면의 부분 정비와 전면 종합과세로 60조 원 이상의 세수를 올리고 5% 세율의 기본소득세로 67조 원 가량의 세수를 올려 합해서 127조 원 이상을 소득세에서 마련하는 것이다. 전국민에게 1인당 월평균 20만 원의 기본소득 지급이 가능한 예산이다.

다음으로 소득세의 정상화 못지않게 초기 단계에서 유력한 방안은 국토보유세의 도입과 연동한 토지배당, 탄소세의 도입과 연동한 탄소배당을 실시하는 것이다(탄소세에 대해서는 4장 참조). 각각 30조 원 규모의 세수를 올려 국민 1인당 월 5만 원의 배당이 가능할 것으로 본다. 둘을 합하면 연 60조 원의 세수로 월 10만 원의 기본소득이 가능하다.

또한 종합부동산세를 부동산과 금융자산을 포함한 최상위 1%의 고액

〈표 3-41〉 증세방안 요약

(단위: 조원)

조세개혁안	추가 세수
소득세 비과세감면 정비 및 전면 종합과세	[50, 110]
소득세 비과세감면 부분 정비(2a)	50+
소득세 비과세감면 부분 정비+전면 종합과세(2b)	**60+**
소득세 비과세감면 부분 정비+전면 종합과세 (1안)	80+
소득세 비과세감면 부분 정비+전면 종합과세+세율인상	110+
기본소득 과세소득화	
2. 국민소득세 또는 기본소득세 도입	[62, 134]
국민소득세(세율 5%)	62.8
국민소득세(세율 10%)	125.6
기본소득세(세율 5%)	**67**
기본소득세(세율 10%)	134
3. 재산세제 강화	[55]
국토보유세 도입(공시지가 1%)	**30**
부유세 도입(순자산 20억 이상 1%~3%)	**25**
생애누적수증세제 도입	**?**
양도소득세 강화	**?**
4. 환경 및 소비세제	[30-100+]
탄소세(또는 환경세)	**30**
부가가치세 세율 인상(5%)	35
부가가치세 세율 인상(10%)	70
부가가치세 세율 인상(5%) 및 면세대상 축소	35+
부가가치세 세율 인상(10%) 및 면세대상 축소	70+
총계	[195, 282]
권고안	**212+**

주) 굵은 글씨로 강조한 안들이 우선적인 시행을 권고하는 안들임.

자산가에게 과세하는 부유세로 개편하면 연 25조 원 가량의 세수가 예상된다. 상속·증여세제의 강화방안으로 멀리스 리뷰(Mirlees et al., 2011)가 제안한 생애누적수증세제를 도입하면 부의 세습을 완화하고 부유세와 함께 자산의 집중을 억제하는 데 큰 효과가 있을 뿐 아니라 상당한 정도의 추가 세수가 있을 것으로 예상된다. 정부가 계획했던 주식양도차익의 단계적 과세방안을 예정대로 시행하는 등 양도소득세의 강화도 조세형평성 제고와 함께 세수 증대에 도움이 될 것이다.

이상 본 연구가 우선적인 권고안으로 꼽은 안들의 세수효과를 합하면 소득세에서 127조 원, 국토보유세와 부유세로 55조 원, 탄소세로 30조 원을 더해 총 212조 원이 된다. 이는 2018년 기준으로 GDP 1,898조 원의 11%가 넘는 금액이며, 재정지출구조의 개혁이나 기존 현금복지의 부분적 대체로 얻을 수 있는 재원을 고려하지 않더라도 국민 1인당 월평균 34만 원 이상의 기본소득을 실시할 수 있는 예산이 된다. 물론 연령에 따라 차등지급을 할 수 있을 것이다.

GDP 11% 수준의 증세와 기본소득 도입을 단번에 실시하자는 것은 아니다. 가령 기본소득세를 도입해도 세율 5%가 아닌 1%나 2%에서부터 시작할 수도 있을 것이고, 국토보유세나 탄소세도 처음에는 좀 낮은 수준에서 시작할 수도 있을 것이다. 그러나, 정부의 의지와 국민적 합의가 이루어지면 조세정의와 효율성 측면에서 바람직한 방향으로 GDP 11% 수준의 증세가 얼마든지 가능하다는 것을 보여주는 것이다.

또한, 본 연구는 기본소득의 수준을 1인당 GDP의 10%나 11% 수준에서 만족하자는 것은 아니다. 기초생활보장의 생계급여 정도는 기본소득으로 대체하고자 한다면 GDP의 15% 이상이 필요하다. 이는 위에서 선택한 대안들로 이룰 수 있는 212조원에 더해 부가가치세 세율 10% 인상 및 면세대상 축소로 70조원 이상을 확보하면 282조 원 이상이 되며, 생애누적수증세와 양도소득세의 추가 세수를 고려하면 GDP의 15%, 아마도 16% 이상이 될 것이다. 기존 현금복지 중 사회보험은 건드리지 않고 생계급여 등 공공부조의 상당 부분을 대체할 수 있는 기본소득 재원이 된다.

끝으로 기본소득의 재원 마련을 위한 증세 방안을 제시하면서 덧붙여 강조할 사항들이 있다. 먼저 기본소득을 국민의 기본권으로 인정하는 대신 소득과 재산 등에 대한 납세의 의무를 강조하고 기본소득의 권리와 납세의 의무를 연동시켜 무임승차를 방지할 필요가 있다. 가령 상습 또는 고액 체납자에게까지 기본소득을 지급할 이유는 없다. 특정 시점에서는 소득과 재산이 전무하여 기본소득 수급만 할 뿐이어도 이후 언젠가 소득이나 재산이 생기면 세금 납부의 의무를 다해야 하는 것이다. 평생 소득과 재산이 전혀 없이 사는 사람은 극히 예외적인 경우에 불과할 것이며, 이러한 사람은 사회의 도움을 필요로 하는 경우일 것이므로 완전한 무임승차는 불가능하게 된다.

아울러 강조할 점은 기본소득 재원은 부자증세로만은 불가능하고 보편적 증세가 수반되어야 한다는 점이다. 그런 점에서 소득세의 비과세·감면의 정비와 전면적인 종합과세의 도입, 보편적인 정률의 기본소득세나 국토보유세의 도입 등이 중요하다. 물론 지나친 부의 집중과 세습을 막기 위해 부유세와 생애누적수증세제의 도입 등도 함께 이루어져야 한다.

끝으로 본 연구에서 제시한 과감한 세제개혁을 하려면 국민적 동의를 구할 수 있어야 하고, 이를 위해서는 투명한 정보의 제공이 필수적이라는 점이다. 스웨덴, 노르웨이, 핀란드 등 북유럽 국가들이 높은 조세부담률로 높은 수준의 복지국가를 유지하는 데에는 모든 개인과 법인의 소득을 일반에게 공개하는 데 있다. 투명한 정보의 공개가 사회적 신뢰를 높이고 복지증세에 대한 국민적 동의를 가능하게 한다. 북유럽 국가들처럼 전국민의 소득 정보를 공개하는 것이 우리 사회에서 바로 받아들여지기 어렵다면,

공직자부터 또는 조금 더 넓게 김영란법 대상자부터 공개하도록 하는 방안
도 좋을 것이다.

아울러 국세청이 모든 개인소득세와 재산세(재산세는 지방세이므로 행
안부와 협력하여) 등에 대해 인별 통합을 한 자료를 구축하고 이를 조세-급
여에 관한 정책연구에 활용할 수 있도록 하는 일이 시급하다(유종성 외,
2020). 일찍이 전국민 행정자료를 구축한 북유럽 국가들은 물론이고 미국
만 해도 국세청(IRS)이 전 미국인의 소득과 과세 자료를 1995년부터 패널로
구축하여 연구에 이용할 수 있도록 하고 있다(Chetty et al., 2018). 과거에는
소득신고를 하지 않은 개인들의 소득자료는 구축하지 않았으나, 최근에는
갓난아이부터 사망 시까지의 전인구를 포괄하며 소득신고를 하지 않은 사
람들도 고용주 등이 낸 과세자료를 토대로 세무당국이 파악한 모든 소득을
인별로 소득과 세금관련 100여 개 변수에 대해 매년 구축하고, 고용주 및
가족과의 링크까지 제공하고 있다. 북유럽은 물론 영국이나 미국 등도 증
거기반 정책연구를 위한 행정자료의 활용을 적극적으로 추진하고 있는데,
한국이 아직 뒤져 있는 형편이다. 우리나라 정부 부처와 기관들 중에서도
국세청이 정보공유에 가장 소극적인데, 이를 지양해야 할 것이다.

4장

공유부에 기반한
신규 세목 만들기

공유부 기반 세목의 유형과 타당성

공유부의 개념과 유형

사회가 생산한 부에서 특정한 경제주체의 노력에 배타적으로 귀속시킬 수 없는 것은 모두의 몫으로 돌려야 한다. 여기서 모두의 몫은 노동 여부와 관계없이 모두에게 평등하게 되돌려져야 한다. 즉 모두의 몫의 분배에서 노동 여부나 자산 수준은 기준이 될 수 없다. 선별적 분배나 차등 분배는 정당하지 않다. 모두의 몫은 특정 주체의 성과로 귀속시킬 수 없기 때문에 개별적인 모든 사람에게 조건 없이 평등하게 분배되어야 한다. 기본소득은 모두의 몫을 모두에게 되돌려주는 이전 방식이다.

모두의 몫을 모두에게 되돌려준 이후에야 비로소 분배가 성과에 따라 이루어졌는지를 따질 수 있다. 일한 사람들 각자에게 일한 만큼의 몫이 돌아가기 위해서는 무엇보다 모두의 몫에 대한 무조건적, 보편적, 개별적인 평등분배가 먼저 이루어져야 한다. 모두의 몫이란 모두의 것으로부터 나온 수익이다. 모두의 몫이 무엇인가를 따지기 위해서는 모두의 것이란 무엇인가를 먼저 논해야 한다.

모두의 것, 곧 공유부(共有富)는 일단 자연적 공유부와 인공적 공유부로 구분할 수 있다. 자연적 공유부의 원형은 토지이다. 토지를 개간한 사람이 토지가치를 증대시켰을지라도 토지 그 자체를 창조하지는 않았다. 건물을 지은 사람이 땅을 창조하지는 않았다. 이는 법률적인 재산권의 문제가 아니다. 법률적 재산권과 전적으로 무관하게 토지 그 자체에 대해서는 인류의 개별적인 구성원 모두가 원천적인 공동소유권을 가지고 있다. 토지에 대한 규범적 의미의 공동소유는 토지를 활용하여 수익을 얻은 사적 개인이 수익 전체를 배타적으로 전유하는 것은 정당하지 않다는 점을 말해준다. 토지의 활용으로부터 나온 수익의 일부는 개별적인 사회구성원 모두에게 조건 없이 분배되어야 한다.

토지뿐만 아니라 천연자원 또는 생태환경은 원래 인류 모두에 속한 자연적 기초이고 인류 모두의 것이다. 천연자원은 채굴될 때 비로소 현실적인 경제적 가치가 부여된다. 하지만 채굴자가 채굴을 통하여 천연자원의 가치를 증대시켰을지라도 천연자원 그 자체를 창조한 것이 아니다. 법률적 소유권을 누가 가지고 있든 천연자원은 원래 모두의 것이고 채굴로 발생하는 수익의 일부는 모두에게 조건 없이 배당되어야 한다. 토지와 천연자원에 대한 원천적인 공동소유자로서 모든 사람은 수익의 일부를 배당받을 규범적 권리를 가지고 있다. 나아가 생태환경은 세대와 세대를 넘어 인류 모두의 것이며, 현 세대의 인류는 무분별한 개발로 생태환경을 파괴하지 않을 책임을 진다. 생태부담을 만든 기업이 생태환경의 사용에서 발생하는 수익을 독차지하는 것은 반 생태적일 뿐만 아니라 정의로운 분배도 아니다. 토지 그 자체, 천연자원, 생태환경 등은 모두의 것이며 이로부터 나온 수익의 상당한 부분은 자연적 공유부이다. 자연적 공유부는 모든 사람 각자에게 조건 없이 분배되어야 한다.

자연적 공유부가 인류 모두의 것인 자연적 기초로부터 흘러나온 수익이라면, 인공적 공유부란 사회의 작용에 의해서 발생하며 누가 얼마만큼 기여했는지를 따질 수 없고 어떤 특정인의 성과로 귀속시킬 수 없는 수익이다. 사이먼(Simon, 2000)이 말했듯이, 모든 소득의 90%는 이전 세대에 의해서 축적된 지식의 외부효과이다. 이러한 외부효과는 개별적인 사회구성원 모두에게 무조건적으로 다시 할당될 때에만 비로소 분배정의가 이루어진다. 지식은 인류 공통의 유산이며, 현재의 모든 지식생산은 이와 같은 공통유산에 의존한다. "현재의 생산력은 현재의 노력과 사회적 유산의 공동 결과(a joint result)"이며 "모든 시민은 이러한 공통유산(common heritage)의 수익을 공유해야 한다"(Cole, 1944: 144). 물려받은 지식뿐만 아니라 현재의 지식생산 역시 지식공동체에 빚지고 있는 만큼 사회의 작용에 의해 생성되는 '협동적 공유부'라고도 말할 수 있을 것이다.

오늘날 인공적 공유부는 지식만이 아니다. 데이터 기반 가치창출과 인공지능 혁명으로 기업의 자산 중에서 빅데이터가 차지하는 중요성은 점점 더 커져가고 있다. 빅데이터는 인간 활동의 전 영역에 대한 디지털 기록물이며 매 순간 갱신되고 새로 생성된다. 이와 같은 빅데이터에 의존하여 플랫폼 알고리즘은 업그레이드되며 이윤을 창출한다. 디지털 기업은 데이터가 수집되고 저장되는 플랫폼을 소유함으로써 데이터를 활용하고, 빅데이터를 생성하며, 인공지능을 개발하고 이윤을 증대시킨다. 이와 같은 이윤 창출 메커니즘은 플랫폼의 외부에서 디지털 활동이 데이터의 형태로 공급되어야만 유지될 수 있다. 빅데이터는 플랫폼 없이는 수집되지도 않으며 생성될 수도 없지만, 사람들의 디지털 활동이 없다면 플랫폼은 어떠한 데이터도 수집할 수 없으며 빅데이터를 만들 수 없다. 따라서 플랫폼 기업이 빅데이터 활용으로 발생한 수익 전체를 차지하는 것은 정당하지 않다. 사회의 작용에 의해 만들어지는 빅데이터는 사회구성원 모두의 공동소유라고 말할 수 있고, 플랫폼 기업은 빅데이터로부터 발생한 수익의 일부를 모든 사람에게 조건 없이 배당하여야 한다. 인류의 공통지식은 '전승된 공유부'로 볼 수 있으며 현재 시점에서 끊임없이 갱신되고 생산되는 '생성적 공유부'라고 말할 수 있다. 빅데이터는 '생산적 공유부'의 전형이다. 급속도로 진행 중인 디지털 전환과 함께 빅데이터 공유부의 분배는 이 시대의 가장 중요한 문제가 되었다. 지식이나 빅데이터 뿐 아니라 화폐와 신용도 공유부로 볼 수 있다. 부분지급준비제도에 의하여 신용화폐를 창조하는 민간은행으로부터 국가가 실질적 발권력을 되찾자는 주권화폐론(sovereign money)은 신규 발행되는 화폐의 일정량을 기본소득 형태로 시민들에게 동등하게 분배하자는 주장과 만난다(Huber, 1998; Creutz, 2002: Crocker, 2005). 하지만 이는 조세에 의한 공유부 배당이 아니므로 4장에서 다루지 않고 6장에서 논한다.

현실의 세계에서는 하나의 대상이 자연적 공유부이자 인공적 공유부인 경우가 대부분이다. 예를 들어 토지는 위치에 따라 가치가 달라진다. 부동산 시가에는 건물의 상태보다 위치가 더 결정적이다. 도시의 부동산 시가는 기후나 토지의 비옥도와 같은 자연조건이 아니라 교통, 교육, 경제적 입지 등과 같은 사회적 위치조건에 의해 결정된다. 도시 지대에는 자연적 공유부로서 토지가치뿐만 아니라 사회의 작용에 의한 인공적 공유부가 첨가된다. 사회의 작용에 의한 가치는 공유부적 성격을 가지며 일부는 반드시 모두에게 조건 없이 되돌려져야 한다. 이처럼 개인의 노력이 아닌 공동체의 작용에 귀속시켜야 할 수익은 '협동적 공유부'라고 말할 수 있으며, 도시는 전체적으로 볼 때 협동적 공유부의 좋은 사례이다.

과세 정당성과 과세 효과

자연적 공유부에 대한 과세 정당성은 인간의 삶의 자연적 기초에 대한 모든 인류의 원천적 권리에서 나온다. 이러한 권리는 현실의 법률적 소유관계와 무관한 권리이며 오직 국가의 과세권 행사에 의하여 우회적으로 실현되는 권리이다. 자연적 공유부에 대한 과세 효과는 두 측면에 걸쳐 나타난다. 한 측면은 소득재분배이다. 다른 한 측면은 자연적 공유부 과세의 경제조절적 기능이다. 토지공유부에 대한 과세로서 토지보유세는 부동산 가격을 통제하고 유휴화폐자본을 지대수취적 부문이 아닌 생산적 부문으로 돌리는 생산적 기능을 한다.

기본소득형 토지보유세는 토지공유부를 조세제도를 통해 거둬들이고 전액을 다시 개별적인 국민 모두에게 조건 없이 환급해 주는 토지배당과 결합되어 있다. 토지배당은 소득재분배 기능을 가질 뿐만 아니라 토지보유세의 정치적 지속가능성을 뒷받침해 줌으로써 경제조절적 기능의 지렛대가 된다. 토지배당과 결합될 경우 지대수취적 화폐 흐름을 생산적 화폐 흐름으로 바꾸는 토지보유세의 경제조절적 기능은 가장 안정적으로 뒷받침된다. 한국의 부동산 불평등 현실에 비추어보면 기본소득형 토지보유세의 경우 소득재분배 기능보다 경제조절 기능이 오히려 더 중요하다고까지 말할 수 있다. 무조건적, 보편적, 개별적 토지배당은 토지보유세의 인상 폭을 탄력적으로 운용할 수 있도록 해 줌으로써 토지보유세의 경제조절 기능을 극대화한다.

공유부 과세와 배당의 연동의 두 가지 기능, 곧 소득재분배 기능과 경제조절 기능은 기본소득형 탄소세에서도 확인된다. 탄소세는 이산화탄소 환산 톤(CO2e), 곧 탄소배출량에 톤당으로 과세된다. 기본소득형 탄소세는 거둬들인 세수 전액을 개별적인 사회구성원 모두에게 조건 없이 배당한다.

기본소득형 탄소세는 탄소배당과 결합된 탄소세이다. 탄소세는 생태환경은 미래 세대에게 물려주어야 할 인류 공통의 자연적 기초라는 점에서 과세 정당성을 가지며, 탄소배당은 생태환경의 사용으로부터 나오는 수익은 모두의 몫이므로 무조건적, 보편적, 개별적으로 배당되어야 한다는 점에서 정당성을 얻는다.

하지만 이러한 정당화는 탄소배당의 원천은 탄소세 세수이며 탄소세는 탄소배출량에 대한 과세라는 점에서 분명한 한계를 가진다. 탄소세수는 탄소배출량이 많으면 많을수록 많아지며 세수규모가 크다는 것은 그만큼 기후위기가 심각해지고 생태재앙이 발생한다는 것과 동전의 양면이다. 탄소배당처럼 환경을 파괴하여 얻은 수익을 모두에게 평등하게 나누어주는 방식은 본래적인 의미에서 생태환경 공유부의 배당이라고 말할 수 없다. 오히려 인간적 삶의 자연적 기초가 현물적 형태로 모두에게 제공되고 생태적 위기 없이 지속 가능한 경제가 가능한 상태에서만 모든 사람이 생태환경 공유부를 누리고 있다고 말할 수 있다. 탄소세는 기후위기를 막고 생태환경을 보전하기 위한 교정적 과세이며 세율이 높고 세수가 많다는 것은 그만큼 많은 온실가스가 배출되고 있다는 뜻이다. 탄소세수를 늘려 1인당 탄소배당 수준을 높이는 것이 이 제도의 취지가 아니므로 탄소배당의 재분배기능은 일차적 기능이 아니라고 말할 수 있다.

탄소배당의 정당성은 세수를 무조건적, 보편적, 개별적으로 배당할 때에만 저소득층의 피해 없이 탄소배출량 감축 목표에 따라 세율을 탄력적으로 조정할 수 있다는 점에 놓여 있다. 즉, 탄소배당은 탄소세의 교정적 기능을 뒷받침한다. 그럼에도 탄소배당은 사회구성원 모두에게 조건 없이 개별적으로 세수 전액을 배당한다는 점에서 기본소득 특유의 이전방식인 무조건성, 보편성, 개별성을 충족시키며, 길게 보면 2050년 순배출 제로를 달성할 때까지 30년간은 기본소득 재원이 될 수 있다. 아울러 탄소배출이라는 부정적 외부성의 억제는 기후재앙이 없는 세계에서 모든 인류의 생태환경 향유권이라는 긍정적 외부성을 생산하기 위한 과정이며, 이와 같은 궁극 목표를 중심으로 볼 때 탄소배당은 공유부 배당의 변형된 형태라고도 말할 수 있다.

이처럼 토지나 생태환경과 같은 자연적 공유부의 경우에 세수 전액의 무조건적, 보편적, 개별적 배당의 원칙은 단순히 소득재분배 기능만을 가지는 것이 아니라 경제조절 기능의 토대가 된다. 물론 인공적 공유부에 대한 과세와 무조건적, 보편적, 개별적 배당의 연동도 소득재분배 기능만이 아니라 경제적 조정기능을 가진다. 하지만 이 경우에 경제적 기능은 지대비용이나 생태적 외부비용의 증가처럼 부정적 외부성을 규제하기 위한 것이 아니라 긍정적 외부성을 사회구성원 전체에게 골고루 분배함으로써 지식 기반 경제, 빅데이터 기반 가치창출, 가속적인 자동화 경제의 지속가능성을 보장하기 위한 것이다. 대표적으로 기본소득형 탄소세와 기본소득형 빅데이터세를 비교하자면, 기본소득형 탄소세의 일차적 기능은 생태파괴와 같은 부정적 외부성에 대한 억제적 기능이지만 기본소득형 빅데이터세의 일차적 기능은 디지털 전환에 발맞춘 사회적 안정화이다.

내부 재원과 외부 재원

자연적 공유부인 토지와 생태환경으로부터 나오는 수익을 재원으로 기본소득을 도입할 수 있다. 예를 들어 토지보유세와 탄소세를 재원으로 하는 기본소득이다. '세수 전액의 무조건적, 보편적, 개별적 이전의 원칙'은 재원의 성격이 공유부라는 점 때문에 당연히 지켜져야 한다. 이 원칙은 교정적 조세로서 토지보유세와 탄소세를 뒷받침하는 매우 중요한 기능도 가진다는 점도 언급해 둘 필요가 있다. 자세한 설명은 개별 세목에 대한 절에서 다시 다룬다.

인공적 공유부 과세의 대표적 예는 기본소득형 빅데이터세이다. 이 역시 '세수 전액의 무조건적, 보편적, 개별적 이전'이 이루어져야 한다. 빅데이터세와 빅데이터 배당의 연동 모델의 의의는 자동화나 인공지능 혁명이 초래하는 실업 문제와 같은 부정적 외부성을 줄이기 위한 피구세(Pigouvian tax)가 아니라 빅데이터에 의존하여 생산되는 긍정적 외부성을 모두에게 되돌려준다는 점에서 찾아야 한다. 빅데이터 배당은 기술진보를 저해하지 않으며 오히려 촉진한다.

기본소득의 원천이 공유부라는 설명은 개인소득세와 같은 내부재원은 재원에 포함되지 않으며 법인세나 공유지분권 수익 또는 공동소유의 배당과 같은 과세외 수입만이 재원이라는 식으로 오해될 수 있다. 하지만 공유부 기반 세목에는 외부재원(external funding)만이 아니라 개인소득세와 같은 내부재원(internal funding)도 들어간다. 모든 소득은 지식의 외부효과에 의존하며 사회의 작용에 의해 창출되므로 모든 소득에는 공유부가 포함되어 있다. 지식은 전승된 공유부이지만 동시에 협력적 공유부로 볼 수도 있다. 지식 역시 사회의 작용에 의해 전수, 활용, 발전된다. 지식의 발전은 개인의 창의력을 필요로 하지만 공통의 지식을 전제하는 지식공동체가 없이는 불가능하다. 따라서 소득의 원천을 불문하고 모든 종류의 개인소득에 대해서도 지식소득세 또는 사회가치소득세의 형태로 공유부 과세가 이루어질 수 있으며, 이 경우에도 세수 전액은 무조건적, 보편적, 개별적으로 배당되어야 한다.

기본소득형 토지보유세와 토지배당

부동산불평등 현황

국토부 자료에 따르면 2018년 총 22,042,947세대 중 토지를 소유한 세대는 13,513,676세대, 반면에 토지를 소유하지 않은 세대는 8,529,268세대이다. 전체 세대의 백분위별 평균토지소유액(공시지가)은 〈표 4-1〉과 같다.

전체 세대의 39%는 토지를 소유하지 못하고 있다. 공시지가 10억 원 이상 토지를 소유하고 있으면 99%에 속한다. 최상위 1%는 99%보다 3배가량 많은 토지를 소유하고 있다. 불평등도를 나타내는 지니계수(Ginicoefficient)는 0.8093으로 나타난다.

한편, 남기업·이진수(2020)는 부동산 불로소득을 실현 자본이득(매각가액-매입가액)에 순 임대소득(현 임대가치-매입가액의 이자)을 더한 것으로 보고 부동산 불로소득을 추산했다. 부동산 불로소득은 매년 GDP 대비 20%에 달한다.

토지소유의 불평등은 개인소유 토지보다 민간법인 토지에서 훨씬 크게 나타난다. 〈표 4-3〉은 토지를 소유한 민간법인의 백분위별 평균 소유액을 나타낸다.

50% 분위 법인의 토지소유액은 3억 4천만 원이다. 반면에 마지막 100% 분위 법인은 3,632억 원의 토지를 소유한다. 71% 분위 법인부터 10억 원 이상의 토지를 소유하고 있다. 법인의 부동산투기 현실은 자본투자 대비 토지순구입비 비율을 살펴보면 알 수 있다. 비금융법인의 자본투자 대비 토지순구입비 비중은 〈표 4-4〉와 같다.

비생산 비금융자산의 대부분은 비업무용 부동산이다. 한국은 2005-2016년 12년간 평균 15.92%인 반면에 OECD 평균은 1.49%이다. 지난 12년

〈표 4-1〉 전체세대 백분위별 평균토지소유액

(2018년, 공시지가, 단위: 백만원)

1%	2%	3%	4%	5%	6%	7%	8%	9%	10%
0	0	0	0	0	0	0	0	0	0

...

31%	32%	33%	34%	35%	36%	37%	38%	39%	40%
0	0	0	0	0	0	0	0	0	1.5

...

41%	42%	43%	44%	45%	46%	47%	48%	49%	50%
2.8	5.8	9	10.6	13.6	15.2	18.2	21	22.4	25.2

...

91%	92%	93%	94%	95%	96%	97%	98%	99%	100%
334.2	356.2	409.3	477.9	522.0	642.5	841.0	998.8	1,727.6	4,776.3

자료: 통계청, 강남훈(2020a)

〈표 4-2〉 부동산 불로소득 추산(명목)

(단위: 조원, %)

연도	2007	2008	2009	2010	2011	2012
부동산 불로소득	239.9	222.3	274.9	284.8	273.7	266.0
GDP 대비 부동산 불로소득	23.0	20.1	23.9	22.5	20.5	19.3
연도	2013	2014	2015	2016	2017	2018
부동산 불로소득	273.0	265.5	285.5	310.2	320.8	327.6
GDP 대비 부동산 불로소득	19.1	17.9	18.3	18.9	19.6	20.0

자료: 남기업·이진수(2020)

간 한국 기업은 OECD 국가들과 비교하여 10배 이상의 비업무용 부동산을 구입하였다. 이렇게 개인과 기업이 지대추구 행위에 몰두한 결과 한국의 지가는 OECD 국가 중에서 가장 높다(〈그림 4-1〉).

〈표 4-3〉 민간법인 백분위별 평균토지소유액

(2018 공시지가, 백만 원)

1%	2%	3%	4%	5%	6%	7%	8%
0	0.1	1.2	3.1	5.1	7.5	9.9	12.2

...

	50%	51%	52%	53%	54%	55%	56%
321.8	340.1	359.1	378.3	399.2	421.3	444.5	469.1

...

65%	66%	67%	68%	69%	70%	71%	72%
744.9	784.3	825.6	867.8	913.6	961.4	1,011.9	1,066.3
73%	74%	75%	76%	77%	78%	79%	80%
1,123.6	1,184.4	1,249.6	1,322.0	1,397.6	1,476.2	1,559.7	1,654.1
81%	82%	83%	84%	85%	86%	87%	88%
1,755.0	1,870.1	2,005.3	2,147.1	2,309.1	2,501.3	2,713.5	2,954.9
89%	90%	91%	92%	93%	94%	95%	96%
3,225.4	3,553.6	3,963.5	4,468.4	5,115.0	5,974.9	7,224.7	9,019.4
97%	98%	99%	100%				
11,957.9	17,346.6	31,133.6	363,208.6				

자료: 국토부, 통계청, 강남훈(2020a)

〈표 4-4〉 총고정자본 형성 대비 비생산 비금융자산 순구입 비율(%)

연도	2005	2006	2007	2008	2009	2010	2011	2012	2013	2014	2015	2016	평균
OECD 평균	0.95	1.98	2.03	1.44	2.19	1.11	1.60	1.55	0.74	2.13	1.77	0.32	1.49
한국	7.53	17.87	15.65	20.31	16.87	17.32	16.99	16.96	19.14	16.69	13.22	12.48	15.92

자료: stat.oecd.org

한국을 포함한 OECD 국가들의 토지면적, 면적당 지가 총액, GDP 대비 지가 비중, 토지보유세 실효세율을 비교하면 〈표 4-5〉와 같다.

<그림 4-1> OECD 국가의 GDP 대비 지가 비율

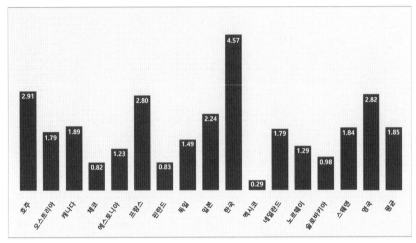

주: 한국(2019년), 체코(2019년), 오스트리아(2017년), 핀란드(2017년), 노르웨이(2014년), 나머지
국가는 2018년 기준

자료: stats.oecd.org; 한국(ecos.bok.or.kr)

한국 땅을 팔면 핀란드를 37.5번 살 수 있고 오스트리아를 11.7번 살 수 있을 정도로 한국의 지가는 높다. 한국의 보유세 실효세율은 독일보다 0.03% 높은 0.16%로 나타나지만, 이를 단순 비교할 수는 없다. 독일의 GDP 대비 지가는 1.3이지만 한국은 4.2이다. 지가에 대한 교정 기능을 가지려면 한국의 보유세 실효세율은 독일보다 적어도 3배 이상 높아야 한다.

토지보유세의 효과

1) 교정적 조세

신도시 개발 등 공급확대 정책은 주택 공급이 증가하여 가격이 안정될 것이라는 시장주의적 믿음에 기반을 둔다. 하지만 공급정책은 시차적 괴리의 문제에서 비롯되는 투기수요의 문제를 막지 못한다. 다른 상품과 달리 주

〈표 4-5〉 토지가격 국제 비교(2015년 기준)

나라	GDP (백만달러)	지가 /GDP	지가 (백만달러)	토지면적 (km²)	면적당 지가 (천달러/km²)	한국땅 팔면 몇 번 사나	보유세 실효세율 (%)
호주	1,127,713	3.1	3,518,465	7,692,024	457	2.3	0.31
오스트리아	431,092	1.6	694,057	83,871	8,275	11.7	0.05
캐나다	1,594,899	1.9	2,966,512	9,984,670	297	2.7	0.87
핀란드	233,074	0.9	216,759	338,424	640	37.5	0.26
프랑스	2,719,225	2.5	6,906,832	640,679	10,780	1.2	0.57
독일	3,895,126	1.3	4,868,908	357,114	13,634	1.7	0.13
일본	5,136,019	2.2	11,042,441	377,975	29,215	0.7	0.54
한국	1,933,849	4.2	8,122,166	100,210	81,051	1.0	0.16
네덜란드	852,113	1.5	1,252,607	41,850	29,931	6.5	0.29
스웨덴	479,915	1.6	753,467	450,295	1,673	10.8	0.24
영국	2,768,619	2.5	6,949,234	242,495	28,657	1.2	0.78
평균		2.0					0.33

자료: OECD National Accounts 및 OECD Revenue Statistics
(https://stats.oecd.org), 최승문(2018: 44)

택공급은 당장 이루어지지 않으며 시간이 걸린다. 가격하락 압력은 실물이 공급된 후에야 나타나지만 투기효과는 공급확대 정책이 발표되자마자 발생한다. 이와 같은 지연으로 인하여 가격안정 효과보다 예상투기수익의 발생이 먼저 일어나게 된다. 예상투기수익만으로도 지가가 상승하며, 대규모 토지보상금이 풀리면 투기수요의 자금줄이 되고, 신도시에 필요한 교통인프라 건설은 교통망이 지나가는 광범위한 지역의 지가를 상승시킨다(강남훈, 2020a).

조세 이외의 규제에는 대출규제, 입찰규제, 세무조사, 분양가 상한제 등을 이용한 수요규제가 있다. 이러한 규제정책은 시장의 작동원리를 제한하므로 경제적 효율성의 저하 위험이 따른다. 문제는 그러한 규제정책이 지가 안정에 실효성이 있는가이다. 그런데 규제정책은 투기수요와 실수요를 구분하기가 어렵다는 점과 투기지역 외부로 투기수요가 확산된다는 난점을 가진다. 가격을 기준으로 해도 9억 이상 주택에 대한 대출 금지는 9억 미만 주택을 투기대상으로 만든다. 주택형태를 기준으로 해도 아파트를 막으면 오피스텔 가격이 급등하고, 오피스텔을 막으면 상가 가격이 뛴다. 규제는 자칫하면 투기를 평준화한다. 모든 지역, 모든 가격대를 예외 없이 규제하면 풍선효과는 사라질 수 있지만 경제적 효율성은 극도로 저하된다.

부동산 투기를 막고 지가 안정을 꾀하기 위해서는 조세를 통한 규제가 필수적이다. 양도세, 취득세, 등록세는 1가구 1주택 면제, 임대사업자 면제 등 예외가 너무 많고 양도하지 않는 한 납부하지 않기 때문에 부동산가격 상승을 막기 어렵다. 거래 절벽이 생기면서 매물이 나오지 않을 수도 있다. 반면에 보유세는 실현보유수익을 목표만큼 줄일 수 있는 가장 확실한 정책변수이다. 문제는 같은 보유세라고 할지라도 부동산 부자 1%에게만 집중 과세하면 효과가 없다. 부동산 부자들은 세금을 부담하면서 안 팔고 버틸 수 있다. 강남 집값이 떨어지면 순차적으로 부동산 가격이 안정될 것이라는 기대는 섣부른 것이다. 상위 1%가 아닌 상위 10~30%가 매물을 시장에 내놓게 하여야 지가가 안정된다. 지가 안정을 위해서는 핀셋 증세가 아니라 보편증세가 필요하다. 토지보유세는 지가에 대해 비례적으로 모든 토지에 보편적으로 과세된다. 토지보유세는 균형가격을 한 번에 목표만큼 이동시킨다.

토지보유세는 회피가 어렵다. 매년 납부해야 하며 토지를 해외로 들고 나갈 수도 없기 때문에 회피 불가능하다. 토지보유세는 전가도 어렵다. 표준적인 경제학 이론에 따르면, 토지는 공급곡선이 수직선이어서 조세를 부과해도 가격이 상승하지 않는다. 오히려 조세는 자본화하여 토지가격을 하락시킨다.

2) 조세의 자본화 효과와 부동산 가격 하락

토지보유세의 탁월한 교정적 기능은 조세의 자본화 효과로부터 나온다. 매년 부과되는 토지보유세는 보유세액을 자본화한 만큼 부동산 가격을 하락시키게 된다. 이러한 현상을 조세의 자본화라고 말할 수 있다. 예를 들어 어떤 부동산의 시장가격이 15억 원이고 이 중에서 토지분이 10억 원인데, 이를 현재의 균형가격에 근접한 상태라고 가정하고 0.5%의 토지보유세를 과세하면 세액은 500만 원이다. 500만 원의 세금을 내는 사람은 시중 이자율이 연 2%라고 가정하면 2억 5천만 원의 빚이 있는 것과 마찬가지이다. 즉, 500만 원의 세금은 2억 5천만 원으로 자본화할 수 있고, 따라서 부동산 가격은 2억 5천만 원이 감소하여 12억 2,500만 원으로 하락한다(강남훈, 2020a).

　매년 토지보유세로 30조 원을 거둔다고 가정하자. 세수규모 30조 원은 부동산소유자 전체가 부담하게 된 이자비용으로 생각할 수 있고 30조 원의 이자비용을 발생시키는 원금만큼 부동산 총가격이 하락하게 될 것이다. 즉 2020년 9월 29일부터 시행된 주택임대차보호법 시행령 개정안에 따라 전월세 전환율 2.5%를 적용하면 1,200조 원만큼 부동산 총 가격이 하락하게 될 것이고 저금리 시대에 접어든 시중금리를 적용하면 이보다 적은 규모로 부동산 가격의 하락을 예상할 수 있다. 물론 부동산 시장가격이 하락하면 보유세액도 줄어들고 가격 하락 폭도 줄어든다. 이러한 과정을 거쳐 부동산 거품은 꺼지게 되며 가격 변동에 따라 진동하면서 균형을 찾아가게 된다. 이는 투기수요가 사라지면서 균형을 회복하는 과정이다. 만약 시세가 지나치게 하락하여 부동산 총가격이 주택담보대출 총액에 근접하게 되면 세율을 낮추어 회복시킬 수도 있다.

토지배당의 정당성과 효과

기본소득형 토지보유세의 세수 전액은 토지배당으로 모두에게 균등하게 분배한다. 세수 전액을 1/n로 배당해야 하는 이유는 일차적으로 토지보유세는 공유부 과세이기 때문이다. 하지만 토지배당은 토지보유세에 대한 정치적 저항을 완화하기 위해서 반드시 필요하다. 토지보유세를 전액 균등분배하면 토지를 소유하고 있지 않은 절반의 국민들은 임대료 지원을 받게 되는 것과 마찬가지가 된다. 임대료 지원이라는 점에서도 기본소득형 토지보유세만큼 탁월한 정책수단은 없다. 전체 가구의 절반 이상이 토지를 소유하고 있다는 점도 고려하여야 한다. 그중 1가구 1주택의 경우에는 토지배당 없이 토지보유세만 과세하겠다고 하면 반대가 많을 것이다. 그러한 반대는 정당하다고 볼 수 있다. 토지배당은 이러한 정치적 저항을 누그러뜨릴 수 있는 수단이 된다. 토지배당과 토지보유세를 결합하면 90% 내지 95%의 가구가 순수혜 가구가 된다(김윤상, 2018: 강남훈, 2020a). 물론 순부담 계층의 저항은 매우 클 것이다. 순부담 계층의 숫자는 1인 1표 민주주의에서 충분히 극복 가능한 비율이며, 경제 전체의 순기능의 관점에서 논리적으로 설득 가능하다.

그럼에도 불구하고 보완조치는 여전히 필요하다(강남훈, 2019a: 174-175; 2020a). 즉, 현금 소득이 없는 사람을 위하여 납부 유예 제도를 도입하고, 상속, 양도, 매매할 때 토지세를 한꺼번에 납부할 수 있도록 하며, 유예된 기간에 적절한 이자율을 반영하는 것이 하나의 방법이다. 아울러 보유세를 토지지분으로 납부하는 것도 허용할 필요가 있다. 토지세가 0.5%라고 가정하면 매년 0.5%씩 토지지분으로 납부하기로 하면 200년간 토지세를 전혀 내지 않고 지금처럼 살 수 있다. 구약성서의 희년보다 4배가 긴 기간이다. 토지보유세율이 2%인 경우에는 희년과 마찬가지라고 말할 수 있다. 그밖에도 소유자에게 환매수조건부 매도권을 부여하는 것도 보완책이 된다. 일정한 규모 이하의 소유자는 일정한 가격으로 정부에게 토지를 매도할 권한을 가지며 정부는 의무적으로 매입한다. 매입한 주택은 공공 임대주택 등으로 활용할 수 있다. 시세가 좋아져서 부동산을 너무 싸게 매도했다고 판단되면 일정한 기간 이내에 정부로부터 매도 가격에 다시 매수(환매수)할 수 있다. 물론 환매수 가격에는 해당 기간 물가상승률, 이자율, 임대료 등을 적절하게 고려해야 한다. 또한 임차인의 권리를 보장하고 임대차기간을 늘리는 주택임대차보호법의 개정이 필요하다. 2020년 8월 5일 주택임대차보호법 개정은 이러한 방향으로 이루어졌다.

기본소득형 토지보유세 모델

김윤상(2009)의 '이자 공제형 지대세'는 한국에서 제안된 최초의 토지보유세 모델이다. 『지공주의: 새로운 토지 패러다임』에서 토지투기를 완전히 차단하는 하나의 대안으로 모든 토지의 지대(landrent)에서 현재 지가의 이자를 공제한 부분을 '국토보유세'의 과세표준으로 하고 세율은 100%, 비례세로 과세할 것을 제안하였다. 그러나 김윤상의 방안은 기본소득과 연계되지는 않았다. 두 번째 제안은 남기업·전강수·강남훈·이진수(2017)의 국토보유세 모델이다. 이 방안은 구체적인 과세구간과 세율을 확정해서 제시하고 2017년 기준으로 국토보유세 징수액을 15.5조 원으로 추산했다. 김윤상(2009)과 달리 이 제안은 세수 전액을 모든 국민에게 배당하여 연 30만 원씩 기본소득을 지급하는 모델이다. 즉, '기본소득형 국토보유세'인 것이다. 세 번째 모델은 전강수·강남훈(2017)에 의해 제안되었다. 민간토지에 0.6%의 비례세율을 적용해서 31조 원을 징수하고, 환경세, 시민세, 기존예산 대체와 합쳐서 185조 원을 기본소득의 재원으로 활용한다는 방안이다. 전강

〈표 4-6〉 종합부동산세와 강남훈(2020a) 국토보유세 비교

	종합부동산세	국토보유세
과세대상	토지+건물	토지
지방세/국세	국세	국세
용도별 차등 과세	1) 주택, 2) 별도합산 토지, 3) 종합합산 토지로 용도 구분하여 차등과세	용도별 차등 과세 폐지
과세표준	공시가격×공정시장가액비율	공시지가
인별 합산	인별 합산	인별 합산
과표 및 세율	용도별로 과표 및 세율 상이	0.8% 단일
비과세·감면	있음	폐지
특징		전액 기본소득으로 지급 (매년 60만 원)

수·강남훈(2017)이 제시한 토지세의 과표는 공시가격이 아니라 한국은행이 제공한 시가로 했다. 그 후 강남훈(2019a: 169-170)은 다시 과표를 공시지가로 하고 국토보유세 설계의 다섯 원칙을 제시한다. ① 종합부동산세와 같은 기존의 부동산 세제를 그대로 둔 채 추가로 과세한다. ② 전국의 모든 토지를 용도 구분 없이 인별 합산한다. ③ 공시지가를 과세표준으로 한다. ④ 용도별 차등과세와 비과세 감면은 원칙적으로 폐지한다. ⑤ 모든 토지에 동일한 세율로 과세한다.

2020년 기본소득한국네트워크 쟁점토론회에서 강남훈(2020a)이 제안한 새로운 모델은 이와 마찬가지로 다섯 원칙으로부터 출발하고 세율을 공시지가의 0.8%로 제시한다. 이 모델을 국세인 종합부동산세와 비교하면 〈표 4-6〉과 같다.

강남훈(2020a)은 자신의 기본소득형 국토보유세와 관련된 기본통계를

〈표 4-7〉 기본소득형 국토보유세 기본 통계(2018년)

(단위: 10억 원, %)

구분		수치	비고
인구 및 세대 통계	총세대	22,042,947	
	有토지세대	13,513,679	
	토지소유세대 비율	61.3%	= 有토지세대/총세대
	2018년 총인구	51,606,633	
	평균세대원	2.6명	= 총인구/총세대
토지가격 통계	공시지가	3,907,167.6	
	시가	6,167,230.1	
	공시지가의 시가반영률	63.4%	= 공시지가/시가
세율 및 세액	법정세율	0.8%	시가 대비 0.5%
	국토보유세 징수액	31,257.3	= 공시지가×법정세율
기본소득	1인당 지급액	60만 원	= 국토보유세징수액/인구
	평균세대당 기본소득 지급액	156만 원	= 60×2.6

자료: 강남훈(2020a)

제공하고 있다. 이를 살펴보면 전체 현황을 더욱 자세히 파악할 수 있다. 무토지세대인 38.7%세대는 국토보유세와 관계가 없고 세금을 부담하는 세대비율은 61.3%이다. 세수 규모는 민간 토지 전체에 0.8%의 비례세율을 적용하면 31.2조 원을 징수할 수 있고(2018년), 이것을 국민 전체에게 나누면 매년 60만 원의 기본소득을 지급할 수 있다. 대한민국 평균 세대를 기준으로 계산하면 세대당 매년 156만 원의 기본소득을 지급할 수 있다.

백분위 세대별 수혜액 및 부담액 추정은 〈표 4-8〉과 같다. 또 백분위 세대별 자료를 간편하게 정리하면 〈표 4-9〉처럼 나타난다.

4인 가구 1주택의 경우 주택가격에 따른 순수혜 혹은 순부담을 살펴보면, 1억 원의 주택을 소유한 경우에는 207만 원의 순수혜액, 5억 원 상당의 주택소유세대는 76만 원의 순수혜액, 10억 원 상당의 주택소유세대에게는

〈표 4-8〉 토지소유세대분위별 기본소득 순수혜(순부담)액

(단위: 천원)

소유 분위	1	2	3	4	5	6	7	8	9	10
순수혜	730	565	696	754	803	890	950	1,002	1,048	1,102
소유 분위	11	12	13	14	15	16	17	18	19	20
순수혜	1,134	1,145	1,148	1,167	1,182	1,192	1,212	1,210	1,220	1,226
소유 분위	21	22	23	24	25	26	27	28	29	30
순수혜	1,212	1,229	1,228	1,217	1,213	1,219	1,215	1,216	1,203	1,206
소유 분위	31	32	33	34	35	36	37	38	39	40
순수혜	1,198	1,179	1,188	1,172	1,164	1,157	1,162	1,143	1,120	1,130
소유 분위	41	42	43	44	45	46	47	48	49	50
순수혜	1,098	1,096	1,079	1,059	1,051	1,038	1,023	1,011	972	974
소유 분위	51	52	53	54	55	56	57	58	59	60
순수혜	957	946	918	910	870	858	839	817	805	767
소유 분위	61	62	63	64	65	66	67	68	69	70
순수혜	736	703	681	658	606	582	547	513	463	428
소유 분위	71	72	73	74	75	76	77	78	79	80
순수혜	381	336	274	221	160	90	16	−59	−129	−220
소유 분위	81	82	83	84	85	86	87	88	89	90
순수혜	−318	−415	−524	−660	−795	−955	−1,132	−1,330	−1,554	−1,814
소유 분위	91	92	93	94	95	96	97	98	99	100
순수혜	−2,093	−2,443	−2,887	−3,422	−4,090	−4,980	−6,239	−8,221	−12,051	−36,445

자료: 강남훈(2020a)

〈표 4-9〉 순수혜/순부담 세대 비율

구분		비율	
순수혜 세대	150만원 이상 순수혜 세대	38.7%	85.9%
	100~150만원 순수혜 세대	25.1%	
	50~100만원 순수혜 세대	16.6%	
	0~50만원 순수혜 세대	5.5%	
순부담 세대	50만원 미만 순부담 세대	3.1%	14.1%
	50~100만원 순부담 세대	2.5%	
	100만원 이상 순부담 세대	8.6%	

〈표 4-10〉 주택가액별 순수혜(순부담) 예시(4인 가족 1주택 기준)

(단위: 천원)

시가	1억원	3억원	5억원	7억원	8억원	10억원	15억원	20억원	30억원
수혜액 주1)	2,400	2,400	2,400	2,400	2,400	2,400	2,400	2,400	2,400
부담액 주2)	328	983	1,638	2,294	2,621	3,277	4,915	6,553	9,830
순수혜	2,072	1,417	762	106	-221	-877	-2,515	-4,153	-7,430

주 1〉 60만원×4

주 2〉 부담액은 〈주택가액×0.646*×0.634**×0.008***〉

     * 한국은행 통계에 따르면 주택 가액에서 토지 가액이 차지하는 비중이 64.6%임.

     ** 공시지가의 시가반영률이 63.4%임.

     *** 비례세율이 0.8%임.

자료: 강남훈(2020a)

88만 원의 순부담액이 발생한다.

결론적으로 〈표 4-10〉에서 알 수 있듯이, 순수혜액이 0원인 세대의 주택가격은 7억 4천만 원이고, 이를 기준으로 그 이상의 주택을 소유한 세대의 경우에는 순부담 가구, 그 이하 가격의 주택을 소유한 세대는 순수혜 가구가 된다. 물론 세대원이 많으면 토지배당액이 많아져서 순수혜와 순부담의 기준선은 더 높아진다.

강남훈(2020a)의 새로운 모델은 전체 세대 중 85.9%를 수혜자로 한다. 과세 방식은 비례세(flat tax)이며, 세수 전액을 1/n로 분배하기 때문에 재정 환상이 없고 대다수가 기본소득형 국토보유세를 지지하게 된다. 토지배당과 높은 수혜율은 조세저항을 극복하는 디딤돌이 될 수 있다. 기본소득형 토지보유세가 도입되면 경제 전체에 긍정적 효과를 낳는다. 기본소득형 토지보유세는 지가를 안정시키고 지대추구 행위를 줄이며 토지의 효율적 사용을 촉진하게 될 것이다. 나아가 기본소득형 토지보유세는 재벌 기업의 토지투기를 억제하며 경제 전체의 생산성을 높이게 될 것이다.

정리하면, 공시지가 기준으로 0.8% 비례세율을 적용한 강남훈(2020a)의 기본소득형 토지보유세 모델을 기준으로 삼으면 31.2조 원의 세입이 생기며 이를 재원으로 1인당 연 60만 원(월 5만 원)의 토지배당을 지급할 수 있다.

기본소득형 토지보유세 도입을 위한 법률안에는 세수 전액이 기본소득 특별회계로 편입되어 무조건적, 보편적, 개별적으로 배당된다는 점을 명확히 하여야 하며, 세율은 대통령령에 의해 0.3%부터 2.0%까지 탄력적으로 조정할 수 있도록 한다. 세율의 탄력적 조정 가능성을 정부에 부여하면 정부는 부동산투기 상황 및 지가 하락에 따라 신축성 있게 토지보유세를 운용할 수 있다.

빅데이터세와 빅데이터 배당

빅데이터 배당의 시대적 배경

산업자본주의 시대에도 기업들은 비용절감과 정확한 수요예측을 위해 데이터를 수집하고 활용했다. 하지만 오늘날처럼 데이터의 중요성이 부각된 시대는 없었다. 미국 330개 기업을 분석한 결과, 데이터 기반 의사결정(data-driven decision making)을 채택한 기업의 생산성은 그렇지 않은 기업에 대하여 5~6% 높았다(Brynjolfsson et al., 2011). 영국의 500개 기업에 대한 조사결과도 마찬가지이다. 소비자 데이터를 활용하는 기업들의 생산성은 8~13% 정도로 높았다(Bakhshi et al., 2014). 데이터 주도 혁신은 현재의 기업수익을 높일 뿐만 아니라 인공지능 혁명과 연결되어 기업의 미래전망을 결정한다.

클라우드 컴퓨팅(cloud computing)과 기계학습(machine learning)이 등장하면서 인공지능 개발은 빅데이터에 의존하게 되었다. 1990년대의 소프트웨어 회사들은 콘텐츠 알고리즘을 개발하고 지적재산권으로 보호하여 인위적으로 희소재로 만드는 전략을 추구했다. 이와 달리 2008년 이후 급격히 성장하게 된 플랫폼 기업들은 지식 공유지(knowledge commons)를 적극적으로 활용하여 오픈-소스 알고리즘을 개발한다. 수익은 콘텐츠 알고리즘의 판매가 아니라 플랫폼을 통한 네트워크 효과(network effects)에서 거둬들인다. 인공지능의 개발과정뿐만 아니라 수익모델에서도 플랫폼 알고리즘은 데이터와 떼려야 뗄 수 없는 관계이며 어느 하나가 없다면 다른 하나도 존재할 수 없다. 플랫폼 알고리즘에서 데이터와 알고리즘은 상호 구성적이다. 데이터는 플랫폼 기업의 가장 중요한 자산으로 취급된다. 플랫폼 기업은 디지털 인프라의 구축부터 서로 다른 그룹들, 서로 다른 개인들과 기업들을 연결시키고, 이러한 전체 과정에서 모든 연결을 모니터링하고, 데이터를 추출하는 위치에 있다. 데이터 추출기구로서 플랫폼이 가지는 독점적 지위는 플랫폼 기업의 경제적, 정치적 힘의 원천이다. 플랫폼 기업들이 인공지능의 개발에서조차 선두에 서 있는 이유도 플랫폼을 소유함으로써 데이터를 가장 많이 집적하고 빅데이터를 형성하기에 유리한 위치를 점하고 있기 때문이다. 플랫폼 기업은 오늘날 자본주의의 가장 중요한 특성인 데이터의 중심성(the centrality of data)을 가장 잘 보여준다.

플랫폼은 두 개 이상의 다양한 그룹을 상호 연결하는 디지털 인프라이다. 플랫폼 기업은 플랫폼을 소유하며 유지·관리한다. 구글(Google)이나 페이스북(Facebook)과 같은 광고 플랫폼(advertising platform)은 한편으로는 광고 영업자와 기업을, 다른 한편으로는 일상적 유저를 플랫폼에 모으고 상호 연결한다. 우버(Uber)는 운전자와 이용자를 플랫폼을 통해 연결한다. 중요한 점은 광고플랫폼이나 주문형앱노동 플랫폼만이 플랫폼 기업의 전부가 아니라는 사실이다. 아마존웹서비스(AWS)나 세일즈포스(Salesforce)와 같은 클라우드 플랫폼(cloud platform)은 기업들의 디지털 활동의 기반인 플랫폼 인프라를 만들고 플랫폼 알고리즘을 대여하며, GE나 지멘스(Simens)는 전통적 제조를 인터넷 연결 프로세스로 변환하여 생산비용을 낮춰주며 제품을 서비스로 변형시키는 데 필요한 하드웨어 및 소프트웨어를 구축해주는 산업플랫폼(industrial platform)을 제공한다. 클라우드 플랫폼이나 산업플랫폼의 역할의 증대는 데이터의 중요성이 제조업을 포함하여 경제 전체에 걸친 문제임을 보여준다. 실제로 데이터의 중요성은 단지 ICT 기업들에게만 한정된 현상이 아니다. OECD(2014)는 제조업, 금융, 농업, 공공분야 등 산업의 전 부문과 사회 전체에 걸쳐 데이터 주도 혁신(data-driven innovation)이 진행 중이라고 진단한다. 개별 기업의 시장평가에서도 데이터 주도 혁신의 속도와 성공 여부가 중요한 기준이 되었다. 이는 2017년 이후 아마존, 구글, 페이스북 등 플랫폼 기업들이 글로벌 시가총액 5대 기업으로 등극한 상황(Battelle, 2017)에서 잘 나타난다.

개별 기업의 시장가치나 경쟁의 관점뿐만 아니라 자본주의 경제 전체에 대해서도 데이터 주도 혁신은 생산적이다. 빅데이터의 활용은 자본의 생산기간, 유통기간, 재투하 기간를 획기적으로 단축함으로써 이윤생산에 기여한다. 데이터 주도 혁신은 자본 회전기간의 모든 단계에 걸쳐 시간단축의 효과를 낳고 회전기간의 단축은 더 많은 이윤을 가져다준다. 구글 및 페이스북으로 대표되는 광고 플랫폼은 데이터의 수집과 활용에 기초하여 맞춤형 광고를 제공함으로써 광고를 싣는 회사의 상품과 서비스의 유통기간 단축에 기여한다. 지멘스나 GE와 같은 산업 플랫폼은 제조업의 가동중단을 줄이고 불필요한 과잉설비를 줄여준다(Srnicek, 2017: 64-70).

생산기간와 유통기간의 단축뿐만 아니라 재투자기간의 단축도 데이터 주도 경제의 특성이다. 전통적인 제조업의 고정자본은 장기간의 갱신주기를 가지는 반면에, 플랫폼 알고리즘은 빅데이터의 수집, 분석, 활용에 의하여 상시적으로 업그레이드된다. 플랫폼 고정자본에는 재투하 지체가 거의 없다고까지 말할 수 있다(Daum, 2017; 226-227; 2019: 323). 전통제조업까지 확산된 데이터 주도 혁신은 제조업의 고정자본 갱신주기를 줄인다. 전통적 고정자본은 내구성이 높고 갱신주기가 길어 과거의 제조업은 미래의 재투하를 위해 큰 규모의 유휴화폐자본을 보유해야 한다. 이러한 유휴화폐자본은 금융시스템으로 흘러 들어가서 신용의 객관적 기초를 형성한다. 금융권에 흘러간 유휴화폐자본은 개별자본이 막대한 고정자본 투하기금을 충당하기 위해 필요한 시간을 단축시켜 자본의 회전수를 높이는데 기여할 수도 있지만, 정반대로 금융권에만 머물러 재투하 지체를 일으키기도 한다(Barba and de Vivo, 2012). 그런데 이제 여기에 하나의 큰 변화가 발생한다. 빅데이터에 의존하는 플랫폼 알고리즘은 매 순간 업그레이드된다. 이에 발맞추어 제조와 사무자동화를 위한 콘텐츠 알고리즘도 지속적으로 업그레이드 된다. 이러한 과정을 거쳐 제조업의 ICT 고정자본 투자가 증대하면 유휴화폐자본이 금융권으로부터 이탈하여 제조업으로 이동하게 된다. 전체적으로 볼 때, 데이터 기반 혁신은 생산기간, 유통기간, 재투하 기간을 단축시켜 투하자본의 회전수를 늘리고 이윤생산에 기여한다. 2008년 이후 세계경제가 장기침체를 벗어나지 못하고 있고, 최근 코로나19 팬데믹으로 역성장의 늪에 빠졌음에도 글로벌 디지털 기업의 수익률은 비약적으로 올라가고 있는 이유는 데이터 주도 혁신 때문이다.

데이터 주도 혁신이 자본의 생산성에 기여함에도 불구하고 그 지속가능성과 사회적 부작용에 대한 많은 우려가 있다. 브린욜프슨과 맥아피(Brynjolfsson and McAfee, 2016)는 디지털 전환이 풍요의 시대를 열었지만 노동소득의 GDP 비중을 하락시켰고 불평등을 심화시켰다는 점을 실증적으로 보여준다. 2000년 이후 미국의 생산성은 1990년대보다 높았고, 1990년대는 1980년대나 1970년대보다 더 높았음에도 임금과 중위소득은 정체하거나 하락했다. 디지털 전환은 생산성, 임금, 중위소득의 거대한 탈동조화(Great Decoupling)를 야기한다. 노동생산성은 늘어났지만, 고용, 임금, 1인당 국민소득 증가는 노동생산성 증가를 따라가지 못하며, 편차는 매년 늘어나고 심지어 중위소득(median family income)은 하락 추세를 보인다(Brynjolfsson and McAfee, 2013; 2012a). 거대한 탈동조의 관점에서 디지털 전환은 분명 경제적 패러독스이다.

디지털 기술의 노동시장 효과와 관련하여 지속가능성의 우려는 증폭한다. 디지털 전환은 제조와 사무자동화를 추동한다. 일자리 숫자가 줄어들 것이라는 비관적 전망이 득세하는 것도 이 때문이다. 가장 비관적인 전망은 미국 직업의 절반 정도가 자동화될 수 있다고 예측한 프레이와 오스본(Frey & Osborne, 2013)의 연구와 2015년에서 2020년간 세계적으로 510만 개의 일자리 순감이 일어날 것으로 예측한 세계경제포럼(WEF)의 『고용의 미래』 보고서(2016)를 들 수 있다.[1] 하지만 이와 같은 비관적 전망에 동의하지 않더라도

---

1   이처럼 극단적이지 않더라도 비관적인 연구들이 주요 흐름을 이루고 있다(Brynjolfsson and McAfee, 2016; Bowles, 2014; Ford and Cumming, 2015). 물론 기술혁명으로 높아진 생산성이 고용을 확장할 것이라는 보상효과(compensation effects)를 예측하는 연

일자리의 질은 나빠질 것이라는 예측에 대다수 연구는 동의한다. 그런데 일자리 질의 저하는 전혀 새삼스러운 일이 아니다. 1980년 이후 중간층 임금노동자의 축소와 고용양극화는 일관된 경향이었다(Autor, Levy, and Murnane, 2003). 디지털 전환은 노동시장을 좀 더 극적으로 변화시켰는데, 그 핵심은 고용양극화 가설조차 더 이상 타당하지 않게 되어버렸다는 점이다. 중간숙련 고용의 공동화가 아니라 저임금·저숙련화가 추세가 되었다는 점이다. 1999년 이전에는 기술혁신이 중간숙련 직업을 줄이고 대신에 고숙련 직업과 저숙련 직업을 증가시킨다는 가설, 즉 U자 모양의 그래프로 신규고용의 증가가 이루어진다는 가설이 대체로 맞아떨어졌다. 하지만 2000년을 지나면서 이 가설이 더 이상 현실에 들어맞지 않게 되었다. 경험연구들은 전체 고용에서 저숙련 비중이 폭증하며 중간숙련과 고숙련 비중은 함께 줄어든다는 사실을 보여준다(Autor and Dorn, 2013). 즉, U자형 그래프가 L자형 그래프로 바뀐 것이다. 이와 같은 변화는 주문형 앱노동(on-demand work via app)이나 크라우드 노동(crowd work)과 같은 플랫폼 노동의 확산에 의해서 눈에 보이는 사실로 확인된다. 생산성 증대로 고용이 늘고 임금이 오르고 소득도 늘어나던 시기는 이미 오랜 과거가 되었고 데이터 주도 혁신은 거대한 탈동조라는 패러독스를 극단적으로 드러내고 있다.

노동시장 변화와 관련된 우려는 현재 진행 중인 기술진보를 일자리와 노동소득의 관점에서만 접근하도록 만든다. 브린욜프슨과 맥아피(Brynjolfsson and McAfee, 2012b)는 "디지털 진보가 모든 사람을 이롭게 할 것이라고 말하는 어떠한 경제법칙도 없다"고 단언하며 거대한 탈동조를 해결하기 위해서는 시장에만 맡겨둘 수 없다고 말한다. 그들이 제시한 정책적 개

구들도 있다(Arntz et al., 2014; Goos et al., 2014; Graetz and Michaels, 2015; Gregory et al., 2015; Mokyr et al., 2015; Marcolin et al., 2016).

입수단은 기술교육과 근로장려세제(EITC)이다. 정책적 개입은 필요하지만 적극적 노동시장 정책과 EITC가 적절한 수단인지는 재검토해야 한다. 기술이 혁신될수록 저숙련 직업만 더 늘어나는 추세(Autor and Dorn, 2013) 속에서 기술교육은 중위소득 일자리로의 상승을 보장할 수 없다. EITC는 저임금 일자리를 유지시키면서 소득을 보장해 주는 일시적인 대책일 수는 있지만 중위소득 일자리를 만들어내지는 못한다. EITC는 노동수요 측면에서 적어도 질 나쁜 일자리라도 충분히 존재한다는 가정 안에서만 유효한 정책이며, 그러한 한계 안에서도 근로장려금의 상당 부분은 임금삭감으로 이어져서 노동자가 아닌 기업주에게 돌아간다는 난점이 있다.[2] 기술진보 속에서 고용과 노동소득을 유지하려는 시도 대신에 아예 자동화에 과세하는 방법도 생각해 볼 수 있다. 하지만 그러한 과세는 디지털 전환과 자동화를 고용과 노동소득에 대한 부정적 외부성으로 보고 억제하려는 일종의 피구세(Pigouvian tax)라고 말할 수 있다. 저임금화와 일자리 감소는 디지털 기술혁신에 의해 발생하지만 기술혁신을 중단하는 것이 사회 전체의 후생을 증대시키는 해법일 수는 없다. 생태환경의 무분별한 사용에 대해서는 피구세적 접근을 할 수 있지만 기술진보에 대해 피구세적인 접근을 할 수는 없다. 기술진보는 GDP에서 차지하는 노동소득 비중(labor share)을 줄이고 경제적 불평등을 증대시켰지만 절대빈곤율(absolute poverty rate)도

---

2 근로장려세제(EITC)가 수급자들과 비수급자들의 임금과 수입에 미치는 영향을 비교함으로써 임금보조금 효과를 측정한 Rothstein(2010)은 근로장려금 1달러 지출에 대해 고용주가 0.36달러를 가져가서 근로장려금의 36%는 임금삭감으로 이어진다는 결과를 얻었다. 좀 더 진척된 연구(Nichols and Rothstein, 2016)는 수급자들의 증가된 노동공급과 비수급자들의 임금삭감 및 감소된 노동공급 효과를 종합하여 비교했는데, 수급자들의 세후 수입은 근로장려금 1달러 지급 당 1.07달러로 늘어났지만 비수급자들의 세후 수입은 임금삭감 때문에 0.18달러가 줄어들고 노동공급 감소로 0.16달러가 줄어들었다고 보고한다.

줄여왔다. 전 세계 인구를 기준으로 1820년의 절대빈곤율은 90%였고 1970년에는 60%였던 반면에 2015년에는 10%로 줄어들었다(The World Bank, 2015). 상대 빈곤율의 완화와 소득격차의 해소는 기술혁신에 대해 피구세적 접근을 통해 달성될 수 있는 것이 아니라 전혀 새로운 모색을 요구한다.

고용의 질이 급격하게 나빠지고 있다는 점에만 주목한다면 기술변화의 성격은 딱 절반만 포착된 것이다. 물론 고용의 축소나 질적 하락은 GDP에서 노동소득의 비중을 줄이고 디지털화된 자본주의의 수요기반을 무너뜨릴 것이다. 하지만 중심국에서 노동소득분배율은 데이터 주도 혁신이 본격화되기 이전인 1970년대 이후로 지속적으로 하향 추세였다(OECD, 2015). 또한 기계적 자동화는 포드주의 시대에도 진행되었다. 노동투입을 줄이고 생산을 자동화하는 경향을 가진다는 점에서 산업자본주의와 오늘날의 디지털 전환의 차별성이 드러나는 것은 아니다(Rushkoff, 2016: 13-67). 노동시장 변화의 급격성조차 양적 차이에 지나지 않는다. 본질적인 차별성이 있다면 노동투입 이외에 데이터라는 또 다른 가치원천이 등장했다는 점이다. 이 점이야말로 변화의 핵심이다. 즉, 데이터가 "미래의 연료"가 되었다는 점이야말로 산업자본주의와 디지털 자본주의의 가장 큰 차이점이다(Economist, 2017). 이 점에서 오늘날의 자본주의는 빅데이터 자본주의라고 부를 만하다. 디지털 전환과 관련된 논의가 자동화와 일자리의 미래, 노동소득의 붕괴와 지속가능성의 위기와 같은 협소한 주제를 벗어나지 못할 경우, 현재 진행 중인 기술진보에서 차지하는 데이터의 중요성에 대하여 큰 주의를 기울이지 못하게 된다.

빅데이터세(big data tax)는 현대 자본주의의 새로운 가치원천으로서 빅데이터에 주목한다. 여기에서 새로운 가치원천으로서 빅데이터에 주목한다는 것은 빅데이터를 사회공통자산으로 보고 데이터 주도 혁신의 성과를 사회구성원 모두에게 되돌려 준다는 뜻이다. 사회공통자산인 빅데이터의 주인은 사회구성원 모두이기 때문에 빅데이터세의 세수는 전액 사회구성원 모두에게 무조건적, 개별적으로 배당되어야 하며, 이는 기본소득 재원이 된다. 빅데이터세는 자동화나 인공지능 혁명을 발생시키는 부정적 외부성을 줄이기 위한 피구세가 아니라 빅데이터에 의존하여 생산되는 긍정적 외부성을 모두에게 되돌려주는 것이다. 빅데이터세는 자동화에 적대적이지 않다. 오히려 빅데이터의 활용으로 얻어진 수익의 일부를 사회구성원 모두에게 무조건적, 개별적으로 분배하는 것은 디지털 전환을 지속가능하게 만들어 기술진보를 촉진하는 일이다.

기본소득형 빅데이터세: 연구의 목적과 범위

이 연구의 목적은 빅데이터가 사회공통자산이며, 따라서 사회구성원 모두는 빅데이터의 공동소유자라는 점을 밝힘으로써 빅데이터세의 과세 근거를 확립하며, 나아가 적절한 과세 방법을 설계함으로써 지속가능한 디지털 전환의 기초를 놓는 일이다. 디지털 전환과 관련된 과세 이슈는 지금까지 크게 보면 로봇세와 디지털세의 두 방향에서 진행되었다. 따라서 빅데이터세의 정당성과 과세 모델에 대해 구체적으로 논하기 이전에 얼핏 보면 비슷한 과세 대상을 가지고 있는 로봇세나 디지털세 논의와 빅데이터세 논의가 어떤 점에서 본질적인 차이를 가지고 있는지를 명확히 할 필요가 있다.

1) 로봇세와 빅데이터세: 과세 목적 및 과세 대상의 차이

2016년 5월 룩셈부르크 출신의 유럽의회 의원 매디 델보(Delvaux, 2016)는 로봇에 전자인격을 부여하자는 내용의 보고서를 냈다. 그해 10월 유럽의회는 '스마트 로봇'(smart autonomous robots)을 정의하면서 델보 보고서를 받아들여 다음의 네 가지 사항을 충족하는지 여부에 따라 '스마트 로봇'인지를 판단한다(Nevejans, 2016: 8). 네 가지 판단기준은 센서를 통해서는 주변 환경에 관한 데이터를 교환하여 자율성을 확보하고 데이터의 분석 및 교환 작업을 할 것, 자가 학습(Self-Learning)이 가능할 것(선택적 기준), 물리적인 외형 체계(Physical Support)가 있을 것, 주변 환경에 대해 자체적 행위와 대응을 할 것이다. 판단기준 중에서 주목할 기준은 물리적 외형체계이다. 즉, 자율주행차, 드론, 산업용 로봇, 케어로봇, 엔터테인먼트 로봇은 물리적 외형을 가지고 있기 때문에 로봇이지만, 알고리즘 프로그램은 물리적인 독자 장치가 없는 상태에 해당하기 때문에 단순한 소프트웨어에 불과할 뿐이지 로봇은 아니다. 예를 들어 금융산업에서 실용화된 인공지능 방식의 로보 어드바이저(Robo-Advisor)는 로봇이 아니다. 아울러 물리적 외형이 없는 알파고와 같은 인공지능 소프트웨어도 로봇이 아니다. 결과적으로 로봇이든 로봇이 아니든 빅데이터에 의존함에도 불구하고 어떤 것은 로봇이며 어떤 것은 로봇이 아니게 된다.

미국에서 발전된 로봇의 정의에서도 물리적 외형체계는 매우 중요한 요소이다. 라이언(Ryan, 2014: 5; 2015: 530-531)은 로봇법제에서 다루어야 하는 로봇(Robots As Legal Objects)을 사람과 "물리적으로 접촉할 수 있는 소프트웨어"이거나 "인식-판단-동작 패러다임"(the Sense-Think-Act Paradigm)을 충족하여야 한다고 말한다. 국제표준화기구(International Standard Organization)에서 정의하는 로봇의 개념과 범위(ISO 8373: 2012)는 낮은 수준의 자동화 기기부터 일정 수준 이상의 자율성이 있는 로봇까지 이어지는 넓은 범위의 스펙트럼을 가지지만 물리적 외형은 필수 요소이다. 한국의 「지능형 로봇 개발 및 촉진법」(법률 제13744호, 2016. 1. 6., 일부 개정)의 로봇 정의도 여기에서 벗어나지 않는다. 동법 제2조 제2호는 정의상 자율적으로 동작까지 이루어져야 한다는 이른바 '인식-판단-동작' 패러다임에 따라 지능형 로봇을 정의한다. 따라서 인공지능 소프트웨어 그 자체는 지능형 로봇을 구성하는 부품이거나 부분으로서 기능할 뿐이고 스스로 동작할 수 없기 때문에 지능형 로봇이라고 볼 수 없다(윤상호 외, 2019: 48). "인식-판단-동작 패러다임"을 확장한다면 '인공지능 관리형 스마트 팩토리'(Smart Factory)에 대해서는 지능형 로봇 개념을 적용할 수 있다(윤상호 외, 2019: 51). 이 경우에는 사물인터넷(Internet of Things)에 의해 제조 프로세스 상의 외부환경을 인식(Sense)하며, 생산계획 등 일정의 조건을 고려하여(Think), 제조 활동(Act)을 하기 때문이다. '인식-판단-동작' 패러다임을 더 확장한다면 개별적 공장에 적용된 인공지능만이 아니라 지멘스나 GE와 같은 산업플랫폼에 의해 통제되는 플랫폼 인공지능에 대해서도 로봇 개념을 적용할 여지가 있겠지만, 마찬가지로 빅데이터에 의존하는 광고 플랫폼의 알고리즘은 어떤 경우에도 로봇으로 볼 수 없게 된다.

로봇을 어떻게 정의하는가는 로봇세(Robot Tax) 과세 대상의 확정과 같은 문제이다. 지능형 로봇의 정의는 빅데이터 수익에 대하여 과세하는 빅데이터세와 비교하여 로봇세의 과세 대상이 보다 협소하며 자율적으로 동작하는 물리적 외형을 가진 경우에만 적용될 것임을 보여준다. 이는 로봇세가 자동화에 과세함으로써 일자리가 사라지고 노동소득이 축소되는 현상에 대처하기 위해 제시된 것이기 때문이다. 로봇세를 자동화에 대한 피구세가 아니라 소득재분배 기능이 강한 조세제도로 간주하더라도 그 논의배경에는 일자리 감소와 노동소득의 하락이 놓여 있음은 부인할 수 없다. 2017년 유럽의회는 로봇에 전자인격(Electronic personhood)을 부여하는 권고안을 냈지만 정작 로봇세는 도입하지 않았다. 그 배경에는 로봇세가 자동화에 대한 피구세로 이해되었다는 불리함도 있었으며 과세 대상 특정의 난점도 반대 논거로 등장했다. 물론 로봇세를 피구세로 보는 대신에 여러 산업에서 보편적으로 로봇이 사용되는 자동화 시대의 산업환경이 야기한 조세기반 문제로 중립적으로 이해하자는 제안이 있지만(윤상호 외,

2019: 62), 이러한 제안 역시 근로소득세원의 감소라는 상황인식에서 등장한 것이다. 로봇세와 비교할 때 빅데이터세야말로 일자리 문제에 대해 중립적이다. 빅데이터세의 논의 배경은 빅데이터가 노동투입이나 자본투입 이외에 또 다른 이윤 원천으로 등장한 시대적 변화이다. 빅데이터세는 사회공통자산인 빅데이터를 활용하여 창출된 수익에 과세하는 것이고, 논리적으로는 빅데이터세의 과세 근거는 일자리나 근로소득세원의 증감과 무관하다.

마지막으로 주목할 점은 설령 로봇세가 도입된다고 할지라도 이를 기본소득 재원으로 삼아야 할 내적 근거가 없다는 점이다. 빅데이터세의 세수를 기본소득 재원으로 삼아야 할 근거는 빅데이터가 사회공통자산이라는 점, 곧 재원의 성격과 관련된다. 반면에 과세 목적이 근로소득세수의 감소에 놓여 있는 로봇세의 경우, 재원을 반드시 기본소득에 돌려야 할 논리 필연성은 없다. 로봇세수의 용처는 국가나 지자체의 정책적 판단에 달려있을 뿐이다. 2017년 로봇세 논쟁에 참여했던 빌 게이츠(Bill Gates)는 로봇이 사람의 일자리를 빼앗아갈 것이기 때문에 로봇을 활용하는 기업에 세금을 매기고 돌봄이나 교육 분야의 고용을 재정적으로 지원해야 한다고 주장했다(Delaney, 2017). 2017년 로봇세 논쟁에서는 로봇세 재원을 기본소득 재정으로 삼자는 주장도 나왔지만, 이는 로봇세 재원의 성격으로부터 나온 주장이 아니라 자동화 시대에 기본소득이 필요하다는 일반적인 주장으로 볼 수 있다.

정리하면, 로봇세의 과세 대상은 빅데이터세와 겹치지만 보다 협소하다. 사물인터넷과 산업플랫폼의 발전으로 로봇세의 과세 기반 역시 빅데이터 기반 가치창출이라고 볼 수 있다. 그럼에도 로봇세의 경우, 오직 물리적 외형을 가진 가치창출에 과세한다는 형평성의 문제가 남는다. 이 점에서 빅데이터세를 부과하면서 군이 로봇세를 별도로 부과해야 할 실익도 정당성도 없다. 빅데이터세를 도입하면서도 로봇세를 도입한다면 중복과세의 문제를 낳는다. 빅데이터세가 도입된다는 전제하에서 로봇세의 취지를 살리는 방안은 자동화 정도에 따라 개별기업 단위의 노동시간 단축을 강제할 특례를 법제화하는 것이다. 자동화의 속도에 맞춰 사후적으로 노동시간을 단축하는 방식은 추가고용 여력을 증대시킬 것이다. 기본소득 재원의 관점에서 볼 때, 로봇세는 반드시 기본소득 재원이 되어야 할 내적 근거가 없지만 빅데이터세는 재원의 성격상 기본소득으로 분배되어야 한다.

2) 디지털세와 빅데이터세: 과세 목적의 차이

전통적인 다국적기업에 대한 법인세 과세는 고정사업장(permanent establishment) 소재국이 과세권을 행사한다. 물리적 고정사업장 없이 인터넷망을 통해 서비스 상품을 판매하는 기업들에 대해서는 서버 소재지를 고정사업장으로 보는 국제규범이 존재한다. 결국 수익은 글로벌 차원에서 발생하지만 법인세는 서버 소재국이 과세하는 것이다. 게다가 구글, 페이스북 등의 글로벌 플랫폼 기업들은 고정사업장 회피, 법인세 관할국에서의 소득 최소화, 공제액 최대화, 원천징수세 회피 등의 조세회피 전략을 적극 행사하면서 과세기반을 침식하고 있다(OECD, 2015). 유럽연합집행위원회(European Commission)의 조사에 따르면, 유럽연합 안에서 전통적인 다국적기업들의 법인세 실효세율이 23.2%였던 것에 비해 디지털 다국적기업들은 그 절반에도 못 미치는 9.5%에 불과하다(European Commision, 2018).

OECD는 2013년부터 '과세기반 침식과 이익 이전 프로젝트'(Base Erosion and Profit Shifting Project; BEPS)를 통해 종래의 고정사업장 개념을 대신하는 새로운 법인세 과세기준을 수립하고자 했다. OECD가 제안한 새로운 과세연계점(new nexus)이나 가상 고정사업장(Virtual PE) 개념 또는 유럽연합이 제안한 '중대한 디지털 실체'(Significant Digital Presence; SDP)

등은 그러한 노력의 일환이다. 이러한 제안들의 공통점은 과세관할권을 서버 소재지가 아니라 실제로 매출과 이익이 발생한 장소의 당국에 부여하자는 것이다. 그러나 새로운 기준을 적용할 경우에 자국의 법인세수의 축소가 예상되는 미국은 BEPS 프로젝트의 목표 시한이었던 2019년 말에 종래의 논의를 뒤집는 '글로벌 초과이득' 개념을 들고 나왔고, 이러한 미국의 제안에 대해 OECD 국가들은 이해관계에 따라 찬반 기류로 나뉘었다. 여전히 G20은 2020년까지 디지털 과세협정의 체결을 목표로 삼고 있지만 현재로서 글로벌 인터넷기업들의 법인세 과세에 대한 새로운 국제규범의 도입은 요원한 상태이다. 또한 어떤 합의가 도출되더라도 이들 기업들의 실효 법인세율이 적정 수준으로 회복될 가능성은 매우 낮다.

디지털세(Digital Tax)는 '구글세'로도 불리며 구글, 애플, 페이스북, 아마존 등 글로벌 디지털 대기업의 조세회피에 대응하기 위해 고안된 조세이다. 디지털세는 고정사업장 소재지 여부와 무관하게 매출이 발생한 국가에 의해 자국 내 매출액에 대해 일정 세율로 부과되며, 결국 일종의 소비세를 디지털 기업에 부과하는 것인데 해외 기업에 대해서는 일종의 관세로서의 성격도 가진다. 이와 같은 디지털세는 법인세와 관련된 새로운 국제규범이 나오기 전까지 한시적으로 운영되는 임시세로서 제안되었다. 예컨대 2012년 12월 유럽연합은 장기적인 관점에서 법인세 규칙이 제정되기 이전에 일종의 임시세로서 온라인 타깃광고, 디지털 중개활동, 데이터 판매 등의 매출액에 3%의 디지털서비스세(Digital Service Tax)를 부과하자는 제안을 내놓았다. 하지만 2018년 12월 유럽연합 경제재정이사회(ECOFIN)는 디지털서비스세 합의에 실패한다. 덴마크, 스웨덴, 아일랜드 등은 이윤이 아닌 매출에 과세하는 것에 반대했고 이중과세방지협약과 양립하지 않는다고 주장했다.

비록 디지털서비스세를 유럽 차원에서 도입하려는 시도는 실패했지만 개별 국가 단위에서 디지털서비스세 도입이 시작되었다. 프랑스는 2019년부터 글로벌 총 750백만 유로, 프랑스 내 매출액 25백만 유로 이상인 디지털 대기업의 타깃광고, 통신 중개 등의 매출액에 3%의 디지털서비스세를 부과하고 있으며, 영국은 2020년 4월부터 영국 내 매출액이 최소 500백만 파운드를 넘는 페이스북, 구글, 아마존 등 글로벌 대기업의 소셜 미디어, 검색, 온라인 마켓플레이스 매출액에 2%의 세금을 부과한다. 유럽의 디지털서비스세 부과 상황(2020년 9월 8일 현재)은 〈표 4-11〉과 같다.

전 세계적으로 디지털세는 22개국에서 도입되었으며 6개국에서는 법안이 발의되었고, 9개국 정부가 도입 의사를 밝혔으며, 독일을 포함한 3개국에서는 부결되었고, 6개국은 글로벌 차원의 해법이 도출되기를 기다리는 중이다(KPMG, 2020: 5).

한국 정부의 처지는 미묘하다. 네이버 등 매출규모가 큰 국내기업이 존재하므로 중복과세 문제가 발생할 수 있고, 미국과의 조세분쟁의 가능성 때문에 디지털서비스세 도입에 대해서 매우 조심스럽게 접근하고 있다.

하지만 2018년 12월 「부가가치세법」 제53조의2, "전자적 용역을 공급하는 국외사업자의 용역 공급과 사업자등록 등에 관한 특례"를 두어 국외사업자의 "전자적 용역"의 범위를 클라우드컴퓨팅, 광고게재, 중개용역 등으로 확장하여 국내외 사업자 간 과세형평성을 제고했다. 그 결과 2019년 7월부터 구글, 페이스북, 아마존웹서비스와 공유숙박 플랫폼인 에어비앤비 등은 중개수수료의 10%를 부가가치세로 납부한다.

디지털서비스세 또는 디지털세 도입의 근거는 디지털기업과 전통적 기업에 대한 법인세 과세가 공정하지 않다는 것이며, 특히 글로벌 차원의 법인세 규칙이 제정되기 이전에 플랫폼 기업의 법인세 회피에 대항한다는 것이었다. 디지털세의 과세 목적이 법인세 과세기반의 침식에 대응한다는 조세기술적인 측면에 방점이 찍힌다면, 빅데이터세의 과세 목적은 빅데이

〈표 4-11〉 유럽의 디지털세 부과 및 논의 현황

국가	세율	과세 범위	글로벌 매출기준 (백만 유로)	국내 매출기준 (백만 유로)	상황
오스트리아 (AT)	5%	온라인 광고	750	25	2020년 1월부터 도입
벨기에 (BE)	3%	이용자데이터 판매	750	5	디지털서비스세 2019년 3월 부결. 2020년 6월에 수정된 법안이 제출된 상태.
체코 (CZ)	5%	타겟 광고, 다자간 디지털 인터페이스의 사용, 이용자 데이터 제공에는 추가 임계값 적용	750	100 체코 크로네 (CZK) = 4백만 달러	제안된 상태. OECD 차원의 합의를 2021년까지 기다리면서 유예.
프랑스 (FR)	3%	이용자 데이터에 근거한 디지털 인터페이스 광고서비스의 제공	750	25	2019년 1월 1일 도입됨. (미국은 프랑스 상품에 대한 보복관세를 보류하고 프랑스는 그 대가로 2020년 12월까지 디지털서비스세 징수를 잠정 중단하는데 동의)
헝가리 (HU)	7.5%	광고수입	100 헝가리 프랑 (HUF) = 344.000 달러	해당없음	2019년 7월 1일부터 2022년 12월 31일까지 유효한 임시제도로 도입. 대신에 기존의 광고세율은 0%로 인하
이탈리아 (IT)	3%	디지털 인터페이스 광고, 이용자가 상품 및 서비스를 구매하고 판매할 수 있는 다자간 디지털 인터페이스, 디지털 인터페이스를 활용함으로써 생성된 이용자 데이터의 전송	750	5.5	도입됨. 2020년 1월부터 발효

국가	세율	과세 범위	글로벌 매출기준 (백만 유로)	국내 매출기준 (백만 유로)	상황
라트비아 (LV)	3%				3% 세율의 디지털서비스세 도입 의지를 정부가 밝힘. 세수 증가에 관한 연구 용역을 진행 중인 상태.
노르웨이 (NO)					정부는 2020년 말까지 OECD 합의가 도출되지 않으면 2021년부터 디지털서비스세를 도입하겠다고 공표함
폴란드 (PL)	1.5%	시청각 미디어 서비스, 상업적 시청각 커뮤니케이션			2020년 6월부터 발효
슬로베니아 (SI)					재무부는 도입 의지 표명. 의회는 2020년 4월 1일에 도입 의결함. 하지만 더 이상 진척은 없음.
슬로바키아 (SK)					재무부는 국내 고정사업장을 가지지 않는 회사의 온라인 광고, 플랫폼, 데이터 판매에 디지털 서비스세 부과 의지를 표명하고 협의에 들어감. 정당 중 디지털서비스세 도입을 최우선 과제로 삼은 정당은 없음.

자료: KPMG(2020): "Taxation of the digitalized economy: Developments summary," Updated Sep. 8, 2020

터라는 새로운 이윤원천에 대해 과세하여 빅데이터가 사회공통자산, 곧 사회구성원 모두의 공유자산임을 확인하는 것이다. 과세 목적의 차이는 과세에 의해 마련된 재원을 어떻게 사용할 것인가의 문제에서도 커다란 차이로

〈그림 4-2〉 디지털세 현황

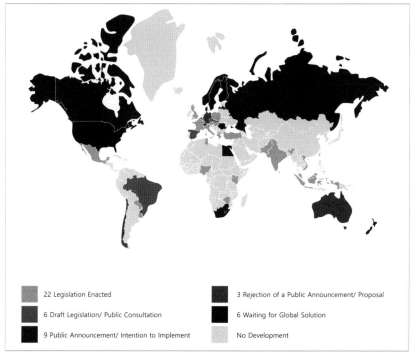

22 Legislation Enacted

6 Draft Legislation/ Public Consultation

9 Public Announcement/ Intention to Implement

3 Rejection of a Public Announcement/ Proposal

6 Waiting for Global Solution

No Development

주) 녹색(도입), 황색(법안 발의), 보라(도입 의사), 분홍(부결), 짙은 청색(글로벌 차원 해법을 기대),
하늘색(논의 없음)

자료: KPMG

나타날 수밖에 없다. 빅데이터세로 마련된 재원은 기본소득 재정으로 사용
되어야 하지만, 디지털서비스세로 마련한 재원을 반드시 기본소득 재정으
로 활용해야만 한다는 내적 근거는 없다. 디지털서비스세의 도입은 사회공
통자산의 수익 환수가 아니라 과세형평성의 확보와 세수 확충에 목적이 있
기 때문이다.

디지털서비스세는 과세대상의 확정이 쉽지 않고 과세기반을 정의하기
도 어렵다는 난점이 있다. 법인세를 내고 있는 국내기업에 대한 중복과세
및 이중과세 문제도 발생한다. 매출액에 부과되기 때문에 세부담이 소비자

및 중소기업에게 전가되면서 데이터 주도 혁신을 저해할 수도 있다. 이러한 문제점에도 불구하고 유럽연합이 제안한 방식의 디지털거래세를 국외기업에 대한 빅데이터세의 우회적인 수단으로 활용할 수 있다. 고정사업장을 국내에 가지고 있지 않은 국외기업의 영업이익에 과세할 수 없다는 한계는 빅데이터세가 도입되더라도 국외기업을 과세 범위 바깥에 있도록 하고 과세형평성의 문제를 낳는다.[3] 이러한 이유로 이 연구에서는 디지털서비스세를 국외기업에 대한 빅데이터세의 임시적 형태로 포괄시켜 연구 범위에 포함시킨다. 물론 빅데이터에 의존하는 수익에 대한 과세 이슈에 대한 국제규범이 제정된다면 디지털서비스세는 즉각 폐지될 수 있다.

빅데이터세의 근거와 정당성

빅데이터세의 과세 정당성은 오늘날의 경제의 새로운 이윤원천이 된 빅데이터의 소유자는 사회구성원 모두이며, 따라서 빅데이터를 사회공통자산으로 볼 수 있으며 이로부터 창출된 수익은 공통부라는 점에서 찾을 수 있다. 오늘날의 경제에서 거의 모든 경제활동은 데이터로 기록되며 기록과정 그 자체와 기록물은 가치화되어 이윤생산에 기여한다. 때로는 데이터 그 자

---

3 구글, 애플, 페이스북 등 일부 글로벌 디지털 기업들은 한국에 자회사를 설립하고 법인세를 납부한다. 예컨대 구글코리아는 광고수수료 등 상대적으로 적은 매출액이 국내 소득으로 계산된다. 하지만 거대한 매출액을 기록하는 구글플레이는 한국에서 판매 수입이 얼마이든 간에 구글아시아퍼시픽이 서버를 두고 있는 싱가포르에 법인세를 납부한다. 페이스북코리아는 유한회사로 등록해 기업공개가 되지 않아 정확한 법인세 통계는 없지만 한국에서의 매출액은 서버를 둔 아일랜드에 귀속되어 한국의 법인세가 부과되지 않는다. 결과적으로, 네이버 등 국내 디지털 기업들이 오히려 역차별을 받는다고 볼 수 있다. 추정에 따르면 구글의 국내 매출액은 연간 4조 원 이상이지만 법인세액은 200억 원 이하이고, 반면에 네이버는 비슷한 매출액에 대해 구글보다 20배 이상의 법인세를 납부한다고 한다(김은경, 2019).

체가 거래 대상이 되기로 한다. 이 점에서 데이터는 곧잘 원유(Srnicek, 2017: 40; Haskel and Westlake, 2017)에 비유된다. 이로부터 또 하나의 비유가 탄생하는데, 데이터 채굴(data mining)이 바로 그것이다. 데이터는 천연자원이라는 비유에는 은연중에 데이터를 누구나 가져다 쓸 수 있는 자유재로 간주하는 관점이 깔려 있다. 물론 이러한 비유는 기업이 플랫폼을 통해 데이터를 수집하고 아무런 대가 없이 활용하고 있는 현 상태에 부합된다. 천연자원으로서 데이터의 비유는 플랫폼 자본주의의 현실에 부합되며 그만큼 적절하게 서술적인 개념일 수 있다. 그런데 여기에서 중요한 점은 디지털 경제에서 데이터의 역할이 설령 천연자원과 비슷하다고 할지라도 채굴자가 데이터로부터 얻은 수익을 독점할 필연성은 전혀 없다는 점이다. 석유와 같은 천연자원의 경우에도 채굴자가 천연자원 소유자가 아니라면 수익을 독점하지 못한다. 채굴자는 천연자원 소유자에게 수익 일부를 지불하여야 한다. 만약 천연자원이 사회구성원 모두의 공동소유(common owner-ship)라면 채굴자는 채굴 수익의 일부를 개별적인 모든 사람에게 조건 없이 배당하여야 한다. 천연자원이 사적 소유물이거나 국가의 공공소유(public ownership)도 아니며 사회구성원 모두의 공동소유인 경우는 이미 현실에 존재한다. 알래스카 영구기금(Alaska Permanent Fund)이 그 대표적인 사례이다(Widerquist and Howard, 2012). 알래스카 유전은 법률적으로는 알래스카 주의 공공소유이지만 수익을 주민 모두에게 조건 없는 기본소득으로 분배함으로써 실질적으로는 공동소유로서의 성격을 가진다. 따라서 천연자원의 비유는 데이터를 자유재로 보는 관점을 내포한다는 비판(이항우, 2014)은 타당하지 않다. 데이터는 천연자원이라는 비유에 의지하더라도 해당 천연자원이 사회구성원 모두의 공동소유라면 채굴자는 수익 일부를 모두에게 배당해야만 한다.

빅데이터세는 사회구성원 모두의 빅데이터 공동소유에 입각한 배당 재원을 마련하기 위한 과세이다. 빅데이터 배당(big data dividend)은 빅데이터를 활용하여 창출한 수익의 일부를 개별적인 사회구성원 모두에게 조건 없이 배당하는 것이다. 빅데이터세는 과세와 소득이전의 연동을 통해 빅데이터 배당을 실현한다. 거둬들인 세수 전액을 무조건적, 보편적, 개별적으로 이전한다는 것은 기본소득 재정의 고유한 특성인데, 빅데이터세의 경우에 빅데이터는 사회공통자산이라는 재원 고유의 성격에 의해 이와 같은 재정원리가 반드시 관철되어야 한다. 이를 위해서는 빅데이터세는 일반회계가 아니라 기본소득 재정 마련을 위한 특별회계로 다루어야 한다.

빅데이터 배당은 디지털 기업의 지분 일부를 빅데이터 공동소유자가 소유하는 공유지분권 모델을 통해서 실현될 수도 있지만, 빅데이터세는 좀 더 간편한 실현형태로서 빅데이터에 의존하는 수익에 과세하고 기본소득 재원으로 삼는 조세형 모델이다. 디지털 기업의 지분 일부를 사회구성원 모두가 공동으로 보유하는 공유지분권 모델은 소유권 변경의 문제가 따르기 때문에 도입이 어려운 반면에, 빅데이터세는 빅데이터에서 발생하는 수익의 측정이라는 과세 난점을 가짐에도 소유형태에 대해 중립적이고 도입하기에 용이하다. 아래에서는 빅데이터세의 과세 정당성을 두 가지 차원에서 검토한다. 하나는 개별 데이터와 빅데이터의 구별을 통해 개별 데이터가 아닌 빅데이터를 가치원천으로 확정하는 일이며, 다른 하나는 빅데이터는 과연 누구의 것인가라는 문제이다.

1) '노동으로서의 데이터' 패러다임의 문제점

빅데이터 배당은 마이크로페이먼트(micropayment)와 다르다. 마이크로페이먼트는 디지털 활동에 대한 개별적인 보상 방식인 반면에 빅데이터 배당은 데이터 활용에 의한 수익의 무조건적, 보편적, 개별적 배당이다. 마이크로페이먼트는 기여 또는 성과에 따른 분배 원칙에 근거하지만, 빅데이터

배당은 공통부 수익은 개별적인 사회구성원 모두에게 조건 없이 분배되어야 한다는 원리, 곧 공통부 분배정의에 근거한다. 두 제도는 데이터에 대한 상이한 관점에 근거한다. 마이크로페이먼트는 '노동으로서의 데이터'(data as labour) 패러다임에 근거하는 반면에 빅데이터 배당은 '사회공통자산로서의 빅데이터' 패러다임에 근거한다. 물론 두 가지 방식, 곧 마이크로페이먼트와 빅데이터 배당을 모두 도입하자는 제안도 있다. 가상현실(VR)의 창시자 래니어(Lanier, 2013)는 데이터의 창조자인 개인들 및 사회 전체가 '디지털 로열티'(digital royalties)를 받는 나노페이먼트(nano payemnt)를 주장한다. 래니어의 '디지털 로열티' 중에서 개인들에게 할당되는 부분은 마이크로페이먼트로 볼 수 있으며, 반면에 사회구성원 모두에게 할당되는 부분은 기본소득으로 볼 수 있다(Andrade, 2019).

그런데 래니어는 자신의 구상을 '자본으로서의 데이터'(data as capital) 패러다임으로부터 '노동으로서의 데이터' 패러다임으로의 전환으로 설명한다. 이때 노동이란 데이터를 창조한 개인들 및 사회 전체의 양 측면을 모두 의미한다(Arrieta Ibarra et. al., 2017). 즉, 데이터가 개별적 노동의 산물인 경우에는 마이크로페이먼트로, 반면에 데이터가 사회적인 집단노동인 경우에는 기본소득 방식으로 해결한다는 것이다. 이러한 설명방식은 데이터가 디지털 기록물이라는 점을 간과한다. '노동으로서의 데이터' 패러다임은 여기에서 '노동'이 개별적 노동을 의미하든 혹은 사회적 노동을 의미하든 데이터의 사회적 존재형태를 간과하고 데이터를 디지털 활동 그 자체와 혼동한다. 사회적 노동으로서의 데이터 개념은 기본소득을 보상체계로 언급하지만(Hardt and Negri, 2000: 403; 이항우, 2017), 개별적 노동으로서의 데이터 개념은 기본소득이 아니라 마이크로페이먼트가 보상체계로 제시된다. 개별적 노동으로서 데이터 개념은 대표적으로 마이크로소프트 리서치에 의해 제안되었다. 글렌 웨일(Glen Weyl)과 동료들은 데이터가 특정 플랫폼의 고정자본으로 소유되는 것은 비효율적이므로 데이터를 노동으로 간주하고 데이터 생성에 기여한 개별 노동에 보상해야 효율적이라고 주장했다(Arrieta Ibarra et al., 2017). 두 경우 모두 디지털 기록물이라는 데이터의 존재형식을 간과한다는 점에서는 문제가 있다. 데이터가 창출한 가치의 원천은 디지털 기록물로서의 데이터이지 이러한 데이터를 디지털 기록물로서 남기는 개인들의 디지털 활동이 아니다. 디지털 활동이 보상받아야 하는 경우는 유튜버들처럼 개인들의 디지털 활동이 콘텐츠로서 가치화되는 경우일 뿐이다. 반면에 수익이 디지털 기록물로서의 데이터의 활용에서 나오는 경우에 개별적인 사회구성원 모두가 조건 없이 배당을 받아야 한다. 따라서 '노동으로서의 데이터' 패러다임 대신에 '사회공통자산으로의 빅데이터' 패러다임이 대안이 될 수 있다.

① 데이터의 사회적 존재 형식은 디지털 기록물

데이터는 디지털 활동 그 자체가 아니라 디지털 활동의 기록물일 뿐이다. 오늘날의 경제에서 거의 모든 활동은 디지털화되어 기록된다. 디지털 활동은 데이터 그 자체가 아니라 굳이 말하자면 데이터의 원천일 뿐이다. 데이터로 기록되는 디지털 활동은 비물질 노동이나 정동(affect)만이 아니며 전통적인 생산노동도 디지털 기록으로 쌓여간다. 사물인터넷의 발전과 함께 인간 활동뿐만 아니라 생산과 소비의 물리적 과정도 디지털 기록물로 남는다. 데이터세와 관련된 논의에서 주의해야 할 점은 데이터는 디지털 기록물의 형태로 특정한 서버에 보관된다는 사실이다. 바로 이러한 물질성 때문에 데이터는 플랫폼 자본의 저장소(silo)에 보관되고 배타적으로 활용된다. 디지털 기록물로서의 존재형식에서 데이터는 지식이나 정보와 구별된다. 지식도 기록되어야 전승되겠지만, 기록되지 않은 지식은 지식이 아니라고 말할 수는 없다. 지식인가 아닌가의 기준은 지식내용이겠지만, 데이터인가 아닌가의 기준은 디지털 기록물이라는 물질적 형식을 취하는가에 놓여있다. 지식과 마찬가지로 정보도 특정한 기록형식을 취할 수 있지만 본질적으로 물질적 기록형식과는 전혀 상관없는 질적 개념이다.

　데이터는 디지털 기록물이지만, 정보와 지식은 물질적 기록 형태와 상관없는 개념이다. 이 점으로부터 데이터와 정보, 데이터와 지식은 개념적으로 구별 가능하다. 중요한 점은 기록물로서의 데이터는 비유가 아니라 데이터의 기술적, 사회적 존재형식이라는 점이다. '노동으로서의 데이터' 개념은 디지털 기록물로서 데이터의 물질성을 간과한다. 활동과 기록 간의 존재적 간극을 무시하게 될 때 나타나는 문제점은 데이터의 사회적 존재형태를 시야에서 놓치게 된다는 것이다. 데이터는 플랫폼에 의해 수집되고 서버에 저장되는 디지털 기록물이기 때문에 플랫폼 자본에 의해 울타리 쳐진다. 데이터의 물질성은 플랫폼 회사가 데이터에 대한 사실상의 소유권을 획득하게 되는 기술적 과정을 결정짓는다. 이처럼 데이터 인클로저는 기록물로서 데이터라는 물질적 존재형태에 뿌리를 둔다. 기록물이라는 성격은 데이터가 언제든지 고정자본이 될 수 있음을 뜻한다. 디지털 서버에 기록된다는 것은 플랫폼 자본에 의한 데이터 인클로저를 자연적이며 어쩔 수 없는 기술필연성으로 이해하게 만든다. 이는 빅데이터의 소유권이 디지털 회사에 있다고 오해하게 되는 근거가 된다. 하지만 이러한 오해를 깨는 작업도 데이터의 물질성을 이해하는 데에서 출발해야 한다. 데이터를 제공하는 살아있는 활동과 기록물로서의 데이터를 동일시하는 것은 오히려 인공적으로 존재하는 모든 것은 인간 활동의 결과물이라는 공허한 환원론에 지나지 않을 수 있다. 디지털 기록물이라는 점, 곧 데이터의 사회적, 기술적 형태 규정에서 출발할 때에만 빅데이터의 형성에서 디지털 기업의 역할에 대한 적절한 이해에 도달할 수 있으며, 어떤 근거로 빅데이터 배당을 주장할 수 있는지도 좀 더 명확하게 짚을 수 있다.

② 빅데이터는 끊임없이 갱신되는 기록물

데이터는 디지털 기록물이기 때문에 디지털 자본의 서버에 저장되고 고정자본이 된다. 그런데 데이터 고정자본이라는 개념을 쓸 때 유의할 점은 데이터가 산업기계처럼 상당히 긴 갱신주기를 가지고 고정된다는 뜻이 아니라는 것이다. 아울러 디지털 기록물이라는 존재형식을 인쇄물처럼 정지된 형태로 이해해서는 안 된다. 과거의 산업기계도 파괴적 혁신을 통해 교체되어 갔지만, 이와 비교할 수 없을 속도로 데이터도 실시간 업그레이드된다. 빅데이터는 흐름으로서의 기록물, 실생활세계의 변화에 따라 끊임없이 갱신되는 기록물이다. 갱신되는 기록형태라는 특징으로 인하여 플랫폼 알고리즘도 업그레이드될 수밖에 없다. 데이터와 플랫폼 알고리즘은 떼려야 뗄 수 없는 관계이다. 데이터 없이는 플랫폼 알고리즘도 개발되지 않겠지만, 플랫폼 알고리즘이 없다면 빅데이터도 형성되지 않을 것이다.

빅데이터이든 플랫폼 알고리즘이든 사회적 존재형태는 고정자본이지만 과거의 산업기계와 달리 가치를 이전하는 것이 아니라 새로운 가치를 창출한다. 그렇다고 가치를 창출한다는 이유에서 데이터를 사회적 노동으로 볼 필요는 없다. 가치화를 수행하는 측은 디지털 자본이며 여기에서 데이터는 해양이나 원시림처럼 가치화되기 이전의 자연적 부와 비슷한 지위를 가진다. 앞서 살폈듯이, 천연자원으로서의 데이터라는 비유는 크게 틀린 말이 아니다. 천연자원의 비유를 쓰더라도 자본의 무상활용을 은폐하는 효과가 있다는 말은 타당하지 않다. 중요한 점은 바로 그 천연자원의 주인이 누구인가의 문제이다. 빅데이터를 사회공통자산으로 본다면, 무상활용의 문제를 해결할 단초를 얻을 수 있다.

빅데이터는 끊임없이 갱신된다는 사실은 빅데이터가 개별 데이터의 단순한 총합이 아니라는 점도 드러내준다. 빅데이터는 개별화될 수 없으며 개별적 디지털 활동에 귀속시킬 수도 없지만, 개별 데이터가 수집되는 흐름을 떠나서는 아무런 가치를 가지지 못한다. 이 점에서 빅데이터는 누구의 성과로도 배타적으로 귀속시킬 수 없는 사회적 공유부로서 사회 전체의 활동에 의해 생산되고 부단히 갱신되어 가는 2차적 자연이라고 말할 수 있다. 플랫폼 자본은 이러한 공유부를 가치의 경제 영역 안으로 끌어들여 네트워크 외부효과를 만들어내고 이윤을 창출하고 있는 것이다. 이를 위해서는 데이터에 대한 인클로저를 필연적으로 만들어줄 기술적 장치가 필요한데, 그러한 장치는 바로 데이터 추출기구인 플랫폼이다.

③ 개별적 노동으로서 데이터 개념의 문제점

마이크로소프트 리서치의 글렌 웨일은 플랫폼 소유를 통해 데이터를 고정자본처럼 활용하는 현재 상태 대신에 데이터 거래가 자유롭게 이루어지는 급진적 데이터 자유시장과 데이터 가격에 대한 사회적 협약체결의 당사자로서 데이터 노동조합이 등장한 상태가 훨씬 더 효율적일 것이라고 생각한다(Arrieta Ibarra et al., 2018). 이러한 주장의 배경은 자동화로 인한 일자리 감소 위험과 불평등의 증가이며, 목표는 원천 데이터의 보유자들에게 적절한 보상체계를 마련하는 것이지만, 여기에는 두 가지 간과할 수 없는 문제점이 따른다. 첫째는 개별 데이터와 빅데이터의 구별을 무시하고 빅데이터를 개별 데이터로 환원할 수 있다고 전제하고 있는 점이다. 두 번째 문제는 설령 개별적인 데이터에 대한 가격책정이 가능하다고 하더라도 매우 헐값일 것이라는 점이다. 웹-브라우징 과정에서 인터넷 서비스 업체들에 의해 개인식별가능정보(PII)의 프라이버시 침해가 발생한다는 점에 착안하여 스페인인 168명의 개인식별가능정보의 가치를 제2가격 역경매(reverse second price aution) 방식으로 측정한 어떤 연구(Carrascal et. al., 2013)에 따르면 오프라인 정체성에 관한 PII(연령, 성별, 주소, 경제상태)의 가치는 25유로로, 단순 검색정보는 2유로로 나타났다. 비록 이 연구의 참여자들은 자신의 PII가

인터넷 무료서비스와 교환되는 것보다는 금전적 보상이나 서비스 개선과 교환되는 것을 선호했지만 PII의 가치가 헐값이라는 것만은 사실이었다. 이는 웹-브라우징 과정에서 자연스럽게 기록되는 데이터에 대한 마이크로 페이먼트를 도입해도 보상액은 미미할 수밖에 없음을 시사한다. 이는 데이터에 대한 개별적 재산권 체제와 결합된 데이터 자유시장이 디지털 시대의 거대한 탈동조에 대한 해법이 될 수 없다는 점도 암시한다. 무엇보다도 가치 원천은 개별 데이터들이 아니라 빅데이터라는 점에 주목해야 한다. 이 점으로부터 개별 데이터와 빅데이터의 현격한 가치 차이는 필연적일 수밖에 없으며, 이는 개별 데이터에 보상하는 방식의 가치할당을 무의미하게 만든다.

좀 더 심각한 문제점은 개별적 노동으로서 데이터 개념은 궁극적으로 데이터에 대한 개별적 소유권 개념이 정립되어야만 사회적 유효성을 얻게 된다는 점과 관련된다. 데이터는 기록물이기 때문에 소유권의 문제는 충분히 따질 수 있는 문제이다. 데이터 소유권 개념은 누구나 자신의 노동력에 대한 사적 소유권을 가지고 있기 때문에 노동력 상품을 시간 단위로 팔 수 있다는 발상보다도 훨씬 더 자연스럽다. 이러한 점에서 개별적 노동으로서의 데이터 개념은 자연스럽게 데이터 소유권 논의로 이어지게 된다. 물론 데이터 소유권 논의는 데이터가 기록물이며 언제나 플랫폼 회사의 고정자본이 될 수 있는 물질적 존재형식을 가지고 있는 한에서 언제든지 등장할 수 있는 논의이기도 하다. 하지만 데이터에 대한 개인 소유권 설정에 관한 논의는 빅데이터 배당이 아니라 정반대로 빅데이터 자본의 데이터 지배권을 잘 정의된 사유재산권으로 보호하는 것으로 귀결될 공산이 크다. 아래에서는 데이터 소유권 논의의 현황을 살펴보고 '사회공통자산으로의 빅데이터' 패러다임에 입각하여 이 논의에 개입하고자 한다.

2) 개별 데이터에 대한 소유권 논의

데이터 경제가 팽창하면서 데이터 소유권 논의도 활발해졌다. 논의는 두 축으로 전개되었다. 데이터 시장을 활성화하기 위하여 개별적 데이터 소유권에 대한 엄밀한 법적 규정이 필요하다는 찬성론과 데이터 소유권은 거래비용을 늘리고 소유권의 파편화로 범위의 경제가 실현되지 못할 때 비효율적이게 된다는 반론이 한 축을 이룬다. 다른 한 축은 개별적 데이터 소유권은 개인정보보호를 보호한다는 주장과 거꾸로 개인정보 보호를 위협하는 결과를 낳을 것이라는 반론의 대립구도이다. 데이터에 대한 개별적 소유권 도입과 무관하게 현 상황에서도 데이터 경제는 데이터보호의 스캔들을 필연적으로 낳을 수밖에 없다. 더 많은 데이터를 추구하는 플랫폼 기업의 이윤메커니즘은 사적 영역의 끊임없는 침해를 낳을 수밖에 없기 때문이다(Zuboff, 2019). 문제는 데이터에 대한 개별적 소유권 도입이 현재 상황을 개선시킬 것인가이다. 개별적 데이터 소유권 도입은 대다수가 헐값에 데이터 소유권을 넘기는 상황을 초래하여 개인정보 보호가 어려워질 수도 있다는 우려를 낳는다.

빅데이터를 인공적 공유자산으로 보고 빅데이터 배당을 도입하려는 논의는 이제 막 걸음마를 뗀 단계에 불과하다(Andrade, 2019). 전체적으로 볼 때 현재 진행되는 논의는 개별적인 데이터 소유권에 대한 찬반 논의를 벗어나지 못하고 있으며,[4] 데이터 자유시장을 형성하여 데이터 거래를 원

---

4   데이터 공동소유권과 디지털 주권이 논의되는 스페인 바르셀로나의 상황은 이 점에서 매우 예외적이다. 2016년 스페인 바르셀로나 시정부의 기술주권 이니셔티브(Barcelona Initiative for Technological Sovereignty: BITS)는 '디지털 어젠다'(Barcelona Digital City, 2016)를 공표했는데, 그 내용은 빅데이터 공동소유권에 매우 접근해 있다. 핵심 내용은 행정과 공공서비스를 통해 획득되는 모든 데이터를 집적하는 '시 데이터 공유지'(City Data Commons)를 법률적으로 제도화하여 빅데이터가 사적 서비스 제공자나 플랫폼 기업의 소유가 되지 않도록 하며, 실생활 데이터 집적, 분석, 활용은 투명하고 민주

활하게 하려는 목적 하에 진행되고 있다. 법률적 논의는 주로 두 방향에서 이루어지고 있다. 하나는 데이터를 생성한 사람의 권리를 일종의 비물질적 재산권, 곧 저작권과 유사한 지적재산권으로 보호하자는 제안이고 (Schwartmann and Hentsch, 2015), 다른 하나는 데이터 소유권을 민법상의 물권에 준하는 방식으로 보호하자는 제안이다. 독일 교통부는 자율주행과 관련된 제도를 정비할 목적으로 데이터 소유권에 관한 전략문서를 작성했고, 거기에 따르자면 데이터는 물권법상의 물건(Sache)과 같은 것으로 취급된다(Bundesministerium fur Verkehr und Digitale Infrastruktur, 2017). 이는 동산이나 부동산과 같은 물권법상의 소유권과 마찬가지로 디지털 데이터에도 자연인이나 법인에게 명확한 소유권을 줄 수 있다는 뜻이다. 물권으로서의 데이터 권리보호는 데이터 자유시장 형성에 가장 강력한 방안이지만 데이터에 대한 권리를 누구에게 부여해야 할 것인가와 관련하여 해결해야 할 많은 난점을 안고 있다(Schwartz, 2004). 즉, 원천 데이터를 제공한 모든 사람에게 권리를 부여할 것인가 또는 데이터셋의 형성에 가장 많은 기여를 한 사람에게 부여할 것인가 등의 미해결 문제가 남는다. 아울러 기록물로서 데이터의 속성을 염두에 둔다면 서버 소유자의 법적 지위는 무엇인가라는 문제도 남아 있다.

데이터 소유권 논의는 이러한 난점들을 제거하고 빅데이터에 명확한 소유권을 부여함으로써 데이터 시장을 활성화하려는 것이다. 이는 18세 중엽 영국의 2차 인클로저, 곧 의회가 입법을 통해 사실상의 공유지 인클로저

적인 의사결정과 민주적 통제 하에 두고, 데이터의 산업정책적 활용에서는 시장모델보다 공적 모델을 우선하며 공적 모델 중에서는 중앙집중적 공공소유 형태보다 협동조합적 소유형태를 우선하며, 무조건적 기본소득을 도입한다는 것이다. 바르셀로나의 디지털 어젠다에 참여했던 Bria(2018)은 영국 노동당의 내부 토론에서 데이터 공유지 문제를 쟁점화했다.

를 명확한 법률적 소유관계에 의해 뒷받침해 주고자 했던 것에 비유할 수 있지만, 역설적으로 오늘날의 플랫폼 기업들은 데이터에 대한 법률적 소유권에 큰 관심을 보이지 않고 있다. 특히 사물인터넷에 투자하기 시작한 산업플랫폼들은 데이터 소유권 논의에 난색을 표하고 있다(Drexl, 2016). 주된 이유는 현재도 플랫폼의 소유를 매개로 하여 데이터를 실질적으로 지배하고 활용할 수 있는 반면에 법률적 제도화를 위해서는 많은 난점들이 해결되지 않은 채 남아 있기 때문이다(Duch-Brown et al. 2017). 이러한 이유로 유럽연합(European Union, 2016)은 데이터 소유권 제도화에 앞서 「유럽 일반 개인정보 보호법」(General Data Protection Regulation: GDPR)을 먼저 제정한다. GDPR은 개인정보의 삭제와 이동을 보장해 주지만 개인 데이터에 대한 명확히 정의된 양도가능 소유권을 제시하지 않음으로써 결과적으로는 과도한 데이터 파편화를 피할 수 있게 해 주고 기업들이 개인 데이터를 더 쉽게 수집할 수 있도록 해 주는 효과를 낳는다.[5]

데이터에 대한 개별 소유권 설정은 빅데이터세의 과세 정당성과 아무런 관련이 없으며 오히려 배치되는 상황이 초래될 수도 있다. 나아가 개인정보보호의 관점에서 보더라도, 개별 데이터에 대한 양도 가능한 소유권 설정은 좋은 조건이 아니다. 개인정보보호를 포기하고 개별 데이터를 완전 공개하는 것과 비슷한 나쁜 상황이 전개될 수도 있다. 이는 시민단체들이 데이터 소유권 논의를 경계하는 이유이기도 하다. 데이터에 대한 사적 소유권은 데이터 자유시장의 전제조건이며 데이터 소유의 불평등을 낳을 것이다. 데이터 소유는 기업들에 의해 독점될 것이며 그 반대편에는 자신의 개인정보조차 보호받지 못하면서 데이터 경제의 경제적 회로 속에 머물기

---

5 데이터에 대한 개별적 소유권 논의에는 상당히 많은 경제학적 문제와 법률적 쟁점이 정리되지 않은 채 남겨져 있지만 여기에 대해 자세히 다루는 일은 이 연구의 범위를 벗어난다.

위해 끊임없이 원천 데이터를 기업에게 넘겨야만 하는 처지에 내몰린 보통 사람들이 위치하게 될 것이다.

데이터 소유권의 논의는 단순히 법기술적 차원의 논의가 아니다. 소유권의 원래의 뜻은 지배권(dominium)이다. 결국 데이터 소유권 논의는 디지털 경제와 디지털 민주주의의 권력문제에 관한 논의이다. 그것은 누가 데이터를 집적하며 활용하여 이윤을 취득할 적법한 권리를 가지는가에 관한 논의이며, 빅데이터에 의존하게 된 경제회로에서 개인정보를 어떻게 보호할 것인가에 관한 논의이다. 개인정보는 데이터에 대한 개별적인 소유권을 인정하지 않을 때 오히려 효과적으로 보호된다. 데이터를 집적하는 플랫폼 자본과 웹에 접속하는 것만으로 이미 데이터를 넘겨주고 있는 일반 이용자들의 비대칭성에 의하여 데이터 소유권 도입의 결과는 이미 결정된 것처럼 보인다. 대다수의 이용자들은 헐값의 보상에 데이터 소유권을 양도함으로써 개인정보를 넘겨주지 않으면 안 될 상황에 봉착할 것이다. 매우 역설적인 상황은 데이터 소유권에 입각하여 몇몇 이용자들이 개인정보 활용에 저항하더라도 그 자체가 이미 개인정보 활용에 어느 정도의 저항이 발생하는가에 관한 데이터를 넘긴 꼴이 된다는 점이다.

나아가 개인 데이터에 양도 가능한 소유권적 성격을 부여하는 것은 인격의 보호와 인간존엄의 원리에 어긋난다. 예컨대 개인의 진료기록은 환자 개인의 소유권도 아니며 의사의 소유권도 아니지만, 임상 연구에서는 다수의 개별적 임상기록의 집합을 '개인 데이터'(personal data)라고 부른다. 개인의 진료기록은 매우 개인적인 신상 데이터이기 때문에 보호받아야 하며, 이러한 보호는 데이터를 누가 점유하고 있느냐와 무관하다. 하지만 이러한 신상 데이터가 합법적으로 양도가능한 소유권의 대상이 되면 사정은 크게 달라진다. 개인정보는 물권법상의 소유권처럼 소유자의 자의에 따라 이용, 수익, 처분될 수 있는 배타적 권리가 아니라 인격적 권리이다. 그럼에도 불구하고 신상 데이터를 물권법상의 물건과 유사한 것으로 취급하게 되면 데이터의 개인성에 위배되는 모든 종류의 양도가 합법적이게 된다. 반면에 의료분야의 빅데이터는 개별적 환자의 진료기록과 분명히 구별되는 집합적 데이터이며, 제약회사는 이를 상업적으로 활용한다. 결국 소유권 문제를 따져야 할 대상은 개별 데이터가 아니라 빅데이터이다. 개별 데이터는 개인정보로서 보호되어야 하며 상업적 활용은 비식별화나 익명화를 전제로 해야 한다. 빅데이터를 사회구성원 모두의 공동소유로 보는 관점은 개인정보 보호에도 효과적이다. 빅데이터가 공동소유라는 관점은 개인 데이터가 사고 팔릴 수 있는 대상이 아니라는 관점을 그 안에 함축하고 있다. 개인 데이터가 사고 팔리는 대상이 아니기 때문에 빅데이터는 사회구성원 모두의 공동소유일 수 있다.

3) 빅데이터는 누구의 것인가

① 빅데이터의 성립

빅데이터에 대한 사회구성원 모두의 공동소유에 대한 논증에는 빅데이터에 의존하는 가치화 과정을 어떻게 이해할 것인가가 관건적 문제이다. 빅데이터가 누구의 것인가를 따지기 전에 먼저 어떻게 성립하는가를 살펴보자. 첫째, 원천 데이터 없이 빅데이터는 성립하지 않는다. 빅데이터의 경제적 가치는 원천 데이터의 속성인 규모, 다양성, 속도, 신뢰성 등에 의하여 좌우된다. 둘째, 빅데이터가 이윤생산에 기여하기 위해서는 데이터 분석이 필요하다. 달리 말하자면, 빅데이터는 오직 알고리즘과 결합함으로써 경제적 가치를 낳는다. 이는 빅데이터에 의존하는 가치생산의 결과물을 알고리즘 개발자인 기업이 가져가는 것이 자연스럽고 정당하다는 관념으로 이어진다. 마치 주인 없는 천연자원의 채굴자가 채굴된 자원의 가치를 독점하는 것이 당연하게 여겨지듯이 빅데이터에 의해 창출된 가치는 기업이 가져간다. 이러한 수익독점이 자연스럽게 여겨지는 것은 빅데이터란 알고리즘에 의해 형성된 것이지 처음부터 존재했던 것은 아니라는 점 때문이다. 하지만 그 이면에는 원천 데이터의 집합 없이는 빅데이터란 애당초 형성되지 못했을 것이라는 사실이 숨겨져 있다. 빅데이터를 개간된 농지에 비유할 수 있다면 원천 데이터는 대지 그 자체에 비유할 수 있다. 이러한 비유는 빅데이터 공동소유권 논의를 토마스 페인에게로 이끌어 간다. 토지공유부 배당론의 출발점인 토마스 페인의 이중적 소유권 이론은 빅데이터 공동소유의 논증에 충분히 활용될 수 있다.

② 페인의 이중적 소유권 이론과 빅데이터 공동소유 논증

페인은 '자연적 소유'(natural property)와 '인공적 소유'(artificial Property)를 구분하는 이중적 소유권(dual ownership) 이론을 펼친다(Paine, 1969[1796]: 606). 이 구분의 합리적 핵심은 토지의 창조와 인공적 가치증대의 구분, 개간되기 이전의 토지 그 자체에 대해서 모든 인류가 보유하고 있는 '원천적 공유'와 토지가 개간된 후인 문명 상태에서 모든 사람이 보유하고 있는 '자연적 소유'는 명확하게 개념적으로 구분된다는 점, 이와 같은 '자연적 소유'와 개간에 의해 획득하게 되는 '인공적 소유'는 개념적으로는 구분되지만 서로 뗄 수 없도록 합체되어 있어서 현실적으로 분리할 수 없다는 점(1969 [1796]: 612), "개인적 소유도 사회의 효과(effect of society)이며 사회의 도움 없이 한 개인이 개인적 소유를 획득하는 것은 불가능하다"(Paine, 1969 [1796]: 620)는 관점이다. 이 네 가지를 빅데이터에 적용해 보자.

우선 토지의 가치를 증대시킨 사람이 토지 그 자체를 창조한 것은 아니라는 페인의 주장을 빅데이터에 대해서도 적용할 수 있다. 디지털 기업은 플랫폼을 통해 원천 데이터를 수집하고 빅데이터를 형성하지만 원천 데이터 그 자체를 창조한 것은 아니다. 즉, 데이터를 디지털 기록물로 볼 때 디

지털 기업은 기록형식을 부여했지만 기록자는 아니다. 토지를 개간한 사람도 비록 '질료'로서 토지를 창조하지는 않았지만 개간을 통해 토지에 경제적 '가치형식'을 부여했다. 페인은 이를 개간에 의해서 토지가치가 증대했다고 설명하지만, 엄밀하게 말하자면 개간 이전의 황무지는 가치대상이 아니었고 개간에 의한 가치증대는 동시에 가치형식의 부여를 의미한다. 즉, 개간은 단순히 토지가치를 증대시키는 것만이 아니라 원래는 가치체가 아니던 것을 가치화하는 과정이기도 했다. 시원적 황무지는 아무런 가치를 가지지 않지만 토지가 개간되는 시대에는 황무지도 가치대상이 되고 가치를 가진다.

페인은 토지를 개간한 사람은 '인공적 소유권'을 가지지만 다른 모든 사람도 토지에 대한 '자연적 소유'를 여전히 보유한다고 말한다. 그런데 여기에서 '자연적 소유'는 태초에 인류 모두에게 대지가 공유물로 주어졌다는 시원적 관념이 아니다. 개간된 토지에 대해서도 모든 사람은 '자연적 소유'를 보유하며 이러한 소유권에 근거하여 토지 수익의 일부를 무조건적으로 배당받을 자격을 가진다. 달리 말하자면, 시원적 황무지가 개간될 때 개간한 사람의 '인공적 소유'와 다른 모든 사람들의 '자연적 소유'가 동시에 성립한다. 즉, 개간은 토지소유자에게는 법률적인 사유재산권을 발생시키지만, 다른 모든 사회구성원들에게도 토지 사유로 인한 수익 일부를 배당받을 권리를 발생시킨다. 이 말은 원천적 공유권이 토지의 개간에 의해 가치화되며, 가치화된 상태에서는 '자연적 소유권'으로 변화한다는 뜻이다. 가치화의 산물이라는 점에서 '자연적 소유' 개념은 '원천적 공유' 개념과는 확실히 구별되며, '인공적 소유'와 동시에 탄생한다. 빅데이터 형성에 이를 적용한다면, 개발자의 '인공적 소유'인 알고리즘과 모든 사람의 '자연적 소유'인 빅데이터가 기계학습에 의해 동시에 형성되며 가치창출에서 상호 의존적이라는 말로 바꿀 수 있다.

'자연적 소유'는 '인공적 소유'와 합체되어 현실적으로 분리할 수 없다 (Paine, 1969[1796]: 612). 플랫폼 알고리즘에 의한 빅데이터 형성도 토지 개간과 비슷한 가치화 과정으로 볼 수 있다. 알고리즘과 빅데이터를 동시에 탄생시키는 가치화 과정에 의해 애초에는 가치대상이 아니었던 원천 데이터가 빅데이터로 변화하며 이를 통해 빅데이터는 비로소 몫을 배당받을 수 있는 재산권적 성격을 얻게 된다. 데이터 분석이라는 가치화 과정 이전의 개별 데이터는 개인정보 보호의 대상이기는 하지만 경제적 가치대상일 수 없다. 앞에서 서술했듯이, 이 점이야말로 개별 데이터에 대한 소유권 논의가 불필요하며 반면에 빅데이터에 대한 공동소유권 논의는 절실하게 필요한 이유이다.

페인이 말한 "사회의 효과"(1969[1796]: 620)는 '자연적 소유'에 대한 배당의 원천이 무엇인지를 설명해 준다. 그것은 개간 이전에도 토지가 원래 가지고 있었으리라고 추정되는 가치를 돌려주는 것이 아니라 개간의 직접적 효과로 돌릴 수 없는 외부효과나 협력의 효과를 사회구성원 모두에게 평등한 몫으로 돌려주는 것이다. 최초의 개간 이전에 토지는 가치대상이 아니었지만 개간에 의해서 비로소 가치화된다. '자연적 소유'에 따른 배당을 토지가 가진 원래의 자연적 가치를 돌려주는 것으로 이해하는 것은 적절한 해석이 아니다. 그렇게 해석하면, 개간이 개시되기 이전의 황무지는 가치를 전혀 가지지 않기 때문에 '자연적 소유자'에게 돌려줄 몫은 아예 없다고 말해야 옳을 것이다. 이러한 논변도 빅데이터 공동소유의 정당화에 적용될 수 있다. 플랫폼 자본에 의해 개별 데이터가 빅데이터로 가치화되기 이전에 데이터에 가치를 매기는 것은 무의미한 일이다. 하지만 플랫폼 기업은 데이터를 수집하고 분석하여 경제적으로 활용한다. 이 과정에서 빅데이터가 형성되며 이를 기반으로 플랫폼 기업은 수익을 낸다. 하지만 동시에 이 과정은 수익 배당에 대한 요구권을 가진 빅데이터 공동소유권을 성립된다. 이는 토지 개간으로 '인공적 소유권'만 탄생하는 것이 아니라 개간한 사람의 '인공적 소유권'에 합체된 상태로 존재하는 '자연적 소유권'도 탄생시켜서 모든 사람이 토지공유부의 일정한 몫을 배당받을 권리를 가지게 된다는 페인의 설명과 동일한 논증구조를 보여준다.

빅데이터에 대한 공동소유권은 개별적 데이터 소유권의 집합이 아니며 플랫폼에 의한 빅데이터의 형성과 함께 탄생한 권리이다. 페인의 이중적 소유권 이론은 플랫폼 기업이 개별 데이터를 가치화하여 빅데이터를 형성하는 순간 동시적으로 빅데이터에 대한 사회구성원 모두의 공동소유권이 부여된다는 관점에 매우 분명한 논증구조를 부여한다. 이렇게 볼 때, 마치 토지공개념이 토지보유세의 과세 근거이자 토지배당의 정당성 근거가 되듯이 빅데이터 공동소유권은 빅데이터세의 과세 근거이자 기본소득으로 지급되는 빅데이터 배당의 정당성 근거가 된다.

③ 빅데이터 공동소유권과 빅데이터 기금

빅데이터 공동소유권의 법률적 형태는 빅데이터 기금(big data fund)과 같은 기관을 만들고 이러한 기관이 빅데이터에 대한 소유권을 가지도록 하는 것이 가장 명확하다. 빅데이터 기금은 빅데이터 소유권을 기초로 하여 기업의 데이터의 운영과 관리에 대한 지침을 만들며 감시자본주의의 폐해를 억제하고 개인정보를 보호할 수 있으며, 나아가 플랫폼 기업에 대해 공유지분권을 획득하고 영업이익 일부를 거두어들여 사회구성원 모두에게 무조건적, 개별적으로 배당한다. 원칙적으로 사회구성원 모두가 빅데이터의 공동소유자이며 빅데이터 기금은 모든 공동소유자의 사무를 위탁받은 것에 불과하지만, 빅데이터 공동소유권은 주주권처럼 개별화될 수 없다는 점도 강조할 필요가 있다. 그것은 법인이 소유권을 가지고 있고 개인들은 마치 주식처럼 사고 팔 수 있는 지분권을 가지고 있는 소유형태일 수 없다.

그런 방식이라면 개별적 데이터 소유권을 도입한 것과 별로 다르지 않은 결과를 낳게 된다. 논리적으로도 빅데이터는 재산적 가치를 가진 채 개별 데이터로 분해될 수 없다. 개별 데이터로 환원한다면 재산적 가치가 사라지게 되며 이는 빅데이터 그 자체가 사라지는 것이라고도 말할 수 있다. 빅데이터 공동소유권에서 발생한 수익은 나눠질 수 있지만 빅데이터 공동소유권 그 자체는 나눠질 수 없으므로 주식처럼 사고 팔 수 없도록 해야 한다. 마찬가지의 이유에서 빅데이터 공동소유권은 하나의 소유대상에 대해 개별적인 공동소유자들이 각각 처분가능한 지분권을 가지고 있는 형태가 아니라는 점도 밝혀둘 필요가 있다. 빅데이터 공동소유권에 대해서는 처분권의 수준에서 개별화될 수 있는 하위 개념을 설정할 수 없다고 보아야 한다. 빅데이터 공동소유권과 관련하여 개별화될 수 있는 것은 오직 빅데이터 활용에 의해 창출된 수익의 개별화일 뿐이다. 사회구성원 모두는 빅데이터 공동소유권에 입각하여 무조건적이고 개별적인 배당을 받는다.

공유지분권 모델이 아니라 빅데이터세를 통해 빅데이터 배당을 실현할 경우에 굳이 빅데이터 기금을 설립할 실익은 없다. 국가가 빅데이터 기금을 대신하며 '과세와 이전의 연동'이라는 기본소득 재정원리에 의해 빅데이터 배당이 실현된다. 빅데이터세로 마련한 재원이 전액 기본소득으로 지불된다는 점은 빅데이터 세수의 주인은 빅데이터의 공동소유자로서 사회구성원 모두이기 때문에 국가가 재정적 재량권을 가지지 않는다는 점을 보여준다. '과세와 이전의 연동'은 빅데이터 기금의 이상을 조세국가를 통해 실현한다.

④ 빅데이터 배당의 크기

원칙적으로 보자면, 자본이나 노동투입의 효과가 아닌 외부효과로 인한 몫, 페인이 말한 "사회의 효과"(Paine, 1969[1796]: 620)로 인한 수익은 모두 빅데이터 공동소유자에게 분배될 수 있다. 이와 같은 규모의 빅데이터 배당이 이루어질 때 비로소 '각자에게 각자의 몫을 주라'(suum cuique tribuere)는 성과의 원칙이 충족될 수 있다. 하지만 플랫폼 알고리즘이 없었다면 수익창출이 불가능했을 것이라는 점을 감안하면 알고리즘의 소유자와 빅데이터 공동소유자 사이의 협력게임으로 수익분배를 재해석할 수 있다. 강남훈(2019a: 151-153; 2016)은 새플리(Shapley) 가치에 따라 빅데이터 공동소유자가 인공지능 가치의 50%의 몫을 가지고 있다고 말하면서, "토지와 같이 순수한 지대라면 지대 전체를 균등하게 분배하는 것이 새플리 가치에 따른 공정한 분배"(155)라는 점을 덧붙인다. 새플리 가치에 의한 접근법은 몫의 분배 문제에 많은 시사점을 준다. 이에 따르자면, 플랫폼 자본에 대한 공유지분권은 이윤생산에서 빅데이터의 기여에 대한 보상이며 이윤창출 과정이 플랫폼 알고리즘과 빅데이터의 협력게임이라는 점에서 50%의 공유지분이 빅데이터 기금에 돌아가더라도 플랫폼 소유자에게는 어떠한 부정의가 발생하지 않는다.

우연찮게도 공유지분권에 입각한 사회배당 모델을 가장 정밀하게 제시했던 미드도 전체 주식자본의 50%를 공유지분권으로 돌리자고 제안했다(Meade, 1989: 38, 40; 1993[1964]: 63-4). 일찍이 콜(Cole, 1935; 1944)도 사회적 총자본의 일정 비율을 공유주식자본(Commons Capital Stock)으로 전환하자고 주장했지만 구체적인 비율을 언급하지는 않았다. 이에 반하여 미드는 50%라는 구체적인 비율을 제시했지만 그 근거를 명확하게 하지는 않았다. 이뿐만 아니라 미드는 공유지분권 모델의 정당성 근거를 아예 다루지 않는다. 다만 미드의 이론적 목표는 자산 소유가 가져다주는 '안전'과 '독립성'을 '공정한 분배'와 함께 통합적으로 실현할 수 있는 경제모델을 제시하는 일이기에(Meade, 1993[1964]: 63), 공유지분권 구상도 이러한 기획의 일환이었을 것이다. 따라서 미드(1993[1964]: 95)의 설명은 주로 공유지분권 모델이 '자유'와 '효율성'의 통합에 미치는 긍정적 효과에 초점이 맞춰져 있다. 최근에 미드와 비슷한 주장을 펼친 바루파키스(Varoufakis, 2016: 2)는 공유주식자본으로 돌려야 할 비율을 구체적으로 제시하는 대신에 정치적 결정의 문제로 남겨둔다. 미드와 달리 바루파키스는 공유주식자본 설정의 정당성 문제를 다루고 있지만, 부는 언제나 집합적으로 생산되며 기업은 과학기술이나 주식회사제도를 통해 대가 없는 이득을 취하고 있다는 일반적 설명을 넘어서지 않는다. 바루파키스는 18세기 말의 페인과 크게 다르지 않은 방식으로 부의 형성에서 사회의 기여라는 매우 익숙한 논거를 들고 있을 뿐이다.

빅데이터 배당의 실현 형태로서 공유지분권 모델이나 빅데이터세는 분배 규모에 있어서 경제적으로 대등하다. 분배 규모의 차이는 두 모델의 차이로부터 나오는 것은 아니다. 하지만 빅데이터세는 피구세가 아니며 데이터 경제의 활성화와 지속가능성을 위한 조세라는 점을 염두에 둔다면 빅데이터 공동소유권에 할당되는 수익의 크기는 공유지분권 모델보다 작을 수 있다. 데이터 경제의 초기 단계에서 구체적인 세율 결정은 빅데이터 수익의 예상 규모를 추산하고 빅데이터세가 데이터 경제에 대한 피구세로 기능하지 않도록 적절하게 조정할 필요가 있다. 여기에 대한 논구는 아래에서 진행한다.

한국의 데이터 경제 현황과 빅데이터세 설계

1) 한국의 데이터 경제 현황
① 데이터 3법, 데이터 거래소, 데이터 뉴딜
데이터 이용을 활성화하는 「개인정보 보호법」, 「정보통신망 이용촉진 및 정보보호 등에 관한 법률(약칭: 정보통신망법)」, 「신용정보의 이용 및 보호에

관한 법률(약칭: 신용정보법)」 등 3가지 법률을 데이터 3법으로 통칭한다. 프라이버시 보호와 관련된 데이터 3법의 주요 내용은 크게 두 가지로 요약할 수 있다. 첫째, 가명 정보를 조건으로 정보주체의 '동의'라는 보편적인 안전장치를 해체했다. 데이터 3법으로 인해 통신사는 예를 들면 가입자의 월평균 통화 시간이나 통화 빈도, 납부 요금, 연체 여부, 보유한 단말기 등의 정보를 포털사, 금융사 등에 가입자의 이름이나 주민등록번호를 제거한 채 팔 수 있게 되었다. 둘째, 데이터 3법은 개인정보를 보유한 조직들 사이에 고객 정보를 공유하고 결합할 수 있도록 지원한다. 활용할 법한 예를 들자면, 생명보험사의 고객 정보와 통신사의 고객 정보가 서로 결합되어 새로운 상품의 마케팅 용도로 활용될 수 있다.

한편, 지난 5월 11일 금융데이터 거래소가 출범하여 첫 거래가 이루어졌고 바야흐로 데이터 자유시장의 형성이 눈앞에 다가왔다. 이와 같은 일련의 상황 전개는 한국의 데이터 경제가 데이터 자유재에 가장 근접한 방향으로 편성되기 시작했음을 보여준다. 이러한 상황은 데이터에 대한 기업의 실효적 지배를 확고하게 해 주며 빅데이터 수익을 전적으로 기업이 가져가는 가치회로를 고착화하게 될 것임을 보여준다. 한편 코로나19 경제대책으로 제시된 한국형 뉴딜의 첫째 과제도 빅데이터 사업 진흥과 디지털 인프라 구축에 맞춰졌다. 이러한 급박한 상황 전개는 데이터 경제의 지속 가능성을 보장하기 위한 빅데이터세 논의를 시급하게 만든다.

② 빅데이터세 과세 정당성

앞에서 논증했듯이 빅데이터는 사회구성원 모두의 공동소유로 보아야 한다는 점에서 빅데이터세의 과세 정당성을 찾을 수 있다. 물론 기업의 빅데이터 활용은 소비자 후생을 증대시키고 그 중 많은 부분은 무상으로 이용자에게 제공된다. 즉 빅데이터의 활용은 긍정적 외부성을 발생시킨다. 하지만 이 중에서 이용자에게 무상으로 제공되는 것보다 더 많은 부분이 기업의 이윤으로 내부화된다. 빅데이터에 의존한 인공지능 혁명과 자동화의 전개는 빅데이터에서 발생한 긍정적 외부성이 이윤 메커니즘 안으로 내부화되는 주된 흐름을 보여준다.

빅데이터세는 사회구성원 모두의 공동소유인 빅데이터를 활용하여 생겨나는 수익 중의 일부를 다시 모두에게 되돌려주기 위한 과세이다. 따라서 빅데이터세수는 전액 무조건적, 보편적, 개별적으로 배당해야 한다. 빅데이터세와 빅데이터 배당의 연동, 곧 과세와 이전의 연동 원칙은 공유부 과세의 기본 특징이라고 말할 수 있다. 빅데이터 배당과 연동된 빅데이터세 없이는 빅데이터 기반 이윤 메커니즘은 결국 빅데이터는 사회구성원 모두의 공동소유라는 권리적 기초를 침식한다. 빅데이터 활용은 소비자 후생을 증대시키지만 그 크기는 빅데이터에 기반한 플랫폼 알고리즘의 경제적 활용이 초래할 일자리와 소득의 '거대한 탈동조'와 비교할 수 없을 정도로 미미하며 긍정적 외부성의 대부분은 기업 이윤으로 내부화한다. 빅데이터세와 빅데이터 배당이 없다면 데이터 기반 가치창출의 증가는 근로소득에 대한 부정적 외부성만 늘려가게 될 것이고 사회구성원 대다수는 디지털 전환의 피해자가 되고 말 것이다. 브린욜프슨과 맥아피(Brynjolfsson and McAfee, 2012b)가 단언하듯이, "디지털 진보가 모든 사람을 이롭게 할 것이라고 말하는 어떠한 경제법칙도 없다".

다시 정리하면, 빅데이터세는 자동화나 인공지능 혁명을 발생시키는 부정적 외부성을 줄이기 위한 피구세가 아니라 빅데이터에 의존하여 생산되는 긍정적 외부성을 모두에게 되돌려주는 것이다. 빅데이터세는 자동화에 적대적이지 않다. 오히려 빅데이터의 활용으로 얻어진 수익의 일부를 사회구성원 모두에게 무조건적, 개별적으로 분배하는 것은 디지털 전환을 지속가능하게 만들어 기술진보를 촉진하는 일이다.

2) 빅데이터세 설계: 특별법인세와 디지털서비스세의 이중적 설계

빅데이터세는 이중적으로 설계한다. 한 축은 국내기업을 과세 대상으로 하는 빅데이터 수익에 대한 특별법인세, 다른 한 축은 국내에 고정사업장을 두지 않아 빅데이터세를 과세할 수 없는 국외기업의 디지털 매출에 과세하는 한시적 디지털서비스세이다. 두 종류의 빅데이터세는 모두 기본소득 특별회계에 편입한다.

① 빅데이터 수익에 대한 특별법인세

데이터산업진흥원이 3월 11일에 발표한 「2019년 데이터산업 현황」에 따르면 국내 데이터산업의 시장 규모는 16조 8,700억 원이고 종사자는 34만 4,672명이라고 한다. 이는 좁은 의미의 데이터 경제의 규모를 알려주는 지표이지만 빅데이터세의 세수 기반을 직접적으로 보여주지는 못한다. 과세 기반은 좁은 의미의 데이터 경제가 아니라 업종을 불문하고 전체 경제에서 빅데이터의 활용으로 발생한 영업이익이기 때문이다. 마찬가지로 한국데이터거래소의 거래 규모도 세수 추정을 위한 지표가 될 수 없다. 빅데이터세는 데이터 거래 수익만이 아니라 빅데이터 활용으로 발생한 수익에 과세하는 것이기 때문이다.

　빅데이터세의 취지에 맞는 가장 정확한 과세 방법은 기업이 데이터 수집을 시작한 시점을 기준시점으로 삼고 그 해의 영업이익과 과세연도의 영업이익을 비교하여 그 기간 동안 영업이익 증가분에 대하여 일정 비율로 과세하는 것이다. 법인세 할당에 대한 국제규범의 부재로 국내에 서버를 두지 않은 국외기업에 대해서는 법인세를 과세할 수 없고, 법인세 과세표준 200억 이하 기업에 대해서는 중소기업 데이터 경제 활성화를 위해 면세한다고 할 때 과세 대상은 훨씬 좁혀진다.

　과세 대상은 독자적으로 고객 데이터를 수집하거나 공공데이터를 활용했거나 데이터 거래에 참여한 국내 기업으로서, 법인세 과세표준 200억을 초과하는 기업들이다. 이러한 두 조건을 충족하는 기업의 결산서상 영업이익의 증가분에 과세하며, 증가분의 계산은 데이터를 수집하거나 데이터 거래에 참여한 원년의 영업이익과 현재 시점의 영업이익을 비교하여 계산하며, 과세 기준시점의 확정이 모호할 경우에는 전년도 영업이익을 기준으로 한다. 빅데이터세가 도입된 후 이미 빅데이터세를 납부한 기업에 대해서는 빅데이터세가 최초로 부과되었던 원년도 영업이익이 아니라 빅데이터세를 납부한 가장 최근 연도의 영업이익을 기준으로 삼아 이익증가분을 계산한다. 그 이전의 영업이익 증가분은 이미 빅데이터세로 환수되었다고 보아야 하기 때문이다.

세율은 순수 이론적으로는 최대 50%까지도 과세 정당성을 가지지만 (강남훈, 2019a: 151-153), 도입 단계에서는 10%로 정한다.[6] 빅데이터 수익에 대한 특별법인세는 기존의 법인세와 별도이고, 세수는 전액 기본소득을 위한 특별회계에 귀속시킨다.

공공데이터의 사용은 데이터 경제가 가동된다는 지표이지만 이 지표만으로 빅데이터세를 과세하는 것보다 공공이 공유지분권을 받는 방식이 더 효과적이다. 중소기업의 경우 당장은 절세에 도움이 되고 공공의 입장에서는 차후에 기업 규모가 커졌을 때 더 많은 지분수익을 얻을 수 있다. 공공데이터를 일회적으로 매각하는 방식보다 지속적으로 공공데이터를 제공하며 공유지분권을 획득하는 방식이 공적 이익과 기업 이익의 양 측면을 모두 극대화한다. 다만 공공데이터의 일회적 매각의 경우에는 판매수익과 별도로 빅데이터세 과세 대상이 된다. 빅데이터세는 빅데이터로 발생하는

---

6 여기서는 이념적으로 가능한 수준을 제시하기보다 현실 적용이란 측면을 고려하여 대단히 보수적인 수치를 제시하고 있다.

영업이익에 대한 과세이기 때문에 공공데이터를 매입하면서 가격을 지불했다 하더라도 데이터 활용으로 발생하는 수익에 대해 과세할 수 없게 되는 것은 아니다.

영업이익을 기준으로 삼는 이유는 경상이익이나 당기순이익보다 영입이익이 빅데이터 의존 가치창출의 지표로서 적당하기 때문이다. 영업이익은 기업의 주된 영업활동에 의해 발생한 이익으로 매출총액에서 판매비와 일반관리비를 뺀 것이다. 반면에 경상이익은 영업이익에 금융이나 부동산 등에서 발생하는 영업외 이익과 손실을 반영한 값이다. 당기순이익은 경상이익에 특별이익을 더하고 특별손실과 법인세를 뺀 값이다. 빅데이터 수익에 대한 과세를 가장 정확하게 하는 방법은 영업이익을 기준으로 하고 영업이익 증가분에 일정 비율을 과세하는 것이다. 이러한 방식은 가장 적절할 뿐만 아니라 일단 도입되고 나면 현행 법인세 과세표준 200억 초과 기업의 영업이익은 결산서 상에 드러나기 때문에 조세기술적 측면에서도 아무런 문제가 없다.[7]

코로나19 위기와 정부의 언택트 사업 지원 방침은 데이터 경제의 대표 주자격인 네이버와 카카오의 2020년 1분기 및 2분기 영업이익을 비약적으로 늘렸고, 이와 반대로 현대자동차를 비롯한 전통업종의 영업이익은 곤두박질치는 결과가 나왔다.[8] 데이터 뉴딜은 앞으로 데이터 주도 혁신에 매진

---

7 이 연구에서 영업이익 증가분을 기준으로 빅데이터세의 세수를 추정하기에는 난점이 있다. 현재의 법인세 과세표준은 영업이익이 아닌 당기순이익 기준이기 때문이다. 과세대상 기업의 영업이익 증가분 총량을 파악하려면 먼저 과세 대상 기업을 확정한 후 결산서 상의 영업이익을 조사해야 한다.

8 언론에 보도된 네이버와 카카오 2020년 2분기 영업이익은 각각 2,260억원, 960억원 수준으로 추산된다. 네이버는 1분기에 1조 7,000억원 매출과 2,200억원 영업이익, 카카오는 8,600억원 매출과 880억원 영업이익을 각각 기록했다. 두 회사의 2분기 매출과 이익이 최고 실적을 올린 1분기보다 많게는 10% 늘어난 것이다(전자신문. 2020.7.15. https://news.v.daum.net/v/20200715152103754). 전년도 2분기와 비교하면 네이버의 2020년

<표 4-12> 200억 초과 법인의 당기순이익

법인세 과세표준	당기순이익 (단위: 백만원)
200억 초과 500억 이하	25,724,700
1000억 이하	17,650,255
5000억 이하	43,862,729
5000억 초과	99,720,960
합계	186,958,644

자료: 국세통계(2019)[9]

한 기업과 전통제조업, 언택트와 콘택트 간의 영업이익의 양극화 추세를
더욱 강화시킬 것이다. 영업이익 증가분에 과세하는 빅데이터세는 데이터
뉴딜과 언택트 경제의 수익 일부를 모두에게 돌려줌으로써 데이터 주도 혁
신을 지속가능하게 만들 것이다.

영업이익 증가분에 과세하는 방식이 빅데이터세의 과세 목적에 더 적
합하지만, 대안적인 과세 방식을 생각해 볼 수도 있다. 그것은 빅데이터세
를 단순하게 현행 법인세에 대한 추가적인 세제로 설계하는 것이다. 과세
대상은 마찬가지로 현행 법인세 과세표준 200억 초과 기업으로 하고 당기

2분기 영업이익은 76% 증가한 것이다. 이는 시가총액에 영향을 미쳐 네이버 시가총액은
삼바를 제치고 3위로 뛰어 49조 1,148억 원에 달했다(중앙일보, 2020.7.10. https://news.
v.daum.net/v/20200710163119089). 카카오의 전년 대비 2분기 영업이익 증가율은
135.3%로 네이버보다도 높다. 반면에 현대차의 2020년 2분기 영업이익은 작년 동기 대
비 -72.3%, 기아차 역시 -77.4%로 크게 감소한 것으로 보도된다. 삼성전자는 작년 동기
대비 -3.1%로 선방한 것으로 나타나며 SK하이닉스의 영업이익률도 비슷한 수준일 것으
로 예측된다(연합뉴스, 2020.7.5. https://news.v.daum.net/v/20200705062709468). 전
체적으로 데이터 기반 경제의 두 축인 네이버와 카카오의 영업이익률이 크게 늘었으며
반도체 생산기업은 정체된 반면에 전통제조업은 코로나19 여파로 영업이익의 큰 감소
를 겪었다고 할 수 있다.

9 https://stats.nts.go.kr/national/major_detail.asp?year=2020&catecode=A08004.#

순이익에 1%나 2%를 과세한다.

2019년 법인세 과세표준 200억 초과 500억 이하 기업의 당기순이익은 25,724,700백만 원, 1,000억 이하 기업의 당기순이익은 17,650,255백만 원, 5,000억 이하 기업의 당기순이익은 43,862,729백만 원, 5,000억 초과 기업의 당기순이익은 99,720,960백만 원으로 나타난다. 따라서 200억 초과 기업의 당기순이익 합계는 186,958,644백만 원이다.

합계 186조 9,586억 4천 4백만 원에 1% 세율로 과세하면 1조 8,695억 원 정도이고, 2% 세율로 과세하면 3조 7,390억 원이다.

② 디지털서비스세

과세 대상은 타깃 광고, 마켓플레이스 업종으로 세율은 영국의 기준을 따라 국내 매출의 2% 또는 프랑스처럼 3%로 정한다. 과세 방식은 플랫폼 기업의 네트워크의 가치는 접속자 수의 제곱에 비례한다는 메트칼프의 법칙(Metcalfe's Law)을 활용하여 접속자 숫자가 많은 글로벌 플랫폼 기업일수록 더 많은 세금을 내도록 한다. 즉, 디지털서비스세액 = 매출 * 3% * (접속자 수/전체 인구 수)^2이다.

이렇게 과세하면 신생 플랫폼 기업은 세금을 덜 내게 된다.

구글, 페이스북 등 글로벌 플랫폼 기업은 한국 매출을 영업비밀로 하고 있기 때문에 정확한 세수 추정이 불가능하다. 대략적인 추정을 위해 구글 플레이를 예로 들자면, 구글플레이의 2017년도 매출추정액은 3조 4,232억 원 가량인데 구글플레이가 30%의 수수료를 챙기는 구조이기 때문에 1조원 이상의 영업이익이 발생했을 것이다.[10] 2017년 추정 매출을 기준으로 2%를 과세하면 684억 원 가량, 3%를 과세하면 1,026억 원 가량이다. 같은 해

---

10 한겨레 신문, 2018년 1월 15일자 기사 http://www.hani.co.kr/arti/economy/it/827779.html

에 4조 6,785억 원의 매출을 기록한 네이버가 4천억 원 가량의 세금을 부담했다는 점을 감안하면,[11] 프랑스 사례를 따라 국내 매출의 3%의 디지털서비스세를 부과하는 것은 과세 형평성에도 맞다. 구글과 애플의 추정 매출은 매년 증가추세를 보이고 있다. 2018년 구글플레이 추정 매출은 5조 4,098억 원, 애플 앱스토어의 추정 매출은 2조 1,211억 원으로 추산되었다. 두 기업 추정 매출을 합산하면 7조 5,309억이며 3%의 디지털서비스세를 과세하면 2,259억 원이다.[12] 페이스북은 2019년 12월 이후 한국 광고매출을 신고하기 시작했는데 앱매출액이 큰 구글플레이와 달리 광고매출뿐이라서 연간 수천억대이며 조 단위가 아닌 것으로 추정된다.[13] 페이스북의 2017년도 국내 광고매출은 1,500억 원 규모로 추정되었고 이를 기준으로 보더라도 3%의 디지털서비스세를 부과하면 45억 원의 세수가 생긴다.[14] 디지털서비스세율을 프랑스처럼 3%로 하면 구글플레이와 애플 앱스토어의 국내매출에 대한 추정 세수 규모인 2,259억 원에 페이스북 광고매출로부터 발생하는 세수, 최소 45억 원을 더한 최소 2,304억 원 정도의 세수가 발생한다.

디지털서비스세의 목적은 법인세 및 신설하고자 하는 빅데이터세를 부담하지 않는 해외 플랫폼 기업의 국내매출에 대한 과세이다. 하지만 내외

11 한국경제, 2019년 9월 18일 기사 https://www.hankyung.com/it/article/201909188 2801
12 중앙일보, 2019년 9월 30일자 기사 https://www.msn.com/ko-kr/news/national/%EB%8B%A8%EB%8F%85-%EA%B5%AC%EA%B8%80%C2%B7%EC%95%A0%ED%94%8C-%EC%95%A1-%EB%A7%A4%EC%B6%9C%EC%95%A1-7%EC%A1%B05300%EC%96%B5-%EC%B6%94%EC%A0%95%E2%80%A6%EA%B5%AD%EB%82%B4-88%EC%A0%90%EC%9C%A0/ar-AAI3nBo
13 전자신문, 2020년 1월 26일 기사 https://m.etnews.com/20200127000113?obj=Tzo-4OiJzdGRDbGFzcyI6Mjp7czo3OiJyZWZlcmVyIjtOO3M6NzoiZm9yd2FyZ-CI7czoxMzoid2ViIHRvIG1vYmlsZSI7fQ%3D%3D
14 서울경제, 2017년 12월 17일 기사 https://www.sedaily.com/NewsVIew/1OOW3WARVC

국 법인에 차별 없이 동일하게 부과하는 것이 WTO의 '비차별 원칙(principle of non-discrimination)'에 맞다. 그런데 이미 법인세를 내고 있으며 빅데이터세 과세 대상이 되는 국내기업에 대한 디지털서비스세 부과는 중복과세이므로 이 역시 '비차별 원칙'에 위배된다. 이러한 딜레마를 해결하는 방법은 디지털서비스세를 내외국 기업에 차별 없이 과세하되 국내 법인에 대해서는 디지털서비스세액만큼 법인세 감면을 해 주는 것이다. 또한 디지털서비스세는 국외 기업에 대한 법인세 및 특별법인세로서의 빅데이터세를 대체하는 개념이기 때문에 국외 기업의 '전자적 용역'에 부과되는 기존의 부가가치세는 그대로 유지한다.

3) 빅데이터세와 빅데이터 배당에 관한 법률

두 종류의 빅데이터세, 곧 빅데이터 수익에 대한 특별법인세와 디지털서비스세의 세수는 합쳐서 전액을 무조건적, 보편적, 개별적으로 배당한다. 즉, 빅데이터세 세수 전액이 기본소득 재원이 된다. 빅데이터세와 빅데이터 배당의 연동은 법률에 명확하게 명시되어야 한다.

빅데이터세를 재원으로 하는 기본소득은 인공적 공유부의 배당이다. 개인소득세 이외의 외부재원, 곧 빅데이터세나 토지보유세 등을 총망라하여 공유부 배당법을 제정하고 세수를 합산하여 기본소득으로 나누어 주는 방식도 가능하겠지만, 빅데이터 배당과 토지배당을 각각 개별적인 법안으로 제정하는 것이 더 낫다. 빅데이터 배당이 이루어지는 기본소득형 빅데이터세 법률에는 빅데이터는 모두의 것이라는 과세 취지와, 재원은 전액을 빅데이터 배당으로 개별적인 사회구성원 모두에게 조건 없이 환급한다는 점이 반드시 명시되어야 한다. 디지털서비스세는 빅데이터세와 별도로 입법할 수도 있지만 빅데이터 배당의 재원이며 한시적인 입법이므로 빅데이터세의 개별 조항으로 담을 수도 있다.

탄소세와 탄소배당

탄소세 배당의 긴급성

2019년 1월 17일 월스트리트 저널에는 「탄소세 배당에 대한 경제학자들의 성명」(Econimists' Statement on Carbon Dividends)이 발표되었다. "전 지구적 기후변화는 즉각적인 국가적 행동을 요구하는 심각한 문제이다"는 문장으로 시작되는 성명서는 5개의 정책 권고를 담고 있다. "1. 탄소세는 필요한 규모와 속도로 탄소배출량을 줄이기 위한 가장 비용 효율이 좋은 수단이다. (…) 2. 탄소세는 배출 감축 목표가 충족될 때까지 매년 증가해야 하며, 정부 규모에 대한 논란을 피하기 위해서는 재정수입에 중립적이어야 한다. 항상적으로 증가하는 탄소가격은 기술혁신과 대규모 인프라의 발전을 촉진할 것이다. (…) 3. 충분히 견고하고 점진적으로 증가하는 탄소세는 덜 효율적인 다양한 탄소 규제에 대한 필요성을 대체할 것이다. 4. 탄소배출량이 많은 산업의 국외 이탈(carbon leakage)을 방지하고 미국의 경쟁력을 보호하기 위하여 탄소관세 조정 시스템(border carbon adjustment system)을 구축해야 한다. 이는 다른 국가들도 비슷한 탄소 가격 정책을 채택할 인센티브를 제공할 것이다. 5. 탄소세 증가의 공정성과 정치적 지속가능성을 극대화하기 위하여 재정수입 전액을 동일한 금액으로 모든 미국 시민에게 직접 되돌려주어야 한다. 가장 취약한 사람들을 포함하여 미국 가계의 대다수는 에너지 가격 상승으로 지불하는 것보다 '탄소배당'을 더 많이 받게 됨으로써 재정적으로 이익을 얻게 된다."(Akerlof et al. 2019).

이 성명에는 27명의 노벨경제학상 수상자, 4명의 전임 연방준비제도이사회(FED) 위원장, 15명의 전임 경제자문회의 의장, 2명의 전임 재무부 장관, 그 외 3,589명의 미국 경제학자가 참여했다.[15] 성명의 첫 번째 항부터 네 번째 항까지는 탄소세의 목적과 효율성, 탄소배출 감축 목표와 세율의 관계, 세수중립성과 탄소가격 증가의 경제적 효과, 전 지구적 차원의 배출량 감축을 위한 탄소관세(carbon border tax)의 도입 등 탄소세에 관한 쟁점 문제에 대한 입장이 압축적으로 정리되어 있다. 특기할 점은 탄소세 재원을 모든 미국인에게 탄소배당으로 되돌려준다는 내용을 담고 있는 다섯 번째 항목이다. 이 성명은 탄소세와 탄소배당 연동 모델, 즉 탄소세를 재원으로 하는 기본소득 도입을 권고하는 내용이라고 말할 수 있다. 1968년 5월 폴 새무엘슨(Pau Samuelson)이 주도하여 「연간 보장 소득에 관한 경제학자 성명」(Economists Statement on Guaranteed Annual Income)이 발표된 지 51년 만의 일이다. 거의 반세기가 지나 심각한 기후위기 상황 속에서 기본소득의 도입 가능성은 새로운 전기를 맞게 된 것이다(강남훈, 2020b).

생태적 관점에서도 「탄소세 배당에 대한 경제학자들의 성명」은 시대인식의 중대한 변화를 담고 있다. 성명은 기후변화를 넘어 바야흐로 기후재앙의 시대가 시작되었다는 인식을 표현한다. 2007년 대비 온실가스배출량은 주요 국가들에서 점차 줄어들고 있는 반면에 한국은 2007년 대비 2017년 탄소배출량 증가량이 24.6% 증가하여 세계 2위이며, 1990년 대비 탄소배출량 증가율도 터키에 이어 세계에서 두 번째로 높은 수치를 기록했다. 2018년 한국의 탄소배출량은 현재 OECD 국가 중 6위, 1인당 탄소배출량은

---

15 서명에 참여한 노벨경제학상 수상자는 Georg Akerlof, Rober Aymann, Angus Deaton, Peter Diamond, Robert Engle, Eugene Fama, Lars Peter Hansen, Oliver Hart, Bengt Holmström, Daniel Kahneman, Finn Kydland, Robert Lucas, Eric Maskin, Daniel McFadden, Robert Merton, Roger Myerson, Edmund Phelps, Alvin Roth, Thomas Sargent, Myron Scholes, Amartya Sen, Robert Shiller, Christopher Sims, Robert Solow, Michael Spence의 27인이다. FED의 위원장을 지낸 Ben Bernanke, Alan Greenspan, Paul Volcker, Janet Yellen도 서명에 참여했다.

4위에 기록되는 '기후악당국가'라는 불명예를 안고 있다. 2017년 한국이 연간 배출한 탄소배출량(CO2e)은 7억 9백만 톤에 달한다(온실가스종합정보센터, 2019). 기후위기 국면에서 한국이 지불해야 할 탄소좌초자산 규모는 전력시장에서만 1,060억 달러로 추산된다(Gray and D'souza, 2019). 당장 배출량 감축을 위한 실질적 노력이 필요한 시기이다. 그럼에도 한국의 탄소배출정책은 대단히 미흡하다. 2017년 기준으로 세수는 15조 3,782억 원이 걷혔다. 조세 규모 중 4번째로 큰 규모이지만 재원 중 대부분은 토목 분야나 화석연료 보조금 등에 사용되었다. 2009년부터 교통·에너지·환경세를 폐지하고 새로운 환경세를 도입하자는 논의가 계속 진행되었으나 정부는 2018년 말에 또다시 4년의 연장 고지를 했다. 그동안 한국의 온실가스 감축 정책은 사실상 없었다고도 말할 수 있다. 국제 기준에 따라 한국은 온실가스배출량 제한량을 배정받고 온실가스배출권 거래를 통해 탄소배출량을 제한할 것을 고지받았다. 그러나 산업경쟁력 약화를 이유로 온실가스배출권을 정부가 사실상 무상으로 나누어주다가 최근 환경단체들의 반발로 2021년부터 시작되는 제3차 계획기간에는 총 할당량의 10%를 유상 할당하기로 정했다(환경부, 2020). 아울러 배출량 감축에 대한 대안으로 핵발전 확대가 거론되고 있어 다시금 논란이 되고 있다.

온실가스배출량을 감축하려면 탄소세 도입이 반드시 필요하다. 이 연구의 목적은 탄소세는 반드시 탄소배당과 연동되어야 한다는 점을 밝히고 탄소세와 탄소배당 연동 모델을 설계하는 것이다. 배출량 감축을 위한 정책수단은 직접 규제와 경제적 유인에 의한 조절의 두 방식으로 대별된다. 두 번째 방식으로서는 배출권거래제와 탄소세를 들 수 있는데, 탄소세는 1990년 핀란드를 시작으로 1991년 스웨덴, 노르웨이, 1992년 덴마크가 도입한 이래, 현재에는 스위스, 아일랜드, 영국 등 유럽 16개국에서 시행중이다. 탄소세는 지구온난화 방지를 위한 세금으로 석유, 석탄 등 각종 화석에너지의 탄소배출량에 기초하여 부과된다. 탄소세는 온실가스 배출량을 감축함과 동시에 경제적 효율을 증대시키며 생태기술 발전을 꾀할 유력한 방안으로 평가되고 있다. 하지만 탄소세를 비롯한 환경세는 오염원 사용에 대한 지출 비율이 상대적으로 높은 저소득층의 부담이 커지는 역진적 효과가 있다. 이로부터 탄소세율을 높이기 위해서라도 세수를 탄소배당으로 나눠주어야만 한다는 결론을 끌어낼 수 있다. 이 연구에서는 탄소세의 과세 목적과 과세 방식, 탄소세-탄소배당 연동의 장점과 효과, 기존의 환경세제 및 탄소배출권 거래제와의 관계 설정, 정책의 기대효과 등 주요 쟁점을 검토하며 구체적인 도입 모델을 설계한다.

탄소세 부과의 이론적 근거

1) 탄소세의 목적, 과세표준, 과세방식

탄소세의 과세 목적은 탄소배출량에 과세하여 온실가스를 감축하는 것이다. 이 점에서 탄소세는 환경 부담이 생태적으로 지속가능한 수준을 유지하도록 경제활동을 규제하는 환경정책 수단의 하나이다. 환경정책 수단은 지시 및 통제방식에 의해 이루어지는 직접규제(direct regulation)와 생산자나 소비자의 행위에 간접적으로 영향을 주어 환경 부담을 통제하는 경제적 수단(economic instruments)으로 대별할 수 있다. 경제적 수단은 크게, 첫째 생태환경에 부담을 주는 경제활동에 추가적인 비용을 부담시키는 방식, 둘째 생태친화적인 경제활동에 인센티브를 주는 방식, 셋째 오염배출행위에 대한 권리를 설정하고 거래를 통해 총량적으로 규제하는 방식으로 분류할 수 있다. 첫 번째 방식은 종래의 환경세제와 탄소세가 대표적이며, 두 번째는 친환경기술에 대한 보조금제도나 조세감면이나 최근 이슈가 되고 있는 녹색뉴딜의 공공투자를 들 수 있고, 세 번째로는 탄소배출권 거래제를 들 수 있다. 여기서 탄소세를 포함한 환경세는 조세를 통한 간접규제로서 환경오염물질의 배출량을 과세표준으로 하여 배출량 단위당 일정액의 세금을 징수하는 방식을 취한다.

환경세제 중에서 에너지세는 에너지 함량에 비례하여 에너지원에 부과되는 세금이며, 한국에는 제품별로 부과되는 개별소비세 형태로 「교통·에너지·환경세」가 도입되어 있다. 반면에 탄소세의 과세표준은 탄소배출량이고 탄소배출 톤 당(per ton of CO2e) 일정액이 부과된다. 두 종류의 세금은 과세 대상이 겹칠 수 있지만 탄소배출은 에너지 생산뿐만 아니라 제조, 유통과 운송, 소비와 재처리 등 경제활동의 전 과정에서 발생하므로 탄소세의 과세 범위가 훨씬 넓다. 과세 형태는 생산에 부과하는 원천세 방식, 소비에 부과하는 소비세 방식, 생산과 소비의 전 과정에 부과하는 부가가치세 방식을 생각할 수 있다. 부가가치세 방식을 택할 경우, 원료채취, 소재생산, 부품생산, 제품생산, 수송 및 유통의 전 과정에서 발생하는 탄소배출량을 정량화하고 나아가 제품의 사용과 폐기물 처리에서 발생하는 탄소배출량까지 계산한 탄소라벨링(Cohen and Vandenbergh, 2012)과 결합하여 운용될 수 있다. 탄소라벨링은 탄소배출량으로 환산한 탄소발자국(carbon footprints)을 제품에 표시하는데,[16] 이러한 제도는 기존의 부가가치세와 별도로 탄소세를 부과하되 부가가치세처럼 최종소비단계에 부과할 수 있도록 해 준다.

---

16 영국, 일본, 스웨덴은 정부 주도로 또는 정부의 지원 하에 탄소라벨링제도를 운영한다. 스위스와 프랑스의 탄소라벨링 제도는 대형 유통업체에서 직접 운영하며 미국은 스탠포드 대학의 비영리기관에서 운영한다(이소영, 2011: 171). 독일은 2008년부터 '포츠담 기후변화연구소'가 탄소라벨링 제도 운영을 시작했다. 영국은 정부의 지원을 받는 비영리 단체인 Carbon Trust의 관리 하에 제품의 생산단계에서 폐기단계까지 발생하는 이산화탄소량을 측정하여 제품에 라벨을 부착하는 "탄소감축라벨(Carbon Reduction label)" 제도를 운영하고 있다(https://www.carbontrust.com/).

2) 유도적·조정적 조세로서의 탄소세

조세는 과세 목적에 따라 재정적 조세(Fiskalsteuer)와 조정적 조세(Lenkungs-steuer)로 나눌 수 있다. 재정적 조세는 국가 활동에 필요한 비용을 조세로 충용하는 것이다. 반면에 조정적 조세는 납세의무자의 행위를 입법자가 바라는 일정한 방향으로 유도하기 위한 수단으로써 유도적 조세라고도 부를 수 있다.

　탄소세의 과세 목적은 탄소배출량을 감축하여 기후변화에 대응하는 것이니만큼 탄소세는 대표적인 유도적·조정적 조세 또는 교정과세(corrective tax)에 속한다. 재정적 조세는 납세의무자의 능력에 따라 부과되어야 하지만 유도적·조정적 조세에서 납부능력은 일차적 기준이 아니다. 세율은 일차적으로 탄소배출량 감축 목표에 연동되며 납부의무자의 능력은 이차적 고려사항일 뿐이다. 탄소세와 탄소배당의 연동 모델에서도 탄소세는 탄소배당의 재원 마련을 위해 걷는 세금이 아니라 기후위기에 대응하기 위해 걷는 세금이라는 점에 유의하여야 한다. 탄소세를 걷는 목적은 결코 탄소배당이 아니며, 거꾸로 탄소배당이 탄소세의 정치적 지속가능성과 탄소배출량 감축을 위한 탄력적인 세율 운용을 보장하는 지렛대의 역할을 할 뿐이다. 장기적으로는 탄소세가 적게 부과되면 될수록 탄소배출량 감축이라는 입법목적이 달성된 것이라고 말할 수 있다. 하지만 전년도 탄소배출량 감축 목표치를 달성하지 못했을 때는 단기적으로 세율을 올리는 것도 과세 목적에 부합된다. 세율은 인상하려면 저소득층이 에너지 가격상승으로 피해를 입지 않도록 해야 한다. 탄소세로 거둔 세수 전액을 무조건적, 보편적, 개별적으로 배당하는 탄소배당은 저소득층의 조세저항 없이 탄소세 세율을 인상할 수 있도록 해 준다. 탄소배당의 효과에 대해서는 다음 항목에서 자세하게 다룰 것이다. 여기에서 강조할 점은 탄소배당은 유도적·조정적 과세로서 탄소세의 과세 목적을 원활하게 이루기 위한 수단이라는 것이다.

3) 탄소세의 장점과 단점

탄소배출량에 톤당 얼마씩 과세하는 탄소세의 장점은 우선 과세 범위와 대상의 포괄성에서 찾을 수 있다. 적용 대상은 원료에너지 부문, 산업생산 부문, 운송유통 부문 등 모든 부문을 아우를 수 있으며 소비와 폐기물 처리에 이르기까지 사실상 탄소를 배출하는 모든 주체 및 대상을 광범위하게 적용 범위로 할 수 있다. 과세 범위와 대상의 포괄성으로 인하여 규율효과는 극대화된다. 아울러 비용의 확실성을 보장한다는 점도 탄소세의 장점이다. 탄소세율은 가격에 그대로 반영되며 이와 같은 예측가능성은 기업이 탄소배출량을 줄이는 지속적인 기술 개발과 장기적인 계획수립을 가능하게 한다. 탄소세는 탄소기초가격으로 에너지 가격에 반영되며 최종소비가격에 반영되기 때문에 저탄소 생산기술을 가진 기업의 제품은 가격 경쟁력을 가지게 된다. 높은 탄소세율은 이산화탄소 배출량이 많은 제품을 시장에서 퇴출시킬 수 있다.

탄소세의 유도적 조정기능은 일반적이고 보편적이다. 즉, 탄소세는 탄소배출 행위에 예외 없이 비용을 부담시킨다는 점에서 경고 기능을 가진다. 배출권거래제는 오염 행위를 권리로 인식한다는 결함을 가지고 있다. 게다가 무상할당은 마치 기후위기의 원인제공자에게 보조금을 지급해주는 것과 유사하다. 반면에 탄소세는 탄소를 배출하여 생태적 후생을 감소시킨 원인제공자는 모두 비용을 부담하라는 것으로서, 탄소배출자에게 예외 없이 피구세(Piguvian Tax)를 부과하는 것이다. 개별적 경제주체의 온실가스 배출이라는 행위가 제3자의 생태적 후생을 감소시키는 외부불경제(external diseconomy)는 탄소세에 의해 가격에 반영되고 내부화된다. 탄소세는 기후위기에서 무임승차자는 있을 수 없다는 메시지를 만들어낸다. 배출권거래제는 탄소배출량 총량을 규제하는 반면에 탄소세는 가격에 반영된다. 그래서 탄소세율로 탄소배출량 감축목표를 달성할 수 있다는 직접적 보장은 없다는 점이 탄소세의 단점으로 거론된다. 물론 배출총량을 규제하는 배출권거래제와 달리 탄소세는 양적 규제방식이 아니라는 점은 분명하다. 하지만 이와 같은 '이익의 불확실성'은 세율 조정으로 충분히 극복될 수 있다. 즉, 연간 탄소배출량 감축 목표치와 연동하여 탄소세율을 매년 탄력적으로 운영할 수 있다면 이러한 단점은 사라진다. 전년도 배출량 목표치에 미달하면 세율을 올리고 초과 달성하면 세율을 인하하면 된다. 즉, 탄소세의 교정능력은 감축 목표치 달성에 연동한 탄력적 세율운용이 가능한가에 달려 있다. 개념적으로는 배출권거래제란 상한을 정하고 초과량을 거래하는 시스템(cap and trade system)으로 총량 규제에 효과적이지만 현실에서는 배출권의 과잉 분배와 배출권거래가격 폭락으로 제도의 취지와 목표가 무력화될 수 있다. EU의 배출권 거래제(EU Emissions Trading System: EU ETS)에서도 배출권거래가격 폭락이 문제가 되자 2015년 EU는 시장안정화준비금을 도입하여 배출권거래가격 안정화를 시도했다.

국제 무역에서도 탄소세를 부담하는 국내 기업과 탄소세를 부담하지 않거나 낮은 세율을 적용받는 외국 기업이 국내 시장에서 공정하게 경쟁을 할 수 있도록 탄소세뿐만 아니라 탄소국경세(carbon border tax)도 도입할 수 있다.

이와 같은 장점에도 불구하고 탄소세는 분명한 단점을 가진다. 탄소세는 역진적이어서 저소득층에 불리하다는 것이 대표적인 문제점이다. 이는 설령 탄소세를 도입해도 역진성과 생산에 미치는 영향으로 인하여 미미한 세율을 적용할 수밖에 없어서 실제 배출량 감축효과가 크지 않을 것이라는 우려로 이어진다. 탄소세 재원을 탄소배당으로 활용하는 방안은 이러한 단점과 문제점에 대한 해법이 될 수 있다.

4) 탄소세 도입 현황

탄소세는 이미 1990년대부터 도입되기 시작했다. 현재 탄소세 도입의 대표적 사례는 유럽 16개국이다. 1990년 핀란드와 폴란드가 가장 먼저 탄소세를 도입했으며, 스웨덴과 노르웨이가 1991년, 덴마크가 1992년에 뒤따르면서, 노르딕 국가들에서 탄소세는 이미 28년~30년 이상의 역사를 가진 정착된 제도이다. 이러한 흐름은 유럽의 다른 지역으로 확산되어 1996년 슬로베니아, 2000년 에스토니아, 2004년 라트비아, 2010년 아일랜드와 아이슬란드, 2011년 우크라니아, 2014년 프랑스와 스페인, 2015년 포르투갈이 탄소세를 도입하게 된다. 브렉시트로 유럽연합을 떠난 영국도 2013년부터, 스위스는 2008년부터 탄소세를 도입했으므로 현재 유럽 지역의 16개국이 탄소세를 시행 중이다(Asen, 2019). 비유럽 국가들 중에서 탄소세를 도입한 국가로는 2012년부터 탄소세를 도입한 일본, 칠레, 남아프리카공화국, 캐나다의 브리티시컬럼비아 주 및 앨버타 주를 들 수 있다. 호주는 2011년 7월 탄소세를 도입했지만 2013년 보수당 집권 후 2014년 7월에 폐지되어 탄소세를 도입했다가 다시 폐지한 최초의 국가가 되었다.

세율은 2019년을 기준으로 스웨덴이 탄소배출 톤당(per ton of CO2e) 112.08 유로로 가장 높고 스위스가 83.17 유로로 뒤를 잇고 있으며 핀란드도 62.00 유로로 높은 집단에 속한다. 탄소배출 톤당 0.07 유로를 과세하는 폴란드나 0.33 유로를 과세하는 우크라이나는 탄소세를 거의 부과하지 않는다고 말할 수 있을 정도로 세율이 낮은 집단을 이룬다. 스웨덴은 탄소세가 온실가스 배출량의 40%를, 스위스는 33%를 규제하여 과세 범위도 넓은 편에 속한다. 온실가스 배출량의 60%까지 과세 범위에 들어가는 노르웨이는 세율이 높은 나라 중에서 과세 범위가 가장 넓으며, 오직 불소화합물 (fluorinated gas: F-gas)[17]에만 과세하여 온실가스 배출량의 3%만 규율될 뿐인 스페인이 가장 좁다.

이와 같이 거둬들인 탄소세 재정은 대개의 국가에서 일반회계에 편입된다. 하지만 프랑스는 탄소세수 일부를 특별회계에 편입시키고 에너지 전환기금으로 쓴다. 예외적으로 스위스는 세수의 2/3 정도를 전 국민에게 동일한 액수로 환급한다. 나머지 1/3 정도는 건물과 주택의 에너지 절감사업과 신재생에너지 사업 지원에 쓰이는데 최대 4억 5천만 스위스 프랑으로 상한이 정해져있고 그 외 매년 2,500만 스위스 프랑을 친환경기술보증기금에 출연한다. 스위스의 탄소배당 지급채널은 자연인의 경우 3개월 이상 스위스 거주자는 모두 가입해야 하는 강제적 사회보험인 기초건강보험을 활용하며, 법인의 경우 연금보험 중 고용주부담금을 차감하거나 연금보험계좌에 현금으로 이체된다(조혜경, 2019: 5: BAFU, 2020). 다만 여기에서 탄소세수를 고용주부담금 차감에 사용하는 것은 제도를 복잡하게 할 뿐이다. 이는 탄소세수를 기업의 법인세 감면 등에 사용하는 것과 크게 다르지 않다. 탄소세로 인한 기업부담의 조정은 탄소세 명목세율 조정에 의하여 수행하는 것이 적절할 것이며 탄소세수는 전액 거주자 또는 국민에게 1/n로 분배하는 것이 타당하다.

비록 스위스의 탄소배당은 이와 같은 문제점을 안고 있지만 탄소세와 탄소배당을 연동한 최초의 사례라고 말할 수 있다. 스위스의 탄소세는 난방용, 발전용 화석연료—석유, 천연가스, 석탄, 석유 코크스, 기타 화석연료—에만 부과되고 교통 부문에는 적용되지 않는 등 과세 범위가 대단히 좁다는 한계를 가지고 있다. 그럼에도 불구하고 난방연료에 국한하여 이산화탄소 배출량 추이를 살펴보면 배출량은 탄소세 도입 이후 꾸준히 감소하여 1990년을 100%로 볼 때 2018년은 71.9%까지 줄었다(조혜경, 2019: 6).

---

17 온실가스로 지정된 불소화합물은 Hydrofluorocarbons(수소불화탄소; HFCs), Perfluorocarbons(과불화탄소; PFCs), Sulfur Hexafluoride(육불화황; SF6), Nitron Fluorine Three(삼불화질소; NF3)의 4 종류이다.

<표 4-13> 2019년 기준 유럽 각국의 탄소세 현황

국가	CO2e 톤 당 세율 (Euro)	적용되는 온실가스 배출비중	도입 연도	국가	CO2e 톤 당 세율 (Euro)	적용되는 온실가스 배출비중	도입 연도
스웨덴	112.08	40%	1991	아일란드	20	49%	2010
스위스	83.17	33%	2008	슬로베니아	17	24%	1996
핀란드	62	36%	1990	스페인	15	3%	2014
노르웨이	52.09	62%	1991	포르투갈	12.74	29%	2015
프랑스	44	35%	2014	라트비아	5	15%	2004
아이슬란드	27.38	29%	2010	에스토니아	2	3%	2000
덴마크	23.21	40%	1992	우크라이나	0.33	71%	2011
영국	20.34	32%	2013	폴란드	0.07	4%	1990

자료: OECD(2019), World Bank(2019)

탄소세와 탄소배당의 연동 덕택에 스위스는 2008년 탄소세를 도입할 때 CO2e 톤당 12 스위스 프랑의 낮은 세율로 시작했지만 꾸준히 인상하여 도입년도 세율의 7배까지 인상할 수 있었다. 세율의 탄력적 운용이야말로 탄소세의 교정효과를 유지하기 위해 가장 중요한 점이며, 탄소세를 비교적 늦게 도입한 스위스나 캐나다가 탄소배당을 실시하는 이유이기도 하다. 즉 탄소배당에 의하여 급격하게 탄소세율을 인상해도 저소득층에 피해가 돌아가지 않고 구매력이 하락하지 않는다. 캐나다의 2019년 탄소세율은 CO2e 톤당 20달러인데 매년 10달러씩 인상하여 2022년에는 50달러에 도달하고 그 이후에는 매년 15달러씩 인상하여 2030년에는 170달러에 도달하도록 급격한 세율인상이 고지되었다. 캐나다 정부는 이와 같은 세율인상이 구매력 감소로 이어지지 않도록 2020년부터 탄소세수를 가계에 배당하는데, 배당비중은 주마다 차이가 나지만 전체적으로 세수의 대략 90%에 달한다(Government of Canada, 2021). 이로부터 얻을 수 있는 시사점은 다음과 같다. 탄소세를 늦게 도입하여 도입세율은 낮을 수밖에 없는 국가의 경우 탄소세의 교정능력을 극대화하기 위해서는 도입 이후 급격한 세율인상이 불가피하며 이 과정에서 역진성을 해소하고 구매력을 유지하려면 탄소세는 탄소배당과 반드시 연동될 필요가 있다는 점이다.

물론 탄소세율은 탄소배출량 목표와 연동되기 때문에 세율 인상을 마냥 좋은 것으로 볼 수는 없다. 세율 인상은 배출량 목표치를 지키지 못하고 있다는 증거이기도 하다. 하지만 이는 동시에 도입단계에서는 낮은 세율로 출발하더라도 세수를 탄소배당으로 지출하면 배출량 감축 목표와 연동하여 세율을 탄력적으로 올릴 수도 있다는 증거이다. 탄소배당 덕택에 스위스는 배출량 감축목표에 맞춰 탄력적으로 탄소세율을 올릴 수 있었던 것이다. 스위스의 탄소세율은 현재 스웨덴 다음으로 높다.

마지막으로 살펴볼 점은 배출권거래제도와 탄소세의 조정 문제이다. 유럽연합의 모든 국가들은 온실가스 배출권 거래제(EU Emissions Trading System: EU ETS)에 참여한다. 탄소세를 도입한 국가들 중에서 스위스와 우크라이나는 EU ETS에 참여하지 않지만 스위스는 자체적으로 배출권거래제를 실시한다. 나머지 14개국은 배출권거래제와 탄소세를 혼용하고 있다. 이중부담을 방지하기 위하여 14개국은 EU ETS 대상기업에 대하여 각종 감세혜택을 준다. 하지만 무상할당에 대해서는 탄소세를 면세하지 않아야 한다. 프랑스처럼 EU ETS 대상기업에 비과세하는 것은 공정하지 못하다.

탄소세는 가격, 배출권거래제는 배출량을 각각 고정시키는 것으로 서로 배타적이지 않으며, 따라서 반드시 어느 하나의 제도만을 택해야 하는 것은 아니다. 이론적으로 배출권거래제와 탄소세가 모두 도입된 국가에서 어느 기업이 무상할당량을 초과하여 탄소를 배출하고자 한다면 배출권거래시장에서 유상으로 배출권을 구매해야 할 것이고, 무상할당량에 대해서는 탄소세를 납부하게 될 것이다. 유상으로 배출권을 구매한 경우에도 탄소세 비과세로 할 수는 없다. 조세특례는 거래가격을 감안하여 탄소세 감면 혜택을 주는 정도에 한정해야 한다.

탄소배당의 이론적 근거

1) 생태적 향유권과 생태환경 공유부에 대한 권리

탄소배당의 이론적 근거를 생태적 기본권이나 생태환경적 공유부에 대한 권리로부터 직접적으로 끌어내는 것에는 다소 문제가 있다. 토지와 마찬가지로 생태환경은 분명히 자연적 공유부이며 현존하는 인류는 깨끗한 공기와 물, 오염되지 않은 토지와 해양에 대한 권리를 가지는 동시에 이와 같은 인간적 삶의 자연적 기초를 다음 세대에게 온전하게 물려줄 의무도 짊어지고 있다. 생태환경적 공유부에 대하여 현존하는 인류 구성원 각각이 보유하는 권리는 깨끗한 공기와 물, 오염되지 않은 토지와 해양에 대한 향유권이며, 여기에서 중요한 점은 이와 같은 권리는 현존하는 인류뿐만 아니라 다음 세대에게도 보장되어야 한다는 점이다. 이는 생태적 권리나 생태적 공유부에 대한 권리 개념을 설정할 수 있더라도 이러한 권리는 현 세대의 인류만의 권리가 아니라 '세대를 포괄하는 권리'(intergenerational rights)라는 뜻이다. 깨끗한 공기와 물, 개발되지 않은 땅은 생태적 가치를 가지며 이와 같은 생태적 가치는 경제적으로도 평가할 수 있다. 생태환경이 희소재가 되면 될수록 경제적 가치도 높아진다. 생태환경적 향유권은 경제적 가치로 환산될 수는 있지만 반드시 현금배당으로 보상되어야 하는 것은 아니다. 오히려 생태환경적 공유부에 대한 권리가 현금배당으로 실현되지 않는 상태야말로 생태적 향유권이 직접적으로 보장되는 상태이며 다음 세대에 대한 의무도 수행되고 있는 상태라고 말할 수 있다. 이와 같은 두 가지 이유에서 탄소배당을 오염권이나 또는 자연적 공유부의 정당한 향유권의 침해에 대한 보상으로서 접근하는 관점은 타당하지 않다. 탄소배당은 일단 생태적 향유권의 현물성에 반하며, 이를 향유권 침해에 대한 현금 보상으로 보더라도 이러한 보상은 현 세대에 의한 다음 세대의 환경권 침해를 전제로 하기에 환경권이 초세대적 권리라는 점에 위배된다.

따라서 탄소배당의 정당성과 근거는 조정적 과세로서 탄소세의 과세 목적에 대한 목적수단 합리성의 차원에서 논하는 것이 더 타당하다. 탄소세는 생태환경 파괴를 방지하기 위한 교정적 조세이며 가격에 반영되는 피구세이다. 탄소배당도 탄소세 과세 목적에 부합할 때에만 유효한 수단이 된다. 탄소배당은 각자가 가진 오염권이나 오염으로 침해된 환경권에 대한 보상이 아니며, 오히려 탄소배당의 현존은 오염자가 제3자의 생태적 후생에 미치는 부정적 외부성(negative externality)을 드러내는 지표이다. 곧 탄소배당액이 줄어들면 들수록 부정적 외부성이 줄어드는 것이라고 말할 수 있다. 탄소배당은 생태적 향유권과 동일하지 않으며 거꾸로 생태적 향유권의 침해라는 부정적 외부성의 상태에서 그럼에도 불구하고 우리 모두가 생태적 향유권을 보유하고 있다는 점을 역설적인 방식으로 드러낼 뿐이다.

따라서 생태적 향유권은 탄소배당의 직접적 근거가 아니라 간접적 보조적 논거가 될 수 있을 뿐이다. 즉, 탄소배당으로 인하여 탄소세를 과세 목적에 맞게 운용할 수 있고 이러한 전체 과정이 생태적 향유권을 보장하는 결과를 낳게 되는 것이다. 여기에서 탄소세는 생태적 향유권을 보장하기 위한 수단이며, 반면에 탄소배당은 탄소세의 지속가능성과 규율능력을 보장하기 위한 이차적 수단으로 이해할 수 있다. 이는 탄소배당을 탄소세와 연동된 정책수단으로 이해해야 한다는 점을 뜻한다. 이 점은 탄소세와 탄소배당 연동 모델을 토지보유세와 토지배당 연동 모델과는 다른 각도에서 접근해야 할 것임을 보여준다. 토지보유세와 토지배당 연동 모델은 모두가 원천적 토지에 대한 권리를 가지고 있으며, 따라서 개발로 토지가치를 증대시킨 토지소유자의 수익 중에서 일부는 토지배당으로 모두에게 되돌려져야 한다는 관점, 다시 말하여 공유부 분배의 관점에 기초할 수 있고, 토지의 투기자산화를 방지하기 위한 조정적 과세의 측면은 이러한 관점과 불가분의 관계에 놓여 있다. 반면에 탄소세와 탄소배당 모델의 경우, 그 권리적 기초를 모든 사람이 보유하는 생태환경에 대한 권리에서 찾더라도 그러한 권리는 지속가능한 사용과 향유에 관한 권리이지 오염권이 아니라는 점에 부딪힌다. 탄소배출량에 대한 과세는 지속가능한 사용과 향유를 촉진하려는 목적을 가지며 배당은 이러한 목적을 가장 유효적절하게 수행하기 위한 수단일 뿐이다. 이는 탄소배당 연동의 타당성은 환경권이 아니라 정책 효과에서 찾아야 함을 뜻한다. 토지보유세나 빅데이터세에 의한 기본소득 모델에서는 공유부 분배원리가 중심일 수 있지만 탄소세와 탄소배당의 연동 모델은 이와 같은 재분배적 기능보다 조정적 기능이 우선적이다.

2) 탄소배당을 통한 '정의로운 전환'

① 자원절감기술의 리바운드 효과

자원 효율성 증대와 생태적 전환은 단선적 인과관계로 설명할 수 없다. 자원 효율성의 개선은 자원소비를 줄여 생태환경에 긍정적인 영향을 끼친다. 하지만 온실가스 감축 기술의 발전이 온실가스 총량을 증대시키는 리바운드 효과(rebound effect)가 생길 수도 있다(Eriksson and Andersson, 2010: 18).[18] 여기에서 기술 발전을 탓한다면 인과관계의 오류다. 기술혁신은 자원 효율성에 기여했지만 생산량이 확대될 계기를 제공했고 결과적으로 더

---

18 리바운드 효과는 제번스의 역설(Jevons paradox)로 불리기도 한다.

많은 생산이 이루어졌을 뿐이다. 문제는 자원을 절감하게 만든 기술혁신이 아니라 더 많은 자원소비를 재촉한 성장주의적 압력이다. 이윤을 목표로 하는 자본주의적 생산에는 자연약탈적 성장주의의 위험이 내재한다. 이 점에서 탄소세와 같은 조정적 조세는 필수적이다. 그런데 리바운드 효과를 억제하려면 탄소배출량 총량 감축 목표의 달성 여부에 연동하여 탄소세율을 인상할 수 있어야 한다. 만약 탄소세의 도입이 저탄소 생산기술을 발전시켰지만 그럼에도 불구하고 탄소배출량이 증가했다면 이미 리바운드 효과가 발생했다는 증거이다. 이러한 상황에서는 탄소세율을 인상하여야 한다. 하지만 탄소세의 역진성 때문에 세율 인상은 쉽지 않다.

② 탄소세의 역진성 해결

생태적으로 지속가능한 경제가 등장하려면 생태적인 기술의 꾸준한 발전이 이루어져야 한다. 기술발전의 방향을 생태 친화적으로 돌리려면 환경파괴적인 산업에 대한 금지가 필요하다. 예컨대 친환경자동차에 대한 보조금을 늘리는 것만으로 미세먼지 증가를 막을 수 없다면 화석연료 자동차 전반에 대한 금지가 필요할 수 있다. 그럼에도 지금 당장 완전히 금지할 수 없는 행위는 과연 어떻게 규율할 것인가의 문제가 남는다. 이 경우 유해물질의 발생량이나 사용량을 감축해 나가는 과정이 필요하다. 총량규제, 과세, 대체기술 지원 등이 그러한 과정을 열어갈 것이다. 이 중에서 탄소세는 당장 금지할 수 없는 생산물에 대해 과세하는 간접적인 규제라고 볼 수 있다. 그런데 탄소세가 리바운드 효과를 억제하는 조정 기능을 가지려면 감축 목표치에 대한 달성 여부를 기준으로 탄소세를 인상할 수도 있어야 한다. 화석연료에 고율의 탄소세를 부과한다면 절감 기술의 지속적인 발전을 강제하고 에너지 저소비 사회로 이끌 수 있다. 하지만 여기에는 명백한 사회적 한계가 따른다. 저소득층과 고소득층의 개인 에너지 소비량의 차이는 다른 종류의 상품소비량에 비교할 때 매우 적은 차이만을 보여준다. 결국 높은 탄소세는 높은 에너지 가격을 감당하기 어려운 저소득층의 에너지 평등권을 침해하는 결과를 낳고 조세저항으로 이어질 수 있다. 단적인 예가 2018년 프랑스를 휩쓸었던 노란조끼 시위이다. 노란조끼 시위는 탄소세 인상계획으로 촉발되었다. 이 문제는 1990년대 독일의 적록연정도 부딪혔던 문제이다. 독일은 이산화탄소 배출량에 부과하는 탄소세 개념을 도입하지 않은 나라이지만 에너지원에 부과되는 환경세제를 가지고 있다. 적록연정은 에너지세 세수의 일부를 연금 부족분 충당으로 돌렸기 때문에 세원의 성격만이 아니라 지출효과마저 역진적이었다. 독일의 연금 제도는 적립식이 아니라 부과식인데 연금 보험료 징수분이 부족하면 고액 연금 수령자에게 지급될 몫부터 삭감하기 때문이다. 결국 저소득층에게 환경세를 거둬 고액 수령자의 연금을 지급한 꼴이 되었다. 이처럼 세입과 세출 전반에 걸친 역진성 때문에 적록연정은 환경세율을 애초의 계획만큼 인상할 수 없었다. 이 글의 도입부에서 소개한 「탄소세 배당에 대한 경제학자들의 성명」은 "탄소세 증가의 공정성과 정치적 지속가능성을 극대화"하기 위해서는 탄소배당이 필수적이라고 말한다.

저소득층의 저항 없이 탄소세를 올리는 간편한 방법은 기본소득의 원리인 '과세와 배당의 결합 원리'(the principle of tax and share)를 탄소세제에 도입하는 것이다. 즉, 탄소세수를 기본소득 방식으로 사회구성원 모두에게 무조건적으로 분배하는 동시에 배출량 감축 목표치를 기준으로 삼아 필요하다면 탄소세를 인상해 가는 것이다. 분배의 개선과 탄소세 부과를 결합시킨 이러한 연동 모델은 저소득층의 에너지 기본권이 보장되는 '정의로운 전환'(Just Transition)의 기초 위에서 탄소세율을 탄력적으로 조정할 수 있도록 해 준다(Schatzschneider, 2014; Barnes, 2008; Ekardt, 2010). 이처럼 탄소세수를 탄소배당 또는 생태보너스(Ecobonus)로 지출하는 방식은 기술혁신을 강제하면서도 리바운드 효과를 방지한다. 탄소세율을 올리면 올릴수록 자원 소비는 줄어들고 유해물질 절감 기술은 더 발전하게 될 것이며, 사회 전체는 에너지 저소비로 전환하게 된다. 탄소배당의 도입은 기술혁신의 전망에 맞추어 탄소세율 인상의 폭을 적절하게 조정할 수 있게 해 준다.

일반적으로 탄소세는 역진성을 보인다. 이에 대한 대응정책으로 완화(mitigation), 보상(compensation), 또는 기존 세제의 개편을 통한 조세체계 전체의 역진성 개선 등을 생각할 수 있다. 물론 이러한 대응에는 각기 고유한 문제점이 뒤따른다. 일단, 저소득층의 부담을 완화하는 감면 방식은 조세행정 비용을 발생시킨다. 또 다른 방식은 저소득층의 사회보장 지출 확대를 통해 저소득층의 세부담을 보상해 주는 것이다. 그런데 탄소세 재원 일부를 저소득층을 위한 복지재원으로 활용하는 방안은 보편적 탄소배당과 비교할 때 배당규모가 적을 수밖에 없기 때문에 탄소세율을 탄력적으로 운용하기에는 분명한 한계가 있다. 이에 반하여 탄소세와 탄소배당의 결합은 탄소세가 오르는 만큼 탄소배당도 많아지기 때문에 세율 인상에 아무런 문제가 없다는 큰 장점을 가진다. 탄소세와 탄소배당의 연동은 저소득층의 에너지 평등권을 보장하면서도 세율조정의 여지를 남긴다. 마지막으로, 기존 세제의 역진성을 개선하는 것은 그 자체로 유의미하지만 탄소세의 역진성에 대한 대응 수단이라고 말할 수는 없다. 오히려 탄소세가 역진성을 가지더라도 탄소배당의 재분배성과 결합되어 신축성 있는 세율 인상이 가능하도록 만드는 것이 생태적 전환에 가장 유리하다. 탄소세와 탄소배당 연동 모델의 조정적 기능은 리바운드 효과가 발생할 경우 언제든지 저소득층의 부담 없이 탄소세율을 올릴 수 있다는 점에서 분명하게 드러난다(금민, 2017; 2020: 8장).

③ 그린뉴딜 재원은 국가재정의 생태적 재편으로

탄소배당은 왜 현물형태가 아닌 현금지급이어야 할까? 답은 간단하다. 현금지급이 효과적인 이유는 저소득층의 에너지절약 가능성도 감안해야 하기 때문이다. 무상에너지 제공이나 현금 제공이나 에너지 평등의 보장에는 똑같은 효과가 있지만, 현물로 제공하면 대개는 그 한도까지는 다 쓰게 된다. 반면에 현금으로 제공하면 에너지 소비를 줄이고 문화적 용도로 사용할 수도 있다.[19] 무상에너지 쿠폰이 아니라 현금으로 지급되는 탄소배당이 에너지 저소비 사회로 이끈다.

또 다른 문제는 그린뉴딜과 탄소세의 관계이다. 이 문제에 답하기 전에 국가 재정으로 친환경 기술을 개발하고 생태적인 공공기업에 조세 감면이나 관급 조달의 혜택을 부여하는 방식이 경제 전체의 생태적 전환에 과연 얼마만큼 효과적인가를 따져볼 필요가 있다.

흔히 '그린뉴딜'이라고 불리는 공공투자 방식은 비용 문제로 인하여 사적 자본이 기피하는 자원 절감 기술에 대한 투자를 국가가 대신하는 것으로 귀착될 수 있다. 그런데 공공투자에 의해 기술개발이 이루어지더라도 문제는 여전히 남는다. 탄소세율이 높지 않다면, 즉 종래의 기술이 비용 면에서 여전히 저렴하다면 생태적 신기술이 사적 경제영역으로 파급되는 과

---

19 현물 형태로 무상 제공할 것인가 또는 현금기본소득을 줄 것인가는 어떤 한 방식이 무조건 좋은 것이 아니라 서비스나 재화의 성격에 따라 달라진다. 예컨대 교육이나 의료처럼 넓은 층이 많이 소비하도록 강제할 경우에 공익이 증대하는 가치재(merit goods)는 현물 공공서비스로 무상 제공하는 것이 좋다. 현금을 지급하고 대학 등록금으로 쓰든지 다른 용도로 쓰든지 알아서 하라는 것보다 대학 교육의 무상화가 더 낫다. 하지만 에너지의 경우라면 더 많이 사용하면 사용할수록 공익이 증대하는 것이 아니라 골고루 절약하는 것이 공익에 부합하기 때문에 정반대의 경우라고 볼 수 있다. 에너지 저소비 사회로 나아가려면 일정량의 에너지를 무상으로 나눠 주는 것보다 기본적 에너지 필요를 충당할 수 있는 생태보너스를 현금으로 주는 것이 유리하다.

정은 느리게 진행될 수밖에 없다.[20] 생태 친화적 기술은 개발만이 문제가 아니라 확산도 중요하다. 확산을 위해서는 명확한 탄소가격 시그널이 작동해야 하며 이를 통해 재생에너지 시장이 창출되어야 한다. 결국 '그린 뉴딜'이 효과적이려면 탄소세를 도입하고 탄소세율 인상과 함께 종래의 생산방식의 가격을 올려야만 한다. 그럴 경우에만 사기업들에게 친환경적 기술의 수용을 강제할 수 있고 나아가 친환경적 기술개발에 나서도록 강제할 수 있다. 앞서 강조했듯이, 탄소배당을 통해 저소득층의 에너지 향유권을 보장해 줄 경우에만 탄소세율 인상이 마찰 없이 진행될 수 있다. 결론적으로, 그린뉴딜을 위해서도 탄소배당과 연동된 탄소세가 필수적이다.

그렇다면 탄소세수를 에너지 전환 기금으로 사용하는 방안은 합목적적이지 않다는 것도 쉽게 이해된다. 에너지 전환의 재원을 탄소세수로 충당하려고 할 때 탄소세는 역진적이기 때문에 높은 세율을 부과할 수 없고 탄소세의 교정능력은 떨어지게 된다. 탄소세수는 탄소배당에 사용하고 '그린뉴딜'의 재원은 탄소세 세수를 제외한 일반 재정에서 충당한다면 탄소세율을 감축목표치에 맞추어 상향 운용할 수 있다. 탄소세는 탄소배당과 연동하고, 그 대신에 그린뉴딜의 재원은 토건예산 삭감 등 재정지출의 재구성과 탄소세 이외의 조세를 그린뉴딜에 돌리는 방식으로 마련하는 것이 국가재정 전체의 생태적 재편이라는 취지에 맞다. '그린뉴딜'의 재원을 탄소세 세수 이외의 일반 조세에서 마련하는 것은 재정지출에서의 더 많은 생태주의를 뜻하게 될 것이기 때문이다.

---

20 자연 재생에너지 중심 체제로의 전환은 지역 분산적인 에너지 체제로의 전환을 뜻하며, 이는 분권적인 소유 형태를 필요로 한다는 점에서 국가 주도 방식의 또 다른 문제점이 발견된다. 거대 에너지 자본에 대한 아래로부터의 통제, 지역 에너지의 분권적인 소유 형태, 아래로부터의 참여에 의해 만들어지는 국가 에너지 계획 등이 유기적으로 결합되어야만 한다.

한국의 탄소세 탄소배당 연동 모델 검토

최초의 탄소세 탄소배당 연동 모델은 정원호·이상준·강남훈(2016, 114~115)에서 간략한 형태로 제시된다.[21] 이 연구는 기본소득을 재원에 따라 시민배당, 환경배당, 토지배당으로 나누고, 그중 환경배당은 기존의 환경 관련 세제와 별도로 GDP의 약 2%를 과세하여 조성한다. 즉, 2015년에 교통·에너지·환경세 수납액은 약 14.1조원(국회예산정책처, 2016: 표 1-14)으로 GDP의 약 1% 정도인데, 이와 별도로 2015년 기준으로 GDP의 약 2%에 달하는 30조 원을 환경배당 재원으로 조성한다는 것이다. 재원은 환경세로서 탄소 배출원인 화석연료의 사용에 부과하는 '탄소세'와 원자력발전 억제를 위한 '원자력안전세'로 구분된다. 저자들은 원자력 위험이 커지고 있는 만큼 후자를 전자보다 높게 할 필요가 있다고 말하는 한편, 과세 방식은 부가가치세 방식으로 부과할 수도 있고 오염 원천에 부과할 수도 있다고 열어둔다. 환경세로 조달한 연간 30조 원은 1인당 월 5만 원씩 환경배당으로 지급된다.

이 모델은 기존의 에너지세와 별도로 오직 탄소배당만을 위한 탄소배당기여금(contributions)을 걷는 것이라고도 볼 수 있다. 토지, 지식, 네트워크, 금융 등과 마찬가지로 생태·환경은 사회구성원 모두의 공유부라는 점에서 생태부담에 대한 과세와 배당을 연동하는 모델은 공유부 분배정의에 합당하다. 하지만 이 연구는 부정적 외부성의 억제라는 탄소세의 과세 목적에 관해서는 큰 주의를 기울이지 않았다. 이 연구의 의의이자 특징은 재정지출 목표와 관련된 이중적인 설계와 관련된다. 즉, 저자들은 교통·에너

---

21 이보다 앞선 연구로는 '교통부문의 세금환급 중심의 탄소세'를 제안한 한국교통연구원 (장원재 외 2010)의 연구를 들 수 있다.

지·환경세수를 배당재원으로 삼지 않았다. 기존의 환경세수는 녹색전환기금으로 사용하고, 이와 별도로 100% 배당되는 탄소세와 원자력안전세를 신설한 것이다. 기존의 환경 관련 세수가 생태적 전환의 기술적 토대를 구축하기 위해 지출되는 반면에, 새로 도입되는 탄소세와 원자력안전세는 저소득층의 에너지 향유권을 보장하는 동시에 환경친화적 기술혁신을 강제하고 리바운드 효과를 억제하는 생태적 조정 기능을 담당한다. 물론 원자력안전세수를 에너지 전환 기금에 사용하지 않고 배당재원으로 돌린 것이 과연 과세 목적에 걸맞은지에 대해서는 의문의 여지가 있다. 아마도 그 이유는 교통·에너지·환경세수를 에너지 전환을 위해 사용한다고 했기 때문일 것이다. 하지만 원자력안전세수는 과세 목적에 맞게 에너지 전환 재원으로 사용하고 탄소세와 과세 대상이 겹치는 교통·에너지·환경세는 폐지하는 것이 합목적적이다.

정원호·이상준·강남훈(2016)의 연구가 탄소배당으로 제시한 1인당 월 5만 원은 결코 적지 않은 금액으로 저소득층의 에너지 사용을 보장해 줄 수 있는 크기로 보인다.[22] 이 점에서 이 모델은 이미 생계수준 에너지배당을 상회하는 높은 수준의 탄소배당 모델이라고도 말할 수 있다. 이 모델이 도입된다면 누구나 생계에 충분한 에너지 향유권을 누리게 되며 사회와 경제 전체에 대해서는 생태친화적 기술발전이 강제된다. 아쉬운 점은 이 모델에서 새로 도입하려는 탄소세의 세율은 탄소배출 감축 목표치와 연동되어 탄력적으로 운용된다는 점이 명확하게 제시되지 않았다는 점이다.

그레타 툰베리(Greta Tunberg)의 활동으로 기후위기에 대한 대중적 경

---

22 전기 사용량과 지출액을 비교해 보면 1인당 월 5만 원이 어느 정도 크기인지를 알 수 있다(임소영, 2013). 참고로, 2012년 통계청 가계동향조사에 따르면 가구당 월 평균 전기요금 지출은 46,721원으로 10만 8천 원인 연료비 지출의 약 43%를 차지했다(정윤경, 박광수, 2013: 〈표 3-2〉, 〈표 3-3〉).

〈표 4-14〉 소득분위별 전기 사용량 및 전기 지출액

소득분위	가구수	가구소득 (천원)	가구당 전기 사용량 (kWh/월)	1인당 전기 사용량 (kWh/월)	가구당 전기 사용량 비중(%)	전기 지출액 (원/월)	소득 대비 전기지출액 비중(%)
1분위	1,051	469	231	165	7.5	29,730	6.3
2분위	1,050	1,086	264	156	8.5	36,159	3.3
3분위	1,051	1,670	281	141	9.1	39,438	2.4
4분위	1,050	2,207	292	124	9.5	41,478	1.9
5분위	1,050	2,733	308	116	10.0	45,079	1.6
6분위	1,051	3,245	322	112	10.5	48,012	1.5
7분위	1,050	3,804	329	109	10.7	49,789	1.3
8분위	1,051	4,479	337	106	10.9	51,556	1.2
9분위	1,050	5,469	348	108	11.3	55,131	1.0
10분위	1,050	8,305	372	115	12.0	60,694	0.7
합계/평균	10,504	3,346	308	125	100.0	45,705	1.4

주) 「2011 가계동향조사」 연간자료를 이용하여 임소영이 직접 계산.

자료: 임소영(2013: 표 3)

각심이 늘어난 2019년도 한국의 기본소득당은 이산화탄소 배출량 1톤당 10만 원의 탄소세를 부과하고 무조건적, 보편적, 개별적으로 배당하자고 제안했다(용혜인, 2019). 물론 이산화탄소 배출량 1톤당 부과하는 탄소세 액수가 높으면 높을수록 탄소세의 조정기능은 강화된다. 그런데 탄소세율은 무조건 높다고 좋은 것이 아니라 실제적인 배출량 및 감축성과에 연동되어 필요한 만큼 높아야 한다. 배출량 1톤 당 10만 원이라는 기준은 2030년까지 장기적 감축 목표를 평균으로 계산한 것인데, 이와 같은 세율은 스위스의 탄소세율보다 약간 낮은 수준이다. 스위스의 탄소배출량 감축효과가 그대로 나타난다고 가정하면 10년 후인 2030년까지 탄소배출량 30% 감축이 가능한 세율이다. 하지만 이보다 낮은 세율에서 출발하여 단계적으로

<표 4-15> 소득분위별 가구원 수별 전기 사용량

(단위: kWh/월)

소득분위	가구원 수							
	1	2	3	4	5	6	7	8
1	199	266	319	292	328	488	n.a.	n.a.
2	208	279	296	331	420	n.a.	n.a.	n.a.
3	206	282	301	319	378	270	392	n.a.
4	204	287	308	306	345	349	n.a.	n.a.
5	214	294	312	331	342	338	357	n.a.
6	222	315	327	333	335	377	419	n.a.
7	268	311	329	337	357	426	384	n.a.
8	240	303	333	351	360	357	361	n.a.
9	188	306	347	365	369	449	452	410
10	258	358	380	383	409	408	601	n.a.
평균	207	293	347	347	366	398	459	410

주) ① 「2011 가계동향조사」 연간자료를 이용하여 임소영이 직접 계산. ②가중치를 적용하여 평균함. ③n.a.는 관측치 없음으로 인해 계산이 불가함을 의미함.

자료: 임소영(2013: 표 4)

세율을 높여나가 몇 년 후에는 1톤당 10만 원을 상회하는 세율을 도달하도록 설계할 수도 있다.

탄소세 탄소배당 연동 모델: 과세안 설계, 세수규모, 기존 제도와의 관계, 경제적 효과

1) 탄소세 설계의 원칙

① 과세 대상과 과세 표준

에너지 관련 조세와 비교할 때 탄소세의 장점은 과세 대상과 범위가 넓어질 수 있다는 점이다. 탄소세는 온실가스를 배출하는 모든 종류의 에너지원으로 과세 범위와 대상이 확장될 수 있으며, 나아가 생산과정뿐만 아니라 유통과 소비과정에서 발생하는 온실가스 배출량에 대해서도 과세할 수 있다. 탄소세의 과세표준은 이산화탄소 환산톤(Carbon dioxide equivalent: CO2e)이다. 환산톤이란 온실가스 종류별 지구온난화 기여도를 지구온난화 지수(GWP, Global Warming Potential)에 따라 이산화탄소 배출량 수치로 표현한 것으로서, 곧 6개 온실가스(이산화탄소, 메탄, 아산화질소, 수소불화탄소, 과불화탄소, 육불화황)의 배출총량을 이산화탄소 배출량으로 환산한 것이다.

탄소세의 납세의무자는 화석연료를 소모하여 자연환경에 이산화탄소를 방출하는 모든 기업과 개인이다. 과세 대상을 경제행위의 전 과정으로 넓히고 납세의무자를 광범위하게 설정하는 것은 탄소세의 과세 목적에 적합하다. 과세 대상의 축소는 오직 과세비용이 과도하게 발생하는 경우에 한해서만 허용되어야 한다.

② 과세 방식과 가격에 미치는 영향

우선 생산단계에 과세하는 방식과 소비단계에 과세하는 방식을 구별할 수 있다. 선택은 탄소세의 주요 목적인 탄소배출량 감축 효과와 세금 징수의 편의성을 모두 고려해서 이루어져야 한다. 생산단계에서 부과할 경우에 직접적인 납세의무자는 탄소를 함유하고 있는 에너지를 생산, 정제, 가공하는 자가 될 것이다. 생산단계에서 과세할 경우에도 에너지원별 차등을 두지 않고 이산화탄소 환산톤당 정액 과세해야 일부 연료에 대한 과세 누락이나 이중과세를 방지할 수 있다(Amy C. Christian, 1992: 237). 생산단계에 과세하는 경우에는 납세의무자의 숫자가 적어 부과·징수·관리가 용이하지만 납세의무자가 적은 만큼 이산화탄소 감축 효과는 상대적으로 약하다. 이에 반해 소비단계에서 과세하면 직접적인 납세자는 에너지의 최종소비자가 되고 납세의무자는 최종소비 이전의 모든 단계에서 이산화탄소를 배출한 자로 넓어진다. 소비단계에서의 과세는 구매 가격에 탄소세가 덧붙여지는 형태를 취하기 때문에 소비자의 에너지 소비를 억제시키고 이산화탄소 감축 효과를 극대화시킬 수 있다. 그러나 소비단계에서 과세하면 납세의무자 수가 많아지고 그 분포가 광범위하여 세금의 부과·징수·관리가 어려운 문제점이 발생한다는 비판이 등장한다(김홍균, 2014: 137). 만약 탄소라벨링 제도를 적절히 활용하고 부가가치세 방식으로 최종소비 단계에서 세금을 가격에 반영시킨다면 이러한 문제는 사라진다. 탄소라벨링 제도는 생산, 유통, 소비, 재처리의 전 과정에 걸친 탄소배출량을 추정할 수 있고 경제활동 전반에 걸친 저탄소 체제를 수립할 수 있다.

세계지속가능발전기업협의회(WBCSD)와 세계자원연구소(WRI)에서 발표한 '온실가스 프로토콜'(GHG Protocol)은 탄소배출원을 분류하고 있다. 탄소배출원은 관리주체에 따라 사업장에서 관리가 가능한 발생원에서 배출한 온실가스(영역 1: 직접배출원), 사업장에서는 연료사용량의 조절에 따라 배출량 관리가 가능하지만 직접적으로 배출원 관리는 불가능한 영역 2(간접배출원), 영역1과 2를 제외한 사업장에서 직접적으로 관리와 통제가 되지 않는 기타 간접배출(영역 3)로 분류된다. 또는 목적에 따라서 사업장에서의 탄소발자국, 가정 및 상업부문에서의 탄소발자국, 제품의 전 과정에서의 탄소발자국으로 분류된다. 전 과정 평가를 활용한 탄소배출량(또는 탄소발자국) 계산을 할 수 있는데, 전 과정 평가란 제품의 원료를 자연에서 채취하고 가공하여 제품을 제조하고, 사용 및 폐기하는 전 과정에서 발생 가능한 환경영향을 사전에 예측하는 방법으로서 국제표준화기구(ISO)에서는 ISO 14040 및 ISO 14044로 표준화되어 국제적으로 동일한 절차와 요건에 따라 활용된다(ISO 2004; 2006). 제품에 대한 탄소발자국을 전 과정 평가의 방법론에 따라 계산하는 산식은 다음과 같다.

$$PCF = \sum_{i=1}^{n}(A_i \times EF_i)$$

PCF= 제품의 탄소발자국,   A: 배출원별 활동량

EF: 탄소배출계수,   i: 온실가스 배출원

　여기에서 배출원별 활동량이란 영역 1(직접배출원)의 경우 연료 연소나 공정 중 배출량, 냉매 방출량 등을 합산하며, 영역 2(간접배출원)에서는 전기나 스팀 사용량, 영역 3(기타 간접배출)에서는 원료 및 보조원료 생산, 수송 및 유통, 폐수 및 폐기물 데이터를 합산한다(김익, 2010).

　생산단계에 부과하는 방식과 전 과정에 부과하는 방식은 최종소비자 가격에 세부담이 전가된다는 점에서는 큰 차이가 없다. 생산단계에 탄소세를 부과할 때 석유제품에 대한 탄소세 납세의무자는 유류 제조업자나 판매업자이지만 세금은 유류가격을 통하여 최종적으로 소비자에게 전가된다. 전 과정 배출량 평가에 근거하여 최종소비에 부과하는 방식은 탄소세가 많이 부과된 제품과 적게 부과된 제품의 가격 차이를 낳으며, 소비자는 어떤 제품이 얼마만큼 이산화탄소를 배출했는지를 알 수 있으며, 결과적으로 소비자 선호와 가격신호에 의해 저탄소 경제로 이행하는 데 도움이 된다.

　어떤 방식을 택하든지 탄소세는 가격에 반영된다. 에너지의 경우에는 탄소세는 100% 가격에 반영되어 화석에너지 기초가격을 형성한다. 기타 제품의 경우에는 화석에너지 사용에 의한 배출량에 따라 차등적으로 가격에 반영되지만 이 비율이 배출량에 비례적이라는 원칙은 달라지지 않는다. 생산단계에 탄소세를 부과하는 경우에 가격 경쟁으로 인하여 세부담의 일부를 생산자가 부담하여 가격에 적게 반영되도록 할 수도 있다. 하지만 전 과정에 부과하고 최종소비자를 납세자로 하는 경우에는 이와 같은 현상은 나타날 수 없으며 가격 경쟁은 생산자에게 저탄소 생산을 강제하여 세부담

을 줄이도록 만들 뿐이다.[23]

③ 세율 결정: 탄소세 적정세율과 도입세율

세계은행의 '탄소가격에 관한 고위급 위원회 보고서'(High-Level Commission on Carbon Prices, 2017)는 다른 정책을 추진하지 않는다는 가정 하에 파리 기후협정의 합의대로 지구온도 상승을 2℃ 이내로 억제하려는 목표가 달성되려면 톤당 탄소가격을 2020년 40~80달러, 2030년에는 50~100달러가 되어야 한다고 추정했다.

2014년 IMF는 세계 상위 20개의 고배출국가의 탄소 배출량과 환경오염으로 인한 사회경제적 비용을 감안하여 효율적인 탄소가격을 산정했는데, 2010년 기준으로 중국은 톤당 63달러, 나머지 국가는 평균 톤당 57.5달러를 적정 탄소가격으로 책정했다(IMF, 2014). 2019년 IMF는 탄소세 과세를 기후위기에 대처하는 가장 효과적인 정책수단으로 규정하고 톤당 25달러, 50달러, 75달러의 3가지 탄소세율을 적용하여 상위 20개 고배출 국가별로 파리기후협정에서 약속한 배출량 감축 목표치 달성 효과를 측정하였다. 이에 따르면 한국은 톤당 최고가격인 75달러를 적용해도 2030년 전망치(BAU) 기준 37% 감축 목표를 달성하지 못할 것으로 추정된다(IMF 2019: 7).

따라서 한국이 감축 목표치를 달성하려면 세계은행 고위급 위원회 보고서에서 제안한 높은 수준의 탄소세율이 필요하다. 그러나 도입단계의 탄소세율이 반드시 이 수준일 필요는 없다. 탄소배당과 연동된 탄소세는 세율의 탄력적 운용이 가능하기 때문이다. 이는 2008년 도입 당시에 톤당 12 스위스 프랑이라는 낮은 세율에서 출발하여 2020년까지 세율을 7배 이상

---

23 조향숙(2017)은 로그 평균 디비지아 지수(Log Mean Divisia Index, LMDI)를 이용하여 분석한 결과, OECD 7개 국가의 총 CO2 배출량 감소에 가장 큰 기여요인은 에너지 집약도 효과와 탄소세 정책 효과라고 말한다.

올려간 스위스의 사례가 잘 보여주고 있다. 탄소세는 제품 가격에 영향을 미쳐 탄소배출량을 조정할 수 있을 뿐이지 배출량 거래제처럼 배출총량을 미리 확정하는 방식은 아니다. 결국 탄소세율을 배출량 감축목표치와 연동한다는 것은 전년도 세율에 따른 감축목표치의 달성 여부를 기준으로 올해 세율을 탄력적으로 결정한다는 뜻이다. 세율은 탄소배출량 목표치와의 명확한 정량적 인과관계에 의해 사전에 결정될 수 없고 실제 일어난 감축효과와 연동하여 사후적으로 결정된다. 도입 단계의 세율은 낮을 수도 있으며 탄소배당과의 연동에 의해 역진성이 없다는 점을 국민들이 체감하게 되면 단계적으로 세율을 올릴 수 있다. 만약 감축량 목표가 초과 달성되면 세율을 인하할 수 있다. 탄소세는 탄소배당을 위한 재원 마련이라는 성격이 일차적 목적이 아니며 탄소배출량 감축이 일차적 목표이기 때문이다.

④ 기존 제도와의 조정

한국의 대표적인 환경세제는 '교통·에너지·환경세'이다. 하지만 탄소세와 비교할 때 과세 기반이 협소하며 지출도 대부분 도로건설 등에 쓰인다는 문제점이 있다. 정원호·이상준·강남훈(2016)은 '교통·에너지·환경세'를 녹색전환기금에만 쓰자고 제안하고 이와 별도로 탄소세는 탄소배당 재원으로 쓴다고 설계한다. 이런 방식으로 용처를 다시 정해 지출구조를 개편하는 것도 좋지만 아예 없애는 것도 한 방법이다. '교통·에너지·환경세'의 폐지는 일부 에너지원에 대한 이중과세를 방지하며 환경세제를 탄소세 중심으로 재편성하는 방법이다.

한국에도 '온실가스 배출권의 할당 및 거래에 관한 법률'(법률 제14839호)에 따라 배출권거래제도가 도입되어 있다. 배출권거래제와 탄소세는 혼용하는 것이 배출량 감축에 효과적이다. 다만 무상배출량에 대해서는 반드시 탄소세를 부과하도록 하며, 유상배출량에 대해서는 CO2e 톤당 실제 거래가격이 탄소세 부담액보다 높을 경우에만 차액을 감면해 줄 필요가 있다. 이런 방식을 채택하게 되면 CO2e 톤당 세부담 수준은 거래가격의 하한을 결정하게 된다. 배출권거래제는 배출 상한을 설정한다는 데 의의가 있기 때문에 갑자기 생산이 증대한 기업의 경우에는 배출권을 구매해야 하며 실 거래가격은 탄소세 부담액보다 높을 수 있다. 이러한 과정 전체는 배출량 감축에 시너지 효과를 낸다.

⑤ 핵발전위험세 신설의 필요성

발전에 부과되는 탄소세는 에너지원의 탄소배출량에 따라 달라질 수밖에 없고 발전단가에 반영되어 가격 변화를 야기한다. 2017년 '7차 에너지 기본 계획'에 따르면 핵발전의 단가는 1kwh당 49.6원으로 책정되어있다. 신재생에너지, 화석연료, 천연가스 등의 발전단가대비 30%~60% 정도가 저렴한 비용이다. 물론 이러한 발전단가 결정은 상당히 왜곡되어 있다. 우선 핵발전용 우라늄에 대한 수입 관세, 개별소비세, 수입 부담금 등이 매겨지지 않았고, 우라늄에 대한 세제 혜택도 다른 발전연료와 비교하여 더 많이 주어진 상태이다. 게다가 핵발전이 동반하는 사고에 대한 위험부담 비용은 아예 산정되지 않았다. 핵발전이 동반하는 다양한 사고위험과 비용을 따지면 발전원가는 현재 49.6원에서 최대 143원까지 높아질 수 있다. 2011년 후쿠시마 핵발전 사고에 대한 피해비용은 약 85조 원이었고, 현재 한국에 있는 핵발전소 규모와 그 주변의 인구밀도를 후쿠시마 핵발전소 사고와 대비하여 총 사고비용을 계산하면 최대 343조 원으로 책정된다. 이를 반영하여 사고위험비용을 계산하면 1kwh당 59.8원으로 나온다.

그런데 발전단가를 이렇게 재산정한다고 해도 여전히 남는 문제가 있다. 재산정된 발전단가는 에너지 가격에 표시되지 않는다는 문제이다. 핵발전에 탄소세를 부과한다고 해도 세수는 미미한 반면에 다른 에너지원에

〈표 4-16〉 발전설비별 원가

구분	비용(원/kwh)		
	핵발전	석탄	LNG
발전원가	49.6	62.4	119.6
과세 대기오염 비용	19.1	23.5	1.6
지중화 비용	16.2	16.2	0
사고위험비용	12.3~59.8	0	0
원가재산정	95~143	88~102	92~121

자료: 조영탁 한밭대교수 2014.3 '발전설비별 원가 재산정 시나리오'

〈표 4-17〉 발전설비별 원가

		총 사고비용 (조 원)	사고위험 비용 (원/kwh)	연간추가 비용 (억 원)
2013년 기준 사고위험 비용 (정부기준)			0.03	42
에너지기본계획 워킹그룹 참고자료	상호부조법 (행정구역기준)	136	23.7	32,850
	상호부조법 (GIS24[24] 기준)	343	59.8	82,951

자료: 국회 예산정책처 (2014. 3) – 2차 에너지 기본계획 민관워킹그룹 제출자료

의한 발전에는 탄소세가 훨씬 많이 부과될 것이라는 점이다. 결국 탄소세가 핵발전을 촉진할 수 있다는 가능성이 생기게 된다. 핵발전 위험부담을 반영하여 발전단가를 에너지 가격에 반영되도록 하려면 핵발전위험세를 부과하여야 한다. 핵발전위험세는 탄소세로 규율할 수 없는 핵발전에 과세함으로써 발전단가 차액을 상쇄한다.

---

24 지리정보시스템(GIS)은 지리공간적으로 참조가능한 모든 형태의 정보를 효과적으로 수집, 저장, 갱신, 조정, 분석, 표현할 수 있도록 설계된 컴퓨터의 하드웨어와 소프트웨어 및 지리적 자료, 인적자원의 통합체이다.

탄소세 신설은 발전단가 균형을 위해 핵발전위험세 도입을 필수적이게 만든다. 그렇지 않다면 핵발전 비중이 높아지는 결과가 나올 수 있기 때문이다. 핵발전위험세는 재생에너지의 발전단가보다 핵발전 단가를 높여 단계적 탈핵을 유도하기 위한 조정적 조세이다. 따라서 핵발전위험세수는 탄소배당 재원으로 활용하는 것보다 에너지 전환의 재원으로 사용하는 것이 타당하다. 핵발전위험세의 신설로 이미 발전단가의 균형이라는 목적은 달성된다고 볼 수 있고, 오히려 세수는 핵발전소 폐쇄와 핵연료재처리 비용, 생태적 교통, 에너지전환을 위한 기금으로 사용하는 것이 과세 목적에 맞는 바람직한 방법이다.

⑥ 탄소국경조정 시스템

탄소세가 도입된 상태에서 국내 시장 보호를 위해서는 탄소국경세를 부과할 필요가 있다. 탄소국경세는 수입국의 탄소세율을 비교하여 부과한다. 수입국에 탄소세가 도입되어 있지 않다면 국내 탄소세만큼 탄소국경세를 부과한다. 수출의 경우에는 부가가치세 환급제도가 이미 도입되어 있다. 이 제도를 활용하여 생산제조업자나 가공업자가 수출용 원료를 수입했을 때 납부했거나 납부할 탄소세를 수출 이후에 되돌려 줄 수 있다. 부가가치세 방식으로 탄소세를 걷을 경우 탄소세 환급도 훨씬 더 간명하다.

⑦ 이중배당 가설과 탄소배당

탄소세는 생태환경의 질적 향상을 가져오는 효과를 낳는다. 이를 제1배당이라고 부르자. 그런데 만약 탄소세수를 고용 및 복지 증대를 위해 지출한다면 제2배당 효과도 있다는 것이 이중배당(double dividend) 가설이다 (Harper, 2007: 430). 그런데 저소득층의 에너지 평등권을 보장해 주는 탄소배당도 이중배당의 일종으로 볼 수 있다. 게다가 고용증대를 촉진하기 위하여 기업의 사회보험부담금 감면 등에 탄소세 재원을 활용하는 것보다 무조건적, 보편적, 개별적 탄소배당이 더 효과적일 수 있다. 고용증대에 탄소세 재원을 전용하는 것은 노동집약적 산업에 유리하다. 그런데 노동집약적 산업의 중흥이 아니라 기술집약적이고 자원절감적 산업구조로 재편성하여 탄소배출량을 감축하는 것이 탄소세의 과세 목적에 부합된다. 기업의 사회보험부담을 감면해 주는 대신에 탄소배당으로 분배하면 생태에너지 개발과 자원절감형 기술혁신이 촉진될 것이다. 탄소세수를 기존의 복지지출을 늘리기 위해 활용하는 것이 효과적인지는 면밀히 따져보아야 한다. 복지지출이 탄소세수에 의해 증가하더라도 탄소세의 역진성을 줄이거나 없애는 기능을 할 뿐이며 누진소득세와 같은 다른 재원에서 복지예산을 마련하는 것과 비교할 때 소득분배 개선효과는 크지 않다는 점에 유의할 필요가 있다. 탄소세 역진성의 제거와 구매력 유지를 위해서는 탄소세수를 탄소배당으로 지출하는 것이 가장 간단한 방법이다. 탄소배당은 조정과세로서 탄소세의 취지에 부합하며 세율조정을 훨씬 간편하게 만든다.

이중배당 가설에 대한 판단은 크게 보면 기본소득과 기존 복지제도의 재분배 효과에 대한 판단과도 관련된 문제이다.[25] 하지만 구체적인 재분배 효과 분석 이전에도 탄소배당과 연동된 탄소세 모델이 기존의 복지지출에 탄소세를 사용하는 모델보다 세율의 탄력적인 운용에 있어서 훨씬 더 효과적이라는 점에 주목할 필요가 있다. 탄소세는 가격에 반영되며, 세율을 올리면 에너지를 포함한 상품가격이 올라간다. 탄소세수를 무조건적, 보편적, 개별적으로 배당하는 방식이 가격상승에도 불구하고 구매력이 유지될 수 있도록 한다. 반면에 탄소세에 의해 강화된 가격 시그널은 탄소세 부담이 적은 저탄소 제품의 판매를 촉진하며 생태적 전환에 기여한다. 아울러

---

25 기본소득의 재분배효과에 관해서는 개괄적으로 강남훈(2017)을 참조하라.

탄소세율이 높아지면 에너지 가격상승으로 인한 추가적인 부담보다 저소득층의 탄소배당액수가 훨씬 많아지게 된다. 따라서 탄소세수를 재정수지에 대해 중립적인 방식으로 전액 탄소배당으로 지출할 경우에도 이중배당 가설은 충족된다.

2) 모델 설계

① 적정세율 모델: 노르웨이 수준의 탄소세율(모델1)

a) 세율: 2020년을 기준으로 10년 후인 2030년까지 탄소배출량 30% 감축을 목표로 정하고 탄소세를 일찍 도입한 유럽 국가들의 배출량 감축효과가 대체적으로 그대로 나타난다고 가정한다.[26] 특히 탄소배당과 연동하여 난방연료에 부과하는 스위스의 탄소세 효과가 전 영역에서 대체적으로 나타날 것이라고 가정한다. 이러한 가정 하에 도입 단계에서는 CO_2e 1톤당 7만 6,000원에서 출발한다. 스위스의 2019년 현재 탄소세율은 CO_2e 톤당 83.17유로로 10만 6,871원이다. 7만 6,000원은 노르웨이의 탄소세율인 CO_2e 톤당 52유로보다 약간 높은 세율이다. 이는 세계은행 보고서(2017)가 계산한 한국의 적정 탄소세율인 CO_2e 톤당 57.5달러와 비슷하지만 IMF(2019)가 계산한 적정세율 75달러에는 미달하는 수준이다.

    b) 과세표준은 CO_2e 환산톤이며, 전 과정 계산으로 최종소비 단계에

---

26 2016년 12월 박근혜정부는 기본법에 의거하여 제1차 기후변화대응 기본계획과 2030 온실가스 감축 로드맵을 발표했다. 이에 따르면 2030년 배출전망치 851백만톤 대비 37% 감축이 국가 온실가스 감축목표로 설정된다. 이는 과거의 특정 시점(EU의 경우 1990와 2005)을 기준으로 정하고 감축 목표를 설정하는 선진국들과 다른 방식이다. 우리나라처럼 목표 연도 전망치(business as usual)를 기준으로 삼는 경우 배출량의 절대적 감소가 아니라 배출량 증가 속도 완화 및 관리가 온실가스 감축 목표가 되어 버린다. 따라서 2020년 탄소배출량을 기준으로 삼고 2030년까지 30% 감축하는 로드맵을 짤 필요가 있다.

서 제품별 환산톤에 부과한다.

c) 2017년 한국의 농업분야 탄소배출량과 임업분야(Land-Use, Land Use Change and Forestry, LULUCF) 탄소배출량을 뺀 총배출량(CO2e)은 7억 9백만 톤이다.[27] CO2e 톤당 7만 6천원을 과세할 때 탄소세 세수규모는 대략 60조 원이다. 전 과정 계산에 의해 부과하기 때문에 총배출량에 탄소세율을 곱한 값이 그대로 세수규모와 일치할 것이다. 전액을 탄소배당 재원으로 활용하면 1인당 월 10만원의 탄소배당을 지급할 수 있다. 그런데 세수규모는 세율뿐만 아니라 과세범위에 의해서도 달라진다. 즉 〈세수 = 과세범위 배출량 × 세율〉이다. 여기에서는 전 과정 부과를 원칙으로 계산했지만, 예를 들어 과세범위를 발전산업에만 한정한다면 같은 세율이더라도 과세범위 배출량이 2017년 기준으로 총배출량에서 발전 분야가 차지하는 비중인 44.0%(환경부, 2019)로 줄어들기 때문에 세수도 전 과정 부과시 세수의 44.0%에 지나지 않게 된다.

d) 기존 제도와의 조정이 필요하다. 탄소세는 배출권거래제와 병용하며 유상배출량 중 탄소세율보다 높은 부분에 대해서만 차액을 면제하고, '교통·에너지·환경세'는 폐지하여 탄소세로 단일화하며, 대신 핵발전위험세를 신설한다.

e) 핵발전위험세는 핵발전 1kwh당 핵발전위험세 59.8원을 과세한다. 여기에서 59.8원은 핵발전의 위험비용에 해당된다. 2019년 한국의 핵발전 총량은 145.910Gwh인데,[28] 여기에 1kwh당 핵발전위험세 59.8원을 과세하

---

27 총배출량은 농업분야 배출량과 임업분야(Land-Use, Land Use Change and Forestry, LULUCF) 배출량을 뺀 나머지를 합산한 값이다: e-나라지표, 「국가 온실가스 배출현황」, http://www.index.go.kr/potal/main/EachDtlPageDetail.do?idx_cd=1464.

28 「에너지원별 발전량 현황」, e-나라지표, http://www.index.go.kr/potal/main/ achDtlPageDetail.do?idx_cd=1339. 출처는 국가통계포털(KOSIS)-한국전력통계 2019년 원자력부문. 1Gwh는 1,000,000kwh에 해당한다.

면 약 8조 7천억 원의 재원이 형성된다. 핵발전위험세의 세수는 전액 핵발전소 폐쇄와 생태적 교통, 에너지전환을 위한 기금으로 사용되므로 탄소배당 재원이 아니다. 핵발전위험세는 탄소세와 별도의 조세이다.

f) 2017년 한국의 분야별 온실가스 배출비중은 에너지 86.8%, 산업공정 7.9%, 농업 2.9%, 폐기물 2.4% 순이다(환경부, 2019).[29] 에너지 분야는 총배출량의 86.8%인 6억 1,580만톤으로 전년 대비 2.2% 증가했고 산업공정은 총배출량의 7.9%인 5,600만 톤으로 6.0% 증가했다. 산업분야별 비중을 살펴보면 에너지산업 44.0%, 제조업·건설업 30.3%, 수송 16.0%, 기타 및 미분류 9.1%, 탈루/고체연료 0.1%, 탈루/석유·천연가스 0.6%이다. 폐기물 분야 배출량은 국가 총배출량의 2.4%에 해당하는 1,680만 톤으로 전년 대비 2.0% 증가했다.

이러한 현황은 탄소세가 에너지생산에 가장 강력한 영향을 미치게 되며 산업부문별로는 에너지·제조·건설이 영향을 받을 것이라는 점을 보여준다. 탄소배당은 탄소세로 인한 가격변동의 영향이 저소득층에 대해 역진적으로 나타나지 않게 할 것이다. 하지만 탄소세는 에너지원별 기초가격을 변동시킨다. 탄소세는 다양한 에너지원에 대해 일종의 탄소기초가격(Carbon basic price)으로 기능하고 재생에너지를 값싼 에너지로 만들어 에너지 전환을 촉진한다.

〈표 4-18〉은 에너지원별 단위당 탄소세 부과액을 보여준다.[30] 탄소세 부과 후 에너지원별 가격은 단위당 평균가격에 탄소세를 합친 가격이 된다.

---

29 환경부(2019)는 '전기·열' 및 '철강' 배출량은 '에너지' 분야에, '불소계 온실가스'는 '산업공정' 분야에 포함시켜 계산했다.

30 표의 탄소배출량(tCO2) 계산은 http://tips.energy.or.kr/popup/toe.do의 배출량 계산기에 따른 값이다. 탄소배출량 계산은 IPCC(Intergovernmental Panel on Climate Change)에 의해 개발되었다.

<표 4-18> 탄소세 부과 후 에너지원별 탄소기초가격

연료구분			탄소배출계수		단위	1단위당 탄소배출량	모델1 1단위당 탄소세(원)	모델2 1단위당 탄소세(원)
			CKg/ GJ	CTon/ TOE*		tCO2 1톤 기준	tCO2 1톤당 76,000원 기준	tCO2 1톤당 38,000원 기준
1차 화석연료	1차 연료	천연 액화 가스	17.2	0.63	kg	0.00277	210.52	105.26
액체 화석연료	2차 연료	휘발유	18.9	0.783	ℓ	0.00218	165.68	82.84
		등유	19.6	0.812	ℓ	0.0025	190	80
		항공유	19.5	0.808	ℓ	0.00248	188.48	94.24
		경유	20.2	0.837	ℓ	0.0026	197.6	83.8
		LPG	17.2	0.713	Nm3	0.00374	284.24	142.12
		납사	20	0.829	ℓ	0.0021	159.6	79.8
		윤활유	20	0.829	ℓ	0.00273	207.48	103.74
고체 화석연료	1차 연료	무연탄	26.8	1.1	kg	0.00215	163.4	81.7
		원료탄	25.8	1.059	kg	0.00271	205.96	102.94
		연료탄	25.8	1.059	kg	0.00206	156.56	74.28
	2차 연료	Coke	29.5	1.21	kg	0.00327	248.52	124.26
기체 화석연료		LNG	15.3	0.637	Nm3	0.00218	165.68	82.84

에너지원별 이산화탄소 배출량이 다르기 때문에 탄소세 부과액이 달라서 가격상승 효과는 에너지원에 따라 다르게 나타난다. 한국에서 전력 공급은 한전이 독점하고 있고, 에너지원과 무관하게 전국에 동일가격으로 공급된다. 따라서 전력사용 1khw당 탄소 배출량 및 탄소세는 발전 에너지 믹스에 따라 달라진다.[31]

---

31 「공공부문 온실가스, 에너지 목표관리 운영 등에 관한 지침」은 전력 간접배출계수를

② 도입세율 모델: 영국 및 덴마크 수준의 탄소세율(모델2)

a) 도입단계에서 고탄소 산업의 저항을 피하려면 영국이나 덴마크 수준의 탄소세율에서 출발할 수 있다. 2019년 기준으로 영국의 탄소세율은 환산톤 당 20.34 유로이고 덴마크는 23.21 유로이다. 환율에 따라 대략 3만 원에서 3만 5000천 원 정도에 해당된다.

b) CO2e 환산톤 당 7만 6,000원의 절반인 3만 8,000원을 과세하고 과세방식은 위 1)에서 제시한 모델과 동일하게 한다면 대략 30조 원 정도의 재원이 조성되며 1인당 월 5만 원의 탄소배당을 지급할 수 있다. 이는 정원호·이상준·강남훈(2016)의 연구에서 제시된 세수규모와 대략 비슷하다.

c) 에너지원별 단위당 탄소기초가격은 〈표 4-18〉에 표시된 모델1의 절반인 모델2이다. 즉, 천연액화가스 1kg당 105.26원, 휘발유 1ℓ당 82.84원, 등유 1ℓ당 80원, 항공유 1ℓ당 94.24원, 경유 1ℓ당 83.8원, LPG 1Nm3당 142.12원, 납사 1ℓ당 79.8원, 윤활유 1ℓ당 103.74원, 무연탄 1kg당 81.7원, 원료탄 1kg당 102.94원. 연료탄 1kg당 74.28원, 코크 1kg당 124.26원, LNG 1Nm3당 82.84원의 탄소기초가격이 붙는다.

d) 탄소세 도입 초기에 낮은 세율에서 출발하더라도 2030년 또는 2050년 배출량 감축 목표치를 설정하고 세율을 점차적으로 올려갈 수 있다. 탄소배당과의 연동으로 인하여 탄소세의 역진성을 제거할 수 있기 때문에 전년도 탄소배출량 결과를 보고 감축목표치가 달성되지 않았다면 세율을 꾸준히 인상할 수 있다. 단계적 세율 인상은 탄소배당과의 연동 효과를 전 국민이 체감하는 과정이 될 수 있으며, 반대로 세율 인하는 기술발전과 감축목표치의 달성을 전 국민에게 인식시키는 효과를 가진다.

---

1 kwh당 CO2e가 465g 발생한다고 간주한다(환경부, 2018: 34). 465g CO2e는 감축량 관리를 위해 제시된 평균값이다. 이를 그대로 적용하면 1kwh당 탄소세(CO2톤당 76,000원)는 35.64원이다.

3) 탄소세 탄소배당 연동 모델의 법률적 기초

토지공유부 과세나 빅데이터 공유부 과세는 재정환상의 제거라는 측면에서 서로 독립적인 법률로 규정하는 것이 낫지만, 하나의 법률로 통합할 수도 있다. 하지만 탄소배당과 연동된 기본소득형 탄소세는 공유부 과세를 위한 법률과 분리하여 독자적인 법률로 정해야 한다. 앞에서 살펴보았듯이, 탄소세를 재원으로 하는 탄소배당은 다른 공유부 재원과 성격이 다르기 때문이다. 빅데이터 공유부의 배당은 사회가 생산한 긍정적 외부성의 분배로 볼 수 있는 반면에, 탄소배당의 일차적 타당성은 부정적 외부성인 탄소배출을 줄이는 조정적 조세인 탄소세를 뒷받침하고 탄력적 운용을 가능하게 한다는 기능적 측면에서 찾아지기 때문이다.

'탄소세·탄소배당법'(가칭)에는 전 과정 평가방식에 따라 CO2e 톤당으로 과세하고 최종소비 단계에서 과세한다는 점, 세율은 탄소배출량 감축목표와 연동하여 조정한다는 점, 재원은 전액 탄소배당으로 배분한다는 점, 배출권거래제의 무상할당분도 과세하며 유상거래분에는 탄소세율을 고려한 차액을 감면해 준다는 점이 명시되어야 한다. 탄소관세에 관한 조항은 '탄소세·탄소배당법'(가칭)이 아니라 관세법에 포함시킨다.

탄소세법 안에 세수 활용방식으로서 탄소배당 조문을 둔 사례는 스위스의 'CO2 배출의 감축에 관한 연방법'(Federal Act on the Reduction of CO2 Emissions: CO2 Act)이다. 동법 36조 2항은 자연인에 대한 탄소배당을 규정하고 있으며 세부규정은 시행령(CO2-Verordnung) 119조 이하에 상세히 규정된다.[32] 아울러 제29조 2항에서는 배출량감축계획의 중간목표에 도달하지 못했을 때 세율 인상이 가능하도록 하여 최고세율과 최소세율을 규

---

32 The federal Council. The portal of the Swiss government. https://www.admin.ch/opc/en/classified-compilation/20091310/indexhtml #:~:text=This%20Act%20is%20intended%20to,less%20than%202%20degrees%20Celsius.

정하고 있다.[33] 감축목표와 세율의 연동도 스위스 탄소법의 중요한 특징이다. 또한 2019년 1월 미국 하원에 제출된 탄소세법(116th Congress, H. R. 763)에도 제9903조에서 세율조정의 기준이 되는 국가의 배출저감목표를 규정하며 제9912조 (3)에서 "탄소배당 지급"(Carbon Dividend Patments)을 법률로 규정하고 있다.[34]

그밖에 핵발전위험세법의 신설과 '교통·에너지·환경세'의 폐지는 '탄소세·탄소배당법'(가칭)과 별도의 입법을 통해 이루어져야 한다. 핵발전위험세법에는 a) 핵발전의 위험비용에 1kwh당 과세하며 세율은 위험비용의 계산에 연동한다는 점, b) 세수는 전액 핵발전소 폐쇄와 생태적 교통, 에너지전환을 위한 기금으로 사용한다는 점이 명시되어야 한다.

기본소득형 지식소득세 또는 사회가치소득세

지식소득세 모형

여기에서 논하는 지식소득세는 기존의 각종 소득세제를 유지한 채 오직 기본소득 형태로 무조건적, 보편적, 개별적으로 이전하기 위하여 별도로 걷는 세금을 뜻한다. 지식소득세는 특별회계로서 계리한다. 이와 같은 방식의 추가적인 소득세 모델은 최근 사에즈와 주크먼(Saez and Zucman, 2019)

---

33 스위스 탄소세법은 2020년 9월 25일 개정되었다. 감축목표와 세율의 연동, 최종목표와 중감목표, 최고세율과 최저세율 규정은 개정된 '온실가스 절감에 관한 연방법' "Bundesgesetz über die Verminderung von Treibhausgasemissionen (CO2-Gesetz)"에도 그대로 남아있다(제3조 및 제34조 2항 및 3항).

34 미국하원 홈페이지 https://www.congress.gov/bill/116th-congress/house-bill/763

에 의해서도 제안되었다. 사에즈와 주크만은 기존의 소득세를 유지한 채 조세 행정상 파악 가능한 모든 소득 원천에 6%의 '국민소득세'를 부과하여 사회보장 재원으로 사용할 것을 제안한다. 세수 규모는 미국 GDP의 5% 정도로 추산된다. 기존의 소득세제를 그대로 두고 평률 과세한다는 점에서 지식소득세와 '국민소득세'는 동일하지만 지식소득세 재원은 전액 기본소득 재정으로 사용된다는 점은 큰 차이점이다.[35] 지식소득세는 전액 1/n로 배당된다. 이 점에서 기본소득형 지식소득세는 세금이 아니라 '기여금' (contribution)으로 부르는 것이 더 정확할 수도 있다(Mabel and Milner, 1918[2004] : 126).

1) 세수 규모, 배당 규모, 순수혜 규모

사에즈와 주크먼의 '국민소득세' 모델보다 좀 더 일찍이 정원호·이상준·강 남훈(2016: 113-114)은 개인에게 귀속되는 모든 소득, 즉 이자, 배당, 임대 료, 증권 투자 수익, 양도소득, 상속증여 소득을 포함한 모든 소득을 과세 대상으로 삼고 일체의 면세구간 없이 10%의 평률세를 거둬 기본소득으로 분배할 것을 제안한 바 있다. '시민소득세'로 명명된 이 모델의 세수 규모는 총 107조 원으로 추계되었는데, 2015년 가계본원소득(Personal Primary Income) 970조 원에 10%의 세율을 적용하여 거둔 97조 원을 징세하고 여 기에 포함되지 않은 모든 증권의 양도소득과 투자소득, 부동산 양도소득, 상속·증여소득을 100조 원으로 추정하고 10%의 세율을 적용하여 10조 원

---

[35] 지식소득세 또는 사회가치소득세는 과세정당성을 강조하는 명칭이다. 지식소득세의 과 세정당성은 개인소득에 포함되어 있는 공통지식의 외부효과 또는 사회적 협력은 모두의 몫으로 되돌려져야 할 공유부라는 점이다. 세수 전액이 기본소득 재정으로 쓰인다는 점 에서 지식소득세는 3장의 '기본소득세'와 같으며 과세방식과 과세범위도 같다. 4장에서 는 이를 지식소득세로 명명하고 공유부 세목의 하나로 다룬다.

〈표 4-19〉 지식소득세 세수 추산

과세대상	세원 규모 (단위: 조원)	세율	지식소득세 세수 (단위: 조원)
가계본원소득	1,176	10%	117.6
부동산양도소득	200	10%	20.0
금융양도소득 및 상속·증여소득	120	10%	12.0
합계	1,496	10%	149.6
기본소득 지급액	5천 2백만 (인구수)		23만 9천원 (월 1인 당)

을 거둔다는 계산이다. 107조 원의 세수를 전액 모든 국민에게 무조건적 개별적으로 배당하여 1인당 월 20만 원의 '시민배당'을 지급할 수 있다고 말한다. 강남훈(2019a: 163-164)은 이 모델을 2019년에 업그레이드했다. 이에 따르면 가계본원소득 1,061조 원과 가계자산소득 추정치 140조 원을 더한 1,201조 원에 10% 세율을 적용한 세입은 120조원 정도로 추산된다.

한국은행 국민계정에 따르면 2019년 (총)가계본원소득은 1,176조 원이다. 여기에 정원호·이상준·강남훈(2016: 113-114)과 동일한 세율인 10%로 과세하면 118조 원의 세입이 생긴다. 여기에 덧붙여 자산 양도소득과 상속·증여소득에도 10% 정률로 별도로 과세한다. 과세 대상은 가계본원소득만이 아니라 자산양도소득과 상속·증여소득을 포함한 모든 소득, 곧 가계에 귀속되는 모든 소득이므로 자산 양도소득과 상속·증여 소득의 규모를 파악하는 일이 중요하다. 전강수·남기업·강남훈·이진수(2018)는 부동산 양도소득을 매년 200조 원 이상일 것으로 추정하므로 그 10%인 20조 원 정도로 추계할 수 있다(강남훈, 2020a). 강남훈(2020c)은 금융양도소득과 상속·증여소득은 분리과세와 면세가 많아 추계가 어렵지만 대략 120조 원 정도로 추산하여 이의 10%인 12조 원 정도의 세입이 생기는 것으로 추정한다. 가계본원소득 과세액 118조 원, 부동산 양도소득 과세액 20조 원, 금융

양도소득 및 상속증여소득 과세액 12조 원을 합산하면 대략 150조 원의 세입이 확보된다. 이처럼 가계에 귀속되는 모든 종류의 소득에 대한 10% 정률 과세로 얻어진 149조 6천억 원을 5천 2백만 국민에게 조건 없이 개별적으로 배당하면 1인당 월 24만 원가량의 기본소득을 지급할 수 있다.

과세 대상에 자산양도소득을 포함시켜야만 하는 근본적인 이유는 지식의 외부효과는 자산소득을 포함한 모든 소득에서 발생하기 때문이다. 하지만 순수혜 가계의 비중을 넓혀야 한다는 재분배적 관점에서도 자산양도소득을 과세 대상으로 할 필요가 있다. 강남훈(2019a: 173)은 모든 종류의 가계귀속소득에 10% 평률세를 적용한 모형의 재분배효과를 시뮬레이션하여 82%가 순수혜 가계가 된다고 보았다. 2019년을 기준으로 한 모형에서도 대략 80% 이상이 순수혜 가계가 될 것으로 예상할 수 있고, 상속과 증여소득이 없다고 가정하면 가구 소득 1억 800만 원 이하는 순수혜 가구가 된다(강남훈, 2020c).

2) 지식소득세와 기타 기본소득 재원의 구분

강남훈(2020c)은 아동수당, 기초연금, 근로장려세제 등의 일부를 기본소득 재원으로 흡수할 수 있으며 이를 통하여 대략 7조 원의 세입을 확보할 수 있다고 본다. 이 7조 원을 더하면, '시민소득세' 과세액에 더하면 세수 규모는 157조 원이 되고, 모든 국민에게 1인당 월 25만 원의 기본소득을 지급할 수 있다. 하지만 이는 재정개혁을 통해 기본소득 재원을 마련하는 것이므로 지식소득세와 관련하여 다룰 필요는 없다. 지식소득세는 특별회계로 계리되며, 기존 세입의 절감을 통해 일반회계로부터 전입되는 부분은 지식소득세와 별도의 항목으로 보는 것이 체계적이다. 그 밖에도 강남훈(2020c)은 무이자 국채 30조 원을 발행하여 한국은행이 직접 인수하게 하고 국방비 축소, 부동산 개발이익 산입, 공기업 이익 일부 산입 등의 방법으로 30조 원의 재원을 추가로 마련할 수 있으므로 기본소득 재정은 총 187조 원까지 늘어날 수 있으며 1인당 월 30만 원 지급이 가능하다고 본다. 그뿐만 아니라 2017년 근로소득세 감면혜택은 59.7조 원에 달하는데, 이 중에서 32.1%인 9조 1,000억 원은 상위 10%에게 주어졌고 하위 10%에게는 0.4%인 2,600억 원만 주어졌다(유종성, 2020; 강남훈, 2019b). 상위 10%가 1인당 평균 1,061만 원의 감면 혜택을 받은 반면에 하위 10%는 1인당 평균 15만 원의 감면을 받았을 뿐이다. 이처럼 역진적인 감면을 아예 폐지하면 2017년 기준으로 59.7조 원의 추가 재원이 생기고 대략 1인당 월 9만 5천 원의 기본소득을 지급할 수 있다.

　물론 이와 같은 방법으로 기본소득 재원을 늘릴 수 있으며 지급수준을 올릴 수 있지만 이러한 방식의 재원 마련을 굳이 지식소득세에 포함시킬 필요는 없다. 지식소득세는 근로소득세를 대체하는 세목도 아니다. 지식소득세가 신설되어도 근로소득세는 여전히 과세된다. 근로소득세 감면혜택의 폐지로 발생한 재원을 기본소득 특별회계로 전입하려면 지식소득세가 아니라 일반회계로부터의 전입 방식을 취해야 한다. 재정 절감으로 기본소득 재정을 확충하려면 일반회계로부터의 전입이 이루어져야 한다. 기본소득 특별회계의 수입에는 국채 발행, 공유부 기본소득기금 수입 등이 있다. 여기에 대해서는 5장에서 자세히 다룬다. 오히려 여러 재원을 합쳐서 기본소득으로 분배하는 것보다 지식소득세 전액과 시민배당만을 연동시켜 순수혜 및 순부담의 크기를 명확하게 보여주는 것이 재정환상의 극복에 도움을 준다.

기본소득형 지식소득세의 정당성

"모든 소득의 90%는 다른 사람들의 지식을 활용한 것이다. 따라서 90%의 소득세율이 적절하다. 그러나 기업가에게 약간의 인센티브를 주기 위하여 70%의 세율로 일률적으로 과세하고 조세 수입을 기본소득으로 나누어 가지자"(Simon, 2000).

　　모든 소득은 지식의 외부효과에 의존한다는 사이먼의 진술은 지식소득세의 정당성을 압축적으로 표현한다. 하지만 여기에서 중요한 점은 지식의 외부효과를 근거로 소득에 과세할 수 있다는 점이 아니라 세수를 기본소득으로 분배한다는 점이다. 그 이유는 지식이 모든 인류의 공통유산으로서 우리 모두의 공유부라는 점, 공유부의 분배에는 조건을 달 수 없으므로 모두에게 무조건적, 개별적으로 1/n로 분배해야 한다는 점 때문이다. 국가 활동의 비용을 충당하기 위하여 소득에 과세하는 일반적 재정조세로서 각종 소득세와 달리 지식소득세는 공유부 과세이며, 그렇기에 기본소득 재정으로 사용되어야 한다.

　　사이먼은 70%의 세율을 말했지만, 이 글에서 지식소득세의 세율은 10%였다. 외부효과의 크기는 지식생산성에 의해 정해진다. 그렇더라도 그 중 어느 정도가 공통유산으로서 지식공유부의 몫인지는 정치적 결정의 문제이다. 지식소득세율 10%는 지급 수준과 순수혜 규모를 고려하고 이에 따른 정치적 관철가능성의 관점에서 적정하게 책정된 도입 세율이라고 볼 수 있다.

기본소득형 지식소득세와 사회가치소득세

유영성과 강현철(2020)은 사회적 경제와 기본소득의 관계를 논한 글에서 비시장재 가치를 측정하는 방법론 중 양분선택형 조건부가치측정법(Contingent Valuation Method: CVM)을 사용하여 '사회 공유부' 또는 '공동체 가치'를 측정하였다. 유영성과 마주영(2020)은 같은 방법으로 경기도 적정 기본소득액을 추정한 바 있다. 유사한 방식으로 지식소득세의 적정 세율을 측정할 수 있을 것이다. 설문지에는 지식의 공통유산으로서의 성격과 공동체적 협력적 지식생산, 모든 종류의 소득원천에 대한 지식의 외부효과, 지식소득세수 전액의 무조건적, 보편적, 개별적 배당의 원리, 세율과 순수혜 비중의 관계가 쉽고 충실하게 설명되어야 한다.[36] 지식소득세의 세율 책정을 이러한 방식으로 하게 되면 지식소득세는 공동체 가치에 입각한 사회가치소득세의 성격을 띠게 될 것이다. 이 글에서는 지식소득세와 사회가치세를 개인소득세에 대한 공유부 과세로서 동일한 것으로 본다. 이로부터 얻게 되는 세수는 그 원천이 공유부이므로 전액 무조건적, 보편적, 개별적으로 배당되어야 하는데, 이 글에서는 이를 공동체배당이라고 부른다. 기본소득형 지식소득세는 세수 전액을 공동체 지식배당으로 환급하는 개인소득 과세이다.

지역 상징자본 과세와 지역 기본소득

도시 내의 쇠락한 하층계급의 주거지역이 도시재생 과정에서 중산층이 유입하여 고급 주거지역으로 탈바꿈되고, 원거주민들은 높아진 주거비용을 감당하지 못해 지역에서 내몰리는 현상을 젠트리피케이션(gentrification)이라고 한다. 도시학자 하비(D. Harvey)는 젠트리피케이션의 원인을 지역의 평판, 브랜드 가치라고 할 수 있는 상징자본의 형성이 지역의 무형 자산가치를 상승시킴으로써 발생하게 된다고 분석하였다.[37] 젠트리피케이션 문제

---

36 결과가 어떻게 나올지 알 수 없지만 십일조(十一租)에 해당하는 10% 평률세가 지지 받지 못할 이유는 없을 것이다.

37 데이비드 하비, 한상연 역(2014), 『반란의 도시』, 에이도스.

해결을 위해서는 그것이 단지 결과적 불평등을 야기한다는 것 이전에 보다 근본적인 측면을 볼 필요가 있다. 도시에 사는 모든 사람들이 누릴 수 있는 '도시권'(the right to city)이자 '공유자산'(commons)인 도시의 상징자본에 의해 발생하는 이익이 소수의 건물주에게만 귀속되는 것이 갖는 불합리함이다. 도시와 지역의 상징자본의 근원인 지역의 문화, 장소의 독특함과 같은 무형 자산가치는 건물주뿐 아니라 도시에 거주하는 모든 사람들이 향유해야 하는 공유자산인 것이다.

이정훈·신기동·한지혜·조진현(2019)은 하비(2014)의 해법을 발전시키고 오스트롬(2010)의 공유자산 관리방법[38]을 응용하여 "지역브랜드 가치 상승분의 일정 비율을 지역 공유자산 기금으로 출연하고 이를 공동체 관리조직 운영재원과 참여한 주민 보상에 활용"하자고 제안한다. 또한 지역정부는 도시재생사업이 젠트리피케이션의 원인을 제공하고 있다는 점을 직시하여 지역자산의 공유재화를 추구하는 공동체에 대해 우선적으로 지원해야 하며, 이를 위하여 "지역 공유자산 기금, 즉 지역화폐 및 공동체 참여소득"을 위한 법률과 조례 제정을 제안했다.

이 연구에서는 지역 공유자산 기금을 통해 지역 상징자본 형성에 기여한 사람들에게 참여소득 방식의 보상을 중시하고 있으며, 기본소득의 지급에 대해서는 구체적으로 언급하지 않고 있다. 구체적 보상 방식은 지역화폐로 "공동체 가치 상승에 기여한 정도에 따라 지역화폐를 지급"하고 지역정부를 포함하는 공유자산 관리기구는 "지역화폐를 현금으로 교환해주는 환산 비율"을 정하는 것이다.

예를 들어 A마을의 지역재생이 성공적인 결과로 나타나 관광객이 증

---

38 엘리너 오스트롬, 안도경 역(2010), 『공유의 비극을 넘어: 공유자원 관리를 위한 제도의 진화』, 알에이치코리아.

가하여 지역의 소득이 증가한 경우 건물주와 상인들 이외에 이 과정에 참여한 주민, 문화기획자, 활동가 그리고 지역에 거주하는 주민들에게도 그 혜택이 배분되어야 한다는 원칙을 제시한 것이다. 배분 방식은 가치 상승분의 일부를 환수하여 '지역공유자산 기금'으로 적립하고 그것을 활동에 참여한 사람들과 주민들에게 지역화폐 형태로 지급하는 것이다. 이 경우 참여자들의 활동 시간에 배분하는 것은 '참여소득'이라 할 수 있고, 직접 활동에 참여하지는 않았지만 지역에 거주하는 주민으로서의 권리를 인정하여 일정한 배분을 한다면 지역 차원의 '기본소득'의 성격 또한 갖는다고 할 수 있다. 지역 주민들에 대한 배분은 마을의 무형자산과 브랜드 가치를 상승시키는 활동에 모든 주민이 기여한다는 점과 향후 이 활동에 적극적인 참여를 촉진한다는 점에서 명분과 정당성을 갖는다.

이렇게 함으로써 지역의 무형자산인 브랜드 가치 상승에 의해 창출된 가치를 그에 참여한 모든 사람들과 그 지역의 주민에게 배분할 수 있게 되며, 이를 통해 젠트리피케이션 문제를 근원적으로 해결할 수 있다는 것이다.

이 연구의 목표와 관점을 살리면서도 공유부 과세와 기본소득의 관점에서 젠트리피케이션에 대한 대응책을 다시 설계해볼 필요가 있다. 지역 상징자본 형성에 의한 가치상승분 중에서 일정 비율을 지역 공유자산 기금에 출연하는 방식의 공유재화는 젠트리피케이션 대응책으로 타당한 출발점이다. 토지보유세나 강력한 임대차보호법망으로는 상징자본 형성에 의한 초과이익이 골고루 나눠지지 않으며 이를 특정계층이 독점하는 일은 충분히 발생 가능하다. 젠트리피케이션으로 급상승한 임대료가 부동산 가격에 반영되기에는 일정한 시간이 걸릴 것이므로 토지보유세에 의해 초과지대가 모두 환수될 것이라고 가정할 수는 없다. 강력한 임대차보호법으로 세입자를 보호하더라도 사회적, 문화적 입지의 개선으로 지가 상승은 일어나게 된다. 상징자본의 형성에는 지역의 모든 거주자, 예술가, 이용자들, 나아가 도시재생 당국까지 모두 관계했음에도 이로 인한 수익은 부동산 소유자가 독점하는 문제를 해결하려면 부동산 정책 이외에 별도의 대책이 요구된다. 그러한 보완책으로서 가치 상승분의 일정 비율을 지역 공유자산 기금에 출연하도록 하는 방법은 충분한 의의를 가진다. 하지만 가치 상승분에 일정 비율로 과세하여 공유자산 기금을 형성하는 것이 보다 용이한 방법일 것이다. 물론 이 방법만으로 젠트리피케이션을 막을 수는 없겠지만 기본소득형 토지보유세와 강력한 임대차보호법과 결합된다면 젠트리피케이션은 방지될 수 있을 것이다.

지역 상징자본 형성이 젠트리피케이션의 원인이지만 지역 상징자본은 파괴할 것이 아니라 지속적으로 늘여가야 한다. 문제는 일부가 이를 독차지하는 것이다. 이 점에서 지역 공유자산 기금을 모든 거주자와 모든 참여자에게 이익이 되는 방식으로 지속적으로 지역 상징자본을 형성해 갈 수 있는 주체로서 바라볼 필요가 있다. 기금이 투자되어 지속적으로 지역 상징자본 형성에 기여함으로써 기금수익을 늘여가고 늘어난 수익의 50%는 배당하고 50%는 다시 지역재생사업에 투자하는 확대재생산이 이루어져야 한다. 기금수익의 증대로 배당액이 늘어나는 과정은 동시에 지역의 브랜드 자산 가치 상승이 일어나는 과정이기도 하다. 가치 상승은 지방세로 거둬들일 수 있는 세수가 지속적으로 늘어나서 기금 재원도 증가하는 과정이 동시에 진행된다는 뜻이다. 지역 상징자본에 대한 과세를 지속적인 기금 수입원으로 하고 그 중에서 일부를 다시 지역상징자본 형성에 투자하는 방식의 피드백 고리는 젠트리피케이션으로 치닫는 피드백 고리와 정반대의 운동을 보여준다. 이 운동은 배당액을 늘려 지역의 모든 사람에게 이익이 된다.

문제는 어떤 방식으로 배당하는가이다. 이정훈 외(2019)처럼 참여소득 방식으로 배당할 수 있는지는 매우 불투명하다. 지역 상징자본의 형성에 적극적 참여자만이 아니라 단지 거주하며 향유하는 소극적 참여자들도 기여했다는 점에서 참여소득 방식이 정당한 것인지도 의문스럽다. 하비(Harvey, 2014)의 도시권 관점에서도 거주하는 모든 사람에게 배당하는 것이 타당하다. 따라서 기본소득 방식과 참여소득 방식을 혼용한 이중적인 설계가 타당하다. 즉, 기금 수입의 일부를 개별적인 지역 주민 모두에게 조건 없이 배당하되 일부는 적극적으로 공동체 가치 형성에 참여한 사람들, 예를 들어 예술가 등에는 임금이나 참여소득의 형태로 지급하는 것이 지역 상징자본의 형성에 더 효율적이고 더 많은 정당성을 갖는다. 또한 두 경우 모두 그 지역에서만 통용되는 지역화폐를 활용하여 배당하는 것은 지역 상징자본의 지속적인 형성에 매우 효과적인 방식이다. 거주민 모두에 대한 보편 배당이 타지역으로 유출되지 않고 해당 지역의 상징자본을 형성하는데 쓰인다는 점은 지역화폐를 이전수단으로 할 때 얻게 되는 커다란 이점 중 하나이다. 지역 무형자산 상승의 과실이 대자본이나 건물주에게만 집중되는 것을 방지하려면 지역화폐의 용처를 매출규모가 작은 소상공인으로 제한하는 방식, 즉 대안화폐적인 방식을 채택하는 것이 효과적이다. 지역 상징자본 과세는 공유부 과세이지만 국세가 아닌 지방세이므로 지방 기본소득 재원이 된다.

지역 상징자본의 형성과 주민에 대한 배분 과정은 다음과 같은 순환의 고리를 가지고 나타나게 된다.

도시 지역 재생을 위한 공동체의 노력과 지역 상징자본의 형성
→ 지역 무형자산 가치의 증대
→ 지역의 상징자본을 소비하고자 하는 외지인 방문의 증대
→ 지역 상권 활성화에 따른 지역 소득의 증대
→ 지역 소득 증대에 대한 공유부 과세 및 지역 공유자산 기금의 적립
→ 지역 재생 기여자에 대한 보상과 주민에 대한 배당

⟨표 4-20⟩ 국민 국내관광 총량 및 소비액

	내국인 관광 참가총회수	1회당 소비액(원)	총 소비액(백만원)
2017	284,966,001	103,367	29,455,943
전년대비증가율	17.9%	−3.0%	14.4%
2016	241,749,955	106,509	25,748,487
전년대비증가율	1.4%	−0.1%	1.4%
2015	238,297,311	106,571	25,395,649
	4.6%	−	1.8%

자료: 국민여행실태조사보고서, 각년도, 한국문화관광연구원.

그렇다면 도시/지역 상징자본의 가치에 대한 과세를 기본소득과 참여소득의 방식으로 배분한다면 그 규모는 어느 정도 될 것인가를 추정해볼 필요가 있다. 도시 상징자본의 가치가 구체적인 소득으로 실현되는 가장 전형적인 경우는 외지인이 그 마을이나 장소로 방문하여 소비함으로써 발생하는 수익이다.

세계 유명 브랜드 자산 평가기업인 인터브랜드는 기업의 브랜드 자산 가치 측정을 위해 브랜드의 강도와 브랜드 이익(기업의 영업이익)을 주요 기준으로 활용한 바 있다.[39] 이를 응용하면 지역 브랜드 가치 평가에도 지역의 브랜드 강도와 이익(건물 임대료 상승, 매출액 상승, 권리금 상승, 세수 상승)을 지표로 삼을 수 있을 것이다. 즉, 임대료, 매출액, 권리금, 세수 상승 등 지역의 브랜드 가치 상승의 크기는 외지 방문객의 증가에 따른 지역소득의 증가분으로 볼 수 있다.

다시 말하면 지역의 브랜드 이미지, 브랜드 가치가 상승하면 방문객이 늘어나게 되고 그에 따라 브랜드 자산가치 상승과 지역소득 증대로 연결되

---

39 Raymond Perrier, Paul Stobart, Interbrand, 1997, Brand Valuation, Premier Books. London. U.K.

	외국인 관광객 총수	1인당 소비액	총소비액(달러)	원화(환율 1120원)	
2019	17,502,756	1,228.74	21,506,336,407	24,087,096,776,333	24.1조
2018	15,346,879	1,202.96	18,461,681,562	20,677,083,349,261	20.7조
2017	13,335,758	994.6	13,263,744,907	14,855,394,295,616	14.9조

자료: 외래관광객 조사, 각년도, 한국관광공사

는 것이다. 지역 상징자본과 브랜드 자산의 크기를 가늠할 수 있는 가장 기본적인 기준은 내외국인 관광객의 방문과 소비활동이라고 할 수 있다. 이론적으로 내외국인 관광객이 지역을 방문하여 소비하는 지출액 증가의 요인 중 중요한 역할을 하는 것이 바로 이러한 상징자본 가치의 향상에 기인한 것으로 간주할 수 있다.

한국문화관광연구원의 조사에 따르면 2017년 한국인의 관광 참가 총 횟수는 약 2억 8,500여 회이며 총 소비액은 약 29.5조 원, 1회당 소비액이 10만 3천3백 원으로 조사되었다.

또 한국관광공사의 조사에서 2019년 방한 외국인 관광객 총수는 2019년에 1,750만 명으로 2018년의 1,534만 7천 명에 비해 약 215만 6천 명 (14.0%) 증가했다. 방한 외국인은 1인당 약 1,229달러를 소비했으며 총 2,151만 달러, 약 24.1조 원(환율 1,120원)에 이른다. 전년대비 소비액의 증가는 3,410억 원(16.5%)에 이르는 것으로 나타났다.

장기적으로 보면 이러한 국민관광객과 외래 관광객 증가의 중요한 요인이 한국과 각 지역의 브랜드 가치 상승에 기인하는 것으로 볼 수 있으며, 공유자산 과세의 규모 산정 기준으로 활용할 수 있을 것이다.

여기서 유의할 것은 이 통계자료는 지역 상징자본 가치 상승의 규모 산정의 개략적 기준을 제공할 수는 있지만, 실제 경제활동 속에서 누구를 대상으로 어느 정도의 과세를 할 것인가에 대해서는 도시재생 과정에 대한 면밀한 조사와 통계의 구축을 기반으로 설정할 필요가 있다. 이에 대해서는 향후 작은 지역을 대상으로 한 구체적 실험과 조사, 의견 수렴의 과정을 통해서 방법론을 개발하고 사회적 공감대를 형성하며 제도화하는 추가적인 작업이 필요할 것이다.

공유부 세목별 세수 규모와 배당액 추산

세목, 세수, 배당액 요약

앞에서 설계한 토지보유세, 빅데이터세, 탄소세, 지식소득세의 세수 규모와 배당 규모는 〈표 4-22〉와 같다.

개별 배당액의 구성 비중은 〈표 4-23〉과 같다.

공유부 과세에 의하여 합계 월 34만 원 또는 39만 원 수준의 기본소득을 지급할 수 있다. 하지만 공유부 과세만이 기본소득 재정의 전부는 아니다.

국공유재산의 수익, 기본소득 공유부기금의 수입, 국가투자 공유지분권 수입 등 과세외 수입도 기본소득 재원이다. 여기에 대해서는 5장에서 상론한다.

과세 외 수입 이외에도 근로소득세 감면혜택 폐지로 생기는 세수 59.7조 원(2017년 기준)을 일반회계로부터 기본소득 특별회계에 전입하거나, 아동수당, 기초연금, 근로장려세제(EITC) 등 현금급여의 일부를 기본소득으로 흡수함으로써 생기는 약 7조 원을 기본소득 재정으로 돌리는 것도 생각할 수 있다. 합계 66.7조 원의 세수가 이와 같은 지출개혁에서 생기고 1인당 기본소득 지급액수는 대략 월 11만 원 정도가 커진다.

〈표 4-22〉 공유부 세목별 세수 규모와 기본소득 지급액수

세목	세원	세율	세수	1인당 배당액
① 토지보유세	3907,167,60억원 (공시지가)	0.8%	31조 2천억원	연 60만원 (월 5만원)
② 빅데이터세 I =빅데이터 수익에 대한 특별법인세	186조 9586억원	2%	3조 7,390억원	연 7만1900원 (월 5천 9백원)
③ 빅데이터세 II =디지털서비스세	7조 809억원	3% (Metcalfe's law 적용)	2,304억원 (최소)	연 4,430원 (월 369원)
④ (1) 탄소세 적정모델	총배출량 7억 9백만 톤	CO2e 톤당 76.000원	60조	연 120만원 (월 10만원)
⑤ (2) 탄소세 도입모델	총배출량 7억 9백만 톤	CO2e 톤당 38.000원	30조	연 60만원 (월 5만원)
⑥ 지식소득세 (사회가치세)	1,496조원	10%	149조 6천억원	연 286만 8천원 (월 23만 9천원)

합계	특이사항	세수규모	1인당 배당액
①+②+③+④(1)+⑤	탄소세 적정모델 합산	244조 7,694억원	연 470만원 (월 39만원)
①+②+③+④(2)+⑤	탄소세 도입모델 합산	214조 7,694억원	연 413만원 (월 34만원)

〈표 4-23〉 세원별 공유부 배당액 비교

	토지배당	빅데이터 배당	탄소배당		공동체 지식배당
배당액 1인당	월 5만원 연 60만원	월 6,600원 연 7만 6천원	적정모델 연 120만원 월 10만원	도입모델 연 60만원 월 5만원	연 286만 8천원 (월 23만 9천원)
세원	토지보유	빅데이터세 I+II	탄소세		지식소득세 (사회가치세)

이상을 합산하면, 탄소세를 적정세율로 도입할 경우 〈월 50만 원 공유부 과세수입+과세외 수입〉 또는 탄소세율을 그 절반으로 낮출 경우 〈월 45만 원 공유부 과세수입+과세외 공유부 수입〉으로 이루어진 기본소득을 매월 모두에게 조건 없이 지급할 수 있다.

공유부 과세 시나리오

기본소득을 도입하기 위해서는 증세가 필요하다. 그런데 기존 세목들의 세율을 올려 재정을 마련하는 것보다 공유부 과세를 도입하는 방법이 실현 가능성이 높다. 설령 증세가 이루어지더라도 세수를 어디에 쓸 것인가를 미결인 채 열어두는 것보다 기본소득 재정으로 쓰기로 하고 목적세로 걷는 것이 간편한 방법이다. 거둔 세수 그대로 전액을 공평하게 모두에게 분배하는 공유부 과세는 과세 정당성의 관점에서도 기존 세목의 세율을 올리는 방법보다 강한 설득력을 가진다. '모두의 몫은 모두에게'라는 원칙은 많은 사람에게 지지받을 가능성이 있다. 이 원칙이 노력한 만큼 몫을 분배받는 다는 성과의 원칙에 위배되는 것이 아니라 정반대로 시장소득의 분배에서 성과의 원칙을 관철하기 위한 필요조건이라는 점이 대중적으로 널리 인식된다면, 공유부 과세는 더 많은 지지를 끌어낼 수 있을 것이다. 기본소득의 정치적 실현 가능성은 '모두의 몫을 모두에게'의 원칙을 얼마만큼 대중적으로 납득시키고 확산시킬 수 있는가에 달려 있다. 따라서 기본소득의 원천은 공유부라는 관점은 기본소득 개념적 핵심이기도 하지만 정치적 실현의 지렛대이기도 하다.

앞에서 검토한 공유부 세목들이 한꺼번에 도입된다면 가장 바람직할 것이다. 하지만 현실에서는 공유부 세목들이 시간을 두고 차례차례 도입될 수도 있다. 어떤 세목이 어떠한 조건 속에서 점차 설득력을 획득해 가며 정치적 다수를 형성해 나갈 수 있는지를 예측하는 일은 기본소득 도입의 로 드맵을 짜기 위하여 반드시 필요한 일이다. 이를 위해서는 개별 세목들의 도입에 유리한 조건뿐만 아니라 난점과 어려움에 대한 객관적인 인식도 포 함된다. 개별 세목들의 도입이 변경 불가능한 순서대로 미리 정해질 수는 없다. 정치적 다수 형성이 손쉬워 보이는 세목의 도입이 우여곡절에 처할 수 있으며 우연한 계기로 다른 세목들이 먼저 도입되는 일도 일어날 수 있 다. 하지만 먼저 도입 가능한 세목들을 검토해 보며, 아울러 상당한 저항에 직면할 수 있는 세목들을 도입하기 위해 필요한 공론화 전략을 숙고하는 것은 앞으로의 상황 전개가 어떠하든 언제나 유익한 일이다.

아래에서는 토지보유세, 빅데이터세, 탄소세, 지식소득세의 도입 가능 성을 조세정치학적 이해관계, 경제와 사회 전체에 걸친 보편타당한 미래 전망, 문제 상황에 대한 대중의 밀착도, 예상 가능한 지지세력의 결집도, 예 상 가능한 저항세력의 결집도라는 다섯 항목으로 나누어 살펴본다.

기본소득형 토지보유세의 경우, 조세정치학적 이해관계는 85.9%를 순 수혜자로 하며 주택가격 7억 4천만 원이 순수혜와 순부담의 경계선이다. 조세정치학적 이해관계에서 14.1%의 순부담자 중에서 얼마만큼 설득할 수 있는가는 토지보유세가 가진 경제적 조정기능에 대한 공론화 여부에 달려 있다. 14.1%의 순부담자 중에서 세금을 납부하기 어려운 사람에 대한 보완 책도 물론 중요하겠지만, 성공의 요점은 기본소득형 토지보유세 도입이 전 체 경제를 지대추구적 행위로부터 벗어나게 하여 생산적 투자, 생태적 토 지이용, 혁신적 경영에 유리한 조건을 조성한다는 점의 공론화이다.

경제와 사회 전체에 걸친 보편타당한 미래 전망의 문제는 토지보유세 논의의 성패를 가르게 될 것이다. 지대추구 행위가 경제 혁신을 가로막는 다는 점은 사회의 미래를 걱정하는 모든 이가 공감할 내용이다. 현재의 극 심한 부동산 불평등에 비추어 볼 때 토지보유세 도입에 대한 대중의 밀착도는 대단히 높을 것으로 가정할 수 있다. 토지보유세의 도입 필요성에 대한 우호적인 여론 조성에 좋은 조건일 수 있지만, 이 역시 보편타당한 미래 전망과 결합되어 사회 전체의 바람직한 변화의 문제로 제안될 경우에만 일부 순부담 계층의 극심한 저항을 비켜갈 수 있을 것이다.

기본소득형 토지보유세에 대한 지지세력은 토지를 소유하지 않은 8,529,268세대(전체 세대의 39%)를 포함하여 7억 4천만 원 이하의 부동산을 소유하고 있는 부동산 카스트의 하위 계층이며, 저항세력은 부동산 카스트의 최상층 계층, 건설업체, 지역개발 공약으로 득표수를 증가시키려는 정치인으로 구성된 '토건정치연대'(강남훈, 2020a)이다. 기본소득형 토지보유세의 성패는 이웃한 지역의 지대상승에 자극받은 평범한 지역 주민의 토건 사업 요구를 어떻게 토지보유세에 대한 지지로 바꾸어낼 수 있는가에 달려 있다. 토지보유세가 지역불균형 시정 효과를 가진다는 점을 납득시키고 토지배당과 결합하여 국토균형발전을 달성하는 가장 확실한 수단이 된다는 점을 주지시킴으로써 '토건정치연대'의 고리를 끊어내야 한다.

기본소득형 빅데이터세는 조세정치적 이해관계에서 가장 광범위한 수혜층을 획득할 수 있다. 하지만 이 글에서 제안된 빅데이터세의 세수는 미미하다. 빅데이터 배당의 주요 재원은 조세방식보다 오히려 공유지분권이나 공동소유형 배당의 방식으로 마련될 가능성이 높으며, 이를 위해서는 디지털 뉴딜, 그린뉴딜, 미래 성장산업에 대한 국가의 지분투자가 활발해져야 한다. 빅데이터세에만 한정하여 고찰하자면, 배당액이 작기 때문에 빅데이터세 지지세력은 미온적인 반면에 저항세력은 얼마 안 되는 배당액을 혼자서 떠맡게 된다는 점을 강조하면서 거칠게 반대할 수도 있다. 이러한 상황이 예상될 때, 설득 기반은 이해관계의 정치보다 오히려 사회경제적 미래 전망에서 찾아야 한다. 데이터 경제의 안정적인 발전을 위해서는 빅데이터가 우리 모두의 것임을 공준으로 하는 새로운 사회계약이 필요하다. 이 점에 주목하는 공론화 전략은 급속도로 현실화되고 있는 디지털 경제에 대비하여 선제적으로 빅데이터 공동소유권에 관한 사회적 약속을 만들어내는 계기가 될 수도 있다. 피부로 느껴지는 부동산 불평등 현황과 아직은 채 가시화 되지 않은 디지털 불평등 현황의 차이로 인하여 빅데이터세에 대한 대중적 밀착도는 토지보유세보다 떨어질 수 있다. 하지만 미래 전망의 차원에서 빅데이터세는 훨씬 중요한 상징적 가치를 가질 수 있다.

기본소득형 탄소세는 에너지가격과 상품가격을 탄소세율만큼 올리지만 개별 소비자 중에서는 어느 누구도 피해를 입지 않는다. 탄소배당으로 인하여 올라간 가격만큼 지불할 수 있으며 저소득층은 약간의 재정적 혜택을 얻게 된다. 세수 전액을 탄소배당으로 지출하는 탄소세의 경우, 조세정치적 이해관계는 개별 소비자 차원에서 분할되지 않으며 그 대신에 기업의 가격경쟁력의 차원에서 수혜자 그룹과 부담자 그룹이 나누어지게 된다. 자연재생에너지 기업, 배출량 제로의 전기차 제조업체, 에너지절감 기술을 발전시켜 단위 상품당 탄소배출량 억제에 성공적인 기업은 탄소세에 영향을 받지 않거나 덜 받아서 가격경쟁력을 가지게 되며, 화석연료발전기업, 전통적인 내연기관차 제조업, 고탄소 제품을 생산하는 기업은 탄소세를 많이 부담하게 되어 제품의 가격경쟁력을 잃게 된다. 그린뉴딜의 보조금 정책은 생태친화적 기업에 대한 직접 지원인 반면에 탄소세는 화석연료자본에 부담을 지움으로써 생태친화적 기업의 가격경쟁력을 높여주는 정책이다. 보조금 정책만으로는 가격경쟁력의 열위가 극복되지 않아 생태적 기업이 시장경쟁에서 불리한 위치에 놓이게 되고 생태적 기술의 확산은 더디게 진행된다. 탄소세의 장점은 화석연료자본의 가격경쟁력을 떨어뜨림으로써 생태친화적 기술을 받아들이지 않으면 안 되게끔 시장기제를 통해 강제하는 것이다. 탄소세의 저항세력은 급격한 이행이 산업경쟁력을 약화시키고 고용의 문제도 야기할 것이라는 점을 강조할 것이다. 여기에 대한 대응방안은 낮은 탄소세율에서 출발하여 점차 세율을 올려가면서 도태되지 않고 전환할 시간 여력을 주는 방법이 있다. 물론 인류 전체가 생태재앙을 맞이하게 될 정도로 충분한 시간을 부여할 수는 없다는 점은 항상 강조되어야 할 것이다. 미래 전망의 차원에서 탄소세는 확실한 설득력을 가지며 현재적 밀착도에서도 점점 더 뚜렷해지는 기후재앙 조짐으로 인하여 탄소세는 점점 더 설득력을 얻고 있다. 최근의 잦은 태풍과 기온 이상, 1년 이상 꺼지지 않고 있는 아마존 산불, 호주, 알래스카, 캘리포니아, 시베리아의 산불, 극지방 빙하의 유실, 그리고 코로나 팬데믹에 이르기까지 우리가 현재 경험하고 있는 일상적 삶은 기후재앙의 조짐을 점점 더 피부로 느끼게끔 만들고 있다.

개인에게 귀속되는 모든 소득에 10%로 과세하는 지식소득세 또는 사회가치세의 순수혜층은 대략 80% 수준이다. 상속과 증여소득이 없다고 가정하면 가구 소득 1억 800만 원 이하는 순수혜 가구로 볼 수 있다. 지식소득세는 세수 규모도 가장 크며 가장 광범위한 공유부 과세이지만, 과세 정당성을 오로지 공통유산으로서의 전승된 지식이나 지식의 외부효과에서 찾는 것은 설득의 장벽에 가로막힐 수도 있다. 지식생산의 공동체적 특성, 협력적 특성, 교육과 사회의 작용, 공동체 가치나 사회적 가치를 아울러 강조하면서 일종의 공동체 배당으로서 지식배당을 자리매김할 필요가 있다. 공동체 배당의 기능은 일차적으로 소득재분배이며 경제와 사회에 대한 순기능은 이러한 소득재분배 기능에 뿌리를 둔다. 기독교의 십일조처럼 모든 소득의 10%를 다시 거둬들여 평등하게 분배하는 제도의 정당성은 모든 소득은 공동체적 협력과 사회적 협동에 의해 발생했다는 믿음에 뿌리를 두고 있을 것이다. 이 점에서 지식소득세는 시민배당 또는 공동체배당의 실현으로서 공유부 과세의 완성판이다. 이러한 제도가 도입되려면 경제와 사회를 바라보는 인식의 거대한 전환이 필요하다. 지식소득세 도입을 위한 공론화

<표 4-24> 공유부 과세 개별 세목의 도입 가능성

	조세정치 이해관계	보편타당성 미래 전망	대중의 밀착도 문제인식	지지세력 결집도(+)	저항세력 결집도(-)	합계
토지보유세	5	5	5	5	-5	15
빅데이터세	4	5	4	3	-3	13
탄소세	5	5	4	3	-5	12
지식소득세	5	5	3	3	-5	11

주: 5점 만점은 가장 유리한 조건, -5점 만점은 가장 불리한 조건

전략의 요점은 기존의 소득세와 별도로 국가가 10%의 평률세를 추가적으로 도입한 것이 아니라 이 제도가 시민들 상호간의 소득재분배 제도라는 점을 확인시키고 공동체적 가치를 부각하는 것이다. 지식소득세 논쟁은 공유부 논쟁의 마지막 장이 될 것이다. 지식소득세 도입에서 공유부 분배정의론은 설령 모든 소득이 공유부라는 기초 위에 서 있더라도 개인의 노력이 없었더라면 소득은 발생하지 않았을 것이며 따라서 정당한 노력을 들인 사람은 공유부마저 정당하게 획득한다는 존 로크(Locke, 1988b[1689])의 소유론의 다양한 현대적 변주들과 만나게 될 것이다. 이 문제는 결국 바람직한 사회란 어떤 사회인가라는 질문에 맞닿아 있다.

〈표 4-24〉에서는 지금까지의 논의의 정리를 위하여, 조세정치학적 이해관계, 경제와 사회 전체에 걸친 보편타당한 미래 전망, 문제 상황에 대한 대중의 밀착도, 예상 가능한 지지세력의 결집도, 예상 가능한 저항세력의 결집도라는 다섯 항목을 기준으로 토지보유세, 빅데이터세, 탄소세, 지식소득세의 도입 가능성을 5점 척도로 평가해 본다. 비록 정량화할 수 없는 문제라고 하더라도 현 상황에서 어떤 세목이 비교적 용이하게 도입될 수 있으며 어떤 세목의 도입을 위해서는 어떤 측면을 더욱 고려해야 할 것인지를 보여준다는 장점이 있기 때문이다.

〈표 4-24〉는 특정한 정량화 방법을 사용한 것이 아니라 공유부 개별 세목을 둘러싼 현 상황에 대해 위에서 전개한 설명을 단지 5점 척도로 표현한 것에 불과하다. 어쨌든 기본소득형 토지보유세의 도입 가능성이 현재로서는 가장 높다. 그 다음은 빅데이터세, 탄소세, 지식소득세의 순서가 된다. 이러한 순서로 공유부 과세가 순차적으로 도입되는 것도 예상 가능한 시나리오이다.[40] 공유부 세목 하나의 도입은 공유부 분배원리의 확산을 가져와서 다른 세목의 도입으로 이어질 수 있기 때문이다.

---

40 경기도는 2020년 「기본소득 도입과 재원마련 방안」이라는 주제로 도정정책 공론화 조사를 수행했다. 기본소득형 토지(보유)세, 기본소득형 탄소세, 기본소득형 소득세에 대한 숙의토론을 통한 찬반을 조사하였는데 결과는 다음과 같다. 기본소득형 토지(보유)세에 대해서는 1차 조사에서 찬성이 38.9%(12.5% 매우 찬성+26.4% 대체로 찬성)였던 데 비해 3차 조사에서는 찬성 의견이 66.7%(23.1% 매우 찬성+43.5% 대체로 찬성)까지 증가했다. 기본소득형 탄소세에 대해서는 '찬성' 비율이 1차 조사에서 57.9%(24.5% 매우 찬성+33.3% 대체로 찬성)이었는데 3차 조사에서는 81.9%(37.0% 매우 찬성+44.9% 대체로 찬성)까지 증가했다. 기본소득형 소득세에 대해서는 1차 조사 결과 '찬성' 비율이 43.1%(13.9% 매우 찬성+29.2% 대체로 찬성)이었는데 3차 조사에서는 '찬성' 비율이 64.4%(19.9% 매우 찬성+44.4% 대체로 찬성)로 증가했다(한국리서치 컨소시엄, 2020). 기본소득형 탄소세의 찬성비율이 가장 높았다는 점이 특이사항이며 세 종류의 세목 모두 숙의토론 과정에서 찬성 비율이 대폭 증대했다는 점은 눈여겨 볼 부분이다.

5장

재정개혁을 통한
재원조달

기본소득 재정의 특성

조세기반 기본소득과 공유부의 선분배

기본소득은 "자산 심사나 노동에 대한 요구 없이 무조건적으로 모두에게 개별적으로 주어지는 정기적 현금 이전"(BIEN, 2016)이다. 즉, 무조건성, 보편성, 개별성, 정기성은 현금이전의 한 종류인 기본소득의 종차를 드러내는 지표들이다. 이 중에서 정기성 지표는 성년이 되었을 때 종자돈을 한꺼번에 지급하는 기초자산제(basic capital: 사회적 지분급여)와 기본소득을 준별하는 기능을 가진다. 반면에 무조건성, 보편성, 개별성 지표는 기존의 공적 이전소득들에 대한 기본소득의 유형적 차별성을 보여준다. 즉, 기본소득은 사회보험(social insurance)처럼 기여의 원칙을 전제하지도 않으며 공공부조(public assistance)처럼 필요를 심사받지 않는다. 무조건성, 보편성, 개별성은 기본소득에만 나타나는 특징적인 이전방식을 드러낸다. 기본소득의 원천이 무엇인지를 분명히 하면 이러한 이전방식은 자연스러운 귀결로 이해된다. 기본소득의 원천은 모두에게 돌아가야 할 몫으로서 공유부라는 관점은 무조건적, 보편적, 개별적 소득이전이라는 기본소득 특유의 이전방식에 대하여 정당성을 부여한다. 즉, 모두의 몫에 대하여 조건을 달고 선별한다면 분배정의가 왜곡될 것이라는 점이다. 모두의 몫은 재정당국의 재량에 따라 누구에게는 주고 누구에게는 주지 않고 할 수 없으며 개별적인 시민 모두에게 무조건적으로 동등하게 분배되어야 한다. 공유부의 무조건적, 보편적, 개별적 분배가 이루어질 때에만 시장소득도 성과에 따라 분배될 수 있다. 기본소득 방식으로의 공유부 분배는 투입성과에 따른 분배라는 시장소득에서의 분배정의가 지켜지기 위한 선결 조건이다. 따라서 기본소득은 모두의 몫을 시장소득의 분배에 앞서 모두에게 무조건적 개별적으로 분배하는 것이라고 보아야 한다.

그런데 조세형 기본소득 모델의 경우, 과세를 통한 시장소득의 환수와 재정지출을 통한 소득이전이라는 점에서는 기존의 공적 이전소득들과 아무런 차이가 없는 것처럼 보인다. 시장소득에 대한 과세로 재원을 마련하며 소득이전을 통해 세후 가처분소득을 조정하는 2차 분배라는 점에서는 기본소득도 다른 종류의 공적 이전소득과 마찬가지이며 단지 이전방식이 무조건적, 보편적, 개별적이라는 점만이 다른 것으로 이해될 수 있다. 조세기반 기본소득에 나타나는 불가피한 특성은 과세 후 이전이며, 이로 인하여 기본소득은 자산소유나 노동성과에 따른 시장소득 분배를 국가가 사후적으로 교정하는 이차적인 규제원리(secondary regulative principle of income distribution)처럼 보인다. 여기에서 무조건적, 보편적, 개별적 이전이라는 특유의 지출방식도 공유부 분배의 고유한 원칙이 아니라 다른 종류의 공적 이전소득들에 대한 차별성으로서만 부각될 뿐이다. 하지만 이는 재원 마련에서 조세제도에 의존하기 때문에 생기는 형태상의 특징일 뿐이다(금민, 2020: 221).

　사태를 달리 볼 수도 있다. 기본소득은 원래 선분배(predistribution) 되었어야 할 모두의 몫을 모두에게 무조건적, 개별적으로 되돌려 주는 것에 해당한다. 재산권이나 경제적 효율성 등 여러 가지 이유로 공유부가 시장소득의 분배 차원에서 모두에게 평등하게 분배될 수 없기 때문에 조세기반 기본소득과 같은 사후적 재분배제도가 필요한 것일 뿐이다. 하나의 반사실적 가정(counterfactual assumption)은 이 점을 명백하게 해 준다. 제임스 미드가 제안했던 공유지분권 모델(Meade, 1989: 38, 40), 곧 주식회사의 수익 중 일부에 대해서 사회구성원 모두가 배당권을 부여받는 경우에는 공유부의 분배가 사후적 재분배가 아니라 선분배로 나타난다. 물론 이렇게 하려면 국가가 상장주식의 일부를 소유하고 지분수익은 국민 모두에게 사회배당(social dividend)으로 나눠주어야 한다. 미드는 국가공유지분을 50%라고 보았는데, 이렇게 사회를 재조직하려면 소유권 변화가 전제되어야 한다. 조세기반 기본소득 모델은 기업의 소유권 문제를 건드리지 않는다. 하지만 공유지분권 모델에서와 동일한 선분배 과정이 과세와 이전의 연동에 의해 이루어지고 있다고 말할 수 있다.

　조세기반 기본소득은 선분배 되었어야 할 공유부를 사후적으로 모두에게 되돌려준다. 여기에서 선분배 되었어야 할 공유부에는 법인소득뿐만 아니라 개인소득까지 포함된다. 이러한 점으로부터 설령 공유지분권 모델이 도입된다고 하더라도 개인소득에 포함된 공유부의 과세와 재분배를 위해서는 여전히 조세기반 기본소득이 필요하다는 점을 알 수 있다. 오늘날의 복지국가에서 노령, 질병, 산재, 실업 등 소득단절의 위험을 방지하는 사회보험은 기여의 원리를 전제하며, 사후적인 빈곤구제 기능을 맡는 공공부조는 필요의 원리에 입각한다. 기본소득의 원리는 이와 전혀 다르다. 원리적으로 기본소득은 공유부 분배정의에 기초하며, 조세형 모델은 선분배 되었어야 할 공유부를 과세와 이전의 연동에 의해 사회구성원 모두에게 되돌려주는 것이다.

지금 당장 기본소득이 도입되었다는 또 하나의 반사실적 가정을 해보자. 기본소득의 선분배적 성격은 개인의 가처분소득(disposable income) 차원에서 보다 명확하게 나타난다. 기본소득이 도입되면 그 액수가 크든 작든 개별적인 가처분소득은 두 가지 원천을 가진 복합소득(income mix)으로 바뀐다. 가처분소득의 한 부분은 여전히 시장소득(market income)일 것이다. 즉, 노동소득, 사업소득, 재산소득과 여기에 추가적으로 상속 및 증여소득 등 사적 이전소득의 합계(OECD, 2016; 이병희·반정호, 2008: 69: 박종규, 2017, 각주 2)에서 납세액을 뺀 액수이다. 다른 한 부분은 기본소득 및 여타 공적 이전소득으로 이루어진다. 가처분소득은 '공적 이전소득 지급과 과세가 모두 반영된 상태'(after transfers and taxes)의 소득(OECD, 2016)을 뜻하는데, 가처분소득의 개인별 구성요소들의 비중은 전적으로 개별적인 시장소득 크기에 따라 달라질 것이다. 즉, 어떤 사람의 시장소득이 많으면 많을수록 가처분소득에서 공적 이전소득의 비중은 줄어들 것이다. 사회 전체적으로도 조세제도의 변화, 기본소득 재정의 GDP 비중의 증감, 경기상황 등에 따라 두 가지 소득원천의 구성 비율은 변화할 수 있다. 개별적인 가처분소득에서 어떤 부분이 항상 더 많은 비중을 차지해야 한다는 원칙은 있을 수 없지만, 기본소득 도입 전과 비교할 때 중요한 변화가 일어난다. 즉, 모든 개인의 가처분소득에 기본소득이라는 보편적 공적 이전소득이 필수적 구성요소로 추가되었다는 변화이다. 변화의 핵심은 공적 이전소득의 보편화이다. 설령 특정한 인구집단에 대한 추가적인 공공부조가 존속하더라도 그것은 사회구성원 일부에게만 지급될 뿐이고, 반면에 기본소득은 사회구성원 모두에게 지급된다. 공적 이전소득의 보편화라는 변화는 지급되는 기본소득 액수와 상관없는 질적 변화이다. 즉, 지급수준이 낮은 부분기본소득(partial basic income)이든 생계수준 이상을 지급하는 완전기본소득 (full basic income)이든 모든 개인의 가처분소득에서 기본소득은 필수적인 구성요소가 된다(금민, 2020: 229). 기본소득에서 '기본'(basic)의 의미는 모든 사람에게 예외 없이 주어지는 선차적 소득이라는 것이며, 여기에 추가적으로 다른 종류의 소득이 덧붙여질 수 있다는 뜻이다(Van Parijs, 1995: 30). 이 점에서 기본소득은 모든 사람에게 시장소득 이전에 무조건적인 소득최저선(income floor)이 사전에(ex ante) 부여된다는 뜻이다. 현재의 공공부조도 소득최저선을 부여하지만 시장소득 분배 이후에 조건을 심사하여 사후적으로(ex post) 부여된다는 차별성이 있다. 기본소득과 함께 모든 개인에게 소득최저선이 부여된다는 점은 조세형 모델도 공유부의 선분배 기능을 가진다는 점을 보여준다.[1]

과세와 이전의 연동: 세수 전액의 무조건적, 보편적, 개별적 이전지출

오늘 당장 기본소득이 도입되었다는 반사실적 가정을 다시 한 번 해보자. 재원은 기본소득 지급을 위해 증세를 했다고 가정하자. 다른 지출이 늘어나지 않았다는 가정 아래 증세로 얻은 수입은 그대로 국민 모두에게 무조건적, 개별적으로 이전될 것이다. 이 점은 기본소득을 위한 세수는 국가의 재정충용을 위한 일반조세와 다르다는 점을 보여준다. 기본소득을 위해 증세를 한 후 국가가 이를 다른 용도로 사용할 수 없다. 바로 이러한 재정 특

---

[1] 『베버리지 보고서』 출간 2년 후인 1944년에 펴낸 책에서 콜은 "현재의 생산력은 현재의 노력과 사회적 유산의 공동결과(a joint result)"이며 "모든 시민들이 이러한 공통유산 (common heritage)의 수익을 공유해야 한다"고 쓴다(Cole, 1944: 144). 이러한 전제 위에서 콜은 기본소득의 선(先)분배적 성격을 강조했다. "(공통유산의) 배분(allocation) 이후에 남은 생산물의 잔액만이 [⋯] 보수의 형태로, 유인으로서 분배되어야 한다"(1944: 144).

성, 곧 거둔 세수 그대로 모두에게 1/n로 분배된다는 점이야말로 기본소득의 선분배적 성격을 가장 분명하게 드러낸다. 세액을 그대로 기본소득으로 지출한다는 특성은 국가당국의 정책적 고려와 무관하게 원래의 몫을 그대로 사회구성원 개개인에게 되돌려준다는 뜻이다. 이는 기본소득의 주인은 국가가 아니라 개별적 시민들이라는 점을 명확하게 드러내며, 아울러 기본소득 제도를 통해 국가는 시민들에게 원래 선분배되었어야 할 공유부를 과세에 의해 이전한다는 점을 명확하게 보여준다. 기본소득 재정과 관련하여 국가는 재정적 재량권을 가지지 않으며 단지 조세추출 기구이자 소득이전 기구로서 매개적 기능을 수행할 뿐이다. 세수 전액의 무조건적, 보편적, 개별적 이전지출은 기본소득 재정의 특성이다.

이 점은 기본소득을 위한 과세를 재정적 과세로 볼 수 있는가라는 질문을 낳는다. 엄격하게 말하자면, 기본소득 재정은 거둔 세수 그대로 이전 지출되기 때문에 그 이외의 세입, 그 이외의 재정지출, 결국 재정수지 전체에 대해서 중립적이다. 이는 마치 거둬들인 탄소세수를 그대로 탄소배당으로 나눠주는 것처럼 세수 중립적이다. 기본소득 재정은 기본소득이 도입되기 이전의 재정수입과 지출에 대해 아무런 영향을 미치지 않는다. 기본소득 재정은 그 크기와 상관없이 국가의 재정적 재량권과 무관하기 때문에, 만약 재정적 재량권을 중심으로 작은 정부인가 큰 정부인가를 따진다면 기본소득 지급수준은 이 문제와 무관하다. 20세기 초 영국 노동당의 기본소득 운동가였던 밀너(Dennis Milner)는 기본소득을 위한 과세는 여타의 재정적 조세와 달리 재정당국의 재량권이 개입하지 않고 시장소득의 재분배효과만을 낳기 때문에 차라리 소득재분배 '기여금'(contribution)으로 규정하는 것이 더 정확하다고 말했다(Mabel and Milner, 1918[2004]: 126). 거둔 세수 그대로 이전 지출한다는 점에서는 이는 타당한 지적이다. 그럼에도 따져보아야 할 점은 남는다. 밀너의 주장은 자칫 소득재분배를 기본소득의 효과가 아니라 목적 그 자체로 바라보게 만든다. 기본소득의 소득재분배 효과에 대해서 일반적인 재정과세의 소득재분배 효과와 구별되는 엄밀한 이론적 윤곽이 부여될 때 이 문제는 명확해질 것이다.

　기본소득은 시장소득의 재분배 기능을 가진다. 많은 연구들은 기존의 공적 이전소득보다 기본소득의 재분배효과가 탁월하다는 점을 보여준다 (강남훈, 2011; 2017; 백승호, 2010; 이건민 2018; 2019; 최태훈·염영배, 2017; Garfinkel, Huang and Naidich, 2003; Torry, 2016). 빈곤층에 몰아주는 이전지출은 재분배 규모를 늘리기 어렵다(Korpi and Palme, 1998: 강남훈, 2019a: 27-30). 시장소득의 순위보전(rank preservation) 때문에 저소득층의 이전소득의 크기는 열등처우의 원칙(principles of less eligibility)의 적용을 받는다. 공공부조는 유급일자리를 얻을 경우에 수급권 박탈이나 높은 한계 암묵세율로 이어져서 실업의 덫(unemployment trap)에 빠지게 된다. 노동소득이 적어서 생계가 어려운 사람들에게 조세환급 방식으로 소득을 지원하는 근로장려세제(EITC)에서도 빈곤의 덫(poverty trap)을 빠져나오는 효과는 점증구간에서만 나타난다.[2] 반면에 추가적인 노동소득을 올릴 수 있는 기본소득의 경우 이러한 문제는 전혀 나타나지 않는다. 노동시장 효과를 뺀 1차적인 소득재분배에서도 기본소득은 시장소득의 순위를 보전하면서 격차를 비례적으로 줄여서 위에서 아래로 시장소득을 재분배하는 가장

2　근로장려세제(EITC)는 세 개의 구간으로 이루어진다. 첫 구간은 점증구간으로서 노동소득이 늘어나면 날수록 소득지원도 늘어난다. 하지만 일정한 소득수준 이후부터는 노동소득이 늘어나도 소득지원은 더 이상 늘어나지 않는 평탄구간이 시작된다. 평탄구간을 지나면 노동소득이 늘어날수록 소득지원은 줄어드는 점감구간이 있다. 실업의 덫에 빠지지 않고 유급노동 참여를 통해 빈곤의 덫(poverty trap)에서 벗어나는 효과는 오직 첫번째 구간에서만 발생하는 셈이다. 물론 점증구간, 평탄구간, 점감구간을 구분하는 소득기준선을 높여서 설계할 수도 있다. 하지만 대개의 경우 근로장려세제는 점증구간을 벗어난다고 해도 근로장려금을 합친 소득은 여전히 생계수준 소득에 못 미치도록 설계되어 있다.

효과적인 방법이다. 간편하게 일체의 조세감면이 없고 모든 소득에 평률세(flat tax)로 과세한다는 가정 하에서 t%를 증세하여 전액을 1/n로 분배하면 지니계수(Gini coefficient)는 정확하게 t% 개선되는데, 이러한 개선효과는 수학적으로 증명 가능하며 소득분포와 상관없이 항상 성립한다(A. Miller, 2017: 245-246; 이건민, 2017). 만약 평률세로 과세하기만 하고 이를 1/n로 분배하지 않는다면 지니계수 개선 효과는 0%이며, 이와 반대로 소득원천에 따라 차등을 두어 자본소득에 대해서는 더 높은 세율을 적용하거나 근로소득에 대해 누진세율을 채택한다면 지니계수는 t%보다 더 많이 개선될 것이다. 따라서 소득재분배 효과에 대한 논증은 기본소득론의 중요한 일부를 이룬다.

그런데 기본소득 재정과 관련하여 가장 중요한 점은 소득재분배는 기본소득의 목적이 아니라 경제적 효과라는 점이다. 지금까지 존재했던 조세 기반 소득재분배 제도들과 기본소득의 차별성에 주목한다면 이 점은 쉽게 이해된다. 소득재분배는 조세의 일반적 기능 중의 하나이다. 과세와 이전지출을 통한 소득재분배는 과거에도 존재했으며 굳이 '모두의 몫은 모두에게'라는 공유부의 분배정의에 근거하지 않더라도 사회적 안정성이나 경제성장에서 근거를 찾아왔다. 고소득자가 더 많은 세금을 부담하여 저소득자에게 더 많은 혜택을 부여함으로써 세후소득 재분배 효과가 크게 나타날수록 사회적 안정성은 높아진다는 주장이나 과세와 복지지출을 통해 소득불평등을 완화할수록 성장에 유리하다는 주장이 대표적이다. 이러한 입장은 과세 및 지출의 타당성을 사회적, 경제적 효과의 관점에서 판단한다. 앞서 언급한 많은 연구들이 보여주듯이, 기본소득은 종래의 과세 및 이전지출보다 소득격차에 대한 시정 효과가 가장 확실하다. 하지만 기본소득 재정의 원리는 기본소득 방식의 이전지출이 소득격차와 불평등 완화에 가장 효과적이라는 점이 아니라 권리와 정의의 문제로부터 나온다. 무조건적, 보편적, 개별적 이전지출은 기본소득의 원천이 공유부라는 점으로부터 나오는 당연한 이전방식이다. 공유부의 분배에 조건을 달고 선별하는 것은 정당하지 않기 때문에 자산 심사에 따른 선별적 이전소득 형태로 분배하는 것은 정당하지 않다. 사회 전체의 차원에서 소득이 각자에게 각자의 성과에 따라 분배되려면 먼저 특정인의 성과로 배타적으로 귀속시킬 수 없는 모두의 몫은 개별적인 사회구성원 모두에게 조건 없이 되돌려져야 한다. 개별적인 노력이나 성과로 귀속시킬 수 없는 공유부의 크기가 GDP의 10%라면 10%를, 그러한 몫이 엄청나게 커서 거의 90%라면 90%를 모두에게 무조건적 개별적으로 배당해야만 공유부 분배정의가 실현된다.

물론 이 크기는 국가가 정한다. 조세법률주의에 따라 국회가 구체적인 공유부 세목과 세율을 결정하며, 이러한 결정으로 국민총소득에서 공유부의 크기가 정해지게 된다. 하지만 그 크기가 어느 정도이든 조세기반 기본소득은 공유부 과세를 통해 거둬들인 세수 전액을 무조건적, 보편적, 개별적으로 이전 지출함으로써 공유부 분배정의를 실현한다. 국가가 정하는 기본소득 재정규모는 국민총소득 중에서 시장소득 분배에 앞서 선분배되어야 할 공유부 몫을 정한다는 의미를 가지며, 이와 같은 선분배에 의해 소득 불안정성이 사전에 제거된다(Cole, 1935: 228, 231). 인공지능 개발과 데이터 기반 가치생산이 증대하고 있는 오늘날의 경제 현황은 기본소득, 곧 공유부의 무조건적, 보편적, 개별적 이전을 점점 더 중요하게 만들고 있다.

기본소득 특별회계: 공유부 세입과 기본소득 지출의 견련관계

기본소득의 재원은 공유부 과세이며, 세입은 전액 무조건적, 보편적, 개별적으로 이전 지출된다. 세입과 세출 간의 특별한 견련관계(牽聯關係)가 성립한다. 모두의 몫인 공유부 분배에 대해 조건을 달고 선별할 수 없다는 점이 이러한 견련관계의 근거이다. 세입과 세출의 견련관계를 확보하려면 기본소득 재정은 "특정한 세입으로 특정한 세출에 충당함으로써 일반회계와 구분하여 계리"(국가재정법 제4조)하는 특별회계로 관리하는 것이 타당하다. 특별회계에서 세입과 세출의 견련성은 단지 지출을 위한 세원을 특정해 둔다는 의미에서의 형식적 견련성에 지나지 않을 경우도 있다. 반면에 기본소득 특별회계는 내적 견련관계를 가진다. 내적 견련관계란 단지 특정 세입을 특정 세출에 충당한다는 형식적 견련관계보다 강한 견련성을 의미한다. 즉, 그것은 기본소득 이외에는 과세로 회수된 공유부를 분배하는 정당한 방식이 없음을 표현한다.

　반면에 총수입과 총지출을 단일 예산으로 편성하는 일반회계에서는 수입과 지출 간의 특별한 견련관계가 단절되며 모든 세수를 일괄하여 이로부터 일체의 세출이 책정된다. 만약 기본소득 재정을 일반회계로 관리하면 기본소득 재정의 특징인 세입과 세출 간의 견련관계가 단절되어 여러 가지 불필요한 오해가 발생한다. 일반회계에서는 기존의 공적 이전소득이든 기본소득이든 사회복지지출 항목 중의 하나로 취급되며, 그 차이는 오직 전 국민을 대상으로 조건 없이 개별적으로 지출하는가의 여부로만 표시되게 될 것이다.

　기본소득이 사회공공서비스나 기존의 현금복지를 구축하게 될 것이라는 우려는 현재의 세입을 고정적인 상수로 두고 부당한 예산제약을 두었기 때문이기도 하지만, 일반회계로 기본소득 재정이 관리될 경우에는 세입이 늘어난다고 가정해도 기본소득 지출의 증대가 다른 복지지출의 증대에 제약이 될 것이라는 염려가 생길 수 있다. 따라서 기본소득 재정은 특별회계로 관리하는 것이 공유부 분배의 취지에도 맞고 재정지출의 우선순위나 구축효과와 관련된 불필요한 오해와 갈등도 피할 수 있다. 기본소득 재정을 특별회계로 계리하기 위해서는 국가재정법 제14조에 따른 입법절차가 요구된다. 지자체 차원의 기본소득 재정도 지방재정법 제9조 상의 특별회계로 계리하는 것이 합당하고 이를 위해서는 조례 제정이 필요하다.

재정환상의 제거

기본소득 재정의 가장 중요한 특징은 거둔 세수 그대로 개별적인 사회구성원 모두에게 무조건적으로 1/n로 분배된다는 특징이다. 이러한 특성으로 인하여 기본소득 도입으로 추가 부담하는 세금과 지급되는 기본소득 액수를 누구나 명료하게 비교하여 명확한 손익계산을 할 수 있게 된다. 이는 과세와 혜택의 상관관계가 직접적으로 계산되지 않는 일반조세와 달리 기본소득을 위한 과세에서는 세금은 많이 내지만 혜택은 적다든지 또는 조세부담보다 많은 혜택을 받고 있다는 오해, 곧 재정환상(fiscal illusion)이 전혀 발생하지 않는다는 것을 뜻한다(강남훈, 2017: 16-17; 금민, 2020: 223).

재정환상의 제거는 기본소득 재정이 특별회계로 관리되는 경우에는 분명하지만 일반회계인 경우에는 불분명해질 수 있다. 그럼에도 오직 기본소득 도입을 위해서만 증세가 이루어졌다고 가정하면 일반회계에서도 최소한 원년에는 더 내게 된 세금과 기본소득으로 돌려받는 액수의 비교가 어렵지 않으며 분명한 손익계산이 가능할 것이다.

재정환상이란 재정 파라미터에 대한 체계적인 오해이다(Oates, 1988: 67). 재정환상이 사람들이 조세부담을 이해하지 못하게 해서 재정지출을 늘리는 방향으로 작용할 수도 있으며 반대로 재정지출의 편익을 이해하지 못하여 지출을 줄이는 방향으로 작용할 수도 있다. 어떤 경우이든 사람들은 과세와 지출을 균형 있게 이해하지 못한다.

특별회계로서 관리되는 기본소득의 도입은 사람들이 명확한 손익계산을 할 수 있도록 해 준다. 개별적인 납세자들이 명확한 손익계산을 할 수 있다는 점은 기본소득 재정의 크기에서도 재정환상이 제거된다는 것으로 이어진다. 사람들은 기본소득 도입에 대한 개별적 부담을 기본소득 특별회계로 인한 과세액에서 기본소득으로 돌려받은 금액을 뺀 금액으로 바라보게 될 것이다. 결과적으로 사람들은 기본소득에 필요한 과세 총액(총조세)이 아니라 기본소득으로 돌려받은 금액을 제하고 실제로 개별 시민들이 부담한 과세액의 총합(순조세)이 기본소득 도입에 필요한 비용임을 깨닫게된다. 곧 총조세로 기본소득 비용을 판단하는 재정환상이 제거된다.

기본소득의 명목비용과 순비용

과세와 이전의 연동, 특히 거둔 세수 그대로 모두에게 무조건적으로 1/n로 분배된다는 특징은 기본소득의 명목소요재정(명목비용)과 순소요재정(순비용)이 불일치하도록 만든다. 기본소득에 필요한 순비용(net cost)은 기본소득 지급총액보다 훨씬 적다(Widerquist, 2017).

기본소득의 순비용은 지급받은 기본소득 액수보다 더 많은 세금을 부담한 사람들이 추가로 부담한 액수의 합계이고, 이 규모가 기본소득으로 인한 재분배규모이다. Widerquist(2017)는 기본소득 순비용(N)을 기본소득(U)에서 시장소득(Y)에 세율(t)를 곱한 값을 뺀 값으로 표시한다.

$$N = U - (Y \times t)$$

엄밀하게 표시하자면, 전체 순비용(Total Net Cost: TNC)은 다음과 같다(금민, 2020: 396, 후주 8).

$$TNC = \sum_{i=1}^{N} [(Y_i \times t_i) - U_i], \ \text{if} \ Y_i \times t_i \geq U_i$$

여기에서 Y는 시장소득, t는 세율, U는 기본소득을 뜻한다. 전체 순비용(TNC)은 전체 순혜택(Total Net Benefit)과 같고(TNC=TNB), 이 규모가 재분배의 순규모이다.

기본소득의 순비용과 총비용(gross cost)의 차이는 원래 모두에게 선분배 되었어야 할 몫을 조세제도를 통해 재분배하기 때문에 발생한다. 기본소득 총비용은 명목과세액이다. 명목과세액은 개별 소득 중에서 모두의 몫에 해당하는 크기를 보여준다. 그런데 여기에는 납세자가 사회구성원으로서 이전받아야 할 1/n의 몫도 포함되어 있다. 즉, 납세자는 자신이 기본소득으로 돌려받게 될 것까지 포함된 공유부를 일단 세금으로 내고 그 중에서 1/n을 기본소득으로 돌려받는다. 만약 기본소득 지급액보다 더 많은 세금을 냈다면 원래 공유부로서 모두에게 무조건적 개별적으로 배당되었어야 할 선분배 소득보다 더 많은 몫을 시장소득으로 획득한 경우이며, 기본소득 지급액보다 세금을 적게 냈다면 반대의 경우이다.

그런데 기본소득 재원에는 과세 수입만이 아니라 과세외 수입도 있다. 과세 수입 역시 개인소득에 과세하는 내부재원만이 아니라 법인세와 같은 외부재원도 있다. 이를 종합적으로 고려하여 명목소요재정과 순소요재정의 관계를 표현하면 다음과 같다.

$$\sum_{i=1}^{n_1}(BI-Y_it_i) = \sum_{i=1}^{n_2}(Y_it_i-BI)+TEF$$

여기서 BI는 기본소득, Y_i는 개인 i의 소득, t_i는 개인 i가 직면하는 평균세율, n_1은 순수혜자들의 수, n_2는 순기여자들의 수, TEF는 외부재원총액(Total External Funding)이다.

이 모델에서 사회 전체의 명목소요재원은 $\sum_{i=1}^{N}BI+TEF$로 나타난다.

여기에서 N은 사회구성원의 숫자이고, 여기서 덧셈 부호의 왼편은 내부재원, 덧셈 부호의 오른편은 외부재원이다. 사회 전체의 순소요재원은 $\sum_{i=1}^{n_2}(Y_i t_i - BI) + TEF$ 으로 나타나며, 여기에서 덧셈 부호의 왼편은 내부재원, 덧셈 부호의 오른편은 외부재원이다.

기본소득 특별회계의 수입항목 총람

과세수입

기본소득 특별회계의 세입항목은 우선 지식소득세(사회가치소득세), 토지보유세, 빅데이터세 등 과세수입이다. 지역 상징자본 과세는 지방세로 걷고 재건축초과이득 환수금과 함께 기본소득 특별회계로 지자체 기본소득의 재정기반으로 삼는다. 탄소세의 경우 배당을 통하여 사회구성원 모두에게 무조건적, 개별적으로 이전 지출되지만 유도적·교정적 과세가 일차적인 도입 취지이며 배당은 이러한 취지를 뒷받침해 주는 수단이라는 점에서 기본소득 특별회계와 구별되는 별도의 특별회계로 관리하는 것이 좀 더 합리적이다. 탄소세를 원천세가 아니라 경제의 전 과정에 과세할 경우 최종 소비자는 소비에서 탄소세로 지출한 총액과 탄소배당으로 돌려받은 금액을 명확히 비교할 수 있고, 이는 탄소세의 지속가능성을 보장하게 된다. 반면에 토지보유세도 유도적·교정적 과세 기능을 가지지만 일차적 취지는 토지공유부의 배당이므로 기본소득 특별회계의 세입항목으로 편입하는 것이 타당하다. 시민소득세(사회가치세)의 과세방식은 사에즈와 주크먼(Saez and Zucman, 2019)이 제안한 '국민소득세'처럼 기존의 소득세와 별도로 이자소득, 배당소득, 임대소득을 포함하여 조세행정상 파악가능한 모든 종류의 소득원천에 평률세로 과세한다. 시민소득세는 개인소득이라는 내부재원(internal funding)에 대한 과세이지만, 과세의 성격은 지식공유부 과세 또는 사회(공동체)가치세로서 이 역시 공유부 과세이다.

아울러 기본소득 특별회계의 세입항목으로서 일반회계로부터의 전입을 열어둘 필요가 있다. 이는 두 가지 이유에서 필요하다. 하나는 현재의 역진적인 근로소득세 감면 제도를 폐지하고 이를 기본소득 재원으로 쓸 수 있는데(강남훈, 2019b; 유종성, 2018; 2020), 이럴 경우 조세지출(tax expenditure)이 줄어들고 과세기반이 늘어나서 59.4조 원의 세수가 확보된다. 유종성(2020)에 따르면, 2017년 근로소득세 세수는 34.7조 원이었지만 소득공제나 세액공제 감면 등이 없었다면 94.1조 원을 걷을 수 있었다고 한다. 즉, 조세감면이 세수의 1.7배인 59.4조 원에 달했는데, 그중에서 32.1%인 9조 1,000억 원의 감면혜택이 상위 10%에게 주어졌고(1인당 평균 1,061만 원), 하위 10%에게는 0.4%에 해당하는 2,600억 원(1인당 평균 15만 원)만이 주어졌을 뿐이다. 상위 10%의 조세감면 혜택은 근로빈곤층을 위한 근로장려금 1.7조 원의 11배이다. 물론 조세지출의 폐지는 각종 공제와 감면제도를 하나하나 따져보아야 한다. 하지만 적어도 기획재정부가 발표한 '2020-2024 국가재정운용계획'에 따라 정비대상으로 선정된 '적극적 관리대상' 항목인 25조 5천억 원에 대해서는 감면 폐지할 수 있다. '적극적 관리대상'은 고소득자에 한정된 세제혜택, 정책유도 기능이 만료된 세제혜택, 중첩 세제혜택에 따라 폐지가 필요한 조세지출이기 때문이다(대한민국정부, 2020).[3] 감면제

---

3   반면에 '구조적 지출'은 조세지출의 특성이 없는 항목으로 정비가 사실상 곤란한 항목이며 11조 5천 998억 원에 달하며, '잠재적 관리대상'은 특정성이나 대체가능성 중 한 요건이 충족되지 않아서 폐지가 어려운 항목으로서 총 19조 1천4 92억 원에 달한다. 25조 5천 76억 원에 달하는 '적극적 관리대상'은 특정성과 대체가능성을 충족하여 폐지 가능한 항목들이다.

도를 폐지하여 늘어난 세수를 기본소득 재정으로 쓰려면 일반회계로부터의 전입이 필요하다. 조세감면 폐지는 공유부 과세가 아니며 일반적인 세금 개혁이며 엄밀히 보자면 지출개혁이다. 즉, 조세감면 없이 명목세율과 실효세율이 일치하는 상태로 과세되었다고 가정하면, 조세감면은 과세 후 공적이전소득을 부여한 것과 마찬가지이다. 여기에서 중요한 점은 조세감면 폐지가 기본소득이라는 이전지출과 별도의 견련관계를 가지지 않는다는 점이다. 따라서 조세감면의 폐지로 생기는 세원은 기본소득 특별회계의 본원 세입이 아니다. 따라서 절약된 조세지출액이 기본소득 재원이 되려면 일반회계로부터의 전입을 열어둘 필요가 있다.

일반회계로부터의 전입을 열어 두어야 할 두 번째 이유는 기본소득 지급수준이 전년도보다 감소하는 상당히 예외적인 상황에 대비하여 소득최저선의 철회불가능성과 지속성을 담보하기 위해서이다. 불황기에는 공유부 세수도 줄어서 기본소득 지급금액이 줄어들게 될 것이다. 하지만 경기회복을 위해서는 기본소득 금액은 더 늘어나야 한다. 기본소득 지급금액도 경기대응적(Countercyclical) 조절이 필요하다. 불황기에 더 많은 기본소득을 지급하는 방법은 주권화폐제(sovereign money)의 도입(Huber, 1998: Creutz, 2002)이 유력한 대안이다. 주권화폐제도가 도입되기 전이라도 현재의 지급수준의 유지나 더 높은 금액의 지급이 가능한 또 다른 방법은 일반회계로부터의 차입이다.

일반회계로부터의 차입의 정당성은 넓은 의미의 공유부 개념으로부터 부여된다. 소득, 재산, 소비 등에 대한 과세에는 과거로부터 축적되어 온 지식, 정보, 기술, 제도 등 넓은 의미의 공유부에 대한 과세가 포함되어 있다. 따라서 특별회계의 세입 항목을 이루는 개별 공유부 과세만이 기본소득 재원의 모든 것은 아니다. 일반회계로부터 차입할 수 있다는 점은 토지보유세, 빅데이터세, 지식소득세(사회가치소득세), 탄소세 등 신규 세목만이 아니라, 앞서 3장에서 다루었듯이 기존의 조세에 대한 개혁을 통해 기본소득 재원을 마련할 수 있다는 뜻이다. 이뿐만 아니라 일반회계로부터의 차입은 기본 지출의 조정에 의해서도 이루어질 수 있다.

세외수입

1) 기본소득 재원으로서의 세외수입

세외수입은 정부의 세입예산 가운데 국세 이외의 수입을 말하는데, 이 가운데는 사회구성원 모두의 몫인 공유부에 근거한 수입들도 있기 때문에 그것들은 기본소득의 재원으로 전환할 수 있다. 또한 그러한 공유부에 근거한 세외수입을 확대함으로써 기본소득의 재원을 확대할 수도 있다. 따라서 세외수입 가운데 공유부에 근거한 것이 어떤 것이 있는지를 선별하고, 그것들을 확대하는 방안을 강구하는 것은 기본소득의 재원확보에 있어 매우 중요한 일이다.

한편, 현재의 세외수입 항목들이 현존하는 공유부 수익을 모두 포괄하고 있는 것은 아니다. 현재의 세외수입 중 공유부 수익은 토지와 건물 등 부동산에 편중되어 있다. 그러나 사회와 기술의 변화·발전으로 공유부의 영역도 토지나 천연자원과 같은 '자연적 공유부'를 넘어 점차 확대되어 왔는데, 사회구성원 모두가 공동으로 창출하는 소위 '인공적 공유부'가 그것이다. 인공적 공유부의 대표적 사례로 빅데이터를 들 수 있는데, 이와 관련해서는 앞 장에서 빅데이터와 그 수익을 전유하는 플랫폼 기업들에 대한 빅데이터세에 대해서 논의하기도 했지만, 조세 이외에 데이터를 통한 정부의 수익사업도 가능할 것이다. 이처럼 새로운 공유부 수익을 발굴하여 세외수입을 확대하면, 기본소득의 재원은 더욱 풍부해질 것이다.

이러한 관점에서 먼저 필요한 것은 기존의 세외수입 중 공유부 수익을 기본소득 특별회계로 편입하는 것인데, 이에 대해서는 뒤에서 상세하게 다루기 때문에 여기서는 생략한다. 대신 다음 항목에서는 기존 세외수입을 확대하는 방안과 새로운 공유부 수익사업을 발굴하여 기본소득의 재원을 확대하는 방안에 대해서 검토하고자 한다.

2) 기존 세외수입의 확대 방안

국유재산에 근거한 세외수입은 고정된 것이 아니며, 관리·운용 여하에 따라 확대될 소지가 다분히 있다. 실제로 세외수입 중 국유재산 수익의 대부분을 차지하고 있는 재산수입, 관유물 매각대 및 변상금 및 위약금의 추이를 보면, 지난 10년간 관유물 매각대는 2013년 이후 크게 감소한 반면, 재산수입은 전체적으로 증가세를 보여 2019년에는 약 3조 3,370억 원에 달하였고, 변상금 및 위약금도, 변동은 있지만, 최근에 증가세를 보이고 있다(〈표 5-1〉).

그렇지만 아직도 국유재산의 관리·운용이 크게 활성화되어 있는 것은 아니다. 우리나라 국유재산 관리의 기본방침은 해방 이후 크게 보아 3단계의 변천을 겪었다. 1단계는 1945~1976년의 시기로 해방 후 막대한 재정 소요를 충당하기 위해 국유지 매각에 중점을 두었고, 2단계는 1977~1993년의 시기로 경제발전으로 조세수입이 확대되면서 처분 위주에서 유지·보존 위주의 관리체계로 전환되었다. 1994년부터의 3단계에서는 소극적 보존정책에서 적극적인 국유지 확대·활용정책으로 기본방침이 선회되었고, 그 일환으로 2011년부터 매년 '국유재산 종합계획'을 수립하고, 2012년에는 국유재산관리기금을 설치하였으며, 2013년에 국유재산 중 일반재산에 대한 위탁관리를 한국자산관리공사(KAMCO)로 일원화하여 국유재산 관리의 전문화를 도모하고 있다. 그럼에도 불구하고 아직 국유지 개발 등이 활발한 편은 아니고, 여전히 소극적 통제 위주의 정책에서 크게 벗어나지 못하

<표 5-1> 일반회계 세외수입 추이(2010~2019)

(단위: 10억원)

구분	2010	2011	2012	2013	2014	2015	2016	2017	2018	2019
세외수입 합계	34,285	29,903	27,539	37,009	39,890	51,106	45,959	34,389	30,326	46,208
재산수입	1,461	2,614	2,775	3,298	1,889	1,989	2,734	3,270	3,770	3,337
관유물매각대	952	913	612	75	53	60	90	50	73	99
변상금 및 위약금	65	237	69	96	44	100	139	316	389	142

주: 결산 기준.

자료: 기획재정부(2019: 694~695).

고 있는 실정이다(오지윤 외, 2019: 15~16).

국유재산 관리·운용의 몇 가지 중요한 문제점을 지적하면 다음과 같다.

첫째, 우리나라 국유재산법이 포지티브 시스템을 따르고 있어 관리 특성별로 구체적인 시행령이 존재하며, 시행령에 따라서 사용료, 대부료 등을 별도로 징구하여 경제상황에 탄력적으로 반응하기 어렵다. 예컨대 국유재산 사용료의 요율은 시장이자율에 연동되는 것이 아니라 대통령령으로 정하는데, 용도 및 목적에 따라 개별적으로 사용료를 차등하고 있다. 더욱이 복지정책의 일환으로 (예컨대 소상공인에게) 사용료를 기본요율보다 할인해주는 경우도 많다. 이에 따라 명목 사용료는 5%이지만, 실제 국유 부동산 사용료는 민간 임대수익률보다 조금 낮은 수준에 머물러 있다(오지윤 외, 2019: 22~24).

둘째, 2018년에 최초로 실시한 국유재산총조사 결과 행정목적으로 활용하지 않는 유휴 행정재산이 전체의 8%에 달했다(오지윤 외, 2019: 24~25). 또한 2017년 기준으로 방치된 국유재산은 46.8㎢이며, 이는 전체 국유재산의 10.6%를 차지하고 있었으며, 이 가운데 무단점유 면적이 29.7㎢로 전체의 63.4%에 달하였다(2018년 국정감사, 조정식 의원), (프레시안, 2018. 10.

5장 재정개혁을 통한 재원조달 269

18.).[4] 이처럼 활용되지 않고 있는 국유재산이 광범하게 존재하고 있다.

셋째, 게다가 국유지를 무단으로 20년 이상 점유한 뒤 국가로부터 소유권을 이전받은 경우도 상당하여 지난 10년간 138건, 총 2만 1,295평에 달하였으며, 그 금액은 당시 시가로 114억 6,500만 원을 초과하고 있다(권은희 의원 조사), (이뉴스투데이, 2020. 9. 17.).[5]

넷째, 국유재산 중 일반재산을 위탁관리하고 있는 자산관리공사의 경우 2013~18년 동안 토지매각 가격이 민간에 비해 약 32%나 낮았다(오지윤 외, 2019: 68~69).

이러한 문제점들을 해소하는 방향으로 국유재산의 관리·운용이 효율화된다면, 국유재산 수익, 따라서 기본소득의 재원은 더욱 확대될 수 있을 것이다.

3) 신규 세외수입의 발굴

기본소득 재원을 확대하기 위해서는 기존 세외수입의 확대뿐 아니라 공유부 가운데 지금까지 수익을 창출하지 않던 영역에서 새로운 수익을 창출하는 것도 매우 중요하다. 왜냐하면 지금까지의 공유부에 근거한 세외수입은 국유재산 중 토지와 건물 등 주로 부동산 수익에 국한되어 있는데, 인류의 공유부에는 토지 외에도 매우 많은 것들이 있기 때문이다. 자연적 공유부만 하더라도 토지 외에도 각종 천연자원과 심지어는 공기와 물도 있는데, 이것들을 통한 수익은 없거나 매우 미미한 수준에 머물러 있다. 또 최근에 중요성이 더해가고 있는 빅데이터도 인공적 공유부로서 중요한 수익원이 된다.

---

4   https://m.pressian.com/m/pages/articles/214151 (검색일자 : 2020. 9. 24.).
5   http://www.enewstoday.co.kr/news/articleView.html?idxno=1415383 (검색일자 : 2020. 9. 24.).

물론 이러한 공유부의 수익을 민간이 독점하는 데 대해서는 일정한 세율로 과세함으로써 그 조세수입을 기본소득의 재원으로 삼을 수 있다. 앞에서 논의한 토지보유세나 빅데이터세 등이 그것이다. 따라서 여기서는 공유부에 대한 과세 이외에 공유부 수익을 확대함으로써 세외수입을 확대하는 방안을 모색해 볼 것이다.[6]

① 공공데이터 거래 수익

공공데이터는 국가기관, 지방자치단체 및 각급 공공기관이 법령 등에서 정하는 목적을 위하여 생성 또는 취득하여 관리하고 있는 광(光) 또는 전자적 방식으로 처리된 자료 또는 정보를 말한다(「공공데이터법」 제2조). 정부는 국민의 공공데이터에 대한 이용권을 보장하고, 공공데이터의 민간 활용을 통한 삶의 질 향상과 국민경제 발전에 이바지할 목적으로 공공데이터를 무상으로 공개하고 있다.[7] 이를 위해 2013년 7월 「공공데이터의 제공 및 이용 활성화에 관한 법률」(약칭 「공공데이터법」)을 제정하고, 민간의 공공데이터 활용을 지원하기 위해 정보화진흥원에 공공데이터활용지원센터를 설치하였으며, 이 센터가 공공데이터포털(www.data.go.kr)을 통해 공공데이터를 개방하고 있다. 2020년 9월 26일 현재 공공데이터포털에 공개된 데이터는 파일데이터가 35,262건, 오픈 API가 6,134건, 표준데이터가 120건으로 총 41,516건에 달한다.

정부는 공공데이터를 단순히 공개하는 데 그치지 않고, 공공데이터의

---

6   공유부 중에는 전승된 지식, 즉 역사적 공유부도 있는데, 이것은 소득을 낳는 경제활동의 기초가 되기 때문에 그에 대한 수익은 소득세의 형태로 과세할 수 있다. 따라서 세외수입을 논하는 여기서는 제외한다.

7   단, 보호가 필요한 개인정보, 제3자의 권리(저작권 등)가 포함된 정보, 국가 안보와 질서에 관련한 정보 등은 제외된다. 그리고 공공데이터라 하더라도 그것을 재가공하여 제공하는 경우에는 일정한 수수료를 받기도 한다.

이용 활성화를 위해 이용의 성공사례 발굴·포상 및 홍보, 이용 활성화를 위한 포럼 및 세미나 개최 등의 사업을 추진하고, 공공데이터를 활용한 창업을 촉진하고 창업자의 성장·발전을 위하여 필요한 지원도 할 수 있다 (「공공데이터법」 제14조).

이런 가운데 최근(2020. 7. 14.) 정부는 한국판 뉴딜 전략의 일환으로 디지털 뉴딜 추진을 천명하였는데, 디지털 뉴딜의 (4대 분야) 12개 과제 가운데 첫 번째 과제가 '데이터 구축·개방·활용'이며, 이를 구현하기 위한 구체적 사업의 하나로 '데이터 댐' 사업을 제시하고 있다. 그리고 그 내용 중에 2021년까지 개방 가능한 14만 2천 개 공공데이터 전체를 신속히 개방한다는 계획이 포함되어 있다(관계부처합동, 2020).[8] 이러한 상황으로 볼 때, 소위 4차 산업혁명 시대에 데이터의 중요성이 점점 더 커지는 가운데 정부의 공공데이터 개방도 더욱 가속화될 것이 확실해 보인다.

그런데 기본소득의 재원 확보라는 관점에서 본다면, 이 공공데이터를 무상으로 공개하는 것은 문제가 있다. 민간데이터와 달리 공공데이터는 사회구성원 모두가 데이터 생성에 관여하기 때문에 공공데이터는 한 사회의 인공적 공유부라고 할 수 있다. 그런데 이 공공데이터는 일반적인 공공서비스와 달리 이를 기업이 활용할 경우 생산의 원자재가 되며, 따라서 사적 이윤의 원천이 된다. 이렇게 볼 때, 사회구성원이 공동으로 생산한 데이터가 무상으로 기업에 제공되어 그 수익이 기업에 의해 전유되는 것은 정당하지 못하다. 민간 데이터가 유상으로 거래되는 것과 비교해 보면, 그 부당

---

8   이러한 공공데이터의 개방은 한국에서만 이루어지는 것은 아니다. 2013년에 G8 국가들은 정부자료공개(Open Gevernment Data) 전략의 집행을 위한 'G8 오픈 데이터 헌장' (G8 Open Data Charter)을 채택하여 각국 정부의 데이터 공개를 지원하고자 하였다. 이 헌장은 5개의 원칙을 규정하고 있는데, 1) 데이터 자동공개, 2) 다량의 질 좋은 데이터, 3) 누구나 사용 가능, 4) 거버넌스 개선을 위한 데이터 공개, 5) 혁신을 위한 데이터 공개와 이러한 원칙의 시행을 지도할 3개의 공동조치 등이 그것이다(OECD, 2015: 185).

함이 잘 드러난다. 따라서, 앞으로 중요성이 커지는 데이터산업의 육성과 지원이라는 명분은 이해한다 하더라도, 공공데이터를 영업 목적으로 활용하는 경우에는 민간데이터보다 낮은 가격으로라도 유상으로 제공하는 것이 정당하며, 이 공공데이터 거래 수익을 기본소득의 재원으로 전환하는 것이 합당하다. 물론 구체적인 요금 부과방식은 유연하게 적용할 수 있을 것인데, 예컨대 창업 기업의 경우 초기의 어려움을 감안하여 이윤 발생 이후에 공공데이터 요금을 징수하는 방법도 고려할 수 있을 것이다.

이와 관련된 의미 있는 사례는 2020년 초에 실시된 경기도의 '데이터배당'이다. 경기도는 2019년 4월부터 31개 시·군과 함께 경기 지역화폐를 발행하기 시작하였는데, 이 지역화폐 가운데 카드 거래 내역 데이터를 민간에 판매하여 그 수익을 지역화폐 카드 사용자에게 균등하게 배분한 것이다.

좀 더 구체적으로 살펴보면, 데이터배당의 지급 대상은 경기도 지역화폐를 발행하는 31개 시·군 가운데 데이터배당에 동의하는 20개 시·군의 지역화폐(카드) 소지자 가운데 2019년 4월 1일~12월 31 중에 사용실적이 있는 사람이다. 재원은 카드 운영사가 보유하고 있는 지역화폐 카드 거래 내역 가운데 데이터배당에 동의한 시·군의 데이터를 익명 처리하여 민간(대학 1, 민간연구소 1)에 판매한 금액(43,316,880원)으로 마련되었다. 이 금액을 2020년 2월 하순에 위 대상자에게 균등하게 배분하여 각 120원씩 지급한 것이다(경기도청 경제실, 2020).[9]

이 경기도 데이터배당은, 위에서 본 바와 같이 공공기관이 작성한 '공공데이터'는 아니지만, 다수의 사회구성원이 공동으로 참여한 데이터라는

9　31개 시·군의 지역화폐 카드는 총 455,942개였는데, 데이터배당에 동의한 시·군의 카드는 360,974개, 부동의한 시·군의 카드는 94,968개였다.

공유부의 거래에서 발생한 수익을 기본소득으로 지급(배당)한 세계 최초의 사례로서 큰 의미가 있다. 이 사례를 볼 때, 공공데이터도 민간에 판매하여 그 수익을 기본소득의 재원으로 전환하는 것은 충분히 가능하고, 또 필요한 일이라 할 수 있다.

그렇다면, 공공데이터의 거래를 통해 어느 정도의 수익을 얻을 수 있을지 개략적으로나마 추산해보자.

시장에서 데이터의 가격은 통상 원가(Cost), 고객(Customer), 경쟁(Competition)이라는 세 가지를 주된 고려 요소로 하여 정부정책과 경제적 환경 등에 의해 결정된다. 아울러 데이터 자체를 제공할 경우와 서비스(가공)를 통해 제공하는 경우에 가격이 다를 것이고, 제공 건수나 접속시간 등에 따라 차등적으로 부과하는 종량제와 데이터 사용량과 무관한 정액제도 있다(한국데이터산업진흥원, 2020). 따라서 현시점에서 공공데이터의 가격이 얼마라고 일률적으로 단정하기는 힘들다.

대신에 민간 데이터시장의 가격 현황을 참고할 수 있는데, 2019년에 데이터바우처[10]에서 데이터를 판매한 기업 76개사를 대상으로 조사한 데이터 가격 현황은 〈표 5-2〉와 같다.[11]

이 데이터 가격 가운데 평균값을 적용하여 현재 공개된 공공데이터 41,516건의 수익을 추산해볼 수 있을 텐데, 문제는 이 가운데 정형데이터, 비정형데이터, '분석 및 기타 데이터'가 각각 얼마나 되는지 알 수 없다는 것이다. 따라서 일단 모든 공공데이터가 정형데이터라고 가정하면, 41,516(건)×246원 = 약 1천만 원이 공공데이터 수익이 된다. 이것은 현시점에서 공공

---

10 데이터바우처 지원사업은 국내 데이터의 유통·거래와 활용을 높이기 위해 데이터산업 진흥원이 실시하는 사업이다.

11 데이터가격은 과금체계에 따라 종량제와 정액제가 있지만, 정액제로는 공공데이터의 가격을 추산하기 힘들기 때문에 종량제 가격 현황만 참고하고자 한다.

<표 5-2> 2019년 평균 데이터 가격(종량제)

(단위: 원)

구분	정형데이터	비정형데이터	분석 및 기타 데이터
최대값	1,100	300,000	3,000,000
평균값	246	74,341	644,846
중간값	100	18,600	100,000
최소값	1	100	3,000

자료: 한국데이터산업진흥원(2020: 44).

데이터 제공으로 얻을 수 있는 최소 수익이 될 것이다. 다음으로, 다소 비현실적이기는 하지만, 현재의 공공데이터 전체가 비정형데이터이거나 '분석 및 기타 데이터'라고 가정하면, 공공데이터 수익은 각각 약 30억 원(41,516건×74,341원), 약 268억 원(41,516건×644,846원)이 될 것이다. 물론, 앞에서 언급했듯이, 기업 이용자에게만 유상으로 거래한다고 하면, 수익은 이보다 적어질 것이다.

그렇지만 앞으로 공공데이터가 더욱 많아지면, 공공데이터 수익도 점차 증가할 것이다. 예컨대 2021년까지 14만 2천 개의 공공데이터를 개방한다면, 위와 같은 방식으로 추산할 경우 최소 142,000(건)×246원 = 약 3,500만 원에서 106억 원 또는 916억 원의 수익을 낼 수 있을 것이다.

물론 이 금액은 정확한 금액이 아니고, 또 그다지 큰 금액도 아니지만, 어쨌든 국민 모두의 공유자산인 공공데이터를 유상으로 거래하면 소액이라도 기본소득의 재원을 확충할 수 있을 것이다.

② 자연공개념을 통한 수익

4장에서 공유부 기반 신규 세목을 다루면서 토지보유세와 탄소세에 대해 논하였는데, 자연적 공유부, 즉 자연에는 토지와 공기만 있는 것이 아니다. 자연은 크게 다음 세 가지로 나누어 볼 수 있다(김윤상, 2018: 74~76).

첫째, 토지와 같이 위치와 존재량이 고정되어 있는 것이 있다. 이러한 자연에 대한 수요가 늘면 경쟁이 생기고, 그에 따라 지대가 발생한다. 그리고 이를 특정인이 독점적으로 사용하면 타인을 배제하는 결과가 발생한다. 토지 외에 전파대역과 위성궤도도 여기에 해당한다.

둘째, 광물, 석유, 천연 동식물, 오존층과 같은 천연자원이 있다. 이 자연은 부존량이 한정되어 있어서 특정인의 독점적 사용이 타인을 배제할 뿐 아니라 부존량을 고갈시켜 후손도 배제한다.

셋째, 공기와 물처럼 오염대상이 되는 자연이다. 이는 특정인의 사용이 타인을 배제할 뿐 아니라 오염으로 인해 타인과 후손에게 피해를 주고 원상회복에 비용이 든다.

이렇게 볼 때, 자연에 대한 독점적 사용은 타인과 후손을 배제하거나 자연을 고갈시키거나 오염을 통해 타인에게 피해를 주기 때문에 자연의 사용자에게서 그에 상응하는 대가를 환수하고,[12] 이 환수액 가운데 일부(자원 대체비용과 환경 회복비용 등)를 제외하고 사회구성원 모두에게 기본소득으로 지급하는 것이 정당하다. 이러한 자연의 종류와 대가의 성격을 요약하면, 〈표 5-3〉과 같다.

그렇다면 구체적으로 어떤 자연자원으로부터 어떤 수입을 거둘 수 있을지 생각해보자.

첫째, 위치와 존재량이 고정되어 있는 토지, 주파수대역, 위성궤도 등의 사용에 지대를 부과하는 것이다. 토지에 대해서는 4장에서 토지보유세를 논하고 있기 때문에 여기서는 생략하고, 주파수대역에 대해 좀 더 살펴보자.[13]

---

12   자연에는 이 밖에 햇빛과 바람도 있는데, 이것들은 존재량이 무한하고, 타인을 배제하지도 않으며, 오염을 발생시키지도 않기 때문에 사용의 대가를 환수할 필요가 없다.

13   위성궤도도 인류의 공유자산임은 분명하지만, 우주공간은 '영유 금지의 원칙'에 따라 개

〈표 5-3〉 자연의 종류와 대가의 성격 구분

대상	사용 결과	형평 비교 대상	환수액의 내용
토지	배제	타인	지대
천연자원	배제 + 고갈	타인 + 후손	지대 +고갈 피해액 + 자원대체 비용
환경	배제 + 오염	타인 + 후손	지대 +오염 피해액 + 환경회복 비용

자료: 김윤상(2018: 76).

주파수대역은 2011년부터 통신 3사에 경매를 통해 할당되고 있는데, 낙찰가는 2011년 1조 7,015억 원, 2013년 2조 4,238억 원, 2016년 2조 1,106억 원, 2018년 3조 6,183억 원이었다. 이 수입은 정보통신진흥기금에 55%가, 방송통신발전기금에 45%가 배분된다.[14]

그런데 이 수입은 공유부 수익임에도 불구하고 위 두 기금의 용도는, 일부 공익적 목적도 있지만, 일부는 '인력 양성 사업'이나 '방송통신콘텐츠 제작·유통 및 부가서비스 개발 등 지원', '방송통신광고 발전 지원' 등 방송사나 통신사들이 부담해야 할 비용도 부담하고 있다.[15] 따라서 주파수대역 경매수입 중 적어도 일부는 국민 모두에게 지급할 기본소득의 재원으로 전환되어야 한다.

별 국가가 소유권을 주장할 수 없는 상황이고, 궤도 사용료에 관한 국제협약도 존재하지 않는다. 다만, 최근에 미국의 연구팀이 우주 쓰레기 문제를 해결하기 위하여 국제협약을 통해 궤도 사용료를 받자는 제안을 한 바 있다(서울신문, 2020.5.27.)(http://www.seoul.co.kr/news/newsView.php?id=20200528025001). 이런 상황이어서 기본소득 재원으로서 위성궤도 사용료에 관한 구체적인 제안을 제출하기는 어렵다.

14   나무위키 '주파수 경매' 항목 참조. https://namu.wiki/w/%EC%A3%BC%ED%8C%8C%EC%88%98%20%EA%B2%BD%EB%A7%A4#fn-11 (2020.10.30. 검색).

15   한국방송통신전파진흥원 홈페이지(https://www.kca.kr/contentsView.do?pageId=www.149: 2020.10.30. 검색)

둘째, 국민 모두의 공유부인 천연자원에 대해서는 1948년의 제헌헌법에서와 같이 국가가 소유권을 갖는 것이 정당하다.[16] 그러나 1954년의 2차 개헌(사사오입 개헌)으로 현재와 같이 그 채취·개발 또는 이용을 특허할 수 있는 것으로 변경되었다. 따라서 천연자원을 다시 국유화하는 것이 필요하다.

그런데 국유화 이전에 현행 체제에서도 천연자원으로부터의 공유부 수익을 확대할 수 있다. 현재는 민간에 면허를 주어 천연자원을 취득한 자에게 소유권을 인정하고 있는데, 자원의 종류에 따라 면허료가 너무 낮거나 없는 경우도 있기 때문에, 면허료를 인상하거나 신설할 필요가 있는 것이다.

먼저, 석유를 제외한 광물에 대해서는 광업권(탐사권, 채굴권)의 출원과 허가를 통해 광업권이 설정되는데(「광업법」), 이때 광업권 등록을 위해 납부하는 등록면허세(지방세)는 탐사권, 채굴권, 조광권 설정에 대해 135,000원(지방교육세 별도)에 불과하다.[17] 또 「수산업법」과 「내수면어업법」에 따라 어업권을 등록할 경우 어업권 설정으로 어업권 원부에의 최초등록에는 등록면허세가 부과되지 않고, 그 이후의 이전 및 기타 등기에만 등록면허세가 부과된다. 즉, 어업권 이전의 경우 상속에 건당 6,000원, 그 밖의 원인으로 인한 이전에 건당 40,200원이 부과되는데 불과하다. 또 「야생생물 보호 및 관리에 관한 법률」에 따른 야생동물에 대한 수렵 면허수수료는 1만 원에 불과하다(「시행규칙」). 이상 공유부인 광물, 야생어류, 야생동물로부터의 수익을 면허를 받은 자가 독점하는 데 대한 면허료는 그 금액이 너무 적어

---

16 "광물 기타 중요한 지하 자원, 수산 자원, 수력과 경제상 이용할 수 있는 자연력은 국유로 한다"(제85조).

17 이 밖에 광구 증구나 광구 상속 등에 대해 등록면허세가 다른데, 자세한 것은 「지방세법」 제28조 참조.

<표 5-4> 광업권과 어업권의 취득세 및 등록면허세 징수실적

(단위: 건, 천원)

	2016		2017		2018		2019	
	건	세액	건	세액	건	세액	건	세액
취득세								
광업권	33	157,878	29	272,330	24	200,391	34	515,604
어업권	867	734,071	787	718,599	750	903,131	885	805,236
등록면허세								
광업권	1,157	104,811	1,048	101,975	1,058	103,209	921	95,247
어업권	2,154	29,030	2,080	27,524	2,278	28,478	2,249	31,553

자료: 행정안전부, 『지방세통계연감』, 각년도.

서 행정비용 충당 정도에 불과하고, 국민 모두의 몫을 부담하기에는 너무 적다. 따라서 이들 면허료는 인상될 필요가 있다. 게다가 많은 나라에서 도입하고 있는 낚시나 천렵에 대한 면허제도는 아직 도입되어 있지 않은데, 환경과 어족 보호를 위해서도 낚시·천렵 면허제도를 도입할 필요가 있다. 참고로 최근 4년간 광업권과 어업권의 취득세 및 등록면허세(등록분)의 징수실적은 〈표 5-4〉와 같다.

셋째, 오염대상이 되는 공기와 물에 대해 살펴보자. 먼저, 현재 공기 오염에 대해서는 휘발유와 경유에 부과하는 교통·에너지·환경세, 먼지·황산화물·질소산화물 등의 대기 오염물질을 배출하는 사업자에게 부과하는 대기배출금부과금과 통합배출부과금, 경유 자동차 소유자에게 부과하는 환경개선부담금 등 여러 조세와 부담금이 부과되고 있다. 이 가운데 교통·에너지·환경세는 앞에서 탄소세와의 통합을 제안한 바 있는데, 환경개선부담금도 경유 자동차 소유자에게 부과하는 것인 만큼 탄소세와 통합하여 탄소배당의 재원으로 사용하는 것이 적절할 것이다.

반면 대기배출부과금은 탄소세와 별도로 부과할 필요가 있는데, 현재

배출 허용기준이 너무 높고,[18] 배출량에 대한 부담금 부과계수도 낮아서, 게다가 부과금의 징수액이 부과액에 비해 적어서 오염물질의 배출을 억제 하는 기능을 거의 하지 못하고 있다는 전문가들의 지적이 많다. 따라서 배 출 허용기준도 낮추고, 부담금 부과계수도 높이고, 적극 행정으로 징수율 도 높여서 배출부과금을 확대할 필요가 있다. 그리고 현재 배출부과금 수 입은 환경부 환경개선특별회계의 재원으로서 환경개선 사업이나 환경오염 방지시설 설치 등에 사용되는데, 배출부과금을 확대하여 일부는 기본소득 의 재원으로 전환할 필요가 있다. 참고로 최근 5년간 대기배출부과금 현황 은 〈표 5-5〉와 같다.

다음으로 물과 관련해서는 물의 이용에 대한 부담금과 물의 오염에 대 한 부담금이 부과되고 있다. 물의 이용에 대해서는 공공의 지하수자원을 보호하고, 먹는 물의 수질개선에 기여하게 하기 위해 먹는 샘물 등의 제조 업자 및 수입업자에게 부과하는 수질개선부담금(m3당 2,200원), 상수원 관 리를 위해 물 이용자들에게 부과하는 물이용부담금(한강수계, 금강수계, 낙 동강수계, 영산간·섬진강수계), 지하수의 개발·이용자에게 부과하는 지하수 이용부담금 등이 있다. 또 물의 오염과 관련해서는 폐수의 배출 허용기준 을 초과하거나 수질 오염물질을 배출하는 사업자에게 수질배출부과금과 통합배출부과금이 부과되고 있다.

이것들은 각각 여러 가지 문제점들을 갖고 있다. 예컨대 샘물의 수입업 자에게도 수질개선부담금을 부과하는 것은 근거가 약하며, 생수의 급격한 확대로 인해 먹는 샘물의 고갈 우려에도 불구하고 수질개선부담금이 계속

---

18 대기오염물질을 배출하는 모든 사업자에게 기본부과금을 부과하고, 배출 허용기준을 초 과하여 대기오염물질을 배출하는 사업자에게 초과부과금을 부과하기 때문에, 배출 허용 기준이 높으면 초과부과금이 적어진다.

<표 5-5> 대기배출부과금 현황

(단위: 건, 백만원, %)

연도	부과		징수		징수율 (B/A)
	건수	금액(A)	건수	금액(B)	
2019	1,543	10,858	1,520	10,927	100.6
2018	1,463	9,715	1,610	7,181	73.9
2017	1,241	8,638	1,153	8,300	96.1
2016	1,076	14,328	1,066	12,179	85.1
2015	1,687	9,616	1,700	8,396	87.3

주: 통합배출부과금은 2017년부터 시행되었지만, 아직 실적이 없음.

자료: 기획재정부(2020c: 337).

인하되어 온 점,[19] 물을 이용해 수익을 얻는 음료·주류 제조업자들의 수질 개선부담금에 비해 수돗물 이용자들이 부담하는 물이용부담금이 부당하게 많다는 점[20] 등등이 문제로 지적되고 있다. 또 지하수이용부담금의 경우 부담금의 산정단가도 수자원 이용과 관련된 각종 부담금 중에서 가장 낮으며, 면제대상이 지나치게 많아 실효성이 낮고, 부담금의 지하수관리특별회계 편입이 의무가 아니어서 다른 용도로 사용되는 등의 문제점이 있다(조만석 외, 2017). 또 수질배출부과금의 경우 징수율이 환경 관련 부담금 가운데 가장 낮은 점, 기본배출부과금과 초과배출부과금의 오염물질 종류가 달라서 규제에 사각지대가 발생하는 점 등의 문제점이 있다(민동기, 2009).

따라서 물 이용과 오염에 대해 이상의 문제점들을 개선하여 부과금 수입을 확대함으로써 그 일부는 기본소득의 재원으로 전환할 필요가 있다. 참고로 최근 5년간 수질배출부과금 현황은 <표 5-6>과 같다.

---

19 워터저널(2020.1.2.).

20 이그린뉴스(2015.1.26.).

<표 5-6> 수질배출부과금 현황

(단위: 건, 백만원, %)

연도	부과		징수		징수율 (B/A)
	건수	금액(A)	건수	금액(B)	
2019	2,883	108,079	1,864	10,791	10.0
2018	2,618	72,505	1,748	8,804	12.1
2017	2,937	66,219	1,823	8,305	12.5
2016	2,590	69,774	2,000	10,301	14.8
2015	2,625	76,877	1,948	8,492	11.0

주) 통합배출부과금은 2017년부터 시행되었지만, 아직 실적이 없음.

자료: 기획재정부(2020c: 353).

공유부 기본소득기금

앞에서 이미 기존 세외수입의 확대와 신규 세외수입의 발굴 방안을 구체적으로 검토했다. 국유재산의 관리 운용의 개선은 기존 세외수입을 확대할 것이다. 신규 세외수입의 발굴은 대표적으로 공공데이터 거래수익 및 자연공개념을 통한 수익을 들 수 있다. 자연공개념을 통한 수익이란 전파대역과 위성궤도의 경매수입, 천연자원의 면허료, 취득세 및 등록면허세 수입, 공기와 물 등에 대한 환경부담금 등을 뜻한다. 이러한 세외수입들은 기본소득특별회계의 수입 항목에 들어가야 한다. 이와 같은 세외수입들이 기본소득 특별회계에 편입되기 위하여 어떠한 방식으로 제도화되어야 하는지를 다뤄야 한다. 여기서 제시되는 공유부 기본소득기금과 다음 항목에 제시되는 기본자본풀 및 기본지분은 인공적 공유부 및 자연적 공유부 수익이 기본소득 특별회계에 편입되기 위한 제도적 장치들이다.

국가의 역할

조세형 기본소득 모델에서 국가의 역할은 조세추출기구이자 소득이전기구의 역할을 넘어서지 못한다. 국가는 기본소득 재정에 대해 재량권을 가지지 않으며, 기본소득을 위한 조세수입은 국가의 일반적 재정지출과 독립적으로 특별회계로 관리된다. 하지만 기본소득 특별회계의 수입에는 조세수입만이 아니라 과세외 수입도 있고 여기에서 공유부 기본소득기금의 수익은 큰 비중을 차지하게 될 것이다. 공유부 기본소득기금이 수익을 내려면 합리적인 운영이 중요하다. 여기에 대해서는 국가의 적극적인 역할이 요구된다.

공유부 기본소득기금은 국공유재산을 직접 출연하거나 수익을 지속적으로 출연하는 방법으로 조성된다. 어떤 경우이든 기금수익은 국공유재산의 운용에서 나올 것이기 때문에 국공유재산의 비즈니스 모델의 개발이 필요하다. 유영성과 천우정(2020)은 국유재산 수익에 대한 국민 모두의 수익배당권을 도입하는 법률개정을 전제로 운용수익을 증대하기 위하여 ① 아파트 공공개발과 공유주거, ② 공유주방, ③ 스마트팜과 태양광발전, ④ 옥외광고 수익 확대, ⑤ 휴양림 운용 수익 배당권, ⑥ 물류창고 운용 수익 배당권 등을 제안한다. 나아가 ⑦ 지자체 소유의 공유재산의 무상사용을 제한하기 위하여 「국유재산특례제한법」과 동일한 취지의 「공유재산특례제한법」을 제정할 것을 제안한다. 지자체 공유재산의 무상사용 건수는 한해 평균 4,800여 건이고 이를 유상으로 환산할 경우에 2016년 기준으로 연간 2,613억 원의 수입이 생기는데 이를 기본소득 재정으로 돌리자는 것이다. 유영성과 천우정(2020)은 36개의 공기업, 93개의 준정부기관, 65개의 연구목적 공공기관을 포함하여 210개의 기타공공기관(국회예산정책처, 2019)의 수입도 기본소득 재정으로 돌리자고 제안한다. 이렇게 되면 2018년 기준으로 8,588억 원에 달하는 정부출자수입(대한민국정부, 2019)이 기본소득 특별회계의 수입이 된다. 그밖에도 공공클라우드 데이터 사용료, CPC 광고수익, 하이퍼튜브 운용수익, 전기자동차 충전 수입, 전파사용료 수익 등을 기본소득 재원으로 돌려서 국민 모두가 배당권을 가지도록 하자고 제안한다. 이 연구에서 제안된 사례들 및 세외수입 이외에도 국공유재산의 활용에 의한 더 많은 수익 모델을 개발할 수 있을 것이다.

유영성과 천우정(2020)의 연구 또는 세외수입에서 열거한 사례들은 기본소득 재정의 다각화 가능성을 타진하는 시론적 모색이다. 주목할 점은 재정 다각화란 기본소득의 지급의무주체인 국가 기능의 다각화를 뜻한다는 사실이다. 조세형 기본소득 모델에서 국가는 시장소득의 일차적 분배에 개입하지 않는다. 지급의무자로서 국가는 재정 마련을 조세기구에 의존한다. 이처럼 국가기능이 정태적인 한에서 기본소득의 선분배적 성격은 은폐되며 단순한 소득재분배 제도로 이해되게끔 한다. 국공유재산의 출연으로 이루어지는 공유부 기본소득기금의 경우에 지급의무자로서 국가는 시장소득의 조정자가 아니라 기금 투자를 통해 자원을 배분하는 적극적인 경제행위자로서 자리매김한다. 물론 이 경우에도 강조할 필요가 있는 점은 배당권은 개별적인 국민 모두가 가지고 있다는 점이다. 공유부 기본소득기금 수익에 대하여 국가는 배당을 할 것인가 말 것인가의 재량권을 가지고 있지 않다. 국가의 재량권은 배당과 재투자의 비율을 정하는 정도를 넘어서지 않는다. 하지만 이는 민간 주식회사에서도 마찬가지이다. 민간 주식회사와 마찬가지로 국가도 배당 수입을 증대시키기 위해 수익 모델을 개발해야 한다. 공유부 기본소득기금은 국가가 시장경제에 행위자로 참여하는 혼합경제모델의 한 축이다. 그런데 공유부 기본소득기금이 전통적인 공기업과 본질적으로 다른 점은 배당수익의 처분 문제이다. 즉, 수익에 대하여 무조건적, 보편적, 개별적 배당이 이루어진다는 점이야말로 기존의 공기업과 다른 점이다(금민, 2020: 115).

국민 모두의 배당권과 미래산업에 대한 공유지분권

공유부 기본소득기금의 원형은 알래스카 영구기금(Alaska Permanent Fund)
이다. 알래스카 영구기금은 전 세계 60개 국가나 주에서 설치된 국부펀드[21]
중에서 주민 모두에게 배당하는 유일한 예외이다(Cummine, 2011: 2). 기본
소득으로 배당하지 않는 이유는 다음과 같다. 수익이 소비되는 것보다 투
자될 필요가 있다는 '반소비 반론'(Anticonsumption objection), 기본소득으
로 지급할 경우 주당 수익이 감소한다는 반론(Diluted Returns objection),
수익 전액을 배당하면 자원 덕택에 급성장한 국가가 자원의 저주에 빠져드는
것과 유사한 문제가 나타날 것이라는 '기술적 우려에 따른 반론'(Technical
Concerns objection), 국부펀드는 개개인이 아니라 집단으로서의 국민 전체
를 위한 저축이라고 보는 '저축 필요성에 따른 반론'(Savings objection)이
제기된다(Cummine, 2011; 곽노완, 2020: 604-606). 소비보다 투자가 중요하
다는 '반소비 반론'은 주로 자원의존성이 강한 경제를 가진 국가들에서 나
타난다(Cummine, 2011: 4). 당장은 부유하더라도 자원의 고갈성을 염두에
둔다면 기금 수익을 다른 곳에 투자하는 것이 합리적이다. 하지만 '반소비
반론'이 일관되려면 기금 수익은 어떤 경우에도 정부의 재정지출로 사용할
수 없고 다시 투자되어야 한다. 수익의 일정 부분은 투자되더라도 일정 부
분은 정부예산에 편입된다면, 이 문제는 정부가 소비하는가 또는 개별 시
민이 소비하는가의 문제로 변한다. 물론 이 문제를 투자와 소비의 선택권

---

21 알래스카, 아부다비, 사우디아라비아, 노르웨이, 캐나다 알버타 주처럼 석유에 기반한
국부펀드가 전형적인 사례이지만 구리에 기반한 칠레, 다이아몬드에 기반한 보츠와나,
인산염에 기반한 키리바티 등의 사례도 있다(Flomenhoft, 2012).

을 개별 시민이 가지는가 또는 정부가 가지는가의 문제(Cummine, 2011: 5; 곽노완, 2020: 605)로 단순하게 취급할 수는 없다. 기본소득으로 배당되는 수익은 대부분 소비될 가능성이 높은 반면에 배당하지 않고 투자하면 더 많은 수익을 낳을 수도 있기 때문이다. 하지만 두 가지 점에서 '반소비 반론'은 한국에서 조성할 공유부 기본소득기금에 적용될 수 없다. 공유부 기본소득기금에 출연할 국공유재산의 대다수는 고갈자원이 아니라는 점과 근본적으로 소비를 하든 투자를 하든 공유부에 대한 처분권은 개별적 국민 모두에게 있다는 점이다(Rankin, 2019; 2016). 국민을 대리하여 국가가 기금 수익에 대해 일정 몫을 투자한다는 제약을 걸 수는 있지만 배당을 아예 배제할 수는 없다. 알래스카 영구기금도 수익의 50.7%를 배당으로 지급하지만 49.3%는 투자하여 기금 크기를 늘려왔다. 이는 주당 수익이 감소할 것이라는 반론도 타당하지 않음을 보여준다. '기술적 우려에 따른 반론'은 배당 그 자체에 대한 반론은 아니기 때문에 투자비율과 배당비율을 경기상황에 맞춰 운용하면 해결될 것이다(곽노완, 2020: 606). '저축 필요성에 따른 반론'은 국부펀드를 주로 고갈이 예상되는 연금재원을 충당하기 위해 저축하자는 주장이다. 여기에 대해서는 기본소득의 도입이 공적 연금제도를 아예 불필요하게 만들지는 않겠지만 굳이 연금기금 고갈을 대비하여 국부펀드 수익을 저축할 필요성은 줄어든다는 반론이 가능하다.

공유부 기본소득기금의 수익에 대한 개별적 국민 모두의 배당권은 보장되어야 한다. 물론 이는 기금수익을 투자 재원으로 사용해서는 안 된다는 뜻이 아니다. 알래스카 영구기금처럼 50%는 직접 배당하고 50%는 투자하는 것이 좋다. 투자로 기금 수입이 늘어나면 기본소득으로 배당하는 금액도 커진다. 아울러 공유부 기본소득기금을 그린뉴딜이나 데이터뉴딜 사업에 투자한다면 산업 재편에도 기여하면서 공적자금이 고용유발성이 낮은 신산업에 투자될 때 나타나는 자원배분의 역진성도 줄일 수 있다. 상장

주식의 50%를 국가지분으로 하고 수익을 국민 모두에게 배당하는 미드 (Meade, 1989)의 공유지분권 모델에는 소유권 혁명이 전제되어 있다. 하지만 공유부 기본소득기금의 미래산업에 대한 투자를 통해 급격한 소유권 혁명 없이도 성장 잠재력이 있는 산업의 지배구조를 점차적으로 공유지분권 모델로 바꿔갈 수 있다. 이러한 방식의 공유지분 확대는 공유부 기본소득기금뿐만 아니라 정부의 재정지출에 대해서도 확대될 필요가 있다. 예컨대 정부가 스타트업을 육성할 때 지원자금에 상응하는 지분을 확보하고 이를 공유지분(common equity)으로 보아 지분 수익을 기본소득 특별회계에 전입하는 방식이다.

기본자본풀과 기본지분

기본자본풀

공유부 기본소득기금이 투자하여 지분을 획득하면 지분권은 공유부 기본소득기금이 가진다. 공유부 기본소득기금의 투자수익이 국민 모두에게 기본소득으로 배당될 뿐이지 개별 국민이 투자지분에 대한 권리를 가지는 것은 아니다. 공유부 기본소득기금이 투자한 지분을 공유지분이라고 말할 수 있는 이유는 법률상의 지분권자가 모든 국민이기 때문이 아니라 수익이 모든 국민에게 기본소득으로 배당되기 때문이다. 개별 국민은 공유부 기본소득기금의 투자지분뿐만 아니라 기금 그 자체에 대해서도 사고 팔 수 있는 지분을 가지지 않는다. 사고 팔 수 있는 지분권을 나눠주자는 제안은 주주자본주의에 훨씬 더 접근한 방식이다. 이러한 방식은 일찍이 존 로머(Roemer, 1994)에 의해 제안되었다. 미드(Meade, 1989)의 공유지분권 모델의 경우 국가가 지분권자이며 개별 국민은 배당권만을 가지는 반면에, 로머는 성년 시민들에게 현금배당 대신에 주식을 구입할 수 있는 일정량의 쿠폰을 평등하게 지급하는 모델을 생각했다. 시민들은 지급받은 쿠폰을 현금과 교환할 수 없고 주식시장에서 원하는 기업의 주식을 살 수 있을 뿐이다. 물론 쿠폰으로 구매한 주식은 다시 되팔 수도 있다. 이러한 과정을 거쳐 시민들은 보유 주식을 교체할 수 있다. 시민들은 쿠폰으로 구입한 주식으로부터 배당을 받게 되지만, 이는 보편적 사회배당이 아니라 시민 각자가 보유한 주식으로부터 나오는 이윤배당금일 뿐이다. 쿠폰으로 산 주식이 휴지가 되어버리면 한 푼도 배당을 받지 못할 수도 있고, 배당이 이루어지는 경우에도 개별적 배당액은 어떤 주식을 사들였는가에 따라 큰 차이가 나게 된다. 대기업에 대한 공동소유를 쿠폰 배당과 결합시킨 로머의 모델은 '쿠폰 사회주의'라고도 부를 수 있다(곽노완, 2017). 로머의 제안은 대기업을 공동소유로 돌린다는 전제에서 출발한다. 이러한 조건이 충족되지 않을 경우에 국가가 많은 기업들의 지분을 사들이고 이 지분을 한데 섞은 거대한 기금풀(pool)을 만들어 일정한 연령에 도달한 사람들에게 이 기금풀의 지분을 나눠주는 방법을 생각할 수 있다. 한국에서는 선대인(2017)이 이러한 제안을 했었다. 로머의 제안처럼 이 지분을 자유 매각할 수 있는지는 불분명하다. 다만 "일정한 절차와 조건에 따라 매도"할 수 있다고 말한다. 로머의 제안과 다른 점은 개별 시민은 국가 기본자본풀의 지분을 보유하거나 매도할 수 있을 뿐이지 개별 회사의 주식을 보유하는 것은 아니라는 점이다. 기본자본풀(Basic Capital Pool)의 지분을 보유하는 한에서 모든 시민이 동일 액수의 배당을 받게 될 것이므로 이 점에서는 공유부 기본소득기금과 다르지 않다. 그럼에도 개별 시민이 지분권을 소유한다고 가정하는 이유는 매각할 수 있도록 열어두기 위해서이다. 하지만 이는 매우 중요한 문제점을 낳는다.

전형적인 기본소득은 철회 불가능한 소득으로서 생애 전 주기에 걸쳐 보장되어야 한다. 개별 국민들에게 기본자본풀의 지분권을 나눠주고 이를 매도할 수 있도록 한다면, 지분권의 매도는 꽤 큰 일시금으로 장차 받게 될 배당을 현재화하는 꼴이 된다. 이러한 방식의 유동화는 기본소득과 사회적 지분급여'(social stakeholder grants: 기초자산 또는 기본자본)의 차이를 무화시킨다. 결국 공동소유권자인 국민은 지분권을 팔아버려서 기본자본풀로부터 아무런 배당을 받지 못하는 국민과 타인의 지분권을 구매하여 1/n의 배당보다 훨씬 더 많은 배당을 받게 된 국민으로 분할되게 된다. 자동화에 대비하여 기본소득을 줄 것이 아니라 로봇에 대한 공동소유권을 주는 것이 낫다는 주장은 심심찮게 들려온다. 공유부 기본소득기금이 미래산업에 투자한다는 것은 로봇에 대한 공동소유권을 얻는다는 뜻이다. 하지만 이와 같은 방법으로 로봇에 대한 공동소유권이 부여되었다고 할 때 개별 국민들에게 배당권만을 인정할 것인가 아니면 사고 팔 수 있는 지분권을 줄 것인가는 엄청난 차이를 낳을 수 있다.

공유부 기본소득기금이 설치된 상태에서 굳이 기본자본풀에 공공의 지분투자를 전제할 필요는 없을 수도 있다. 유영성(2020: 628-629)이 제안하는 '경기도 기본자본풀'은 경기 도민의 투자형 참여로 이루어진다. 자본풀 조성에 참여한 도민에게 지분을 나눠주고 수익을 배당하는 방식이다. 유영성의 제안에는 국가나 지자체의 투자가 전제되어 있지 않다. 따라서 모든 시민이 기본자본풀의 지분을 가지는 것도 아니며 기본자본풀에 투자한 사람만이 지분을 가진다. 이러한 제안의 취지는 기본자본풀의 지분으로부터 나오는 수익이 자발적 기부금의 형태로 기본소득 재원이 될 수 있을 것이라는 기대이다. 이러한 기대가 없다면 경기도가 투자하지 않는 기본자본풀을 기본소득 재정과 관련하여 언급할 이유가 없다. 하지만 수익기부가 가능하도록 하기 위해서도 제도화가 필요하다.

마지막으로, 국가나 지자체가 투자하는 기본자본풀의 필요성은 공유부 기본소득기금의 투자와 국가 또는 지자체 일반회계에서 지출되는 투자는 엄연히 구별된다는 점에서 찾을 수 있다. 공공투자의 모든 재원이 공유부 기본소득기금의 기금수익에서 나오는 것은 아니며 대부분은 국가나 지자체의 일반회계에서 나온다. 따라서 기본자본풀과 같은 발상은 여전히 실용성이 있다. 국가, 개별 기업, 개별 시민들의 투자로 이루어진 기본자본풀을 조성하고, 이를 미래산업육성에 투자하고 국가지분에 입각한 수익은 기본소득 특별회계로 전입한다. 개별 기업 및 시민들의 투자에 대해서는 만약 일정 한도 이상의 수익이 발생한다면 기본소득 재정으로 기부한다는 약정을 할 수도 있을 것이다. 공유부 기본소득기금은 독자적인 판단에 따라 개별 기업에 직접 투자할 수도 있지만 기본자본풀에 참여할 수도 있을 것이다.

기본지분(Basic Equity)

네트워크 효과를 중시하는 디지털 기업들의 광고에는 이용자도 공동소유자라는 말이 자주 등장한다. 그중 몇몇 CEO들은 기본소득을 옹호하지만 기업 지분 중에서 일부를 사회구성원 모두에게 공유지분(common equity)으로 내어 주려고 하지는 않는다. 만약 공유지분을 내어 준다면 동시에 기본소득도 주게 되는 결과임에도 기업지분의 일부를 사회에 양도할 생각은 찾아볼 수 없다.

사태를 거꾸로 뒤집어서, '기본소득을 받는 시민들이 이를 바탕으로 기업의 지분을 획득하는 방법은 없을까'라는 질문을 던질 수 있다. 유영성 (2020: 647-648)은 "기본소득 유동화를 통한 기본지분 구축 연구"가 필요하다고 제안하면서 출발선 평등으로 그 의의에 대해서 서술하고 있다. 하지만 기본소득 유동화에는 명확한 유보 조건이 필요하다. 기본소득을 자본화하여 기초자산으로 전환하는 것은 전 생애에 걸쳐 철회 불가능한 소득이라는 기본소득 본래의 취지에 어긋난다. 예컨대 기본소득 지급액으로 이자를 분할 상환하기로 하고 자금을 빌려서 주식투자를 하는 것은 기본소득의 취지에 어긋난다. 반면에 기본소득을 소비자금으로 보고 소비를 자본화하는 것은 허용될 수 있으며 소비자로서 기본소득 수령권자가 참여하는 보다 발전된 공유지분권 모델의 초석이 될 수 있다. 여기에서는 "소비의 유동화"(유영성, 2020)가 어떻게 가능할 수 있는지 일종의 사유실험을 진행해보자.

예를 들어, 공공투자와 사적 자본의 참여로 식재료나 음식물을 배달하는 공유지분권형 플랫폼 기업을 설립하고 여기에 일반 시민들이 매월 기본소득 지급액만큼을 구매한다는 조건 하에 일정한 회사의 지분권을 얻는 것이다. 소비는 지분 획득으로 이어지고 추가적인 배당으로 이어진다. 필수재의 소비와 관련된 플랫폼 기업인 경우에 이러한 방식으로 기본소득 소비를 유동화하여 참여하는 개별 시민들에게 지분권을 부여할 수 있다. 예를 들어 플랫폼에 참여하기로 한 사람은 10년 약정으로 플랫폼 안에서 매월 일정액의 재화를 구매하기로 하고 자신이 받게 되는 기본소득액 중에서 일정액을 플랫폼에 제공하고 대신에 소비쿠폰을 받는다. 이와 같은 소비쿠폰은 플랫폼 안에서 지불수단으로 기능하는 일종의 플랫폼 화폐이다. 이로부터 발생할 기대수익을 자본화하여 지분으로 나누어준다. 탈퇴하거나 사망한 경우에는 지분권을 잃는 것으로 하며, 지분권은 일정 기간의 소비에 근거를 두는 만큼 거래되지 않는 것으로 한다. 플랫폼에서 거래되는 재화를 식자재나 음식물 배달에 한정할 필요는 없다. 언젠가는 플랫폼도 구글플레이나 애플 앱스토어와 같은 디지털 마켓플레이스로 발전할 수 있다. 거래되는 재화가 다양해지면 질수록 더 많은 시민이 참여하게 될 것이며 더 많은 데이터의 집적으로 네트워크 효과도 커진다. 많은 시민들의 참여로 수

〈표 5-7〉 지출개혁으로 발생하는 기본소득 재정규모

	규모 (조 원)	1인당 배당액 (원)
조세지출 '적극적 관리대상'	25.5	연 49만
과세외수입 (일반회계)	11.7	연 22만 5천
합계	37.2	연 71만 5천

익이 많아지면 개별 시민들의 지분권에서 비롯되는 개인 배당도 많아질 뿐만 아니라 국가나 지자체의 지분에 기초하여 기본소득 특별회계에 전입될 수익도 많아져서 기본소득 지급금액이 늘어나게 된다. 이처럼 공공투자, 사적 자본참여, 소비의 지분화로 구성된 공유지분권 회사의 수익성이 높아지면 상장하여 더 많은 투자를 끌어낼 수도 있을 것이다.

위에서 서술한 재정개혁안에 따른 기본소득 재정규모는 〈표 5-7〉과 같다.

여기에 공유부 기본소득기금의 추가 수입과 기본자본 수입 중 기본소득 특별회계로의 전입분이 과세외수입에 추가된다.

참고로 4장에서 다룬 공유부 과세수입, 곧 토지보유세, 탄소세, 빅데이터세, 지식소득세의 세수 총합은 탄소세 적정모델을 전제했을 때 244조 7,494억 원이고 1인당 연간 470만 원의 기본소득을 지급할 수 있으며, 이보다 세율이 낮은 탄소세 도입모델을 적용했을 때에는 214조 7,694억 원으로 1인당 연간 413만 원이 배당된다.

예산 재편성을 통한 재원 확보

2장에서는 '넓은 의미의 공유부' 개념에 입각하여 현행 조세제도의 개혁 방향을 논했다. 반면 여기서의 과제는 조세제도 전체의 개혁이 아니라 현행 예산의 재편성에 의한 기본소득 재원 확보의 가능성을 탐색하는 것이다. '넓은 의미의 공유부' 개념에 입각하여 기존 세입 중에서 공유세입으로 보아야 할 항목들을 끌어내며 기존 세출 중에서 우선적으로 기본소득 재원으로 돌려져야 할 항목들을 분류함으로써 현행 예산에서 기본소득 재정으로 돌릴 수 있는 정당 재원의 최대를 보여준다.

공유자산 수익배당 원칙과 정률제 기본소득

기본소득이 공유자산 수익에 대한 1/n의 배당권이라는 건 국내외 기본소득론자들에게서 폭넓게 수용되고 있다(Widerquist, 2012: 163~168, Flomenhoft, 2017: 77~100, 강남훈, 2019: 147~155). 이러한 공유자산은 크게 3가지 유형으로 구분된다.

첫째는 자연과 공동의 조상으로부터 물려받은 유형이다. 국공립공원, 하늘, 지하자원, 수자원, 수산물자원, 맑은 공기, 문화유적, 전승지식 등이 그것이다. 이에 대한 배당권은 "각자에게 각자의 것을"이라는 원칙의 '분배 정의'(distributive justice)에 의해 정당화된다. 자연과 공동 유산은 모두의 것이다. 그렇다면 그 수익은 모두의 몫이며 1/n로 배당해야만 "각자에게 각자의 것을"이라는 원칙에 부합된다. 둘째는 현재 나와 사회공동체 성원들이 함께 생산한 유형이다. 여기에는 사회간접자본 건설을 통한 개발이익, 빅데이터, 인공지능, 새로운 지식 등이 속한다. 이에 대한 모두의 배당권은 내가 기여한 것에 대한 보상 원칙의 '보상적 정의'(compensatory justice)로 정당화할 수 있다. 내가 기여한 것에 대해 그 만큼의 보상이 이루어져야 하듯이 사회구성원 모두가 함께 기여한 것에 대해서도 각자에게 1/n의 몫이 돌아갈 때에만 보상적 정의가 이루어진다. 셋째는 공유자산을 훼손하거나 독점하는 대가로 환수되는 배상금수익이나 공공기여금, 면허권수입이다. 예를 들면 환경세, 하늘 독점권, 곧 용적률상향의 대가로 환수되는 공공기여금과 재건축초과이익환수금 등이 여기에 속한다. 재건축만이 아니라 도시환경 정비사업에서도 용적률 상향에 따라 막대한 개발이익이 생기는데, 여기서 초과이익의 20%를 환수하는 개발부담금 또한 세 번째 유형의 공유지(수익)이라 할 수 있다. 이 셋째 유형은 공유자산이면서 동시에 공유자산 수익이라 할 수 있다. 이는 '수선적 정의'(reparative justice)를 통해 정당화할 수 있다.[22]

이러한 공유자산의 수익 중 일부는 중앙정부나 지방정부의 세입으로 환수되지만 그 경우에도 특권층이나 부유층에 의해 재사유화 되는 경우가 많고, 아예 세입으로 환수되지 않고 사유화된 채로 남아있는 경우도 많다. 그리고 4차 산업혁명과 플랫폼자본주의의 급부상으로 인해 사유화되는 공유자산과 그 수익은 급증하고 있다. 물론 이처럼 사유화되는 공유자산 및 그 수익을 환수하여 기본소득으로 지급해야 한다는 비판의 목소리도 커지고 있다. 얼마 전 미국대선 민주당 소장후보로 주목받았던 앤드류 양(A. Yang)의 주장이 대표적이다.[23] 플랫폼 공유경제의 급성장, 인공지능의 발전으로 괄목할 만큼 플랫폼 공유자산 수익이 급증하는 만큼 현재 특권층과 부유층이 사유화하는 플랫폼 공유자산과 그 수익을 환수하여 기본소득의 재원으로 전환한다면 기본소득이 경제성장률 이상으로 확대될 것이다. 왜냐하면 GDP 중 공유자산과 그 수익의 비중이 갈수록 확대될 것이기 때문이다.

이런 공유자산 배당이라는 원칙에 따를 때, 기본소득 규모는 정액제나

---

22 분배정의, 보상적 정의, 수선적 정의 개념에 대해서는 곽노완(2017: 215 이하) 참조.
23 Yang, 2018: 181 이하.

관료제적인 결정방식이 아니라 공유자산과 그 수익에 일정비율로 연동하여 매년 변동하는 정률제를 취하는 것이 적절할 것이다. 기존의 연구들이 정액제 형태에 가까운 기본소득을 제시하는 경우가 많은데,[24] 알래스카 영구기금처럼 공유자산 수익에 연동되는 정률제를 채택하면 공동체 성원들이 주인으로서 공유자산 및 그 수익을 지키고 확장하는데 공동의 이해를 갖게 되면서 공동체적 책임과 연대가 보다 강화될 것이다. 그리고 기본소득을 정률제로 시작하면, 처음에 적은 규모로 시작하더라도 중장기적으로 경제성장률 이상으로 빠르게 확대될 것이다. 왜냐하면 공유자산 중 특권층과 부유층에 의해 사유화된 것들이 일단 공유자산으로 전환되어 기본소득의 원천이 되면 다시 재사유화되는 것은 압도적인 다수 사회성원들의 반대로 쉽지 않을 것이기 때문이다. 이런 역행불가능성으로 인해 공유자산 수익에 연동된 정률제 기본소득은 경제규모에서 점점 더 큰 비중을 차지하면서 증가할 수밖에 없다. 정부가 소유하고 관할하는 공공자산의 경우 공동체의 각 성원들이 접근하기에는 힘들기에 무관심한 영역이 되어, 특권층과 부유층이 가로채기 용이하다. 그러나 모든 성원을 위한 기본소득 재원인 공유자산과 그 수익에 대해서는 공동체의 모든 성원들이 적극적인 주체로서 감시자가 되기 때문에 특권층과 부유층의 가로채기가 자율적으로 예방된다고 볼 수 있다. 그리하여 공유자산 및 그 수익에 연동된 정률제 기본소득은 정책효과도 더 클 것이다.

이러한 문제의식에 기초하여 이 연구는 논란의 여지가 적고 실효성이 높은 좁은 의미의 공유세입 개념에 입각하여도 기본소득의 재원이 상당히 확보될 수 있음을 밝히고자 한다. 곧 기존의 예산을 재편성하여 공유세입을 확보하고, 더 나아가 토지와 하늘의 개발이익, 빅데이터 등에서 추가적

---

[24] 강남훈, 2019: 171~176; 김교성 외, 2018: 334 이하.

인 공유세입을 확대하며, 공유자산 수익 연동형 기본소득을 중장기적으로 확장해나가기 위한 로드맵을 제시하고자 한다. 공유자산 수익 연동형 기본소득이 가진 역진불가능성과 확장성은 기본소득을 도입하고 확대하는 가장 실효적인 방안을 제시해 줄 것으로 기대된다.

기존 세입에서 공유세입의 재구성

기존 정부 세입 중 용적률 상향과 교통시설 및 공원 조성에 따른 부동산 가격상승에 대한 양도소득세 증가, 그리고 공유자산과 연동된 재산수입처럼 원리적으로 모두의 공유자산 및 공유자원에서 유래하는 세입(세수와 세외수입)이 막대하지만, 이 세입이 모두에게 현금이나 현물로 공유되는 경우는 환경·에너지·교통 지출 정도에 국한되어 있다. 오히려 이러한 공유세입의 상당부분은 수출기업을 지원하거나 특혜성 개발사업에 지출되어 재벌기업과 부동산 부자들, 정책결정권자인 특권층에게 막대한 이익을 안겨주고 있다. 이전 정부에 비해 줄어들긴 했지만, 이렇듯 기존 세입 중 기본소득으로 공유되어야 마땅한 예산이 사유화되는 경우는 여전히 광범하다. 따라서 우선적으로 이러한 공유세입을 기본소득의 재원으로 전환하는 것이 필요하다. 이렇듯 공유세입을 기본소득으로 전환한다면, 공유세입이 확대될수록 기본소득의 재원도 커지게 된다.

최근에 LAB2050에서 발표한 「국민기본소득제: 2021년부터 재정적으로 실현 가능한 모델 제안」(이원재 외 2019) 및 『기본소득의 경제학』(강남훈, 2019), 『기본소득이 온다』(김교성 외, 2018), 『Financing Basic Income』(ed. Pereira, 2017) 등 선행연구의 성과를 재구성하여 좀 더 근원적이면서 실행 가능성이 높은 기본소득의 로드맵을 제시하고자 한다.

기존 국내외 선행연구는 대체로 정액제 기본소득제도를 제안하고 있다. 그런데 앞에서 본 대로 정액제 기본소득은 공유자산(수익) 배당권으로서의 기본소득 원칙과는 다소 거리가 있다. 뿐만 아니라, 이처럼 공유자산 연동성이 약하여 정권변화에 따라 역행가능성이 있고 매년 기본소득의 지급액 결정 시 소모적인 국론분열이 불가피할 것으로 판단된다. 그리고 정률제를 제시한 플로멘호프트(Flomenhoft)의 경우도 현대 도시의 개발이익과 용적률 변화를 통한 공유자산의 사유화 문제에 대한 인식이 희박하여 개발이익에서 유래할 공유세입을 누락시키는 경향이 있다. 특히 도시개발이익이 막대하고 불가피한 우리나라의 상황을 고려할 때, 이러한 문제는 중대한 불공정성을 야기한다. 아래에서는 이런 약점들을 감안하여 선행연구를 계승하면서도 보다 공유세입의 전환과 증가에 따라 기본소득 재원을 확장시키는 방식으로 기본소득 재원조달의 실효성을 높이는 모델을 제시하고자 한다.

전국기본소득의 확장을 위한 로드맵

1) 기존 정부예산 재편성 통한 기본소득 재원 확보 방안(본 예산안 기준)

① 일반회계 세입규모

기금수입을 제외한 2021년도 중앙정부 세입예산은 455조 2천억 원이다(대한민국정부, 「2021년도 예산안 개요」: 6쪽). 이중에서 특별회계를 제외한 일반회계 세입은 376조 8천억 원에 달한다. 이 일반회계 세입은 〈표 5-8〉에서 보듯이 내국세와 기타조세 그리고 세외수입으로 구성된다.

이 세입예산 중에서 부분적으로 각자의 기여분이 포함된 근로소득세와는 달리, 전적으로 원리적인 공유자산 내지 공유자원에서 유래하여 국내거주자 모두에게 기본소득으로 돌아가야 할 정당한 공유자산 내지 공유자원 세입은 어떤 것들이 있으며, 얼마나 되는지는 고찰하면 다음과 같다.

〈표 5-8〉 연도별 일반회계 세입

(단위: 억원)

구 분	2019년 예산	구성비 (%)	2020년 예산	구성비 (%)	2021년 예산안	구성비 (%)
▪ 내국세	2,556,304	77.0	2,510,885	70.4	2,396,070	63.6
▪ 관세	90,557	2.7	87,912	2.5	83,635	2.2
▪ 교통·에너지·환경세	147,766	4.5	157,273	4.4	157,015	4.2
▪ 교육세	48,648	1.5	51,894	1.5	53,117	1.4
▪ 종합부동산세	28,494	0.9	33,210	0.9	51,138	1.4
▪ 기타세외 수입	446,001	13.4	724,513	20.3	1,026,681	27.2
• 국채발행 (공자기금예수금)	338,149	10.2	602,884	16.9	896,513	23.8
• 기타	107,852	3.3	121,629	3.4	130,168	3.5
합 계	3,317,770	100.0	3,565,686	100.0	3,767,656	100.0

자료: 대한민국정부, 『2020년도 예산안 첨부서류』, 『2021년도 예산안 첨부서류』.

② 일반회계 공유세수와 기본소득 정당 재원

우선 세외수입이 빠진 세수 중에서 공유세수와 기본소득 정당 재원은 〈표 5-9〉와 같다.

이 표에서 굵게 표시한 숫자들이 공유세수에 해당하는 것들이다. 소득세 중에서 근로소득세와 사업소득세를 제외하고 정부·지자체·사회의 인접 부동산 개발이나 공유자원인 용적률 상향 등으로 발생되는 부동산 양도소득에 대한 양도소득세, 그리고 플로멘호프트의 주장대로 증권시장을 공유지로 보아서 증권양도소득에 대한 양도소득세(부동산·증권 양도소득세 등)를 공유세수로 보았다. 양도소득세는 토지/건물/부동산권리 등에 대한 부동산양도소득세, 주식양도소득세 등으로 이루어지며 부동산양도소득세

<표 5-9> 연도별 공유세수와 기본소득 정당 재원

(단위: 억원)

| 구 분 | 2019년 | | 2020년 | 2021년 |
	예산	실적	예산	예산안
■ 내국세	2,556,304	2,558,045	2,510,885	2,396,070
• 소득세	803,678	835,620	884,178	898,175
▸ 양도소득세	141,665	161,011	167,621	168,857
▸ 이자소득세	23,731	26,179	21,198	25,577
▸ 배당소득세	25,906	29,588	28,061	29,831
• 상속 및 증여세	72,279	83,292	83,073	90,999
• 증권거래세	45,339	44,733	43,848	50,861
■ 교통·에너지·환경세	147,766	145,627	157,273	157,015
■ 종합부동산세	28,494	26,713	33,210	51,138
일반회계 공유세수 합계	510,656	517,143	534,284	574,278
− 교통·에너지·환경세	−147,766	−145,627	−157,273	−157,015
교통·에너지·환경세 차감후 일반회계 기본소득 정당 재원	362,890	371,516	377,011	417,263

자료: 2019년 세수 예산은 『2019. 10월 국회예산결산위원회 수석전문위원 검토보고(부처별 I)』, 278쪽 참조. 2020년, 2021년 세수예산은 『2020. 11월 국회예산결산위원회 수석전문위원 검토보고(부처별 I)』, 317쪽 참조. 2019년 양도소득세, 이자소득세 및 배당소득세 실적치는 국세청 사이트 자료(국세청, 2020: 조기공개 국세통계(https://www.nts.go.kr/info/info_05.asp) 및 『2020. 11월 국회예산결산위원회 수석전문위원 검토보고(부처별 I)』, 317쪽 참조.

의 비중이 압도적이다. 최근 부동산 가격급등으로 인해 부동산양도소득세는 2020년부터 크게 증가할 것으로 예상된다. 그런데 2018년 기준 주식양도소득세는 약 3.4조 원에 달했으나, 2023년부터 모든 주주의 매년 5천만 원 이상의 주식양도소득에 대해 20%(3억 원 이하), 25%(3억 원 초과)의 세율로 과세하므로, 2023년 이후 주식양도소득세도 급증할 것으로 예상된다. 따라서 현재 소득세 중 절반 가까운 비중을 차지하는 근로소득세의 상대적 비중은 갈수록 줄어들고 향후 부동산+주식 양도소득세의 비중은 크게 높아질 것으로 예상된다. 또한 불로소득인 이자 및 배당도 판 빠레이스(Van Parijs)의 방식대로 공유수익으로 볼 경우 이에 대한 소득세는 공유세수가 된다.

상속·증여세수도 마찬가지 원칙에 따라 공유세수로 취급한다. 그리고 증권거래세를 공유세수로 본 이유는 앞의 증권양도소득세와 동일하다.

교통·에너지·환경세의 경우는 공유지인 생태자원 훼손에 대한 수선적 정의 원칙에 따라 부과되는 세수이기에 공유세수로 간주할 수 있다. 그러나 현재 이 교통·에너지·환경세 세수는 정당하게 교통자산 수선 및 확장, 그리고 공기 및 수자원 보호에 지출되고 있으므로 기본소득의 재원으로 전환하기에 적합하지 않다. 그러므로 공유세수 중 이 부분을 차감한 금액이 기본소득으로 전환하기에 정당한 재원이라고 할 수 있다.

종합부동산세는 부동산양도소득세와 마찬가지로 인접 공유지 개발이나 공유자원이라 할 수 있는 용적률 상향을 동반하는 부동산개발이익에 대한 조세이므로 공유세수로 본다.

③ 일반회계 공유세외수입 규모

세외수입에는 〈표 5-10〉에서 제시되는 종류가 있다. 국채를 포함하여 이 표에서 제시된 세외수입은 정부출자수입처럼 모든 대한민국 거주자의 공유자산 수익이거나 벌금처럼 법규나 공유자원 훼손에 대한 보상 내지 미래 공유자산을 할인한 국채이므로 모두 기본소득의 재원으로 편입되어야 마땅한 예산이라 할 수 있다. 곧 일반회계 세외수입은 모두 현재와 미래 공유자산 수익을 1/n로 나누는 분배정의, 공유자원 훼손의 보상수입을 1/n로 나누는 보상적 정의 내지 수선적 정의 개념으로서 공유수익에 대한 기본소득의 권리의 정의 개념에 정확히 합치하는 예산이다.

<표 5-10> 연도별 공유세외수입과 기본소득 정당 재원

(단위: 억원)

구 분	2019년		2020년 예산	2021년 예산안
	예산	실적		
■ 세외수입	446,001	462,077	724,513	1,026,681
• 재산수입	29,866	33,372	39,898	49,680
▶ 정부출자수입	6,973	6,780	8,222	8,222
▶ 기타이자수입 및 재산수입	22,232	25,959	30,923	40,681
• 경상이전수입	56,706	48,886	63,755	63,479
▶ 벌금, 몰수금 및 과태료	30,816	24,755	31,320	33,954
▶ 기타경상이전수입	15,088	14,014	19,964	20,491
• 재화 및 용역판매수입	8,608	7,565	8,891	8,697
• 수입대체경비수입	3,425	3,799	3,783	2,883
• 관유물매각대	686	986	983	1,130
• 융자및전대차관원금회수	27	26	31	3
• 차입금및여유자금회수	278	540	–	–
• 정부내부수입및기타(국채 등)	346,406	350,124	607,171	900,809
일반회계 공유세외수입 합계	446,001	462,077	724,513	1,026,681
– 정부내부수입 및 기타(국채 등)의 1/2	–173,203	–175,062	–303,586	–450,405
일반회계 세외수입 기본소득 정당 재원	272,798	287,062	420,927	576,276

자료: 대한민국정부, 『2019회계년도 국가결산보고서 첨부(별책) 중앙관서별 결산보고서』, 31쪽. 대한민국정부, 『2021년도 예산안 첨부서류』, 18~19쪽.

그런데 국채는 미래 공유자산을 할인한 것이므로 모두를 위한 기본소득으로 전액 공유되어야 마땅하지만, 문재인정부의 국채가 과다한 편이라 <표 5-10>에서 보듯이 이를 반으로 감축할 경우에도 기본소득의 정당 재원이 상당 수준에서 확보된다는 것을 알 수 있다.

④ 일반회계 공유세입 합계

이상의 공유세수와 공유세외수입을 합산한 것이 〈표 5-11〉이다. 이 표에서
처럼 기존의 정부예산 '세수+세외수입'에서 기본소득 내지 교통·에너지·
환경과 같은 공유자원을 위한 재원으로 편성되어야 마땅한 공유세입 총합
은 2020년 예산에서 약 126조 원, 2021년 예산에서 약 150조 원에 달한다고
볼 수 있다. 이중에서 보편적인 공유자원 내지 현물기본소득(basic income
in kind)[25]이라고도 할 수 있는 대중교통, 맑은 공기, 상하수도에 지출될 교
통·에너지·환경세를 제외한 공유세입은, 곧 대한민국 거주자 모두에게 기
본소득으로 지급되어야 마땅한 세입은 2020년 약 110조 원, 2021년 약 144조
원에 달한다.

그런데 이처럼 막대한 공유세입도 사실은 과소계상되었다고 할 수 있
다. 왜냐하면 2020년도 부동산가격 급등과 거래증가로 양도소득세의 압도
적인 비중을 차지하는 토지, 건물 등 부동산양도소득세가 크게 증가할 것
으로 예상되며, 부동산가격/공시지가율/공정시장가액률이 3중으로 크게
상승하여 종합부동산세가 정부 예산보다 대폭 증가할 것으로 예상되기 때
문이다.

양도소득세의 경우 2015년 약 11.9조 원, 2016년 약 13.7조 원, 2017년
15.1조 원, 2018년 18조 원, 2019년 16.1조 원이었다. 2019년도에 양도소득
세가 감소된 것은 전년과 달리 양도소득세 중과와 같은 부동산규제에 따른
거래절벽으로 양도소득세에서 압도적인 비중을 차지하는[26] 부동산 양도소

---

25 '현물기본소득'은 현금 이외의 보편적인 서비스와 복지를 뜻하는 판 빠레이스(Van Par-
ijs) 개념어를 차용한 것이다(Van Parijs, 1995: 41ff.). 2016년도에 BIEN 서울대회에서는
기본소득을 현물을 제외한 현금으로 한정하는 정의(definition)를 채택하여(https://
basic- income.org/ 참조) 이후 현물기본소득이란 용어는 잘 사용되지 않지만, 이 글에서
는 현금기본소득과의 근본적인 동일성을 강조하기 위해 사용하였다.

26 2018년 기준으로 양도소득세 18조 원 중 주식 양도소득세의 비중은 3.4조원이고, 나머

〈표 5-11〉 연도별 일반회계 공유세입과 기본소득 정당 재원 합계

(단위: 억원)

구 분	2019년		2020년 예산	2021년 예산안
	예산	실적		
▪ 일반회계 세입 총계	3,317,770	3,322,397	3,565,140	3,767,656
일반회계세수 중 공유세수 합계	510,656	517,143	534,284	574,278
일반회계 공유세외수입 합계	446,001	462,077	723,583	1,026,681
일반회계 공유세입 합계	956,657	979,220	1,257,867	1,500,959
─교통·에너지·환경세	-147,766	-145,627	-157,273	-157,015
─정부내부수입 및 기타(국채 등)의 1/2	-173,203	-175,062	-303,586	-450,405
교통·에너지·환경세 전체와 국채의 50% 차감 후 일반회계 기본소득 정당 재원	635,688	658,531	797,008	993,539

자료: 대한민국정부, 『2019회계년도 국가결산보고서 첨부(별책) 중앙관서별 결산보고서』, 27쪽 외.

득세가 2019년 상반기 중에 크게 감소했기 때문이다. 2019년도의 경우를 제외하면 양도소득세는 문재인 정부 들어서 부동산 가격급등으로 크게 증가하는 추세이며, 특히 2020년에는 부동산 가격상승에 거래 증가까지 겹쳐서 양도소득세가 예산에서 추정했던 16.8조 원을 넘어 20조 원 내외에 이를 것으로 전망된다. 주택가격의 급등을 필두로 부동산 가격상승이 지속되는 상황이라, 이러한 부동산 양도소득세 급증추세는 당분간 지속될 것으로 보인다. 이뿐만 아니라 주식 양도소득세도 2024년부터 폭증할 것으로 전망된다. 왜냐하면 앞에서 보았듯이 대주주가 아니더라도 2023년 발생분부터 연간 5,000만 원 이상의 모든 양도소득에 대해 25%까지 양도소득세를 과세

───

지는 거의 다 토지/주택/건물/부동산에 대한 권리 등 부동산 양도소득세로 부동산 양도소득세의 비중이 압도적이다(국세청, 『국세통계연보 2019년』 2-1-1: 연도별·세목별 세수실적 및 5-2-7-2: 주식양도차익 신고현황 참조).

하며 이는 2024년에 납부되기 때문이다. 원래 정해진 대로 2020년 발생분부터 연간 2,000만 원 이상의 주식 양도소득 및 종목당 시가 3억 원 이상의 주식소유자의 양도소득에 대해 22%의 양도소득을 납부하게 되었다면 주식 양도소득세도 2021년부터 크게 상승할 것이나, 문재인 정부에서 이를 2023년부터 경감된 수준으로 부과하기로 유예함에 따라, 주식 양도소득세의 증가추세는 지연되고 완화될 것이다. 그럼에도 불구하고 주식 양도소득세도 2024년부터는 빠른 속도로 증가할 것으로 전망된다. 이처럼 부동산 양도소득세 및 주식 양도소득세 급증 추세에 힘입어, 향후 양도소득세는 근로소득세나 사업소득에 비해 더 빠르게 증가할 가능성이 큰 것으로 보인다. 이러한 양도소득의 대부분은 SOC사업, 용적률 상향을 동반한 도시고밀개발, 주식시장시스템 등의 공유자원 투입에서 유래하는 공유수익이므로 그 일부를 양도소득세로 환수하여 모두에게 기본소득으로 지급하기에 적절한 재원이다. 이 양도소득세가 경제성장 이상으로 급증 추세이기에 점점 기본소득의 주요 재원의 하나로서 비중이 커질 것으로 전망된다.

종합부동산세도 당분간 지속적으로 급증할 것으로 전망된다. ① 지가 상승, ② 현 정부의 시세 대비 공시지가의 비율, 곧 공시지가율 상향, ③ 공시지가에 곱해지는 공정시장가액율 상향, ④ 다주택자 및 법인에 대한 종합부동산세율 인상 등으로 납세자가 급등하고, 기존 납세자도 과세표준액이 늘어나는 데다 누진세율 적용으로 납세액이 더 급증하기 때문이다. 특히 세율까지 인상되는 2021년도 이후의 상승률은 2020년도의 상승률보다 더 급격할 것으로 전망된다. 현재 정부에서는 종합부동산세를 급격히 인상하면서도 기본소득으로 지급하지 않고, 일반회계로 편입하여 정부 판단에 따라 임의로 사용하기에 납세자들뿐만 아니라 예비납세자들의 반감과 조세저항이 고조되고 있다. 정부 세출 중에는 기업, 부동산소유주, 특권층에게 귀속되는 부분이 많아서 예비납세자들조차 종합부동산세를 국민에 대한 수탈로 보는 견해가 팽배한 것이다. 종합부동산세는 공유자산 및 공유자원 투입 등으로 부동산 가격과 수익이 상승하는 데 대한 대가이기에, 공유자원의 주인인 국내 거주자 모두에게 귀속되어야 마땅하다. 그리고 종합부동산세가 기본소득의 재원이 되어 모두에게 지급된다면, 종합부동산세의 압도적인 납세자가 법인이기에 개인들 95% 이상은 순수혜자가 될 것이고 조세저항도 크게 완화될 것이다.[27] 따라서 종합부동산세는 기본소득과 연동하는 것이 정당할 뿐만 아니라 현명하며 필수적인 방안이라고 할 수 있다.

이처럼 양도소득세와 종합부동산세가 예산 시 액수를 상회할 것으로 전망되므로 사회정의 개념에 따라 기본소득의 재원으로 전환되어야 마땅한 일반회계 세입은 위 표에서 제시된 2020년 약 80조 원, 2021년 약 99조 원을 상회할 것으로 보인다.

⑤ 기존의 특별회계 공유세입 합계

특별회계 세입은 자체 순세입과 일반회계에서 전입된 세입으로 구성되어 있다. 그러므로 특별회계 세입 중 일반회계에서 이미 계상된 세입은 제외하고 〈표 5-12〉에서는 특별회계 순세입만 계상하였다.

소재부품장비경쟁력강화특별회계 순수입은 일부 기업에게 특혜로 지급되는 세입인데, 이러한 특혜는 필요한 경우라도 환수되어 기본소득으로 지급되거나 아니면 순세입액이 기본소득의 재원으로 전환될 필요가 있다

---

27 2018년 기준 종합부동산세는 1.9조 원이었는데, 이 중 개인은 0.6조 원을 납부하였고 법인은 1.3조 원을 납부했다(국세청, 『국세통계연보 2019년』 7-1-1 종합부동산세 결정 현황). 2020년 기준 개인납세자는 73만 명 정도이며 해가 갈수록 개인납세자가 늘어난다고 해도, 국내거주자의 5%를 넘기는 어려울 것이다. 이뿐만 아니라 납세자 중에서도 기본소득을 받는 금액이 납세액보다 큰 경우도 다수 있기에, 종합부동산세를 기본소득과 연동할 경우 순수혜자는 95%를 크게 상회할 수밖에 없다.

<표 5-12> 연도별 특별회계 공유순세입과 기본소득 정당 재원 합계

(단위: 억원)

구 분	2020년 예산	2021년 예산안
■ 특별회계 순세입	299,351	367,008
• 소재부품장비경쟁력강화특별회계	392	400
• 행정중심복합도시건설특별회계	118	420
• 혁신도시특별회계	3,236	2,908
• 아시아문화중심도시특별회계	62	59
특별회계 공유순세입 합계	3,808	3,787

자료: 대한민국정부, 『2021년도 예산안 첨부서류』, 6~7쪽.

고 보았다.

그리고 행정중심복합도시건설, 혁신도시, 아시아문화중심도시 등을 위한 특별회계 순세입은 전부 기본소득의 재원으로 전환될 필요가 있다고 보았다. 그렇지 않으면 모두의 자산을 특정 지역의 부동산 부자들에게 몰아주는 셈이기 때문이다. 물론 과도한 수도권 집중을 막고 지역균형발전을 이루는 정책은 사회 전체적으로 필요할 것이지만, 이는 2021년 예산안 기준 10조 원을 상회하는 국토균형발전특별회계로 충분할 것이다. 이를 넘어서서 지역 부동산 부자들에게 특혜성으로 지급될 나머지 세외순세입은 기본소득의 재원으로 전환되어야 정당할 것이다.

⑥ 기존의 일반회계+특별회계 공유세입 및 기본소득 정당 재원 총계

특별회계까지 합산하여 공유세입과 기본소득 정당 재원을 계상하면 <표 5-13>과 같다.

앞에서도 지적했듯이 공유세입 중에서 교통·에너지·환경세는 이미 일종의 보편적인 현물기본소득이라고 할 수 있는 대중교통/생태친화에너지/맑은 공기/수자원 등의 공유자산과 공유자원을 위해 지출될 예산이라, 현

<표 5-13> 일반회계+특별회계 공유세입과 기본소득 정당 재원 합계

(단위: 억원)

구 분	2020년 예산	2021년 예산안
일반회계 공유세입 합계	1,257,867	1,500,959
특별회계 공유순세입 합계	3,808	2,908
공유세입 총계	1,261,675	1,504,746
– 교통·에너지·환경세	−157,273	−157,015
– 정부내부수입및기타(국채 등)의 1/2	−303,586	−450,405
교통·에너지·환경세 전체와 국채의 50% 차감 후 기본소득 정당 재원	800,816	897,326

금기본소득으로 전환할 세입에서 제외했다.

⑦ 우선적으로 기본소득으로 전환될 필요가 있는 세출항목

물론 이 세입예산이 당장 제약 없이 모두 기본소득의 재원으로 전환될 수는 없을 것이다. 이 일반회계 공유세입예산은 특정되지는 않았지만 이미 예정된 정부세출의 재원으로 편성되어 있어, 기존 세출예산을 대폭 감축하지 않고는 기본소득의 재원으로 전환될 수 없다. 그런데 지금까지 사회정의 개념에 맞게 모든 국민에게 돌아가야 마땅한 기본소득의 재원이 일부는 교육·보육·의료·안전 등의 보편적인 사회서비스에 충당되기도 했겠지만, 상당 부분이 통치권자와 정부, 여당의 결정에 따라 특권층, 재벌, 기업, 부동산 부자 등에게 직간접적으로 귀속되면서 사회정의에 반하는 공유자산의 사유화를 낳기도 했다. 또한 특별회계 중에서도 이러한 사회정의에 역행하여, 특권층, 재벌, 기업가, 부동산 부자에게 귀속되는 세출이 있다.

특권층, 재벌과 기업, 부동산 부자에 의한 공유자산 사유화는 문재인 정부 들어 크게 감소했지만, 정부 세출의 다방면에 걸쳐 아직도 광범하게 남아있고, 심지어 새로 신설되기도 했다. 사회정의에 반하여 이처럼 특권

층과 재벌, 기업, 부동산 부자를 위해 공유자산의 사유화를 낳는 세출을 우선적으로 기본소득의 재원으로 전환시킬 필요가 있을 것이며, 중장기적으로 공유세입예산 중 공유자산 및 공유자원의 유지와 확충에 특정하여 소요되는 예산을 제외한 나머지를 모두 기본소득의 재원으로 전환시켜야 사회정의에 합당할 것이다. 2021년 예산 중 우선적으로 특권층, 재벌, 기업, 부동산 부자에 의해 직간접적으로 사유화되는 정부 세출예산은 〈표 5-14〉와 같이 제시할 수 있다. 이 세출예산도 계속 집행 중인 것들도 있겠지만, 사회정의의 원리에 역행하므로 공유자산의 사유화를 초래하는 우선적으로 기본소득으로 전환이 요청되는 세출항목들이라고 볼 수 있다.

이 중에서 특징적인 것은 2021년도 예산에서 급증한 외국환평형기금이다. 외국환평형기금은 수출을 위한 환율안정이라는 명목 아래 외환의 가치는 높게, 원화의 가치는 낮게 관리함으로써 국내 수출대기업들의 수출경쟁력과 수익성을 획기적으로 증진하는 역할을 해왔다. 반면에 국내 개인소비자들은 수입물가가 높아져 막대한 손해를 감수하였다. 따라서 국내 개인소비자들을 수탈하여 수출대기업들에게 막대한 이익을 몰아주는 기금이다. 그렇다고 해서 외국환평형기금을 통한 수출대기업들의 초과이익이 국내 소비자들 모두에게 다시 환급되는 것도 아니다. 따라서 현 정부에서 외국환평형기금을 2021년도에 39조 원 이상 늘린다는 것은 문제가 큰 것으로 보인다. 오히려 외국환평형기금과 외평채발행은 조속히 폐기되거나 인위적인 외환고평가가 아니라 균형환율을 크게 벗어날 경우에만 진정한 환율을 안정시키는 역할에 한정하고, 기존에 소요되었던 예산은 최우선적으로 기본소득의 재원으로 전환되어야 한다.

외국환평형기금 전출금 외에도 기업가나 특권층, 부동산 부자 등에게 특혜성으로 귀속될 세출예산도 가능한 한 신속히 기본소득의 재원으로 전환되어야 마땅하다. 이 세출예산들은 사실은 국내 거주자 모두에게 기본소득으로 돌아갈 공유수익을 부유층과 특권층에게만 특혜로 몰아주는 예산들이기 때문이다.

물론 기본소득으로 전환하는 것이 정당하고 가능한 세출예산이라 해도, 이를 실제로 기본소득으로 전환하는 데에는 이를 할당하는 특권을 행사하던 관료와 정치인 등 특권층과 부유한 일부 특혜수혜자들의 저항이 있을 것이다. 그러나 가시적인 수혜를 입게 될 95% 이상의 국민들의 지지를 통해 이러한 저항을 돌파하는 용기가 필요하다. 이러한 용기를 갖는다면 근로소득세 인상 등으로 사람들의 일할 의욕을 저해하지 않고도 여태껏 특권층과 부유층이 사유화했던 더 막대한 기본소득의 재원을 신속하게 찾아올 수 있을 것이다. 이를 정리하면 〈표 5-14〉와 같다.

여기서 기금 전출금 중 기본소득으로 전환이 시급한 금액은 기금으로 전출되는 정부 세출 중 일부로서, 특정업종 기업 및 수출기업 그리고 부유한 농가에게 치우친 특혜성 기금에 전출된 것들을 추린 것이다. 비우월적 다양성(undominated diversity)의 원칙에 따라 누구나 인정하는 약자에게 돌아가는 특혜 외에는, 모든 특혜성 선별 지원을 위한 기금 전출금은 시급히 전액 기본소득의 재원으로 전환되어야 정당할 것이다.

이처럼 근로소득세 증세 없이도 빠른 시일 내에 정부예산 재편성으로 가능한 현금기본소득의 재원이 당장 65조 원을 상회한다는 사실은 기본소득의 실행에 청신호가 될 것이다. 그러나 중장기적으로 이러한 65조 원을 넘어서서 앞에서 제시된 2021년 예산 기준으로 144조 원 이상의 기본소득 정당 재원을 단계적으로 최대한 기본소득의 재원으로 전환하여야 한다. 이 경우 특권층과 부자들이 사유화하는 예산만이 아니라, 교육·보육·의료·안전 등 보편복지를 위한 예산도 축소될 수 있다는 반론이 있을 수 있다. 그러나 이러한 보편복지 예산은 최대한 삭감하지 않고, 증세를 통해서라도 확대될 필요가 있다. 이제 새로 실행되거나 신설되길 희망하는 기본소득의

〈표 5-14〉 2021년 기준 기본소득으로 전환이 시급한 세출예산 합계

(단위: 억원)

구분	항목	금액
기금 전출금	관광진흥개발기금	3,378
	농업·농촌공익기능증진직접지불기금	23,919
	외국환평형기금	398,930
일반회계	산업·중소기업및에너지	141,745
	지역및도시	56,365
특별회계	소재부품장비경쟁력강화특별회계	25,610
	행정중심복합도시건설특별회계	4,153
	혁신도시건설특별회계	3,674
	아시아문화중심도시조성특별회계	1,401
합계		659,175

자료: 대한민국정부, 『2021년 기금운용계획안 개요』, 10~12쪽 참조. 대한민국정부, 『2021년도 예산안 첨부서류』, 6쪽, 30~31쪽 참조.

재원까지 추가하여 기본소득 재원의 확대 방안을 검토해 보자.

2) 공유세입항목의 단계별 추가 통한 기본소득 재원 확대 방안

〈표 5-15〉는 앞에서 계상한 2021년도 현금기본소득으로 전환하는 것이 정당한 공유세입의 향후 증가분에 새로이 실행되거나 신설될 공유세입을 추가한 것이다. 이 새로운 공유세입의 실행과 신설은 이미 법제화되어 있거나 정부의 의지에 따라 충분히 단기적으로 신설 가능한 것들로 실현 가능성이 큰 것들만 추렴한 것이다. 여기서 기존 특별회계에서 기본소득 재원으로 전환될 재원은 제외하였는데, 이는 기존의 특별회계에서 기본소득으로 전환되어 마땅한 재원이 크지 않고 차기 정부에서는 점차 소멸되어야 할 것들이기 때문이다.

〈표 5-15〉 차기 정부 공유세입과 기본소득 정당 재원 추계

(단위: 억원)

구 분	2023년 기본소득 정당 재원	2027년 기본소득 정당 재원
일반회계		
▪ 세수		
• 2021년 기존세수 중 기본소득 정당 재원의 자연증가[28]	$417,263 \times$ 증가율(1.05^2) $= 460,033$	$417,263 \times$ 증가율(1.05^6) $= 559,172$
• 국토보유세(신설)	2019년말 민간소유지 공시지가총액$(4,345$조$)$[29] $\times 1.1^3 \times 0.008$ $= 462,656$	2019년말 민간소유지 공시지가총액$(4,345$조$)$ $\times 1.1^7 \times 0.008$ $= 677,374$
• 탄소세(신설)[30]	300,000	300,000
▪ 세외수입		
• 2021년 기존세외수입 중 기본소득 정당 재원의 자연증가[31]	$576,276 \times 1.05^2$ $= 635,344$	$576,276 \times 1.05^6$ $= 772,265$
• 재건축초과이익환수의 1/2[32]	$(109+502+373)$[33]$/2 = 492$	50,000[34]
• 개발부담금(도시환경정비사업)	100[35]	10,000
• 상업용건물재건축초과이익환수 (신설)	–	a
• 공공부동산개발이익공유(신설)	–	b
• 공유플랫폼이익(신설)	–	c
합 계	1,858,625	2,368,811+a+b+c

---

28 일반회계 기존세입 자연증가율 5%는 최근 예산안 일반회계 세입증가율 2020년 7/5%, 2021년 5.7%를 보수적으로 반영한 것이다(대한민국정부, 『2020년도 예산안 첨부서류』, 3쪽 및 대한민국정부, 『2021년도 예산안 첨부서류』, 3쪽 참조).

29 국토부의 공식자료가 발표되지 않아서, 경실련이 추정한 국토부의 민간소유지공시지가를 기준으로 했음(경실련, 「문재인 정부 이후 땅값 상승액 추정」, 7쪽).

30 강남훈은 이를 원천세 방식보다는 부가가치세 방식으로 부과하는 것이 세수를 확대하는 데 일관성이 있고, 수출 시 부가가치세 환급으로 수출 기업에 지장을 초래하지 않으며 시민들의 환경 인식을 높이는 효과가 있을 것이라고 본다(강남훈, 2019: 168-169). 필자

〈표 5-15〉에서 보듯이 공유세입(공유자산과 공유자원 세입)만 계상해도 기존 예산방식에서 2023년 186조 원, 2027년 237조 원 이상이 현금 기본소득의 재원으로 전환되어야 마땅하다. 237조 원이면 2020년 대한민국 인구

도 이러한 예상효과에 대해서 동의한다. 그런데, 탄소세나 미세먼지세는 엄격히 말해 부가가치세 방식의 각 생산단계에서 추가 가치액을 가산하는 방식이라기보다는 추가 탄소나 미세먼지 유발효과를 가산하는 방식일 텐데, 이는 예상외로 산정하기가 어려울 수 있다. 이 경우 원천세 방식도 도입할 수 있을 것이다.

31 2021년 기준 세외수입에서 국채가 89.7조 원으로 큰 부분을 차지하지만, 이 중 포스트코로나 대책을 위한 일시적인 예산은 9.6조 원에 불과하다(대한민국정부, 2020: 「2021년도 예산안 개요」, 2쪽). 오히려 이 국채의 상당 부분은 앞에서 지적했듯이 외평채기금으로 40조 원 가까이 전출되는 등 수출대기업을 위해 특혜성으로 지출되거나, 기타 특권층과 부동산 부자들을 위한 특혜성 사업비로 지출된다. 국채는 미래 공유자산수익이 현재가로 할인된 것이라 국민 모두가 공동으로 책임져야 할 것이기에, 발행된다면 일부를 위해 사용되던 기존의 방식에서 벗어나 국민 모두를 위한 기본소득으로 전환되어야 마땅하다. 그러나 차기정부에서는 현정부의 과도한 국채발행규모를 대폭 축소할 필요가 있다고 보아, 국채발행을 현 정부에 비해 50%로 감축한다고 가정하여 세외수입 자연증가분을 보수적으로 계상하였다. 이처럼 현정부의 50% 수준에서 국채를 감축하여 발행하는 것은 적정하고 지속가능한 규모일 것이다.

32 재건축초과이익환수의 1/2은 기존 법대로 광역·기초지자체에 분배되어 국민주택사업특별회계(공공임대주택 등)에 소요되는 것으로 유지하고, 지자체의 도시·주거환경정비기금과 재정비촉진특별회계로 지출되도록 규정된 나머지 1/2은 지역의 부동산 부자들이 공유자원을 사유화하도록 조장하는 방식이기에 전액 전국차원의 기본소득 재원으로 전환하도록 〈재건축초과이익환수에 관한 법률〉을 개정할 필요가 있다. 재건축초과이익환수의 사용은 아직 본격적으로 시행되지 않았기에, 이 중 1/2을 전국차원의 기본소득 재원으로 전환하는 데 따른 정부관료나 지자체의 저항이 크지 않을 것이다.

33 반포 현대아파트재건축조합(2018년 통지) 109억 원, 송파구 문정동 단독주택재건축조합(2018년 통지) 502억 원, 광명 철산 주공8,9단지재건축조합(2019년 통지) 373억 원이 2022~2023년 준공 후 2023년도에 걷힐 것으로 계상한 것이다. 이 외에 전국적으로 2023년도 재건축초과이익환수가 부산, 대구를 필두로 산재하나 집계된 통계자료가 없고 금액이 크지 않아서 일단 계상에서 제외했다. 이후 2020년도에는 반포 3주구주택재건축조합에 5,965억 원, 과천 주공4단지재건축조합에 1,156억 원 등이 예정 통보된 바 있다. 그러나 준공 시까지 상승분이 있을 경우, 예정통보 된 금액을 크게 초과하게 된다. 앞으로 잠실주공5단지, 개포주공5단지 등에서 각각 1.5~2조 원의 재건축초과이익환수가 예상

5,178만 579명(통계청, 2020: 장래인구추계)에게 연간 458만 원 정도를 지급할 수 있는 재원이다. 증세를 최소화하고 이처럼 기존 재정만 재편해도 막대한 기본소득의 재원이 확보될 수 있다. 이러한 공유세입을 단계적으로 확대해간다면, 조세저항을 최소화하면서 보다 충분한 기본소득도 가시적인 미래에 달성할 수 있다. 이러한 공유세입은 일부 가난한 사람들을 위한 복지재원으로 쓰이기도 하지만, 공유지 인클로저를 통해 특권층과 재벌, 기업, 부동산 부자들에게 전유될 가능성이 크다. 이 공유세입을 안정적인 기본소득의 재원으로 확보하기 위해서 전액 기본소득특별회계로 전입시키는 제도를 확립하는 것이 필요할 것이다.

그리고 아동수당과 조만간 65세 노령자 전원에게 지급될 기초연금 등 보편적인 현금급여를 상계할 경우 생기는 재원이 있을 것이다.[36]

되어 해가 갈수록 전국적인 재건축초과이익환수는 기하급수적으로 증가할 것으로 전망된다. 재건축초과이익환수가 본격적으로 실행되기 시작할 2027년에는 최소 5조 원을 상회할 것으로 추정하였다.

34 2027년경에 환수가 실행되는 경우는 2023년경 사업시행인가 후 재건축초과이익환수 금액이 예정 통보될 경우이다. 강남/송파를 포함해서 전국적으로 재건축초과이익환수가 본격화될 것으로 전망한 추정치이다. 정부의 재건축규제의 강화나 완화에 따라 이는 크게 증감할 수 있다.

35 도시환경정비사업의 경우 사례가 적고, 부과대상연도가 '사업시행인가~준공'까지라 재건축초과이익환수에 비해 절반정도인 5~6년 정도에 달하며, 세율도 20%로 재건축초과이익의 절반 이하라 총 규모는 크지 않은 편이다. 그러나 최근 정부가 역세권 개발 계획을 촉진하면서 향후 도시환경정비사업의 개발부담금도 기하급수적으로 급증할 것으로 보인다. 그런데, 인허가를 단축해도 사업시행인가 후 준공까지는 5년 내외가 소요되므로 2027년 이후에야 본격적으로 개발부담금이 세입으로 들어올 것으로 전망된다. 2023년 개발부담금 100억 원은 청량리4구역 도시환경정비사업 준공 시 개발부담금을 대략적으로 추정한 것이며 2027년의 1조 원은 현재 추진 중인 부분과 향후 진행될 역세권 도시환경정비사업 중 일부가 준공될 것으로 예상하여 보수적으로 추정한 것이다.

36 2021년도 기준 아동수당과 기초연금은 합계 19조 원 정도로 정당 기본소득 재원의 13%를 상회한다. 2027년에도 이 제도가 계속된다면 아동인구의 감소에도 불구하고 노인인구의 폭증으로 합계액이 대폭 증가할 것이다. 새로 실행되거나 신설될 기본소득의 재원

이는 소득공제나 세액공제를 포함한 근로소득세 증세가 일절 없이 계상된 재원이다. 2021년 근로소득세 예산안이 43.3조 원 정도이기에, 근로소득세를 100% 인상해도 2027년도 기본소득의 재원은 16% 정도 증가에 그친다(대한민국국회, 『2020. 11월 국회예산결산위원회 수석전문위원 검토보고(부처별 I)』, 317쪽). 곧 근로소득세 증세 없이도 기본소득의 재원은 상당한 수준으로 확보할 수 있는 것이다. 따라서 노동의욕을 저하시키고 노동자들의 집단적인 반발을 고려할 때, 좁은 의미의 공유자산 및 공유자원 수익의 공유라는 기본소득의 정당성 원리를 일관되게 관철하여 근로소득세 증세 없이도 기본소득의 재원을 확보하는 이러한 방안을 검토할 필요가 있다.

이뿐만 아니라 이 표에서 금액을 추계하진 않았지만 상업용 건물 재건축초과이익환수와 공공부동산개발이익공유를 신설하고, 4차 산업의 발전과 더불어 향후 폭발적으로 증가할 수 있는 공유플랫폼 이익을 가산한다면 기본소득의 재원은 1인당 국민기초생활보장 금액 이상으로 확보될 수 있을 것이다. 이 글에서 국민기초생활보장은 유지한다고 전제했으므로, 국민기초생활보장 수혜자는 기본소득까지 받으므로 진정한 생계보장이 될 것이다. 물론 1인당 기본소득 지급액의 일정비율(예 1/2)만큼 국민기초생활보장 금액을 감액할 수도 있을 것이다. 이는 미리 예단할 필요 없이 향후 국민적 합의에 따라 조정하면 될 것이다.

남은 실행 과제의 방향

1) 이주자의 수혜조건
기본소득의 실행에서 이주자 문제는 뜨거운 감자이다. 누구는 불법이주자

까지 감안하면 그 합계액은 최소한 정당 기본소득 재원의 10%를 상회할 것으로 보인다.

에게도 기본소득을 지급해야 한다고 주장하고, 누구는 이주자에게는 지급해서는 안 된다고 주장할 것이다. 반드시는 아니지만 보다 진보적인 기본소득론자일수록 이주자에게 대체로 관대한 편이라 할 수 있다. 그러나 실행가능성을 고려하면, 불법이주자에게 기본소득을 지급하는 것은 실행 불가능할 뿐만 아니라, 국가별 기본소득의 지속을 불가능하게 만든다. 왜냐하면 이주자가 폭증하여 각자에게 돌아갈 기본소득이 급격히 줄어들 수밖에 없기 때문이다. 그래서 기본소득은 국가별 이익에 보탬이 되면서도 국제적으로도 기본소득의 확산에 도움이 되는 방안으로 정교하게 구성될 필요가 있다.

판 빠레이스(Van Parijs)는 이주자 유입의 폭증을 초래할 기본소득의 부작용을 줄이는 장치로 언어능력을 이주 허용의 기준으로 제시하기도 하였다(Van Parijs, 2017: 230 이하). 이는 유력한 기준의 하나가 될 것으로 보인다. 왜냐하면 기본소득을 실시하는 국가로 이주하고자 하는 사람들이 증가할 것이므로, 기본소득을 실행하는 국가의 언어는 국제적으로 배우는 사람들이 크게 늘어 국익에 보탬이 된다. 이를 통해 이주자들에게 지급하는 기본소득 이상의 경제적 이익을 얻을 수도 있고, 이주자에게 기본소득 지급을 반대하는 국내여론을 약화시킬 수 있다. 이렇게 된다면 다른 나라들도 자국어의 국제화로 이익을 얻고자 경쟁적으로 기본소득을 도입하는 효과가 있을 것이고 기본소득의 지구적 확산을 촉진하는 계기가 될 수도 있을 것이다. 이러한 제안은 특히 조만간 인구가 감소할 우리나라에 적합한 방안일 수 있다. 이런 방향에서 기본소득의 실행력을 높이기 위한 이주자 수혜의 문제를 더 정교하게 다듬을 필요가 있다.

2) 국민연금과 기본소득의 매트릭스: 연금 대 기본소득의 비중

연금에 대해서도 기본소득론자들은 상이한 입장을 보이고 있다. 특히 우리나라 국민연금의 소득대체율이 60%로 낮다는 점을 들어 기본소득과 더불어 연금지급액도 인상해야 한다는 주장이 있는 반면, 다른 한편으로 기본소득을 통해 연금의 일부를 대체하면서 연금의 비중을 낮추어야 한다고 보는 주장도 있다.

그러나 연금가입자가 중간 이상의 소득을 올리는 정규직 중심으로 구성되어 있으므로 국민연금은 A값을 통한 가입자 내부에서의 소득재분배 장치에도 불구하고 중상층 이상에게 혜택을 주는 역복지 측면이 있다. 특히 연기금 고갈 시에 정부예산을 통해 지급을 보장할 경우 모두의 자산인 정부예산을 중상층에게 몰아주는 역복지의 전형이 될 것이다. 따라서 각자의 국민연금+기본소득 합계액을 증가시키되, 기존 국민연금 가입자에게 손해가 나지 않으면서도 국민연금의 상대적 규모를 점진적으로 축소하고 기본소득의 규모를 절대적/상대적으로 증가시키는 방향으로 국민연금 개혁방안을 마련할 필요가 있다. 특히 기본소득이 실시된다면, 국민연기금의 세대 간 평등문제는 역복지를 낳는 정부예산을 통해서가 아니라 국민연기금 내부에서 해결하는 방향으로 개혁할 필요가 있다.

6장

화폐개혁과
재원조달

화폐개혁과 기본소득 재원

6장에서는 현행 화폐발행 체제를 개혁하여 화폐발행이익(시뇨러지)을 기본소득의 재원으로 활용하는 몇 가지 방안을 검토한다. 시뇨러지는 전통적으로 화폐가 대표하는 액면 가치와 화폐를 제조하는 데 드는 실제 비용의 차이를 말한다. 경제는 반드시 화폐를 필요로 하며 경제가 성장하기 위해서는 화폐의 양(통화량)이 그에 조응해서 늘어나야 한다. 그렇지 않을 경우 경제는 유동성 부족이나 디플레이션으로 인해 침체를 겪게 된다. 화폐가 경제성장에 맞춰서 늘어나면 자연스럽게 시뇨러지가 발생한다. 화폐가 경제발전을 뒷받침하는 공공의 것이라는 점을 고려하면 시뇨러지는 전형적인 공동체 성원 모두의 공유부이다. 하지만 현재에는 민간 은행이 창조하는 은행화폐가 유통화폐의 대부분을 차지하고 있기 때문에 국가가 공공적 목적을 위해서 시뇨러지를 제대로 활용하지 못하고 있다. 만약 현재의 화폐 체제를 개혁하여 정부가 근대 이전의 체제와 같이 법정화폐를 발행하도록

6장 화폐개혁과 재원조달 **317**

하고, 그 법정화폐가 지금과는 달리 경제에서 주도적인 역할을 맡도록 한다면 그로부터 발생하는 시뇨러지는 기본소득의 지급과 같은 공공의 목적에 활용될 수 있다. 6장에서는 현행 화폐제도의 개혁을 통해서 시뇨러지를 기본소득의 재원으로 활용하는 방안들을 검토하고 평가한다.

6장의 구성은 다음과 같다. 우선 화폐의 속성과 기원에 대한 이론들을 검토한다. 화폐제도의 개혁에 대한 논의는 화폐에 대한 기초 이론을 둘러싼 논쟁을 출발점으로 한다. 현행 화폐제도와 통화정책은 경제학 교과서가 암묵적으로 받아들이는 표준적인 화폐이론의 영향을 받고 있다. 이에 반해 제도개혁을 제안하는 입장은 표준적 화폐이론이 경제현실을 정확하게 반영하지 못한다고 평가한다. 따라서 화폐의 기초이론에 대한 검토는 화폐제도를 논의하는 데 있어서 필수적이다.

다음으로 현행 화폐제도의 작동 원리를 설명하고 현행 제도가 갖는 한계가 무엇인지를 살핀다. 이 장에서 검토하는 여러 방안들은 공통적으로 현행 화폐제도를 전면적으로 혹은 부분적으로 개혁하는 것을 전제로 한다. 따라서 각 방안들을 보다 정확히 평가하기 위해서는 이 방안들이 현재의 화폐 및 은행 제도의 문제점을 어떻게 이해하고 있는지를 알아볼 필요가 있다.

또한 화폐제도의 개혁을 주장하는 대표적인 두 가지 방안을 구체적으로 검토하고 평가한다. 두 방안은 모두 정부가 직접 법정화폐를 발행하고, 그에 따른 시뇨러지를 기본소득으로 활용할 것을 제안하지만 현 제도에 대한 문제의식에 있어서 차이가 있으며 제도 개혁의 범위와 정도에서도 차이가 난다. 따라서 각 입장의 문제의식과 제도개혁의 내용을 설명하고 각각 방안에서 기본소득의 재원을 어느 정도 확보할 수 있는지를 추정해 본다.

화폐의 속성과 기원에 대한 이론들

2008년 이후 이른바 선진국 경제는 사실상 중앙은행의 발권력에 의존해 경제를 꾸려 왔다. 예를 들어 미국의 중앙은행인 연방준비제도이사회는 양적완화 정책을 통해서 자산을 2008년 9월부터 2015년 1월까지 약 4.95배나 늘렸다(Fed, 2020). 중앙은행의 자산이 늘어났다는 것은 그만큼 본원통화가 경제 내로 흘러 들어갔다는 것을 의미한다. 미국 GDP의 25%에 해당하는 규모다. 중앙은행이 화폐를 찍어서 그 돈으로 금리를 떨어뜨리는 한편 은행의 파산을 막았다.

중앙은행의 발권력에 의존하는 정책은 글로벌 금융위기 이전까지는 거의 금기시되었다. 왜냐하면 중앙은행의 발권력이 남용되면 통제할 수 없는 인플레이션이 일어날 것이라는 통념이 있었기 때문이다. 그 사례로 1920년대 바이마르공화국이 자주 상기된다. 그러나 선진 각국이 대대적으로 양적완화를 실시했지만 우려하던 인플레이션은 일어나지 않았다. 이런 맥락에서 2008년 위기 이후 양적완화는 화폐와 통화정책에 대한 역사적 실험이었다.

이 같은 경험을 배경으로, 그동안 비주류에 머물고 있던 다양한 경제 이론이 화폐에 대한 독특한 해석을 바탕으로 삼아 새로운 정책 대안들을 제시하고 있다. 특히 큰 주목을 받고 있는 이론들로는, 적극적인 재정지출을 통해서 국가에 의한 완전고용 보장을 제안하는 '현대화폐론'(Modern Monetary Theory), 중앙은행의 발권력을 활용하여 모두에게 일시적으로 돈을 지급하거나 공적 사업에 필요한 자금을 조성하자는 모두를 위한 '양적완화론', 그리고 정부가 근대 이전처럼 화폐를 발행하자는 '주권화폐론'(Sovereign Money Theory)이 있다. 새롭게 부상하는 이론들은 화폐에 대한 전통적 견해를 비판하고 있다. 따라서 현대화폐론, 주권화폐론 등이 주장하는 새로운 정책 방안들을 검토하고 평가하기 위해서는 화폐이론에 대한 이해가 필수적이다.

대부분의 경제학자들은 돈(화폐)을 그것이 수행하는 기능을 통해서 정의한다. 경제학 교과서에서는 화폐의 기능을 교환 수단, 계산 단위, 지불 수단, 가치 저장 수단, 이렇게 네 가지로 제시한다. 그러나 교과서는 화폐가 이러한 기능을 수행할 수 있는 근원적인 힘이 어디에 근거하고 있는가에 대해서는 제대로 설명을 하지 못한다.

현대에 와서 돈이라고 하면 우리는 지폐와 주화를 떠올린다. 상품을 거래하거나 금전적인 지불을 할 때 주로 수표를 사용하거나 계좌이체를 하지만 우리들이 수표나 계좌에 기입된 숫자가 현금을 대리하고 있다고 믿는다. 은행이 그 숫자만큼의 현금을 가지고 있지도 않지만, 현금도 사실 어떤 본질적 가치도 가지고 있지 않다. 우리는 왜 본질적 가치가 없는 현금을 받아들일까? 우리가 일한 대가로 돈을 받을 때, 다른 사람도 다음에 상품의 대가로서 그 돈을 받을 것이라고 믿기 때문이다. 그러면 도대체 돈의 어떤 속성이 이 같은 신뢰를 불러일으키는 것일까? 이것은 화폐의 본질에 대한 질문이다.

화폐의 본질과 화폐가 역사적으로 어떻게 등장했는지에 대해서는 여러 경쟁적인 이론들이 있다. 여기서는 대표적인 세 가지를 이론을 검토한다. 왜냐하면 어떤 이론을 받아들이는가에 따라 바람직한 화폐 발행 체제에 대한 제도적 구상이 다르기 때문이다.

화폐의 상품이론

화폐의 상품이론은 오랫동안 경제학의 정통적 견해로 인정되어 왔고 오늘날에도 대다수 경제학 교과서들이 암묵적으로 받아들이고 있는 이론이다.

이 이론의 핵심 내용은 두 가지이다. 첫째, 화폐는 본질적으로 상품이다. 둘째, 화폐는 물물교환의 불편함을 극복하려는 과정에서 특정 상품이 사람들 간의 합의에 의해서 혹은 자생적으로 화폐로 진화했다. 상품이론은 화폐가 시장 활동의 효율성을 높이기 위해 개인들이 노력하는 과정에서 탄생했다는 함의를 갖기 때문에 '화폐의 시장이론'으로도 불리며, 금과 은 같은 금속이 최종적으로 화폐의 기능을 담당했다고 설명하기 때문에 금속주의(metalism) 라고도 한다.

현대에 와서 화폐는 어떤 상품적 가치도 가지고 있지 않으며 귀금속의 태환이 보장되어 있지도 않다. 따라서 화폐가 상품이라는 핵심 주장의 한 가지는 설득력을 잃었다. 하지만 화폐가 역사적으로 물물교환의 과정을 통해서 진화했다는 설명은 교과서의 표준적 설명으로서 아직까지 남아있다. 특히 이 이론은 근대 경제학을 확립한 고전 경제학자들이 대체로 고수해온 견해이기 때문에 경제학의 이론 체계에 스며들어 있다. 아담 스미스는 국가 화폐의 존재를 부정하지 않았지만 화폐는 상품이라는 기본 관점을 유지했다. 아담 스미스는 국부론에서 '군주는 조세가 지폐로 납부되어야 한다는 법을 정할 수 있기 때문에 지폐에 일정한 가치를 부여할 수 있다'고 언급하기도 했지만(Smith, 2014: 499), '많은 상품이 잇달아 화폐로 상정되어 사용되었을 것'이며 '사람들은 불가항력적인 이유로 금속을 교환수단으로 선택해 사용하기로 결정했을 것'이라고 적었다(Smith, 2014: 100).

상품이론은 화폐의 탄생에 대해서 다음과 같이 논리를 전개한다. 사람들은 원시적 조건에서 물물교환을 통해 살아갔다. 물물교환이 성립하려면 거래 당사자들이 각각 상대방이 원하는 물건을 가지고 있어야 한다. 그렇지 않으면 거래는 이뤄지지 않는다. 하지만 화폐가 있다면 사람들은 일단 자신이 가진 물건을 화폐로 바꾼 다음에 그 화폐를 자신에게 필요한 물건과 교환하면 된다. 이처럼 화폐가 있다면 거래 당사자 간에 '필요의 이중적

일치'가 이뤄지지 않아도 상품의 교환이 가능하다. 그래서 사람들은 서로 합의를 통해서 특정 상품을 화폐로 정하여 사용하기 시작했다. 그런 과정을 거쳐서 최종적으로 금이나 은과 같은 금속이 화폐로 선택되었다.

상품이론에 따르면 화폐의 핵심적 기능은 교환의 효율성을 높이기 위한 교환 수단이며, 다른 기능들은 교환수단으로의 기능에서 파생되었다. 즉, 금속이 최종적인 교환수단이 되었기 때문에 금속의 무게 단위가 화폐의 단위가 되었을 뿐만 아니라 화폐가 가치 측정 단위의 역할을 하게 되었다. 그리고 국가는 화폐의 질과 양을 보증하기 위하여 특정한 문양을 새긴 금속화폐를 발행하고 화폐의 위조를 엄격하게 처벌했다.

상품이론이 오랫동안 강한 영향력을 미쳤던 데에는 역사적으로 금속화폐가 널리 발행되었다는 사실이 큰 역할을 한 것으로 보인다. 이제까지 알려진 가장 오래된 주화는 기원전 600년경에 고대 지중해 지역의 리디아 왕국이 발행했다(Mundell, 1999, p.14). 중국의 진나라는 기원전 221년에 청동주화를 도입했다. 그리고 중세기의 동서양의 나라들은 주화를 발행하여 유통시켰다. 그래서 이 이론은 현재에 이르기까지 오랫동안 사람들의 사고를 지배하면서 화폐의 진화에 강한 영향을 미쳤다. 서구인들은 상품이론의 주장처럼 화폐는 귀금속이라고 믿었기 때문에 근대에 들어와서 금에 기초해서 지폐(은행권)를 발행하는 금본위제를 정착시켰다. 이 체제에서는 지폐는 금에 대한 청구권이었다. 물론 금본위제 때의 은행권 자체는 금속이 아니었지만, 사람들은 비상품 지폐가 사용될 수 있었던 것은 그것이 금속에 의해서 뒷받침되기 때문이라고 설명했다. 이 입장에서 지폐는 금속을 절약하고 그것의 유출을 막기 위해 발명한 금속의 대체물이다. 그런데, 1971년 미국이 달러의 금 태환을 정지함에 따라 현대에는 어떤 나라의 지폐도 금에 의해서 뒷받침하지 않는다. 그래서 상품이론은 현재에는 불완전한 이론으로 남아있다.

그렇지만 상품이론이 현대의 경제학 이론에 강한 영향을 미치고 있다. 특히 통화주의와 같이 시장의 효율성을 강조하는 신자유주의적 경제 사조에 깊이 뿌리내려 있다. 상품이론의 관점에서 화폐는 단지 교환수단으로서 '실물' 부문의 상품 교환을 원활히 하는 윤활유에 불과하다. 따라서 이 경제 사조의 관점에서 중요한 것은 이윤을 극대화하려는 합리적 행동에 뒷받침되는 실물 경제이며 화폐는 거시 경제에 영향을 미치지 못하는 중립적인 베일에 불과하다. 중앙은행의 독립성과 준칙에 의한 통화 공급 등을 통해서 화폐의 남발을 방지해야 한다는 사고도 상품이론의 영향으로 볼 수 있다. 그리고 제도적으로도 지폐(은행권)는 금본위제도의 관행이 그대로 남아 있어서 중앙은행의 부채이자 중앙은행의 자산에 대한 청구권이라는 형식을 유지하고 있다"(한찬욱, 2014: 312).

상품이론은 현대의 화폐 현상을 설명하는 데만 한계가 드러내고 있는 것은 아니다. 역사적 증거들은 화폐가 물물교환의 과정에서 특정 상품이 발전한 것이라는 주장을 뒷받침해주지 않는다. 인류학자 데이비드 그레이버(David Graeber)는 "물물교환에서 화폐가 탄생했다는 증거는 전혀 없지만 그 반대 증거는 엄청나게 많다"고 말한다(Martin, 2013: 20). 그레이버에 따르면 역사적으로 물물교환은 많은 시대와 장소에서 광범위하게 일어났지만, "낯선 자들 사이에, 서로에게 도덕적 관계가 없는 사람들 사이에서 전형적으로 일어났다"(한찬욱, 2014: 422).

대부분의 교과서는 상품이론에 입각해서 경제 교류가 자급자족 경제에서 출발하여 물물교환 경제를 거쳐서 화폐 경제, 신용 경제로 발전했다고 설명하거나 화폐는 상품화폐, 금속화폐, 태환화폐, 법화, 신용화폐 순으로 발전해왔다고 주장한다. 이 설명도 역사적 사실에 부합하지 않는다. 신용에 기반한 화폐(credit money)가 상품화폐의 발전된 형태로 간주되는 주화보다 역사적으로 먼저 등장했다(Wary, 2012: 9). 이제까지 알려진 가장 오래된 귀금속 주화는 기원전 600년경에 만들어진 것이지만, 그보다 더 오래된 기원전 3,500년경에 고대 바빌론에서는 부채를 기록한 점토판이 화폐로 사용되었다. 이 점토판은 아직까지 수천 개가 남아 있을 정도로 메소포타미아 지역에서 널리 사용되었다(Ferguson, 2008: 35).

더욱 중요한 사실은 상품이론을 강하게 뒷받침하는 근대 이전의 금속화폐의 사례들도 온전하게 상품이론을 지지하지 않는다. 주화는 여러 시기에 여러 지역에서 사용되었지만 거의 대부분의 경우에 국가가 정한 공식적인 명목 가치는 금속 함유량의 내재적 가치를 초과했고 그 차이도 일정하지 않았다. 본 미제스는 국가의 법령이 있어도 주화는 무게로 측정되어 유통되었다고 주장했지만, 최근 화폐 연구자들은 국가의 통치권 내에서 주화는 금속 함유량과 무관하게 법적으로 공인된 액면 가치로 유통되었다고 결론 내리고 있다(Tymoigne, 2017: 13). 이 사실은 금속화폐의 공식적 가치가 정책적으로 결정되었고 화폐의 내재적 가치와는 무관했다는 것을 말해준다(Innes, 1913: 30).

화폐의 신용이론

화폐의 신용이론은 화폐는 신용/부채 관계를 반영하며 본질적으로 부채에 대한 청구권(claim)이라고 주장한다. 이 이론에 따르면 개별적인 신용/부채 관계가 모두 화폐관계로 발전하지는 않지만 모든 화폐는 근본적으로 신용(혹은 부채)이며, 신용이 사회적으로 인정을 받아서 양도가 가능하면 화폐가 된다. 신용이론의 학자들은 현대의 명령화폐(fiat money)까지 정부의 부채로 간주한다.

신용이론은 사례를 통해서 잘 이해할 수 있다. 고대 바빌론 시대의 사람들이 남긴 점토판을 보면 소지자에게 "추수 때 일정량의 보리를 준다"거나 "일정량의 은을 주어야 한다"고 명시되어 있다(Ferguson, 2008: 35). 점토판은 일종의 채권이었는데 양도가 가능해서 이름이 적혀 있는 채권자가 아닌 소지자에게도 약속된 상환이 이뤄졌다. 그래서 점토판은 화폐로 사용되었다. 이와 유사하게 유럽에서는 수세기 동안 부채를 기록하기 위해 엄대(tally sticks)가 사용되었다.

엄대는 구매자가 판매자로부터 상품을 받을 때 만드는 나무막대기이다. 엄대가 만들어지면 구매자는 채무자가 되고 판매자는 채권자가 된다. 이 나무막대기는 구매한 양 또는 부채를 기록하고 위조할 수 없도록 두 쪽으로 쪼개서 채권자와 채무자가 각각 소유했다. 이것은 영국에서 1826년까지 사용되었다(Martin, 2013: 28). 근대 초기 영국의 금 세공인들이 금을 보관하면서 발행한 보관증서가 화폐로 사용된 것도 화폐가 신용관계에 기반하고 있음을 보여준 사례이다. 금 보관증서는 금 세공인과 금을 맡긴 상인들 간에 채권-채무 관계가 있다는 것을 증명하는 일종의 약속 어음에 다름 아니다. 하지만 상인들 간의 네트워크에서는 지불 수단으로서 사용되었다(Ryan-Collins, 2011: 37). 사실 현대에 사용하는 수표도 화폐가 신용임을 보여주는 사례이다. 수표는 은행에 현금을 요구할 수 있는 청구권이기 때문이다.

신용이론은 화폐 등장의 논리를 다음과 같이 설명한다. 사람들은 화폐가 존재하지 않을 때 물물교환을 한 것이 아니라 신용관계(채권-채무 관계)를 맺는 방식으로 상품을 거래했다. 거래 당사자들이 각자가 상품을 동시에 교환하지 않았다. 상품이 그것을 필요로 하는 사람에게 먼저 인도되었고 사후에 정산이 이뤄졌다. 이 경우에 상품의 판매자는 구매자에게 신용을 제공한 것이고 구매자는 판매자에게 빚을 진 것이다. 그런데 다음의 거래에서는 기존의 구매자가 판매자가 되고 기존의 판매자가 구매자가 될 수 있다. 그래서 그들 간에는 수많은 신용관계가 형성되고 일정 시점에 지났을 때 그들은 수많은 신용관계를 한 번에 정산했다(Naito, 2008: 3).

신용이론은 이 과정에서 화폐가 정산하지 못한 신용-부채 관계에 대한 기록에서 출발했다고 본다(Martin, 2013: 23). 하지만 이 신용/부채 관계가 바로 화폐가 되는 것은 아니다. 신용이론을 1914년에 체계적으로 정식화한 이네스(Innes)에 따르면, 부채가 일반적으로 받아들여져서 이전이 가능하게 되어 다른 부채를 상환하는 데 쓰일 수 있으면 화폐가 된다(Kampt, 2016: 29). 그래서 화폐는 "양도가 가능한 신용이다"(Martin 2013: 39). 따라서 신용이론의 관점에서 화폐의 가치는 화폐 자체의 소재적 가치가 아니라 화폐 발행자가 제시한 상환 약속의 신뢰성에 의존한다. 따라서 화폐는 사물이 아니라 사회적 관계이다. 미국의 경제학자 민스키는 화폐에 관하여, "모든 사람은 화폐를 발행할 수 있지만, 문제는 그것을 어떻게 받아들이게 할 것인가이다"라고 말했다. 이 구절은 신용이론이 말하는 화폐의 본질을 잘 표현해준다.

신용이론은 실물적인 형태의 화폐가 존재하지 않았던 사회에서 물물교환이 아닌 신용을 통한 거래가 널리 이뤄졌다는 역사학, 인류학 등의 연구 결과에 의해서 잘 뒷받침된다. 앞서 언급한 바빌론의 점토판 사례 외에도 많은 역사적 근거가 있다. 특히 고대의 사람들이 신용을 통해서 거래를 했다는 사실은 그 시기에도 은행체계가 발달했다는 증거를 통해서도 알 수 있다. 화폐 관계에 대한 자세한 증거들은 바빌론 외에도 고대 이집트의 금융시스템과 관련된 기록에서도 발견된다. 이 문명들은 주화가 처음으로 등장하기 몇 천 년 전부터 은행시스템을 발전시켰다(Ryan-Collins, 2011: 37). 이 은행들은 청산 및 부기를 맡았다. 많은 사람들이 하나의 은행에 부채의 기록을 남긴다면 부채의 기록은 화폐의 역할을 할 수 있다. 인류학자들은 티그리스 강과 유프라테스 강 주변의 여러 도시에서 설형문자가 새겨진 수만 개의 블록을 발견했는데, 대부분 예금 기록과 화폐 계약이었다. 이는 일상적으로 광범위하게 단순 은행 업무가 존재했다는 것을 확인시켜준다. 또한 20세기 초까지 태평양에 있는 야프섬의 섬 주민들은 다양한 생산물들을 신용으로 서로 거래하고 상호간에 쌓인 채권과 채무를 사후적으로 동시에 정산하는 방식으로 경제를 꾸렸다(Martin, 2013: 11). 이러한 이유로 신용이론은 많은 역사학자, 인류학자, 사회학자 등으로부터 지지를 받는다(Ryan-Collins, 2013: 34). 그런데, 수많은 신용/부채를 비교하고 정산하기 위해서는 공동의 계산 단위가 있어야 한다. 신용이론의 학자들은 다음 절에 설명할 국가이론과 마찬가지로 계산 단위의 등장 과정에서 국가가 결정적인 역할을 했다고 본다.

돈에 관한 최초의 기록은 대부분 대규모 관료 조직들(신전과 왕국) 내에서 회계를 처리하기 위해서 만들었던 메소포타미아의 행정 서류들이다(한찬욱, 앞의 책: 419). 행정기구는 공공 근로를 조직하고 수확과 물자를 배분하면서 경제를 운용했다. 이 모든 것은 계약, 법적 구조, 문서화 등을 요구했다. 화폐는 초기 국가 구조 내에서 선물과 지참금, 형벌에 대한 속죄금, 재물 헌납과 같은 공납 등의 부족적 전통으로부터 등장했다. 상품의 공여뿐만 아니라 선물과 의무는 측정되고 기록되어야 했다. 모든 거래는 현물로 이뤄졌지만, 당시에 은이나 곡식과 같이 중요하거나 귀중했던 물품이 상이한 물품의 가치와 양을 비교할 수 있는 공통의 계산 단위로 발전했다. 계산 단위는 통치자의 행정적 조치에 의해서 고정되었다(Huber, 2018: 912). 그리고 국가가 경제를 운영하고 성원의 의무를 측정하는 데 사용한 사회적 계산 단위가 일반적인 거래로 확대되었다. 이처럼 가치 측정 혹은 계산 단위로서의 개념적 화폐가 논리적으로나 역사적으로나 실물적 화폐보다 우선했으며 국가는 이 과정에서 결정적 역할을 했다. 이 같은 사실은 화폐가 사회적 관계라는 점을 분명히 확인시켜 준다(Tcherneva, 2016: 12).

그리고 신용이론을 처음으로 정식화한 미첼 이네스는 국가화폐도 "세금으로 상환되는 특수한 형태의 신용"이라고 정의했다(Wary, 2013: 24). 랜달 레이와 같은 현대화폐론(MMT)의 학자들은 최근 들어 이네스의 논리를 발전시켜서 국가가 발행한 명령화폐를 정부의 채무 증서(IOU)로 정의하면서 국가이론과 신용이론을 통합하려고 한다. 국가는 구성원들에게 세금을 부과하는 방식으로 그들을 강제로 채무자로 만들 수 있는 권한을 가지고 있다. 국가는 차용증서로써 지출을 행한 다음에, 구성원들이 그것으로 세금을 납부하도록 한다. 이처럼 국가가 자신이 발행한 차용증서를 조세로 받아들이기 때문에 화폐는 경제 거래에 사용된다. 이에 관해서는 국가이론 부문에서 보다 상세히 다루겠다.

화폐가 신용-부채 관계에 따른 지불 약속이라고 하면, 화폐의 신뢰성은 지불을 약속한 채권자의 신뢰성에 의존한다. 그리고 세상에는 수많은 신용-부채 관계가 있다. 따라서 경제에는 다양한 정도의 수용성(acceptability)을 가진 약속, 즉 화폐가 피라미드와 같이 위계 체계를 이루면서 존재한다(Bell, 2001: 158). 신용이론가들은 화폐 중에서 국가의 화폐가 세금을 비롯한 국가에 대한 부채를 청산하는 데 사용되기 때문에 화폐의 위계 체계의 최정상에 있다고 본다(Bell, 2001: 161).

신용이론은 과거부터 현대에 이르기까지 다양한 형태를 띠었던 많은 화폐를 설명한다. 하지만 모든 화폐가 부채 혹은 신용인가에 대해서는 이론의 여지가 있다. 이에 대해서는 뒤에서 세 가지 이론을 종합적으로 평가하면서 자세히 서술하겠다.

화폐의 국가이론

화폐의 국가이론은 화폐가 처음부터 시장이 아니라 국가에 의해서 창조되었으며, 화폐의 가치는 국가의 권위와 안정성에 의존한다고 주장한다. 이

이론에 따르면, 국가는 국민에게 세금을 부과하는 동시에 납세의 수단을 정할 수 있기 때문에 자신이 발행한 화폐를 유통시킬 수 있다. 즉, 국가가 세금을 부과하고 '어떤 것'을 조세 납부의 수단으로 받아들이겠다고 법적으로 선언하면 "그것"은 화폐가 된다(Wray, 2015, p.49). 따라서 화폐는 상품적 가치와는 관계가 없는 국가가 세금으로 받아들이는 증표(Charta)이다. 이 이론을 처음으로 정식화한 독일의 경제학자 크나프는 1905년에 발간한 자신의 책에서 국가이론을 증표주의(Chartalism)로 명명하고, 자신이 금속주의(mentalism)라고 지칭한 상품이론과 대립시켰다(Knapp, 1924). 국가이론의 관점에서 화폐의 가치는 귀금속 같은 상품적 가치에 의해서 뒷받침되는 것이 아니라 국가가 정한 명목적 가치에 의존한다. 따라서 사람들이 일반적으로 화폐를 원하고 받아들이는 이유는 세금을 납부하기 위해서 국가가 발행한 증표를 필요로 하기 때문이다. 어떤 성원들이 주어진 기간에 조세의 의무를 청산하는 데 필요한 것 이상을 축적했다면, 그들은 증표가 부족한 다른 성원과 거래를 추가적으로 확대할 수 있다. 증표가 부족한 성원은 다른 성원이 축적한 증표의 잉여와 교환하기 위해서 상품과 서비스를 제공한다. 이런 식으로 국가와 성원 간의 지불 공동체가 이후에 '사적 지불 공동체의 발달'로 이어진다. 케인스는 최소한 지난 4천 년 간의 화폐 체제는 이 같은 국가 체제였다고 말했다(Keynes, 1930: 4-5).

　국가이론은 최근 일자리의 창출을 위해 재정을 적극적으로 활용할 것을 제안하는 현대화폐론(Modern Monetary Theory: MMT)의 학자들에 의해 부활되었다. MMT의 학자들은 이 이론에 입각하여 국가가 과세를 하는 목적은 정부 지출의 자금을 얻기 위한 것이 아니라 그 화폐에 대한 수요를 창조하기 위한 것이라고 주장한다. 이런 맥락에서 "세금 구동 화폐"(Tax-driven money)라는 용어를 사용한다. 이처럼 정부의 지출이 조세에 앞서기 때문에 정부의 지출이 세수의 제약을 받지 않는다고 주장한다. 따라서 그들은

"주권 국가의 정부는 자국 통화로 지불하는 한 지급 불능 상태에 빠지지 않으며", "자국 통화로 표기된 채무에 관한 한 언제나 지불 능력이 있다"고 주장한다(Wray, 2015: 52).

신용이론에서 이미 언급했듯이 신용이론의 지지자들은 대부분 국가화폐의 유통력이 국민에게 조세를 부여함과 함께 납세의 수단을 정할 수 있는 국가의 권한에 의존한다는 국가이론을 신용이론의 틀 내에서 적극적으로 받아들이고 있다. 이들은 국가화폐도 국가의 차용증서(IOU)라고 규정함으로써 국가화폐를 신용화폐의 특수한 형태로서 규정한다. 랜덜 레이(Randall Wray)는 신용이론을 20세기 초에 체계적으로 정식화한 미첼 이네스(Mitchel Innes)를 인용하면서 '국가 화폐는 조세에 의해서 상환이 이뤄지는 특수한 종류의 신용(부채)'이라고 주장한다(Innes, 1914).

하지만, 모든 국가이론의 지지자들이 국가화폐를 국가가 발행한 차용증서로 간주하지는 않는다. 앞서 언급했듯이 상업은행의 화폐 창조 기능을 정지시키고 근대 이전처럼 정부가 화폐를 발행할 것을 주장하는 주권화폐론의 이론가인 독일의 조셉 후버(Huber) 등은 화폐를 신용/부채로 정의하는 것은 오류라고 주장하면서 신용이론을 받아들이지 않는다. 국가이론을 처음으로 정식화한 크나프(Knapp)도 "화폐는 부채가 아니다… 그것은 우리를 부채로부터, 특히 우리의 국가에 대한 부채로부터 해방시킨다"고 말했다. 그라지아니(Graziani)는 "화폐는 일반적인 상품과 다를 뿐만 아니라 단순한 지불 약속 이상의 것으로서 거래의 최종적 정산 수단으로서 수용되어야 한다. 그렇지 않으면 그것은 화폐가 아니라 신용이다"라고 주장한다(Graziani, 1990: 36). 따라서 이 관점에서는 화폐가 부채/신용이 아니라 부채를 청산하거나 신용 계약을 완결하는 수단이다.

'화폐가 신용으로 환원될 수 없다'는 입장을 취하는 이론가들이 역사적으로 신용/부채가 거래를 뒷받침하는 수단으로 활용되었다는 역사학과 인류학 등의 연구 성과를 부정하지는 않는다. 그렇지만 신용/부채 관계에 의한 거래가 국가화폐인 주화가 등장하기 이전에 있었다는 역사적 사실이 '화폐가 곧 부채 혹은 신용'임을 증명하는 것은 아니라고 주장한다. 그들은 국가에 의한 주화의 발행을 신용/부채에 의한 거래를 효율적으로 하기 위한 사회적 혁신으로 바라본다. 그리고 국가가 이자나 상환의 필요 없이 주화를 재정 지출을 통해서 경제에 유통시켜온 2500년 동안 화폐와 신용/부채의 구분은 명확했다고 주장한다(Huber, 2017: 2095). 이런 관점에서 보면, 국가 화폐만이 진정한 화폐이며 '이자가 지불되고 최종적으로 어떤 것에 의해서 상환되어야 하는' 신용화폐는 불완전한 화폐이며 본질적으로 신용/부채이다.

국가이론을 신용이론의 관점에서 수용하는 입장에서는 국가화폐가 경제 내에 존재하는 다양한 신용관계 중에서 가장 강한 신뢰에 의해서 뒷받침된다고 간주한다. 그리고 국가이론을 신용이론과 대립되는 것으로 파악하는 입장은 국가화폐가 모든 화폐의 기초이자 진정한 화폐라고 간주한다. 두 입장은 미묘한 차이를 보이지만 국가가 화폐를 스스로 창조하여 재원으로 활용할 수 있다는 관점은 공유한다. 특히 두 입장은 '정부는 자국의 화폐로 표기된 부채를 상환하는 데 어떤 제약도 없다'는 점을 적극적으로 받아들이며, 균형 재정을 주장하는 주류 경제학 이론을 강력하게 반대한다.

이 두 입장은 상품이론을 논박하고 주류적인 재정 균형 정책에 반대하지만 결정적인 차이가 있다. 신용이론의 전제를 받아들이면 화폐의 창조는 반드시 그에 수반하는 부채를 발생시키기 때문에 "부채 아닌 화폐"(debt free money)라는 개념은 성립할 수가 없다. 그렇지만 신용이론을 수용하지 않는 국가이론의 입장에서는 '국가화폐'만이 진정한 화폐이며 화폐의 창조는 부채를 수반하지 않는다(Wary, 2015: 56). 그래서 후자의 관점을 취하는 학자들은 정부가 직접 발행하는 국가화폐의 발행을 옹호한다. 그러나 전자의 관점은 여전히 중앙은행이 자신의 부채로서 국가화폐를 발행하는 현재의 시스템을 지지한다.

화폐는 신용인가, 국가인가

화폐의 신용이론과 국가이론은 공통적으로 화폐에 대한 전통적 사고인 상품이론에 대한 비판으로 등장했다. 또한 많은 이론가들은 두 이론을 상호 보완적으로 간주한다. 혹자는 신용이론은 상업은행이 창조하는 민간 영역의 예금화폐(혹은 신용화폐, bank-money)를 다루며 국가이론은 국가적 수준의 법정화폐를 다룬다며 두 이론의 상호 보완성을 강조한다(Naito, 2008).

그러나 이 같은 설명은 화폐의 본질에 대한 논의를 회피한다. 그래서 최근 주목을 받고 있는 현대화폐론(MMT)은 신용이론의 관점에서 국가이론을 통합하여 새로운 화폐의 일반이론을 구축하려고 시도하고 있다. 그런데, MMT의 기여는 신용이론의 확장보다는 국가이론을 소환한 데에 있다. 약 30년 전 포스트-케인스주의 이론가들은 근대적 신용이론을 내세우며 경제에서 유통되는 화폐는 민간 은행의 신용 창조에 의해서 내생적으로 창조된다고 주장했다. 그리고 포스트-케인스주의의 한 분파인 MMT는 최근 들어서 신용이론의 관점을 유지하면서 잊혀졌던 국가이론을 되살려 냈다. 그래서 MMT는 처음에 신-증표주의(Neo-chartalism)로 불리기도 했다(Lavoie, 2013: 1-32). MMT는 모든 화폐는 신용이며 국가화폐는 신용화폐의 위계질서의 정상에 있다고 주장한다(Wary, 2015: 53). 즉 '국가 화폐가 가장 신뢰할 수 있는 신용이다'는 입장으로 두 이론을 통합했다.

그러나 이미 앞서 언급했듯이 "화폐가 과연 신용/부채인가?"라는 문제는 여전히 남는다. '화폐는 오직 신용이다'는 말이 신용이 이전될 수 있고 지불 수단으로 사용될 수 있다는 것을 의미한다면 틀리지 않았다. 그런데,

모든 "지불 수단이 반드시 신용에 의해서 창조되며 부채를 대변한다"는 의미라면 그것은 사실과 다르다(Huber, 2013, p. 45). 후버가 인정하듯이, 부채 관계를 설정해 가는 관행이 일반적인 계산 단위의 등장으로 발전했다는 주장은 타당하다. 화폐가 의심할 바 없이 청구권과 의무 부과의 사회적 관계로부터 등장했다. 그런데 주권화폐론의 입장에서 진정으로 혁명적인 것은 이 진화 과정의 다음 단계인 "일반적으로 이전될 수 있는 토큰(tokens)"인 주화의 도입이다(Huber, 2013: 46). 신용이론에 따르면, "화폐는 화폐 발행자가 그것을 받아들임으로써 화폐가 된다"고 주장한다. 즉 "자신이 상품을 구매하면서 발행한 부채 증서를 다른 상품을 판매할 때 스스로 받아들이면, 그 부채 증서는 화폐의 기능을 완수한다". 그런데, 주화는 단순히 부채를 청산하는 데 사용될 수 있을 뿐만 아니라, 새로운 시도를 위한 자금으로도 사용되며, 특히 "부채 아닌 가치 있는 것"을 획득하는 수단으로도 사용된다. 따라서 화폐는 신용 혹은 청구권과 동일시될 수 없다(Huber, 2013: 47). 월쉬(Walsh)와 자렌가(Zarlenga)는 MMT를 비판하면서 "화폐와 빚은 서로 다른 것이며, 그래서 우리는 서로 다른 두 단어를 사용한다. 우리는 화폐로써 빚을 청산한다"고 말했다(Walsh and Zarlenga, 2019).

또한 화폐가 신용/부채라면 화폐는 최종적으로 다른 것에 의해서 상환되어야 한다. 그런데, 현재 사용되고 있는 불환 지폐인 중앙은행권은 어느 것으로도 상환되지 않는다. 논리적으로는 아직까지 중앙은행의 자산에 대한 청구권의 형식을 취하지만, 금본위제도처럼 금으로 상환되지 않는다. 현재는 중앙은행에 지폐를 무엇으로 상환해달라고 하더라도, 다른 지폐나 동전으로 교환될 뿐이다.

그런데, 우리를 혼란스럽게 하는 것은 현재의 국가화폐는 중앙은행의 부채라는 형식을 띠고 있다는 사실이다. 이러한 회계상의 형식이 "국가 화폐도 부채다"라는 신용이론의 입장을 뒷받침하는 것인가? MMT를 비롯한 신용이론이 국가 화폐도 "화폐도 신용이다"라는 자신들의 일반적인 정의가 적용된다고 생각하는 근거로 "국가는 자신의 차용증서를 납세의 수단으로 받아들인다"는 은유적 표현을 사용한다. 그런데, 중앙은행이 국가 화폐를 자신의 대차대조표에 부채로 기입하는 이유는 국가 화폐를 자산을 담보로 삼아서 대출의 형식으로 공급하기 때문이지 그것이 세금 지불의 수단이 되기 때문이 아니다. 달리 말해 현재 중앙은행권이 중앙은행의 부채로 기입되는 것은 중앙은행이 화폐를 발행할 때 금을 자산으로 매입하던 금본위제도가 남긴 관행의 잔재일 뿐이다.

만약 '국가 화폐가 국가의 차용증서라고 하면 국채와는 어떻게 다른 것인가'라는 문제가 제기된다. 현재 정부는 세수를 초과하여 지출할 때에는 자신의 채무증서인 국채를 발행해서 국가 화폐를 확보한다. MMT는 주권 국가의 정부는 자국 화폐로 지출하는 한 지급 불능 상태에 처하지 않는다고 주장한다(Wray, 2015: 47). 이 말은 주권 국가는 정부 부채를 국가 화폐를 발행하여 얼마든지 상환할 수 있다는 의미이며, 이는 곧 국가 화폐에 대해서는 상환 자체가 필요가 없다는 것을 전제한다. 결국 MMT의 자기 논리를 연장하면 국가 화폐는 상환이 필요 없기 때문에 중앙은행의 부채라는 형식을 취하지만 그 자체가 사실상 부채는 아니다. 이 점에 대해서 일본의 경제학자인 이노우에 도모히로는 "(국가) 화폐는 형식상 채무이지만 통합정부(정부와 중앙은행을 합친 개념)가 갚아야 할 빚으로 간주되어서는 안 된다"고 주장한다(도모히로, 2020: 63).

실제로 중앙은행이 탄생하기 전에 세계의 많은 나라들은 중앙은행의 부채라는 형식을 취하지 않고 국가 화폐를 발행했으며 그 어느 것으로도 상환할 필요가 없었다. 따라서 근대 이전의 금속화폐나 현대의 현금(지폐와 동전)은 누구의 신용이나 부채라고 규정할 수 없다.

국가 화폐 외에도 상환할 필요가 없는 화폐는 역사적으로 존재했다. 예를 들어 근대 초기 유럽의 정복자들은 신대륙에서 금과 은을 유럽으로 가져왔다. 그 금과 은은 국영 주조기관이나 일반 주조업체(금세공인)에 주화로 주조되어 화폐로 통용되었다. 이 같은 주화의 대량 주조는 결국 물가를 폭등시키는 결과를 낳았고 은행화폐에 의해 대체되었지만 그 화폐 자체가 누구의 부채는 아니었다(홍익희, 2018: 58). 따라서 국가 화폐만이 "부채가 아닌 화폐"(debt free money)로 단정할 수는 없지만 국가 화폐는 회계 상의 형식과는 무관하게 부채가 아니다.

현대 화폐 발행 체제의 작동 원리와 특성

현대 경제의 화폐 종류와 규모

화폐는 계산 단위, 교환 수단, 지불 수단, 가치 저장 수단의 네 가지의 기능을 수행한다. 계산 단위로서의 화폐는 가치 측정 기능을 수행하는 개념적 화폐이다. 한편 가치 저장 수단은 화폐 외에도 귀금속, 부채 등 다른 대체물이 있다. 화폐가 실물적 형태로서 수행하는 고유한 역할은 교환 및 지불 수단이다. 여기서 지불이라는 것은 부채의 변제, 세금 납부와 같은 금전적 의무를 수행하는 기능을 말한다. 여기서 다루는 화폐는 교환 및 지불 수단으로 사용되는 화폐이다.

현대 경제에서 교환 및 지불 수단으로 사용되는 유통 화폐의 기본 형태는 두 가지로 현금과 요구불 예금이다. 현금은 법정화폐인 중앙은행권(지폐)이나 주화를 말하며 요구불 예금은 은행에 대한 청구권의 의미를 갖는 은행화폐(bank-money)이다. 우리는 요구불 예금을 계좌 이체, 현금 카드, 수표 등을 활용하여 거래에 사용한다. 일반 경제주체는 경제 활동에 현금

〈표 6-1〉 통화량의 범주와 구성 요소

지준금	주화	지폐	요구불예금	정기 예금	저축예금	기타 예금
M0(본원통화)						
	M1					
	M2					
	M3/4					
	유통화폐=지불 수단			준화폐=단기 자본		

자료: Huber and Robertson(2001), Creating New Money, p. 73

을 사용하거나 은행을 매개로 하여 은행화폐를 사용한다. 그 외에 또 하나의 화폐 흐름이 있다. 은행 상호 간이나 중앙은행과 상업은행 간의 거래에 사용되는 지불준비금의 흐름이 있다. 그리고, 중앙은행은 경제 내에 통화량을 측정하기 위해서 몇 개의 상이한 측정 지표를 사용한다.

현 체제에서 가장 우선적인 범주는 본원통화이다. 본원통화는 중앙은행이 공급하는 화폐를 말하며 은행의 지불준비금과 은행이 아닌 경제주체가 보유하고 있는 현금으로 구성된다. 보통 M0라고 표시한다. 그 다음으로 M1으로 불리는 통화량이 있다. M1은 은행이 아닌 경제주체가 보관하고 있는 현금과 요구불 예금을 합친 것이다. M1이 지불 수단으로 사용되는 일반적인 의미의 유통 화폐로서 협의의 통화라고 한다. M2는 M1에 저축성 예금 등을 합친 것이다. 저축성예금은 직접 교환수단으로는 사용되지 않기 때문에 화폐의 성격보다는 자산의 성격을 갖는다. 하지만 저축성 예금은 일정 시간과 절차를 거친 후에 유통에 사용될 수 있기 때문에 통화량 측정의 중요한 지표이다. 특히 최근 들어 특정한 이자가 붙는 정기 예금이지만 고객들이 즉시 지불수단으로 활용할 수 있는 경우가 늘어나고 있다. 현재 M2로 기록되는 단기 자본 중에서 상당한 비중(적어도 30%)은 M1으로 분류되는 것이 더 적합하다(Huber & James Robertson, 2001: 77). 통화량의

〈표 6-2〉 한국 경제의 통화량 범주별 추이

(조원)	본원통화	지급준비금	현금	요구불예금	M1	M2
	A+B	A	B	C	B+C	
2016	137.4	55.9	81.5	652.9	734.4	2,342.6
2017	151.9	60.3	91.6	710.4	802.0	2,471.2
2018	165.0	65.0	100.0	741.0	841.0	2,626.9
2019	178.9	70.3	108.7	768.2	876.9	2,809.9

자료: e-나라 지표, 통화량 추이, http://www.index.go.kr/potal/main/EachDtlPageDe-
tail.do?idx_cd=1072

정의를 정리하면 〈표 6-1〉과 같다.

한국 경제에서 통화량의 구체적 수치는 〈표 6-2〉와 같다. 2019년 기준
으로 본원통화의 양은 178.9조 원이다. 이중 현금은 약 108.7조 원이며, 지
불준비금은 약 70.3조 원이다. 그리고 요구불예금 등이 약 768.2조 원이다.
따라서 M1은 약 876.9조 원이며 2019년 한국 GDP의 약 46%에 해당한다.

교과서 경제학의 신용화폐 창조 과정

은행화폐인 요구불 예금은 상업은행의 신용(화폐) 창조 과정을 통해서 경
제에 공급된다. 경제학 교과서는 은행화폐의 창조 과정을 대부자금이론
(Loanable Funds Theory)과 화폐승수이론(Money Multiplier Theory)을 통해
서 설명한다. 대부자금이론은 "투자의 자금은 저축을 통해서 조달된다"는
함의를 갖는다. 그리고 화폐승수이론은 저축을 통해서 은행에 예치된 "애
초 예금의 일정한 배수로 은행화폐"가 창출된다는 것을 의미한다.

이 두 이론에 따르면, 예금이 상업은행으로 들어오면 상업은행은 법정
지급준비율에 따라서 일정량을 지급준비금을 남기고 나머지를 대출한다.

이렇게 대출된 돈은 다시 은행에 예치되어 은행화폐가 된다. 그리고 상업은행은 다시 예치된 예금을 또 법정 지급준비율만큼 남기고 나머지를 대출한다. 그 대출은 새로운 예금을 낳아 다시 은행화폐를 창조한다. 이 과정이 연속되어서 은행화폐는 법정 지급준비율에 의해서 결정된 화폐승수를 애초의 예금에 곱한 것만큼 창조된다.

대부자금이론과 화폐승수이론이 의미하는 대로 현실이 작동한다면, 중앙은행은 세 가지 방식을 통해서 경제에 유통되는 화폐의 양인 통화량을 재량적으로 조절할 수 있다. 첫째, 중앙은행은 상업은행과 채권(주로 국채)을 거래하는 공개시장정책을 통해서 지급준비금을 조정하여 본원통화의 양을 조절할 수 있다. 즉, 중앙은행이 은행으로부터 채권을 매입하면 은행이 보유한 지급준비금이 늘어나고, 매각하면 지급준비금이 줄어든다. 그리고 상업은행은 본원통화량의 변화에 맞추어 대출을 조절하게 됨으로 은행화폐의 양은 변한다. 둘째, 중앙은행은 법정 지급준비율을 조절하여 통화량을 조절할 수 있다. 중앙은행이 법정 지급준비율을 낮추면 대출 여력이 늘어나서 은행화폐의 양이 늘어나고, 그 반대의 경우에는 은행화폐의 양이 줄어든다. 그리고 중앙은행은 공개시장정책으로 은행의 지불준비금을 적정 수준으로 조정하지 못했을 때, 할인창구를 통해서 은행에 지불준비금을 대출해줄 수 있다.

교과서 경제학의 설명에 따르면 상업은행은 은행화폐의 창조 과정에서 단순한 지극히 수동적인 역할만을 하고, 중앙은행은 본원통화와 법정 지급준비율을 통해서 통화량을 재량적으로 조절할 수 있다. 교과서 경제학은 위와 같은 전제에 따라 중앙은행의 통화정책을 설명한다. 그러나 현실 세계에서 화폐의 창조 과정은 교과서와는 아주 다르다.

영국의 금융경제학자인 찰스 굿하르트(Charles Goodhart)는 1984년에 교과서에서 사용하는 화폐승수이론의 "통화량의 결정 과정에 대한 기술은 불완전해서 결국 잘못된 이해를 낳는다"고 주장했다(Sigurjonsson, 2015: 35). 최근에 와서는 잉글랜드은행(Bank of England)의 계간 보고서도 화폐 승수이론은 "현실에 대한 부정확한 기술이자 오해"라는 점을 확인해주었다(Thomas & Radia, 2014: 2).

현실 경제의 화폐 창조 과정

1) 화폐승수이론의 오류

대부분의 교과서에서 설명하는 것과 달리, 상업은행은 현실적으로 은행화폐의 창조 과정에서 적극적인 역할을 한다. 교과서는 예금이 대출을 낳는다고 설명하지만 실제로는 대출이 예금을 일으키고 화폐를 창조한다. 그 반대가 아니다. 또한 상업은행은 지급준비금을 중앙은행이나 다른 은행으로부터 빌릴 수 있다. 그렇기 때문에 은행은 단순히 저축된 예금을 대출로 연결하는 금융 중개기관에 머물지 않는다(Thomas & Radia, 2014: 2).

우선 상업은행은 은행화폐를 창조할 때 금리, 경제 조건, 다른 투자 대상 등을 고려하여 특정 고객에게 대출할지의 여부를 결정한다. 그리고 은행이 고객에게 신용을 주기로 결정하면 현금의 형태로 대출을 하는 것이 아니라 고객의 예금계좌에 금액을 기록한다. 그 금액은 곧 수표, 계좌이체, 현금카드 등을 통해 지불 행위에 이용된다. 이처럼 신용 창조와 함께 예금과 화폐가 창조된다. 현실에서 은행가들이 지불준비금의 상태를 확인하고 대출을 결정하지는 않는다. 은행도 이윤을 추구하는 영리 기업이기 때문에 이윤 전망이 높으면 먼저 대출을 하고 이후 지급준비금을 맞춘다. 중앙은행은 상업은행의 최종 대부자이기 때문에 이 요구에 응하지 않을 수 없다.

많은 은행가들과 경제학자들은 이 현상을 오랫동안 지적해왔기 때문에 그 사례들은 나열할 수 없을 정도로 많다. 대표적으로 미국의 경제학자 제임스 토빈(James Tobin: 1918~2002)은 1963년에 은행화폐를 "은행장의 펜에 의해서 창조되는 만년필 화폐"라고 불렀다(Tobin, 1963: 408-9). 그는 은행장이 대출을 승인하고 차입자의 요구불예금 계좌에 입력하면 화폐가 창조된다는 점을 지적했다. 이 과정에서 화폐는 창조되지만 은행의 대차대조표나 본원통화는 변하지 않는다. 그래서 상업은행이 대출할 때 반드시 새로운 저축이 필요하지는 않다. 미국 중앙은행의 선임 부총재였던 알랜 홀름즈(Alan Holmes)는 1969년에 "현실 세계에서 은행은 신용을 확대하여 이 과정에서 예금을 창조하고 이후에 지준금을 찾는다"고 증언했다(Sigur-jonsson, 2015: 35).

이처럼 현실 세계에서는 중앙은행이 통화량을 교과서에서 말하는 전통적인 통화정책을 통해서 통화량을 조절하는 것이 아니라 시중은행, 즉 상업은행의 영리적 판단에 따라 통화량이 변하고 중앙은행은 오히려 그것에 순응하는 경향을 보인다.

현대 화폐 발행 체제의 문제점

앞에서 살펴보았듯이 현대의 화폐 발행 체제에서는 중앙은행이 국채를 비롯한 자산을 매입하는 방식으로 법정화폐인 본원통화를 발행하고, 상업은행이 본원통화를 기초로 삼아 경제주체에게 대출을 하는 방식으로 은행화폐를 창조한다. 그리고 상업은행이 창조하는 은행화폐가 경제 내에서 유통되는 화폐의 대부분을 차지한다. 그런데 이러한 체제는 다음과 같은 여러 가지 문제점을 안고 있다.

경기 변동의 증폭

현대 경제에서는 통화량이 중앙은행의 정책적 통제가 아니라 영리적 판단에 따라 대출을 결정하는 상업은행과 대출을 받는 가계 및 기업의 의지에 크게 의존한다.

경기가 좋으면 상업은행은 이윤을 쫓아서 대출을 늘려 화폐의 공급을 늘리려 하고 가계나 기업도 대출 수요를 늘린다. 따라서 낙관적 경제 분위기는 쉽게 경기 과열과 자산 거품을 낳아서 금융위기를 불러온다.

이에 대한 설명은 하이먼 민스키가 적절하게 설명했다. 민스키에 따르면 민간 부문(투자자, 은행, 기업)의 겉잡을 수 없는 투기와 부채 누적이 경제를 피할 수 없는 위기로 몰아넣는 메커니즘이다. 민스키는 경제가 장기간 번영하면 경제 행위자들은 투기적인 도취에 빠져 더 큰 위험을 감수한다고 말한다. 대출 기관은 먼저 헤지(hedge) 대출에서, 즉 원금과 이자를 현금 흐름으로부터 상환할 수 있는 대출에서 출발한다. 그 다음에는 현금 흐름으로는 원금이 아니라 이자만 갚을 수 있는 투기적 대출로 이동한다. 그리고 마지막으로 현금 흐름으로는 이자와 원금을 감당할 수 없어서 부채를 갚기 위해서는 자산이나 기업체를 팔아야 하는 폰지 대출로 이동한다. 그리고 경제의 한 부문에서 대출의 경향이 폰지 범주에 가까워지면 위기의 가능성이 커진다(Vague, 2019: 13).

리처드 베이그는 민스키의 견해에 하나의 주석을 첨가했다. 그의 표현에 따르면 "은행가들은 행복감에 빠져서 차입자의 미래 현금 흐름을 너무 낙관적으로 예측하고 있는 경우나 대출을 실행한 후 경쟁 여건이 불리하게 변하는 경우에도 스스로 진심으로 헤지(hedge)론을 하고 있다고 스스로 믿을 수도 있다"(Vague, 2019: 14).

〈그림 6-1〉 대공황 이전 1920년대 미국 민간부채

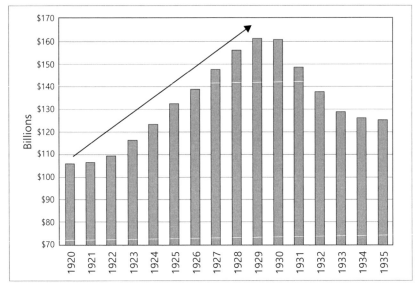

자료: Richard Vague(2019), The Brief History of Economic Doom, ch.1.

현대의 화폐 발행 체제가 이 같은 문제점을 가지고 있다는 사실은 1930
년대의 대공황과 2008년에 발생한 대불황에서 확인할 수 있다. 〈그림 6-1〉
을 보면, 대공황 이전인 1920년대에 미국의 민간 부채가 급격한 증가가 있
었다. 1920년부터 1929년까지 민간 부채는 52.7%나 증가했다.

이러한 양상은 2008년에도 아주 흡사하게 나타났다. 선진권 경제의 민
간 부채는 1990년대 중반에는 GDP의 90% 수준이었는데, 2007년에는 거
의 두 배로 늘어나 170%에 이르렀다.

민간 부채의 이 같은 누적은 대체로 상업은행의 무분별한 대출에 의한
자금이 금융 및 자산 시장으로 몰렸기 때문이다. 은행 대출은 새로운 화폐
를 창조하며, 경제의 지출 능력을 증가시킨다. 증가된 화폐는 상품과 서비
스에 대한 총수요를 증가시키지만 이것이 과다할 때 경제 전반의 생산 과
잉을 낳는다.

<그림 6-2> 전후 세계의 민간 부채

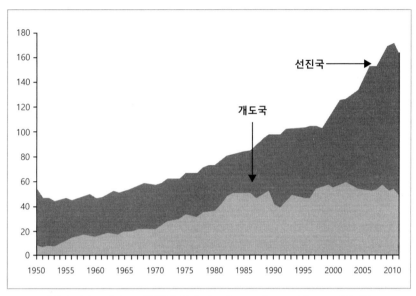

자료: Reinhart & Rogoff(2016), Debt Overhangs: Past and Present, Working paper, NBER, Nov. 2012.

　이와 반대로 경기가 위축될 때에는 상업은행은 대출을 지나치게 주저한다. 그래서 경기 후퇴를 막기 위해서 화폐의 추가적인 공급이 더욱 필요한 시기에 오히려 화폐 공급이 줄어든다. 이로 인해 경기가 위축되고 가격이 전반적으로 하락하는 디플레이션이 발생하는 심각한 공황에 빠져든다. 이 경향은 대공황이 진행되는 동안 전형적으로 나타났다. 1920년에 미국의 통화량이 민간 부채의 증가와 함께 크게 늘어났다가 1929년을 기점으로 급격히 수축되었다. 미국의 통화량(M1)은 1929년부터 1933년까지 약 1/3이 줄어들었다(Francis Coppola, 2019: 37).

　자본주의가 은행을 중심으로 하는 자체적인 금융체제를 수립한 이후 200년 동안 금융위기를 주기적으로 겪었다. 그 원인은 공통적으로 과다한 대출에 의한 민간 부채의 과잉에 있었다. 이처럼 상업은행이 영리적 판단에 따라 대출의 형식으로 통화를 공급하는 현 체제는 경기 변동이 화폐적 요인 때문에 증폭된다(Vague, 2019).

안정적 통화 공급의 지속 불가능성

화폐의 과잉 공급이 금융위기를 불러오지만 경제가 성장하기 위해서는 지속적으로 새로운 화폐가 공급되어야 한다. 이 견해는 경제학 내에서 주목받지는 못했지만 존재해 왔다.

대표적인 이론 중의 하나는 1930년대에 더글라스가 제시한 A+B 이론이다. 경제학의 고전적 이론인 세의 법칙에 따르면 공급이 스스로 수요를 창출한다. 공급의 과정에서 발생된 소득이 그 상품의 수요를 보증한다는 것이다. 이에 대해서 케인스는 화폐 소득이 경제 외부로 퇴장할 수 있기 때문에 수요가 부족할 수 있는 가능성을 제기하면서 세의 법칙을 비판했다. 이에 반해 더글라스는 공급의 과정에서 생성된 소득은 생산된 상품의 가격에 미치지 못한다고 주장했다. 그의 이론에 따르면 하나의 상품의 생산 과정에서 임금과 이윤이라는 두 가지의 소득이 창출되지만, 소득으로는 생산된 상품을 모두 소화할 수가 없다. 왜냐하면 상품의 가격에는 임금과 이윤 외에 원자재 비용이 들어 있기 때문이다. 더글라스는 현재 부족한 소득은 은행 부채에 의해서 조달되고 있는데 부채에 의한 수요 충족은 지속 가능하지 않다고 주장했다. 그래서 그는 국가가 화폐를 발행해서 시민에게 배당하는 사회 신용을 주장했다(Douglas, 1924).

이와 다른 맥락에서 1960년대부터 연구되어온 '화폐적 성장이론'은 기술 진보율 이상의 '화폐 증가율'을 유지하지 못하면 경제는 장기적으로 디플레이션에 빠진다고 주장했다(도모히로, 2020, 168쪽). 최근 리처드 베이그는 성장이 필연적으로 새로운 화폐를 필요로 한다는 점을 다음과 같이 설

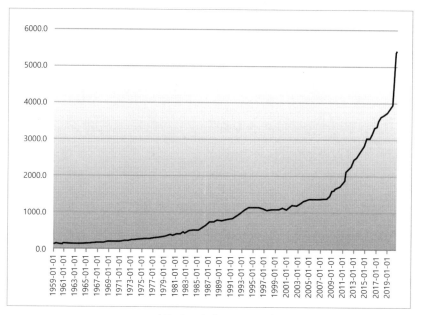

〈그림 6-3〉 미국의 통화량 추이(M1)

자료: Board of Governors of the Federal Reserve System (US)

명했다.

경제가 성장하기 위해서는 누군가는 [이전 시점보다] 더 많은 지출을 해야 한다. 그러나 경제 내의 통화량은 한정되어 있기 때문에 특정 지출을 늘리려면 다른 지출을 줄여야 한다. 따라서 다른 지출을 줄이지 않으면서 더 많이 지출하려면 이전 시점보다 더 많은 화폐를 가지고 있어야 한다. 그 래서 화폐는 창조되어야 한다(Vague, 2020: p.15).

경제가 성장하기 위해서는 새로운 화폐가 필요하다는 것을 논증하기는 어렵다. 그래서 그 사실은 역사적 경험에 의해서 잘 입증된다. 〈그림 6-3〉 은 1959년 1월 1일부터 2020년 7월 1일까지 미국 통화량(M1)의 추이이다. 미국의 통화량은 1959년 1월 1일에 약 1,389억 달러였는데 2020년 7월 1일 에는 약 5조 3,291억 달러에 이르러 61년간 약 38배가 늘어났다. 이 같은 장기간에 걸친 통화량의 증가를 만성적인 화폐 남발로 인해 발생한 부정적 현상으로 간주할 수는 없다. 이런 설명을 보태지 않더라도 생산이 늘어나는데 화폐가 그에 부응하여 늘어나지 않는다면 경제는 유동성 부족이나 디플레이션에 직면하는 것은 분명하다.

그런데 은행화폐가 유통 화폐의 대부분을 차지하는 현재의 체제에서는 새로운 화폐의 창조는 민간 부채의 증가를 동반하지 않을 수 없다. 상업은행이 화폐를 창조한다는 것은 곧 부채가 늘어나는 것을 의미한다. 현 체제에서 화폐 창조는 신용 창조와 결합되어 있기 때문이다. 따라서 화폐 공급을 확대하여 성장을 이끌려면 민간 부채의 누적이 불가피하다.

자본주의는 제2차 세계대전 이후 30년 간 높은 성장을 기록했는데, 그러한 성장이 가능했던 것은 그 이전 시기에 (잔인한 방식으로) 민간 부채가 크게 낮아졌기 때문이다. 민간부채는 공황과 전쟁을 거치면서 1945년에 20세기 최저 수준인 37%까지 줄어들었다. 결국 자본주의의 황금의 30년은 그 이전 시기에 대폭적으로 낮아진 민간 부채가 증가하면서 통화량을 지속적으로 늘려서 유효수요를 창출했기 때문에 가능했다(Vague, 2019: 30).

그러나 민간 부채가 일정 수준에 다다르면 통화 공급이 안정적으로 이뤄질 수 없다. 왜냐하면 민간 부채가 위험 수준을 넘지 않도록 억제하면 성장이 정체하고, 성장을 허용하면 민간 부채가 과잉이 되어 금융위기가 일어날 수 있기 때문이다. 따라서 경제가 필요로 하는 화폐를 은행화폐로써 조달하는 방식은 지속가능하지 않다.

시뇨러지의 유출과 공공적 활용의 제약

시뇨러지는 전통적으로 화폐가 갖는 구매력과 화폐 제조비용의 차이이다. 역사적으로 화폐 발행을 독점해온 주권자는 화폐를 지출을 통해 경제에 투입하면서 시뇨러지를 취했다.

현대의 화폐 발행 체제에서는 상업은행이 대부분의 유통 화폐를 창조하기 때문에 국가는 그만큼 시뇨러지를 확보할 기회를 갖지 못하며, 중앙은행이 본원통화를 발행할 때 발생되는 시뇨러지도 온전히 국가의 재정으로 귀속되지 않는다. 그 대신에 상업은행이 시뇨러지를 변형된 형태로 흡수하여 특별 이윤을 누린다.

우선 상업은행이 어떤 방식으로 특별 이윤을 누리는지 알아보자. 상업은행은 은행화폐를 창조하여 지출하는 것이 아니라 투자자나 소비자에게 대출의 형식으로 공급한다. 즉, 상업은행이 신용을 창조하면 대차대조표에 자산과 부채가 동시에 만들어지며 대출이 상환되면 자산과 부채가 동시에 사라진다. 따라서 상업은행이 전통적인 의미의 시뇨러지를 그대로 누리는 것은 아니다.

상업은행은 보통 대출 금리와 예금 금리의 차이인 예대마진을 통해서 이윤을 실현한다고 말한다. 이 논리는 비은행 금융기관에는 적용되지만 상업은행에는 해당되지 않는다. 왜냐하면 상업은행이 대출을 하는 데에는 반드시 고객의 저축에 의한 예금을 필요로 하지 않기 때문이다. 따라서 상업은행은 저축을 유인할 수 있는 경쟁적인 예금 금리를 지불하지 않고도 대출 금리를 통해서 특별 이윤을 올릴 수 있다.

예를 들어 상업은행이 비은행 금융기관처럼 다른 곳에서 자금을 빌려서 대출을 한다면 자금 확보에 따르는 비용을 치러야 한다. 회사채를 발행할 경우는 채권 금리를 부담해야 한다. 그러나 상업은행은 신용화폐를 창조할 수 있기 때문에 자금 조달에 따르는 비용을 그만큼 치르지 않고 최소한의 예금 금리만을 보장한다.

이를 달리 말하면 경제 주체들은 은행화폐를 사용하면서 예금 금리와 대출 금리의 차이만큼을 화폐 사용료로 상업은행에 지불하는 셈이다. 이는

〈표 6-3〉 주요국 은행부문의 특별 이윤

(단위, 10억 자국 통화)

나라	연구 대상 기간	연 평균 상업은행 시뇨러지	GDP 대비 비중	누적 상업은행 시뇨러지
영국	1998-2016	23.3	1.23%	443
덴마크	1991-2015	11.7	0.7%	293.4
스위스	2007-2015	2.8	0.6%	34.8
아일랜드	2004-2015	4.1	.9%	169.7

자료: Laurie Macfarlane, Josh Ryan-Collins, Ole Bjerg, Rasmus Nielsen, and Duncan McCann(2017), Making Money from Making Money, New Economics Foudation, p. 3.

일종의 화폐 조세(money taxes)라고 할 수 있는데, 상업은행의 특수한 이윤의 원천이 되고 있다. 이처럼 상업은행이 은행화폐의 대출을 통해서 거둬들이는 특별한 이윤은 상업은행이 주된 화폐 공급자의 지위에 힘입어 누리는 변형된 형태의 시뇨러지라고 할 수 있다.

영국의 신경제학재단(New Economics Foundation)과 코마하겐 비즈니스 스쿨은 최근 보고서에서 영국 등 4개국에서 상업은행이 누리는 특별한 이윤을 다음과 같은 방식으로 추정했다. 은행이 누리는 특별한 이윤은 요구불예금의 총액에 시장의 자금 조달 금리와 요구불 예금 금리의 차이를 곱한 것으로 추정할 수 있다. 위의 연구진들은 여기에 상업은행이 일상적 결제 업무, 유동성 관리 등을 위해서 지준금과 현금을 보유하는 데 따르는 비용 등을 포함시켜 추정치를 내 놓았다. 그들의 보고서에 따르면 영국에서 상업은행이 이런 방식으로 거둬들이는 특별 이윤은 1998년부터 2016년까지 연 평균 230억 파운드로서 GDP의 1.23%에 달한다. 다른 3개국도 은행의 연간 평균 특별 이윤은 GDP의 0.6~0.9%에 이른다(Laurie Macfarlane et al, 2017).

이 수치들은 신용화폐와 민간부채가 늘어날수록 은행의 특별 이윤이 높아지는 것을 의미한다. 결국 은행의 특별 이윤은 소득 불균형을 심화시킨다. 또한 은행의 특별 이윤은 화폐가 이자 없이 발행되는 경우와 비교하면 경제 주체가 화폐를 사용하면서 부담하는 비용을 반영하고 있다고 볼 수 있다.

현행 중앙은행이 본원통화를 발행할 때에도 시뇨러지가 발생한다. 그 시뇨러지는 중앙은행의 최대 출자자인 재무부로 귀속되어 정부의 재정 수익으로 활용된다. 하지만 현 체제에서 그 규모는 매우 적다. 그 이유는 상업은행의 은행화폐가 큰 역할을 하고 있는 데다 본원통화의 발행 제도가 화폐를 상품이라는 전제하에서 구축된 금본위제 시대의 제도를 활용하고 있기 때문이다.

중앙은행은 금본위제도시기에 지폐(은행권)를 액면 가치에 상응하는 금을 토대로 발행하고 상환 요구가 있을 경우 은행권의 액면 가치에 해당되는 만큼의 금을 상환했다. 따라서 엄격히 100%의 금 준비금 제도가 운영된다면 중앙은행은 시뇨러지를 누릴 여지가 없다. 대공황 이후부터 대부분의 나라는 금본위제에서 벗어나서 금 준비고를 토대로 은행권을 발행하지는 않는다. 그렇지만 중앙은행은 금본위제도의 형식을 활용하여 주로 국채를 자산으로 삼아서 발행한다. 그리고 중앙은행도 상업은행의 경우와 마찬가지로 지출이 아니라 자산 매입을 통해서 본원통화를 공급하기 때문에 시뇨러지가 본원통화인 주화, 지폐, 지준금의 공식 가치와 제조 비용의 차이에 의해서 발생하지는 않는다. 그러면 정부는 본원통화의 발행으로 발생하는 시뇨러지를 어떤 방식으로 취하는가를 살펴보자.

중앙은행은 우선 상업은행으로부터 국채를 매입하면서 우선 지준금을 공급한다. 지준금은 전자 기록이기 때문에 그것의 생산에는 아주 적은 비용만 든다. 따라서 중앙은행이 지준금에 대해서 이자를 지불하지 않는다면 매입한 자산에 붙은 이자만큼의 시뇨러지를 얻을 수 있다. 이 수입은 중앙은행의 최대 출자자인 재무부로 귀속된다. 결국 정부는 국채 이자를 중앙은행에 지불한 다음 그것을 다시 거둬간다. 그런데 2008년 금융위기를 전후로 미국, 영국 등에서는 지준금에 이자를 지불하고 있기 때문에 그만큼 시뇨러지의 여지는 현재 줄어들었다고 할 수 있다(Laurie Macfarlane et al, 2017: 7-9).

중앙은행이 현금을 발행하는 경우를 보자. 중앙은행은 상업은행이 고객의 지폐의 현금 수요를 예상하고 현금을 요구하면 현금을 발행하여 상업은행의 지준금과 교환한다. 현금은 중앙은행의 부채이지만 이자를 지불하지 않는다. 따라서 중앙은행이 지준금을 공급할 때 매입한 자산에 붙는 이자에 현금의 제작과 유지에 따르는 비용을 뺀 것이 시뇨러지라 할 수 있다. 그런데, 다른 한 가지 요소가 있다. 한국의 경우 한국은행이 주화를 발행하지만, 영국, 미국 등은 아직까지 재무부가 주화를 발행한다. 이 나라에서는 재무부가 주화를 제조하면 중앙은행이 매입하여 통화정책의 경로로 경제에 공급하거나 은행들이 직접 지준금을 주화와 교환한다. 그래서 정부가 동전을 직접 발행하는 나라에서는 정부가 동전의 액면가치와 제조비용의 차이만큼의 시뇨러지를 취한다고 할 수 있다. 그러나 주화의 제조에 따르는 비용이 지폐에 비해서 많이 드는 반면 주화의 액면가치가 상대적으로 적기 때문에 시뇨러지는 미미한 수준이다(Laurie Macfarlane et al, 2017: 7-9).

이상의 검토에 비춰봤을 때 상업은행이 유통 화폐의 대부분을 발행하는 체제에서는 화폐 발행에 따른 국가 수익이 극히 적다. 이처럼 상업은행이 유통화폐의 대부분을 차지하는 은행화폐를 발행하고 있기 때문에 국가는 시뇨러지를 공공적 목적을 위해 확보할 수 있는 기회를 빼앗기고 있다.

도덕적 해이 조장

은행 파산 시에 고객의 예금을 보장하기 위한 제도가 과도한 위험 감수를 불러온다. 상업은행은 대출을 자산으로 하고 예금을 부채로 하는 민간기업이다. 고객의 예금은 극히 가치가 불안정한 토지, 건물, 주택 혹은 금융상품 그리고 적은 비율의 지준금에 의해서 뒷받침된다. 따라서 은행이 대출을 제대로 회수하지 못하면 예금의 안전을 보장할 수 없다. 그래서 은행은 항상 대량예금인출사태나 파산의 위험을 안고 있다. 이를 방지하기 위해서 대공황 이후 대부분의 나라에서 보험을 통해서 예금의 안전과 지급 시스템의 안정을 보장하고 있다.

하지만 이 보장 제도는 위험에 대한 책임 문제를 왜곡시켜 도덕적 해이를 낳는다. 정부가 예금을 보장하기 때문에 고객들은 거래 은행의 건전성을 검토할 필요성을 느끼지 않고, 은행은 이윤 증가를 위해서 과도한 위험을 무릅쓸 유인이 생긴다. 또한 예금 보험과 별도로 정부는 은행이 위기에 처하면 경제 시스템의 붕괴를 방지하기 위해서 구제를 한다. 이 같은 관행은 은행이 위험한 대출을 행하고 고위험 활동에 참가하는 것을 부추긴다.

사회적, 환경적 문제의 발생

그 외에도 상업은행이 화폐 창조를 거의 결정하기 때문에 여러 가지 경제적, 사회적, 환경적 문제가 야기된다. 현재에는 신용(대출)을 통해서 화폐가 공급되는데, 신용은 대부분 담보를 가지고 있거나 실질 소득이 높은 사람에게 제공된다. 그래서 이 관행은 기존의 불평등을 더욱 심화시킨다. 그리고 은행의 대출 선호가 새로운 화폐를 어떤 경제활동에 공급할 것인가를 결정하기 때문에 새로운 화폐는 실물부문보다 자산시장이나 금융시장으로 흘러가서 거품을 형성시킨다.

화폐 체제의 개혁과 기본소득의 도입

현행 화폐 발행 체제의 여러 가지 한계점들에 대해서 살펴보았으니, 여기서는 현 체제의 한계점들을 극복할 대안적 체제로서 주권화폐론의 제안을 검토한다.

주권화폐론의 개혁의 관점

앞서 검토한 현행 화폐 발행 체제의 한계점들은 두 가지 요인에서 기인한다. 첫째는 상업은행이 창조하는 은행화폐가 유통화폐의 대부분을 차지한다는 점이다. 둘째 요인은 신용화폐의 기초가 되는 본원통화가 중앙은행이 국채 매입을 통해서 공급된다는 점이다. 이 두 요인 때문에 화폐 공급의 증가는 정부 부채와 민간 부채의 증가를 필연적으로 수반한다.

　예를 들어서 미국의 전후 민간 부채 및 정부 부채의 추이를 보자. 정부 부채는 1981년까지 감소하는 추세였지만 그 기간에 민간 부채가 빠르게 늘어나서 총부채는 지속적으로 늘어났다. 그 이후 1981년부터는 민간 및 정부 부채가 함께 늘어났다. 만약 이 같은 부채 증가가 없었다면 미국의 경제성장은 실제보다 훨씬 낮았을 것이다.

　따라서 주권화폐론은 상업은행의 부분지급준비제도를 폐지하여 은행화폐의 발행을 정지시키고, 정부가 직접 발행하는 법정화폐로써 은행화폐가 담당해온 역할을 대체할 것을 제안한다.

　상업은행의 신용화폐 창조가 갖는 문제를 해소하자는 안은 오래 전부

〈그림 6-4〉 미국의 총 부채 추이

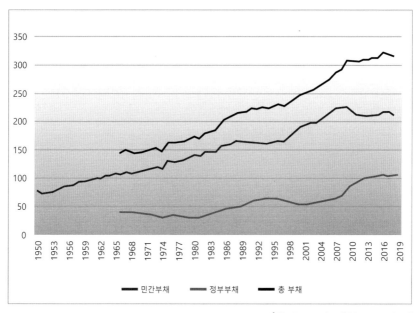

350

300

250

200

150

100

50

0

1950 1953 1956 1959 1962 1965 1968 1971 1974 1977 1980 1983 1986 1989 1992 1995 1998 2001 2004 2007 2010 2013 2016 2019

── 민간부채 ── 정부부채 ── 총 부채

자료: International Monetary Fund

터 제시되어 왔다. 대표적인 예가 대공황이 진행되던 1930년대에 시카고 대학의 교수들이 제안했던 시카고 플랜이다. 시카고 플랜은 상업은행의 신용 창조 기능을 정지시키기 위해서 완전지급준비제도를 제안한다. 그러나 완전지준제도만으로는 현행 체제의 문제점을 해소할 수 없다. 왜냐하면 본원통화가 중앙은행의 국채 매입을 통해서 부채의 형식으로 발행되는 한, 본원통화의 공급은 정부 부채의 증가를 필요로 하기 때문이다.

따라서 주권화폐론은 정부(지위가 변경된 중앙은행일 수도 있다)가 본원통화를 직접 자산으로서 발행할 것을 제안한다. 국가기관이 법정화폐인 본원통화를 자산으로서 발행한다면 새로 창조된 본원통화는 정부의 재정으로 이전되어 공공 목적을 위한 재정 지출을 통해서 경제에 공급될 수 있다. 그리고 정부 재정 지출의 한 형식으로서 전 국민에게 기본소득을 제공하는 것을 생각해볼 수 있다. 그렇게 된다면 은행화폐에 의해 야기되는 제반 경제, 사회, 환경적 문제를 해소하는 한편, 정부는 법정화폐의 창조에 따른 시뇨러지를 기본소득의 지급과 같은 공공적 목적으로 활용할 수 있다(Huber, 2017).

주권화폐제도의 내용과 이행 방안

이 내용은 독일의 재정학자인 조세프 후버와 영국의 경제학자 제임스 로버트슨이 2000년에 공동 출판한 『Creating New Money』와 영국의 Positive Money의 벤 다이슨(Ben Dyson), 그래함 허즈슨(Graham Hodgson), 프랭크 밴 레번(Frank van Lerven)이 저술한 『Soverien Moeny』의 내용을 주로 참조했다.

1) 이행의 절차

주권화폐론은 현재의 체제를 어렵지 않게 새로운 체제로 재편할 수 있다고 주장한다. 주권화폐론은 현 체제의 개혁을 위해서, 현재 예금계좌에 전자화폐의 형태로 기록되어 있는 신용화폐 자체를 법정화폐(legal tender)로 선언하는 것에서 시작하자고 한다. 법정통화는 국가가 세금을 내거나 민간에서 부채를 청산할 때 그 수단으로 인정해주는 화폐를 말한다.

요구불예금 자체를 법정화폐라고 선언하면 기존의 은행화폐는 주권화폐로 전환되어 상업은행의 대차대조표에 더 이상 부채로 잡히지 않고, 개인이 가진 유일한 화폐 자산으로서 유통된다. 그리고 은행은 고객의 계좌를 관리만 해주며 그 거래는 중앙은행의 데이터베이스에 기록된다. 현행 체제는 지준금의 순환과 신용화폐의 순환이 분리되어 있다. 하지만 주권화폐론에 따른 체제는 지준금이 없는 법정화폐의 단일 순환 시스템이 된다.

그리고 새로운 제도에서는 화폐 창조와 신용(대출) 활동을 분리한다. 주권화폐론은 은행의 계좌를 고객이 즉각 인출을 할 수 있는 거래계정(Transaction accounts)과 고객이 수익을 얻기 위해서 투자 용도로 사용하는 투자계정(Investment accounts)으로 분리할 것을 제안한다.

　　거래계정은 현행의 요구불예금계좌(당좌예금 계좌)를 대체한다. 고객들은 수표, ATM, 현금카드, 계좌이체를 통해서 자유롭게 입출금을 할 수 있다. 이 계정은 완전히 안전한 예금의 기능을 수행한다. 은행들은 내부 데이터베이스에 있는 각 개인의 계정을 관리하지만, 이 돈은 중앙은행의 고객기금계정에 기록되어 있다. 그 기록 자체가 돈이기 때문에 특별한 별도의 지준금은 필요하지 않다. 따라서 고객의 예금은 더 이상 민간은행의 부채가 아니며, 법적으로 고객의 사유재산이다. 따라서 예금은 개별 상업은행의 건전성이나 유동성과 관계없이 가치를 유지한다. 만약 은행이 파산하면, 거래계정은 단순히 다른 은행으로 이동한다. 따라서 거래계정은 위험이 없고 예금보험이 필요 없다. 하지만 예금에 대한 이자는 붙지 않으며, 은행은 이 서비스에 대해서 비용을 물릴 수 있다.

　　투자계정은 현행 저축성예금계좌를 대체한다. 고객들은 거래계정에서 투자계정으로 돈을 옮길 수 있다. 투자계정은 금리, 만기, 용도 및 목적에 따라 다를 수 있다. 투자계정은 국가 보증이나 예금보험의 보호를 받지 못하며, 위험은 은행과 투자자가 분담한다. 투자계정에 할당된 돈은 즉시 그 은행의 통합투자계정으로 들어간다. 통합투자계정의 돈은 거래계정과 마찬가지로 중앙은행에 기록된다. 투자계정은 어떤 돈도 가지고 있지 않으며, 그것은 단지 은행이 고객에 대해서 지고 있는 부채일 뿐이다. 그리고 이것이 대체 화폐로 발전하는 것을 막기 위해서 투자계정의 소유권은 바뀔 수 없다.

　　주권화폐제도로의 이행 과정에서 상업은행의 요구불예금은 모두 거래계정으로 전환된다. 기존의 요구불예금은 상업은행의 부채이고 대출은 상업은행의 자산이다. 그런데, 이것이 모두 고객의 주권화폐로 바뀌면 상업은행은 자산(대출)은 그대로 가진 채 엄청난 양의 부채를 덜게 된다. 왜냐하면 상업은행이 더 이상 요구불예금을 뒷받침해야 할 이유가 없기 때문이다. 그래서 이행과정에서 정부가 요구불예금에 해당하는 것만큼의 이자 없는 전환부채(Conversion Liability)를 상업은행에 부과할 필요가 있다. 전환부채는 중앙은행의 자산이며 만기는 은행이 가지고 있는 대출의 만기에 맞춰서 설정할 수 있다. 은행은 장기간에 걸쳐서 대출이 회수되는 대로 이 전환부채를 상환해야 한다. 이 과정에서 은행과 민간이 가지고 있던 국채는 국가발행화폐에 의해 상환되면서 정부는 부채 문제를 해결할 수 있다.

2) 주권화폐의 회계

주권화폐론은 주권화폐를 도입하더라도 중앙은행의 회계 관행을 변경할 필요가 없다고 주장한다(Sigurjonsson, 2015: 82). 한국을 비롯한 각국의 중앙은행은 약간의 예외는 있지만 은행권, 주화, 지준금을 부채(liabilities)로 간주한다. 이와 같은 방식을 중앙은행이 주권화폐를 창조할 때에도 똑같이 적용할 수 있다.

주권화폐론은 국가 화폐는 사실상 부채가 아니라고 본다. 이 관점에서 보면 은행권과 주화를 중앙은행의 부채로 간주하는 현재의 회계 관행은 내용과 형식이 일치하지 않는다. 그래서 중앙은행이 발행하는 화폐를 부채가 아닌 자산으로 간주하는 것이 이제까지 논의한 주권화폐론의 내용에 더 부합하는 것일 수 있다. 그렇지만 화폐에 관한 회계 관행을 그대로 유지하면서 주권화폐를 도입할 수도 있다.

그것은 중앙은행이 주권화폐를 창조하여 정부의 거래계정에 입금하는 방식이다. 그때 정부는 이 거래의 균형을 맞추기 위하여 중앙은행이 창조한 화폐의 양만큼 무이자 영구채를 발행하여 중앙은행으로 이전하는 것이다. 정부가 무이자 영구채를 발행했기 때문에 정부는 이 영구채 부채를 갚을 필요가 없어 명목상의 정부부채와 달리 실질적인 정부부채는 늘어나지 않고, 중앙은행은 정부의 무이자 영구채를 자산으로 보유할 수 있다. 이 방법을 활용하면, 주권국가가 발행한 화폐는 국가의 부채가 아니라는 것을 인정하면서도 전통적인 회계 관행을 유지할 수 있다.

물론 다른 방식을 선택할 수도 있다. 중앙은행이 화폐를 발행하여 자신의 자산으로 삼을 수 있다. 그렇게 되면 중앙은행은 화폐의 액면 가치와 제조/유지 비용의 차이만큼 시뇨러지를 누리게 된다. 그리고 그 시뇨러지를 주주인 국가에 배당의 형식으로 지불할 수도 있다.

3) 주권화폐에 정합적인 금융제도 구축

주권화폐를 현실의 제도로 도입하기 위해서는 주권화폐 발행과 정합성을 갖는 규제와 금융시스템을 구축해야 한다. 첫째, 자본이동에 대한 규제를 강화해야 한다. 주권화폐 제도의 가장 큰 난제 가운데 하나는 주권화폐의 발행이 외부적 제약에서 자유롭지 못하다는 점이다. 주권화폐의 발행은 지금보다 훨씬 자유로운 예산 편성을 전제로 한다. 다시 말해서 국가는 필요할 때 주권화폐의 발행을 충분히 늘릴 수 있어야 한다. 그렇지만 국가가 주권화폐 발행을 늘리면 화폐의 대내가치와 대외가치에 차이가 생겨 외국자본의 투기적 공격에 노출될 수 있다. 소규모 개방경제는 자본이 자유롭게 국경을 넘나드는 조건에서 환율과 금융시장이 불안정한 상황으로 빠지는 것을 항상 걱정해야 하기 때문에 주권화폐의 발행을 충분히 늘리기 어렵게 된다.

주권화폐론의 주요 옹호자인 랜덜 레이(L. Randall Wray)는 소규모 개방경제라도 변동환율제를 채택한다면 정책자율성을 확보할 수 있다고 주장한다. 그는 변동환율제가 환율의 변동폭을 축소시키고 단기자본의 통화 투기공격을 방지하는 기능을 할 수 있다고 본다. 그러나 실제로 변동환율 제가 그러한 결과를 가져올지는 의문이다. 프리드만(M. Friedman)은 일찍이 1950년대에 변동환율제를 주장하면서 그 장점으로, 환율 변동폭 축소, 대외 균형의 자동 달성, 통화 투기 억제, 자본이동에 대한 직접통제 필요성 축소, 외화준비금 축소를 들었다. 그러나 주요 선진국들이 1960년대 말에서 1970년대 초에 걸친 달러 위기 이후 변동환율제로 이행했지만 그러한 효과는 나타나지 않았다. 오히려 변동환율제 이행 이후 환율 변동폭은 커졌고, 단기 투기는 늘어났으며, 외화준비금도 늘어났다. 이는 변동환율제 도입이 소규모 개방경제의 정책 공간 확보에 전혀 도움이 되지 못한다는 사실을 보여준다.

주권화폐의 도입을 위해서는 대외적으로 자율적인 정책 공간을 확보하는 것이 필수적이지만 변동환율제로는 이의 실현이 불가능하다. 환율의 안정과 투기적인 통화 공격을 막기 위해서는, 앱쉬타인(G. Epstein)이 주장하듯, 최소한 자본이동에 대한 적절한 규제가 필요하다. 투기성 단기자본이 나라 안팎을 수시로 넘나들 수 없도록 하는 다양한 장치, 예컨대 외환거래세의 도입, 투기적 금융 수단들인 사모펀드와 헤지펀드에 대한 규제 등이 필요하다. 또한 현재 외국자본에 주는 과도한 특혜(조세, 현금, 토지)는 폐지하거나 축소해야 한다.

둘째, 금융시스템의 전환이 불가피하다. 주권화폐의 발행은 은행 신용창출의 폐지를 전제로 한다. 신용창출 기능이 빠진 은행은 이전까지와 다른 형태의 운영 모습을 보일 것이다. 예컨대 은행은 내로우 뱅크(Narrow Bank)로 전환해야 할 수 있다. 내로우 뱅크(Narrow Bank)란 1929년 대공황 이후 이른바 "시카고 플랜"에 등장하는 개념으로, 상업은행이 요구불 예금만을 받아서 국채 등 안전자산에만 운용해야 한다는 원칙에 기반을 두고 있다.

내로우 뱅킹 시스템에서 은행들은 지급과 결제만을 담당하며 위험자산에 대한 투자는 전혀 다른 계정, 또는 다른 기관이 담당하게 된다. 상업은행이 자금시장에서 자금을 조달하여 위험 자산에 투자하는 행위는 금지된다. 따라서 내로우 뱅킹 시스템을 구축하기 위해서는 안전자산의 개념과 범위 확정, 그리고 계정 사이, 기관 사이, 기능 사이의 영역 재조정 등을 해야 한다. 내로우 뱅킹은 예금과 대출 업무의 융합을 인정하지 않으므로 위험자산에 대한 투자나 기업 대출은 투자계정, 또는 투자은행이 담당하게 되는데, 그럴 경우, 이들 계정이나 기관을 중앙은행이 지원해야 할지 말아야 할지가 이슈가 된다. 이에 대한 규범화가 필요하다.

셋째, 예금보험 기능 변화에 대비해야 한다. 내로우 뱅킹 시스템에서는 안전자산 운용과 위험자산 운용이 분리되어 전자의 업무는 내로우 뱅크에, 그리고 후자의 업무는 투자계정, 또는 투자기관에 할당된다. 내로우 뱅크는 자금을 안전자산에만 운용하기 때문에 금융위기 때의 공적 지원의 필요성이 크게 줄어든다. 또한 투자계정이나 투자기관의 자기책임성이 훨씬 높아지기 때문에 이들 기관에 대한 금융위기 때의 공적 지원 필요성 역시 줄어든다. 이는 현재의 예금보험 기능의 축소로 이어진다는 것을 말해준다.

넷째, 내로우 뱅크가 지주회사 등을 통해 계열을 이루고 있을 경우 이를 어떻게 규제할 것인가에 대한 대안이 필요하다. 내로우 뱅킹 취지에 어긋나지 않는 방향에서 지주회사와 내로우 뱅크의 관계를 어떻게 설정할 것인가, 지주회사 내의 내로우 뱅크와 다른 금융기관의 관계를 어떻게 설정할 것인가를 규정해야 한다. 그리고 내로우뱅크가 제3자를 통한 우회적인 자금 거래, 다른 계열 소속의 내로우 뱅크와 교차 자금 거래 등을 할 경우 이에 대한 감독을 어떻게 할 것인가도 규정해야 한다.

다섯째, 국채발행 감소에 대비해야 한다. 주권화폐제도는 국가가 재정자금을 조달하기 위해 국채를 발행하는 것이 아니라 직접 화폐를 발행하는 것을 의미하므로, 이는 당연히 국채 발행량 감소로 이어진다. 국가가 국채를 발행하더라도 그것은 대부분 중앙은행에 맡겨지게 되며 금융시장에서 유통되지는 않을 것이다. 그렇게 되면 국채에 대규모 자금을 운용하고 있는 연기금, 신탁회사, 투자회사 등은 새로운 자금 운용처를 찾아 나서게 될 것이다. 이러한 변화가 단기적으로 금융시장에 혼란을 가져올 수 있다. 또한 국채 발행의 축소는 중앙은행의 금융정책 수행 방식에도 변화를 가져올 수 있다.

주권화폐제도 하의 통화정책과 기본소득

상업은행이 더 이상 은행화폐를 공급할 수 없게 되면 새로운 화폐제도에서는 경제가 필요로 하는 유통화폐를 어떻게 공급할 것인가? 주권화폐론은 정부의 새로 만들어지는 통화관리위원회나 새롭게 지위가 규정된 중앙은행을 행정부, 입법부, 사법부와 대등한 제4부로 만듦으로써 화폐의 공급을 책임지도록 할 것을 제안한다. 왜냐하면 특수한 기구가 전체 통화량을 탄력적으로 조정하는 임무를 맡을 필요가 있기 때문이다. 즉 통화관리위원회(혹은 중앙은행)가 독립적으로 인플레이션율, 성장률, 인구 증가 등에 기초하여 필요한 통화량을 결정하는 것이다.

새로운 제도에서 의회나 행정부가 통화관리위원회(이제부터 새로운 지위를 부여받은 것을 전제로 중앙은행으로 지칭한다)에 대해서 화폐를 요구할 권리를 가져서는 안 되며 중앙은행의 판단에 발언권을 가져서는 안 된다. 즉 중앙은행에 민주적 권력분립에 기초하여 헌법적 지위를 부여해야 한다. 이 방식은 은행과 금융시장의 금융적 기능을 화폐적 기능과 분리시키고 통화 권력과 재정 권력을 분리시킴으로써 통화안정과 재정건전성을 보장할 수 있다. 즉, 화폐와 신용을 분리하여 더 이상 한 나라의 화폐가 은행 및 금융 산업의 특정 이해관계의 볼모가 되지 않도록 하고, 중앙은행과 의회/행정부를 분리하여 주권화폐가 정치적인 이해에 좌우되지 않도록 할 수 있다.

1) 통화 공급의 대안적 경로들

중앙은행이 화폐공급을 늘리는 기본적인 경로는 화폐를 발행하여 정부의 재정에 보태는 것이다. 이 화폐는 대출이 아니라 정부의 지출을 통해서 유통에 들어가며 그 자체가 순수한 화폐발행 이익이다. 이것은 국채와 달리 상환할 필요가 없는 정부의 순전한 화폐소득이다. 또한 통화당국이 일정 비율을 상업은행에 대출해줄 수도 있다. 통화당국은 이 경로를 통화정책의 한 수단으로 활용할 수도 있을 것이다.

정부로 이전된 새 화폐를 어디에 사용할 것인가는 통화당국의 업무 사항이 아니라 정부와 의회의 소관사항이다. 주권화폐론은 화폐의 첫 분배는 의회의 결의에 따라서 민주적으로 이뤄져야 한다고 주장한다. 화폐의 첫 분배가 국가의 민주적 결정에 따를 때 화폐가 자산 거품을 형성시키는 방향으로 공급되는 것을 억제할 수 있다. 그리고 정부는 부채의 누적을 초래하지 않고 예산을 초과하는 추가적인 지출을 할 수 있다.

정부의 지출 방식으로는 크게 네 가지가 제안된다. i) 시민에게 주는 기본소득(혹은 시민 배당으로 부를 수 있다), ii) 정부 지출의 지원, iii) 세금 감면, iv) 기업 등을 위한 간접적인 자금 제공(은행 및 비은행 대출 기관에 대한 대출). 여기서 i)~iii)은 결과적으로 새롭게 창조된 화폐가 지출을 통해서 경제로 투입된다. 하지만 iv)의 경우에는 대출이 상환되면 화폐는 다시 파괴되기 때문에 지출을 통해서 항구적으로 경제에 투입되는 i)~iii)의 경우와는 성격이 다르다.

이 네 가지 방안은 상호 배타적이지 않다. 정부는 민주적 과정을 거쳐서 화폐의 창조에 따른 시뇨러지를 네 가지 방안을 적정하게 배합하여 활용할 수 있다. 그렇지만, 새로운 제도에서도 정부의 기본적인 재정 지출은 세금에 기반해야 하고, 세금 감면은 소득 불평등의 개선에 부합하지 않을 수 있다. 그리고 새로운 제도에서 상업은행의 대출은 기본적으로 저축에 기반하기 때문에 정부가 저축 이상의 자금 수요에 자금을 제공하는 일은 경제적 필요성에 따른 보완적인 역할에 한정되어야 한다. 따라서 이 책에서는 1920년대에 더글라스가 제안한 바와 같이 모든 시민에게 화폐 발행 이익을 매년 기본소득으로 제공하는 것을 권한다.

기본소득 도입의 정당성은 여러 가지 차원에서 제기된다. 공유부에 입각하여 모두의 몫을 모두에게 돌려주는 사회 정의의 구현, 지원 사각지대의 배제, 행정적 효율성 제고, 생활방식 선택의 다양성, 복지, 고용, 생산, 자원 고갈 및 오염 간의 연계 단절을 통한 환경적 책임 강화 등을 포함한다 (Crocker, 2019, p.31). 이 같은 기본소득은 이 책의 다른 장들에서 다루고 있듯이 안정된 재원을 바탕으로 해야 하기 때문에 세금을 바탕으로 하는 것이 옳다. 이 기본소득은 이노우에 도모히로가 규정했듯이 고정 기본소득이라고 부를 수 있을 것이다(도모히로, 2019: 212).

이 장에서 제시하는 기본소득은 공유부의 하나인 화폐발행이익을 국민에게 돌려주는 것임과 함께 경제성장에 맞춰 유효 수요를 확장함으로써 경제를 안정시키는 거시경제정책의 성격을 아울러 가진다. 따라서 화폐발행이익에 따른 기본소득은 인구 증가율, 물가 상승률, GDP 갭 등을 감안하여 거시경제 상황을 반영하여 변동시킬 필요가 있다. 따라서 화폐발행이익에 근거한 기본소득은 경기 변동에 따라 변할 수 있으며, 화폐 제도의 개혁 이후 새로운 통화정책에 조응하여 지급되어야 할 것이다.

2) 주권화폐 체제의 통화정책
주권화폐 체제에서는 다양한 방식의 통화정책을 상정할 수 있다. 상업은행의 화폐 창조기능을 정지시키는 것에 대해서는 화폐 공급이 경직적으로 되어 경제 성장을 제약할 수 있다는 비판이 있다. 그러나 주권화폐 제도에서도 다양한 보완적 제도를 통해서 화폐 공급의 탄력성을 유지할 수 있다.

우선 통화 공급을 매해 고정된 명목 증가율로 증가시키는 방식을 생각할 수 있다. 예를 들어 화폐 공급을 경제 성장과는 무관하게 매년 2%씩 늘리는 것을 상정할 수 있다. 이 같은 엄격한 준칙에 기반한 공급 체제는 밀턴 프리드먼이 제안했던 통화주의적 접근방식과 유사하다. 이에 따르면 통화 공급의 증가율은 장기 경제성장률(과 적정 인플레이션율)을 반영하여 정해지게 될 것이다. 그런데, 이 같은 준칙 기반 체제는 통화 증가율이 경제 상황과 관련성이 끊어져, 사전에 결정된 통화증가율이 명목 경제성장률과 일치할 경우가 아니면 디플레이션적이거나 인플레이션적일 수 있다.

영국의 연구단체 Positive Money는 보다 대안적인 통화 공급 체계로서 탄력성의 정도에 따라 5개의 유형을 추가적으로 제시했다. 그 내용을 요약하면 〈표 6-4〉와 같다(Dyson, 2015).

유형 1은 가장 기본적인 유형으로서 화폐의 증가율을 고정시키는 것이다. 이에 반해 유형 2는 경제 외부적 요인인 인구 증가율이나 생산성 증가율의 지표를 만들어 화폐 증가와 연동시키는 방법이다. 이는 화폐 공급이 보다 탄력적일 수 있지만 일반적인 지표를 설정하는 것이 어렵다. 유형 3은 통화 당국이 인플레이션, 고용 등의 목표를 설정하고 화폐 증가율을 설정하는 것이다. 이 유형이 가장 바람직하겠지만 새로운 통화정책의 규범에 대한 광범위한 합의가 필요할 것이다.

유형 1, 2, 3은 화폐의 기본적인 공급을 어떤 원칙에 따라 수행할 것인가에 입각한 구분인데 반해서, 유형 4, 5, 6은 통화당국이 경제 내의 자금 수요에 대응하여 새로운 화폐를 창조하여 은행 혹은 비은행 대출기관에 대출해주는 방식을 결합한 제도이다. 주권화폐 제도에서는 기본적으로 대출

〈표 6-4〉 주권화폐 제도의 다양한 유형

	탄력성 정도	정의	내용
1	무 탄력성	고정된 증가율	화폐 증가율을 경제 상황과 무관하게 고정
2	기본 탄력성	지수 기반 증가율	경제 외부적 요인인 인구 증가율이나 생산성 증가율의 지표를 만들어 화폐 증가와 연동.
3	중도 탄력성	경제 표적 증가율	통화 당국이 인플레이션, 고용 등의 목표를 설정하고 화폐 증가율을 설정.
4	높은 탄력성	GDP 기여 기업의 자금 수요 충족 증가율	창조된 화폐를 GDP에 기여하는 민간 기업의 요구에 맞추어 대출. Fire 영역(금융, 보험, 부동산)에 대한 대출 금지.
5	아주 높은 탄력성	GDP 기여 모든 영역의 자금 수요 충족 증가율	가계와 GDP 기업에게 대출하기 위한 은행의 요구에 맞춰 화폐 창조.
6	극단적 탄력성	조건 없는 대출 수요 충족 증가율	은행의 요구에 맞춰 화폐 창조.

자료: Ben Dyson, Graham Hodgson, and Andrew Jackson(2015), Would a sovereign money system be flexible enough? Positive Moeny.

을 저축에 기반하도록 한다. 따라서 앞서 언급했듯이 통화당국이 새로운 화폐를 기업과 가계의 자금 수요에 맞춰서 공급하는 것은 경제적 필요에 따른 대출의 보완적인 방법일 뿐이다. 따라서 유형 4,5,6에서는 기본적인 화폐 공급이 기본소득 지급을 비롯한 정부 지출 등으로 사용되도록 하고, 그 같은 화폐 공급이 자금 수요를 충족시키지 못할 때 통화당국이 화폐를 창조하여 은행 및 비은행 대출기관에 대출해주는 것을 허용한다.

이 중에서 유형 4는 통화 당국의 대출을 Fire 영역(금융, 보험, 부동산)을 제외하고 GDP에게 기여하는 실물 부문으로 한정하는 모델이다. 유형 5는 자금 공급을 GDP 기여 기업 외에 가계로 확장하는 유형이다. 그리고 유형 6은 통화 당국에 의해 뒷받침되는 대출을 Fire 영역을 포함한 모든 기업과 가계에 허용하는 유형이다.

이 유형 분류를 제시한 Positive Money에서는 유형 1, 2, 3이나 유형 6과 같은 극단적인 유형보다는 유형 4와 5와 같은 절충적인 유형을 권하고 있다. 이 보고서에서는 통화당국이 경제 상황에 맞게 기본적인 화폐 공급을 하고, 그것이 GDP 기여 기업과 가계의 자금 수요를 충족시키지 못할 때, 통화 당국이 은행과 비은행 대출기관을 매개로 대출하는 유형 5가 가장 바람직한 것으로 본다.

주권화폐 도입에 따른 기본소득의 재원 추정

경제가 성장하기 위해서는 새로운 화폐가 지속적으로 공급되어야 한다. 화폐의 증가는 자주 인플레이션을 연상시키지만 경제의 필수적이자 자연스런 현상이다. 경제가 성장하는 동안 통화량은 지속적으로 늘어났으며 앞으로도 계속 늘어나야 한다.

그렇다면 특정 국가가 주권화폐 제도를 도입하여 경제가 필요로 하는 유통화폐를 주권화폐로 조달한다고 했을 때 국가가 확보할 수 있는 시뇨리지는 어느 정도이며, 그것을 재원으로 한다면 국민들에게 어느 정도의 기본소득을 보장할 수 있을지를 추정해보자.

경제가 인플레이션을 일으키지 않으면서 안정적으로 성장하기 위해서는 기술 발전 속도에 대응하는 만큼의 통화가 증가해야 한다. 기술 발전의 속도보다 통화 증가율이 높다면 인플레이션이 일어날 수 있으며 그 반대의 경우에는 디플레이션이 발생할 수 있다. 그런데, 우리는 기술 발전의 속도를 정확히 측정할 수 없다. 따라서 미래의 적정 통화량을 도출하여 시뇨리지를 계산하기보다는, 과거의 경제 성장률이 주어진 상황에서 통화량이 어느 정도로 증가했는지를 근거로 주권화폐 개혁을 통해서 국가가 누리게 되는 시뇨러지를 추정하는 것이 보다 현실적이다. 과거의 가설적 시뇨러지를 도출한다면 시기 별로 국민들에게 제공할 수 있었던 기본소득의 액수를 쉽게 추정할 수 있다.

조세프 후버 등은 2001년의 논문에서 미국, 영국 등 4개국을 대상으로 은행화폐를 주권화폐로 대체했을 때 예상되는 통화량의 규모를 추정했다. 이 글에서는 그들이 사용한 방법을 원용하여 한국 경제를 적용했다. 즉, 한국경제의 2007년부터 2019년까지의 통화량 변화를 기준으로 삼아 그 기간 동안 주권화폐 제도에 따라 유통 화폐를 공급했다고 했을 때, 기본소득으로 제공할 수 있는 시뇨러지의 규모를 추정했다.

주권화폐 개혁은 은행화폐(bankmoney, 요구불예금)를 주권화폐로써 대체한다. 이는 현 제도에서 M0와 M1의 차이를 없애는 것을 의미한다. 이렇게 새롭게 규정되는 공식 유통화폐를 M이라고 하자. 개혁 이후의 M의 총량은 현재의 M0와 M1을 근거로 해서 대략적으로 추정할 수 있다.

주권화폐 개혁을 단행하면 M은 기존에 M0과 M1이 수행하는 역할을 담당한다. 따라서 M은 현재 유통 화폐를 대표하는 M1의 구성요소인 유통 중인 현금(A)과 요구불예금(B)을 포함해야 한다. 한국 경제의 M1이 해당 기간에 어떻게 변동해왔는지는 〈표 6-5〉의 4열에 표시되어 있다. 2019년 기준으로 M1은 876.9조원으로 GDP의 약 45.6%이다.

또한 M은 현재 지불준비금의 한 요소인 시재금(C: 은행이 보유하는 현금)과 함께 지준금 중에서 은행 자체의 영업에 사용될 부분(D)을 포함해야 한다. 여기서는 단순화를 위해서 기존의 지준금 중 50%가 새로운 제도에 서는 은행 자신의 영업에 활용되는 것으로 가정한다(Huber and Robertson, 2001, pp. 81~9).

M1에 시재금(C)과 은행 영업을 위한 지준금(D)을 보탠 것이 현재의 조건에서 도출할 수 있는 M의 규모라고 할 수 있다. 그에 대한 추정치는 〈표

6-2〉의 7열에 표시되어 있다.

개혁이 이뤄진다면 여기에 두 가지 요소를 더 고려해야 한다. 하나는 2절에서 언급했듯이 현 제도에서는 M2에 포함되지만 개혁 이후에는 요구불예금으로 전환될 M2의 약 30%로 추정되는 현재의 저축성 예금이다. 또 다른 항목은 개혁에 힘입어 늘어날 수 있는 은행의 운영 자금이다. 개혁이 이뤄지면 비현금성 결제인 지준금과 현금 순환이 이원체계가 아니라 단일체계에 따라 이뤄지기 때문에 은행이 대출 중개나 투자 사업에 활용할 수 있는 자금이 늘어날 것으로 기대된다. 이 같은 금액은 오늘날 은행 시재금의 50%에 해당할 것으로 추정한다.

이와 같이 추정에 따르면 2007년부터 2019년까지의 한국경제가 주권화폐 제도에 따라 운영되었다고 했을 때의 M의 규모는 〈표 6-2〉의 10열의 수치와 같다. 2019년의 기준으로 봤을 때, 개혁 이후의 M의 규모는 1,795조 원으로 같은 해 GDP의 약 94%이다.

이 모델에서는 새롭게 창조된 M이 모두 기본소득을 통해서 경제로 투입되는 것으로 상정한다. 따라서 연간 M의 증가량이 중요하다. 〈표 6-6〉의 2열은 2008년부터 2019년까지 M의 연간 증가액을 나타내고 있는데, 12년 간의 연 평균 증가액은 약 91.6조 원이다. 여기에 화폐의 제조 및 유지비용을 빼면, 나머지가 국가의 순수한 시뇨러지이다.

만약 12년 간 M을 기본소득의 지급을 통해서 공급하고 제조 및 유지비용을 무시한다면, 각 연도의 기본소득 지급액은 각 연도 M의 증가량을 그해의 인구를 나눈 값이 된다.

이 같이 추정하면, 2008년부터 2019년까지의 가설적인 1인당 기본소득액은 〈표 6-6〉의 4열과 같다. 구체적으로 살펴보면, 2008년의 가설적인 1인당 기본소득액은 약 97만이며 매년 약 4.6%씩 증가하여 2019년의 추정액은 약 189만 원(월 16만 원)이다.

〈표 6-5〉 주권화폐 개혁 이후 통화량 M에 대한 추정

	A	B	A+B	C	D	C+D+M1	E	F	E+F+M
	현금	요금불예금	M1	시재금	지준금의 50%	현재의 M			미래의 M
2007	21.0	291.8	312.8	7.3	13.8	333.8	359.1	3.6	697
2008	22.1	285.2	307.3	7.8	15.1	330.2	410.3	3.9	744
2009	25.1	332.2	357.3	9.3	18.3	384.9	452.6	4.6	842
2010	31.3	368.1	399.4	10.1	18.1	427.7	491.9	5.1	925
2011	36.6	389.1	425.7	11.3	19.3	456.3	512.7	5.6	975
2012	41.4	400.6	442.0	12.3	20.4	474.7	539.6	6.2	1,020
2013	48.8	435.3	484.1	13.7	21.3	519.1	565.7	6.9	1,092
2014	58.2	478.5	536.7	15.5	22.6	574.8	602.9	7.7	1,185
2015	70.2	566.4	636.6	18.1	25.3	680.0	654.9	9.1	1,344
2016	81.5	652.9	734.4	20.6	28.0	783.0	702.8	10.3	1,496
2017	91.6	710.4	802.0	22.8	30.1	854.9	741.4	11.4	1,608
2018	100.0	741.0	841.0	24.7	32.5	898.2	788.1	12.4	1,699
2019	108.7	768.2	876.9	26.8	35.1	938.9	843.0	13.4	1,795

자료: 한국은행 통계를 기초로 저자가 직접 작성

이 추정액은 중앙은행이 경제 상황에 대한 재량적 판단에 따라 통화정책을 폈던 시기의 과거 통계를 근거로 삼았기 때문에, 앞에서 논의했던 새로운 제도의 유형 중에서 유형 3에 해당한다고 할 수 있다. 그리고 새로운 제도에서는 유형 4, 5, 6처럼 새로운 화폐를 가계와 기업을 위한 대출에 활용할 수도 있겠지만, 그 경우에는 기본적인 화폐창조 외에 추가적으로 화폐가 창조되어야 할 것이다.

그런데, 기존 제도하에서는 기업의 강한 자금 수요와 은행의 이익 추구로 인해 화폐가 과잉 발행되는 경향이 있었던 것으로 보이기 때문에 실제

<표 6-6> 주권화폐 도입 시 1인당 기본소득 지급액 추정

	M의 증가액 (조원)	인구 (명)	1인당 기본소득 (원)
2008	47.84	49,182,456	972,740
2009	97.66	49,347,461	1,978,945
2010	82.53	49,545,636	1,665,735
2011	50.03	49,786,159	1,004,942
2012	45.76	50,060,639	914,066
2013	71.28	50,345,717	1,415,892
2014	93.70	50,607,907	1,851,451
2015	158.48	50,823,093	3,118,349
2016	152.18	50,983,457	2,984,969
2017	111.59	51,096,415	2,183,994
2018	91.01	51,171,706	1,778,490
2019	96.59	51,225,308	1,885,681

자료: 한국은행 자료를 활용하여 저자가 직접 작성

로 주권화폐 제도로 이행하면 화폐 발행에 따른 시뇨러지는 추정액보다는 적을 것으로 생각된다.

2019년의 기준으로 주권화폐가 한 해에 약 90조 원이나 늘어나면 인플레이션이 발생하지 않을까 하는 의구심이 들 수 있다. 하지만 주권화폐가 늘어나는 대신에 은행의 신용창조에 의한 은행화폐의 창조가 중단되기 때문에 유통화폐의 양에는 변화가 없다. 따라서 주권화폐가 발행되더라도 경제의 인플레이션율은 큰 변화가 없을 것이다.

주권화폐 도입에 예상되는 반론에 대답

1) 정부가 정치적 이해에 따라 화폐 과다 창조할 우려

중앙은행이 화폐를 창조하여 자산을 매입하는 방식으로 경제에 공급하는 것이 아니라 정부 재정으로 이전하도록 하면, 정부가 선거 승리를 위해서 화폐를 과도하게 창조할 우려가 현실적으로 존재한다.

하지만 주권화폐 제도에서는 창조를 준칙과 지표에 근거하여 실행함으로써 정부의 재량적 개입을 제도적으로 차단할 수 있다. 그렇지만 이렇게 할 경우에는 화폐 공급이 매우 경직화될 우려가 있다. 따라서 통화관리위원회가 준칙과 지표를 준거로 삼더라도 정책적 판단에 따라 화폐 발행 규모를 결정할 여지를 남겨야 한다. 이때 통화관리위원회를 선거에 의해 구성된 정부와는 독립된 독자 기구로 구성한다면 정치인의 재량적 개입을 제어할 수 있다.

2) 정부(통화관리위원회)의 통화 정책 오류 위험

통화관리위원회가 경제의 최적 통화량을 판단하는 데 필요한 모든 정보를 가질 수는 없다. 따라서 통화관리위원회가 잘못 판단하여 인플레이션을 불러오거나 경제가 잠재 성장률에 미치지 못할 우려가 있다.

주권화폐 제도가 완벽한 통화정책을 보장해주지는 않는다. 그 같은 가정은 현실적이지 않다. 그렇지만 통화관리위원회가 현재 상업은행이 그런 것처럼 과도하게 많은 화폐를 창조할 것으로 단정할 근거는 없다. 시장의 판단이란 영리적 판단을 의미한다. 영리적 판단이 민주적 논의를 거친 판단보다 더 우월하다고 단정할 근거가 없다. 그리고 통화관리위원회가 준칙 및 지표에 의한 판단과 재량적 판단을 결합하고 시장의 자금 수요를 반영할 수 있는 제도를 보완한다면, 화폐 공급의 결정은 현 체제에서 상업은행의 영리적 판단에 의존하는 것보다 더 나을 수 있다. 또한 현 체제에서는 신용에 의한 화폐의 과도한 발행이 위기를 통해서 조정되지만, 주권화폐 제도에서는 화폐의 과도한 발행이 후속 정책에 의해서 교정될 수 있다.

3) 신용 활용 제한으로 경제 활력 감소 위험

상업은행이 신용을 통해서 은행화폐를 공급하는 현 체제에서는 화폐의 공급이 시장의 자금 수요에 맞춰서 탄력적으로 이뤄진다. 그래서 주권화폐 제도에서 상업은행의 신용 창조를 정지하면 경제가 필요로 하는 신용을 원활히 공급하지 못해 경제 활력을 떨어뜨릴 수 있다.

현 체제에서는 상업은행에 의해서 창조된 화폐가 기존 자산의 매입으로 활용되어 경제 거품이나 위기를 야기할 수 있다. 하지만 주권화폐 제도는 기본적으로 금융 부문으로의 대출을 제어할 수 있다. 여기서 중요한 문제는 주권화폐 제도가 주택 구매나 실물 경제에 필요한 충분한 신용을 제공할 수 있는지의 여부이다. 우선 주권화폐 제도에서는 화폐가 금융 및 자산 시장으로 흘러가는 것을 억제하기 때문에 가계의 주택 구매나 실물 경제가 활용할 수 있는 자금은 오히려 늘어날 것이다. 또한 주권화폐 제도에서도 가계와 경제의 실제적 수요를 충족시킬 수 있는 보완적인 대출 제도를 도입할 수 있다.

4) 국제적 불이익 발생 가능성

주권화폐 제도는 아마도 한 나라에 의해서 선도적으로 실행되어야 할 것이다. 문제는 그러한 경우 해당 국가가 국제적으로 불이익을 입을 가능성이 있는가이다. 구체적으로 주권화폐 개혁이 다른 나라와의 교역을 어렵게 할 가능성이 있는가, 환율이 어떤 영향을 받는가, 국내 은행의 화폐 창조 능력을 정지시킬 경우 외국 은행과의 경쟁에서 불이익을 받는가이다(Sigurjonsson,

2015: 93).

　첫 번째 문제와 관련하여 그러한 어려움이 생겨날 명백한 이유는 없다. 상업은행이 화폐를 창조하느냐 중앙은행이 화폐를 창조하느냐가 국제 교역에 영향을 미칠 이유는 없다. 두 번째로 환율이 영향을 받을 가능성은 개혁이 의도하는 바를 얼마나 잘 설명하는가에 달려 있을 것이다. 새로운 개혁 체제에서 화폐에 대한 통제력이 높아지고 화폐의 증가도 실물 경제의 필요에 맞게 이뤄질 것이기 때문에, 이 개혁으로 인해 화폐의 대외적 안정성이 흔들릴 여지는 없다. 세 번째로 국내 은행들이 외국은행에 비해 경쟁력이 약화되는 문제는 새로운 제도로의 이행이 장기간에 걸쳐서 일어날 것이기 때문에 그리 우려할 바가 아니다(Sigurjonsson, 2015: 93).

주권화폐론과 기본소득의 또 다른 유형

이제까지 검토한 주권화폐론의 기본 목적은 기본소득의 지급 자체에 있지 않다. 시뇨러지는 공공적인 다른 목적에 활용할 수도 있다. 주권화폐론의 1차적 목적은 화폐 공급이 부채 누적을 동반하는 현재의 화폐 발행체제의 내재적 모순을 해소하는 데 있다. 현재의 체제에서는 새로운 화폐의 공급이 부채의 누적을 동반하기 때문에 경제 성장의 단절 없이는 성장 과정에서 초래되는 민간 부채를 감축할 방안이 없다.

　이런 문제의식과는 달리 주권화폐의 도입과 기본소득 지급을 현대 자본주의에서 심화되고 있는 유효수요 부족의 문제를 타개하는 방안으로서 고려하는 흐름도 있다. 이 입장은 주권 화폐의 도입이 부채 축소 이상의 목표를 가져야 한다고 주장한다(Crocker, 2019).

　주권화폐의 옹호자들 간에는 국가가 상업은행을 배제하고 화폐 창조의 권한을 독점해야 하는지에 대해서는 견해가 상이하다. 논자에 따라서는 국가가 화폐 창조의 독점권을 갖는 것은 본질적인 것이 아니라고 보며, 국가가 "부채가 아닌 돈"(debt free money)을 창조하도록 허용하는 개혁만으로도 충분하다는 입장을 취한다. 그래서 상업은행의 신용화폐 창출을 현행 체제의 방식대로 허용하면서 정부에 의한 "부채 아닌 주권화폐의 발행을 병행할 것"을 주장한다. 이 글에서는 이 후자의 방안을 주권화폐론의 유형 2로 지칭한다.

1) 주권화폐론 유형 2의 문제의식

유형 2는 기술 발전으로 경제의 총 산출에서 임금 부문이 차지하는 비중이 지속적으로 줄어들고 있어서 근로소득만으로는 소비자의 지출과 경제의 적정 유효수요를 뒷받침할 수 없기 때문에 기본소득의 도입이 필요하다는 인식에서 출발한다.

유형 2의 주창자들은 오늘날의 경제에서 소비자의 근로소득이 소비자의 지출보다 적기 때문에 그 간극을 가계 부채와 사회보장 혜택이 메우고 있다고 분석한다. 그러한 이유로 가계 부채와 함께 정부 부채가 지속적으로 늘어나고 있다. 그래서 유형 2는 주권화폐를 발행하여 그 시뇨러지를 기본소득과 정부의 적자 지출에 필요한 재원으로 삼을 것을 제안한다.

영국의 데이터에 따르면 1948년부터 2016년까지 70년 동안 소비자 지출의 흐름에 비해서 총 근로소득이 상대적으로 계속 감소했다. 임금이 총 생산량과 지출에 비해서 상대적으로 감소했다. 현재 일반 국민들은 전체적으로 소비를 뒷받침기에 충분할 정도로 벌지 못하고 있다(Crocker, 2020, p.25~6).

이로 인해 불가피하게 근로 소득에 비근로소득을 보충해야 할 필요성이 제기되었으며, 실제로 비근로소득은 연금, 복지 혜택, 배당금 및 가계 대출의 형태로 크게 늘어났다. 그런데 문제가 되는 것은 가계 대출의 역할이다. 가계 대출은 지속 불가능한 수준의 빚을 낳았다. 또한 복지 혜택의 증가로 정부의 예산 적자가 계속되어 정부의 부채가 과다해졌다. 따라서 현 경제 체제는 반복적으로 가계 및 정부 부채를 발생시켜서 은행 파산과 경제 위기를 불러온다. 또한 정부는 과도한 공공 부채 때문에 긴축정책을 실시하여 사회의 저소득층에 대한 경제적 지원을 줄이고 있다(Crocker, 2020, p.27~8).

경제가 근로소득에 덜 의존하고 비근로소득에 더 의존하게 만든 장기적인 구조적 변화는 무엇 때문에 일어났는가? 여러 가지 대답을 할 수 있겠지만, 유형 2의 제안자들은 기술 발전으로 인해 임금이 산출에서 차지하는 비중이 크게 줄어들어서, 실질 임금의 증가가 산출 GDP의 증가에 미치지 못하기 때문이라고 본다. 그래서 비근로소득이 첨단기술경제에서 총 수요의 핵심적인 요소가 되었다는 것이다.

영국의 경우, 최근 23년 중 단지 2년만 재정 흑자를 달성했는데, 이런 점을 고려하면 정부 적자는 경제의 주어진 상태가 되었다. 만약 전체 인구가 적정한 정부 서비스와 복지 급여와 함께 합리적인 수준의 삶을 영위할 수 있을 정도로 정부가 지출을 한다면 현재 주어진 경제 구조에서 정부 적자는 GDP의 10%를 초과할 것으로 본다.

2) 유형 2의 제도적 구상

이 같은 인식에 입각하여 제안자들은 기본소득 안과 주권화폐 안의 결합을 제안한다. 즉, 두 방안은 각각 경제 내의 부채를 줄이는 것을 목표로 한다. 단순화시켜서 말하면, 기본소득이 주어지면 가계가 지출을 뒷받침하기 위해서 대출을 늘릴 필요가 없기 때문에 소비자 부채가 크게 줄어들 것이다. 2007년 경제위기의 주요 원인이 소비자 부채의 누적이었다. 따라서 소비자 부채를 기본소득으로 대체하면 그와 같은 위기를 피할 수 있다.

또한 정부가 주권화폐를 직접 발행하고 그것을 부채가 아닌 것으로 정의할 경우, 즉 국채의 매각 없이 정부가 직접 화폐를 발행할 경우 주권화폐로 조달된 정부지출은 더 이상 적자 지출로 간주되지 않아서 공공 부문의 부채는 발생하지 않는다. 그렇다면 정부의 재정 적자를 줄이기 위해서 긴축 정책을 실시할 필요가 없다.

따라서 주권화폐와 그것에 의해서 자금이 조달되는 기본소득의 조합은 소비자와 정부의 부채를 각각 줄여서 위기와 긴축을 피한다. 이 시점에서 주권화폐의 발행과 기본소득의 지급은 잠재적인 완전고용 산출 GDP의 추정치에 의해서 제한되어야 한다는 것을 언급하는 것은 매우 중요하다. 그렇지 않으면 그러한 정책은 인플레이션을 불러올 것이다. 그러나 잠재적인 완전고용 산출 GDP 수준을 달성하기 전까지는 기본소득 및 주권화폐는 긴축정책에 의한 재정 삭감을 역전시키고, 생산 투자를 늘릴 뿐만 아니라 저소득층의 생활수준을 높일 것이다. 기본소득은 개인들에게 돈을 지급하자는 제안이지만, 주권화폐는 정부의 지출 부서에게도 발행될 수 있다 (Crocker, 2020: 34~37).

3) 한국의 가계 부채로부터 도출한 기본소득

한국의 가계부채는 2019년 기준으로 약 1,600조 원이며 2009년 이후 연평균 7.5% 증가했다. 유형 2의 제안자들이 전제한 대로, 2009년 이후 가계부채는 소비자들의 적정 소비 지출을 뒷받침하기 위해서 늘어간 것으로 전제하자. 모든 국민들이 가계부채를 균등하게 나눠서 가지고 있지 않지만, 매년 1인당 부채 증가액만큼 기본소득이 주어졌다면 한국의 가계 부채는 2010년 이후부터는 현재와 같이 늘어나지 않았을 것이다. 이런 전제에 따른다면 2010년부터 1인당 평균 가계부채 증가액을 구하면 우리 경제에서 필요한 기본소득의 규모를 추정할 수 있다.

<표 6-7> 한국의 가계 부채 추이

단위	가계 부채 총액 (조 원)	가계 부채 증가액 (조원)	가계 부채 1인당 증가액 (원)
2010	843.2	67.2	1,356,325
2011	916.2	73	1,466,271
2012	963.8	47.6	950,847
2013	1,019.0	55.2	1,096,419
2014	1,085.3	66.3	1,310,072
2015	1,203.1	117.8	2,317,844
2016	1,342.5	139.4	2,734,220
2017	1,450.8	108.3	2,119,522
2018	1,536.7	85.9	1,678,662
2019	1,600.1	63.4	1,237,669

자료: 한국은행 자료를 활용하여 저자가 직접 작성함.

<표 6-7>의 3열은 각 연도 별 1인당 가계부채 증가액이다. 예를 들어 2019년에는 국민 1인당 가계부채가 약 124.8만 원이 증가했다. 유형 2가 전제한 대로 가계부채가 근로소득을 보충하여 경제의 정상적인 유효수요와 소비자 지출을 뒷받침하는 역할을 했다고 가정하자. 기본소득이 2019년에 전 국민에게 1인당 124.8만 원이 주어졌다면 가계부채의 증가를 상쇄하면서 경제성장이 요구하는 유효수요를 뒷받침했을 것이다.

지난 10년간으로 기간을 확장해보면, 전 국민에게 연 평균 1인당 165만 원의 기본소득이 제공되었다면, 가계 부채의 규모를 2009년 수준으로 유지하면서도 비슷한 경제성장을 실현했을 것이다.

제도 개혁의 전망

중앙은행이 정부 바깥에서 독립적으로 부채의 형태로 화폐를 공급하는 방식에 익숙해 있는 현대인들에게 중앙은행이 국가의 독립된 한 부(제4부)가 되어서 화폐를 찍고 그것을 정부의 재정으로 이관하는 방식은 매우 낯설다. 상업은행의 신용 창조 기능을 보존하더라도 정부가 중앙은행과 별도로 주권화폐를 발행해서 기본소득과 정부 재정으로 활용하자는 방안도 역시 급진적이다. 또한 주권화폐제도로의 이행은 기존의 상업은행이 누리는 막대한 특권적 이익을 제한하는 것이기 때문에 정치적 저항도 아주 클 것이다. 따라서 단기간에 이런 유형의 개혁을 기대하기는 힘들다.

그렇지만 현재의 체제가 지속되기에는 여러 가지 구조적인 한계를 안고 있다. 첫째 정부 부채를 줄일 수 방법이 없다. 현 체제에서는 우선 중앙은행이 민간의 자산을 매입하는 방식으로 본원통화를 공급하고 상업은행은 본원통화를 기반으로 해서 은행화폐를 창조한다. 경제가 정상적으로 성장하기 위해서는 경제성장에 조응하여 통화량이 늘어나야 한다. 따라서 중앙은행은 계속 민간의 자산을 매입해야 본원통화를 공급할 수 있고 상업은행은 그 지급준비금을 바탕으로 은행화폐를 창조할 수 있다. 본원통화의 증가 없이 상업은행의 신용창조만으로 통화량을 계속 늘릴 수는 없다. 현재 중앙은행이 매입하는 주요 자산은 국채다. 그렇다면 정부는 계속해서 재정 적자를 통해 국채를 만들어 내야 한다. 결국 본원통화가 늘기 위해서는 정부가 부채를 계속 발생시켜야 하는 문제가 따른다. 정부부채가 늘어난다고 해서 반드시 정부가 파산하는 것은 아니지만, 회계상으로 부채가 계속 발생하는 것은 분명하다. 따라서 현 체제는 정부 부채의 증가 없이는 유지될 수 없는, 지속 불가능한 체제라고 할 수 있다. 현 체제 내에서는 현재 누적된 정부 부채를 줄일 방법이 없다. 정부가 기존 부채를 줄이기 위해

〈표 6-8〉 한국 및 주요국의 민간 부채 통계(%)

	한국	미국	영국	일본	독일	프랑스
민간부채의 5년 간 증가율	3.4	1.6	2.9	2.9	0.5	15.1
GDP 대비 민간부채 비율	246	211	224	208	154	253

자료: International Monetary Fund

서는 흑자 재정을 유지해야 한다. 흑자 재정을 유지한다는 것은 시중의 국
채를 줄인다는 것을 의미한다. 그럴 경우, 중앙은행은 매수할 자산이 없어
서 적절하게 통화를 공급할 수가 없다.

두 번째는 민간 부채가 전 세계적으로 과도해서 신용 창조를 통한 통화
공급도 한계점에 다가서고 있다는 점이다. 2018년 기준으로 세계 주요국의
민간 부채는 〈표 6-8〉에서 보듯이 대부분 GDP의 200%를 넘는다. 따라서
전 세계적으로 민간 부채를 줄여야 한다. 그런데, 현대의 화폐 제도에서는
경제가 성장하기 위해서는 그에 해당하는 만큼 혹은 그 이상의 민간 부채
증가가 필요하다. 결국 민간 부채가 위험 수준을 넘지 않도록 억제하면 성
장이 정체하고, 성장을 허용하면 민간 부채가 과잉이 되어 금융위기가 일
어날 수 있다. 따라서 현대 경제는 화폐 제도 때문에 GDP 축소 없이 민간
부채를 줄일 수 없는 구조적인 딜레마에 빠져 있다. 따라서 화폐제도의 개
혁이 여러 문제를 해결할 수 있는 가장 확실하고 직접적인 방법이라는 인
식이 강화될 것으로 예상된다.

셋째는 통화정책의 수단이 없어졌다. 현 제도에서 통화정책의 수단은
기본적으로 금리정책이다. 중앙은행은 기준금리를 통해 시중금리를 조절
한다. 그런데 이미 많은 선진 자본주의국가에서 기준금리는 제로 수준으로
떨어져 있다. 금리를 제로 이하로 내릴 수는 없다. 그래서 그러한 나라들은 중
앙은행이 민간 자산을 직접 매입하는 방식으로 화폐를 경제에 공급해 왔다.

이렇게 중앙은행이 본원통화를 늘려도 유통화폐가 충분히 늘어나지 않을 수 있다. 왜냐하면 유통화폐의 대부분은 은행화폐이고 이 은행화폐는 기본적으로 대출을 통해 창조되기 때문이다. 은행이 위험 때문에 대출을 주저하고 기업과 가계가 불확실한 전망 때문에 대출을 받지 않으면 유통화폐가 늘어나는 데 한계가 있다. 이 경우에 시중에 통화량을 공급하는 유일한 방법은 중앙은행이 정부가 발행한 국채를 직접 인수하는 것이다. 정부가 국채를 발행하고 중앙은행이 화폐 발행을 통해 그것을 매입하는 것은 사실상 국가가 화폐를 발행하여 지출을 늘리는 것이나 마찬가지다. 일본의 아베노믹스가 바로 그러한 정책이다. 그런데 현행 제도에서는 정부 부채 누적이라는 형식적인 불균형을 계속 남긴다. 그렇다면 형식적으로 일관되게 중앙은행이 정부의 한 기구가 되어서 주권화폐를 발행하는 주권화폐제도가 내용과 형식을 통일시키는 훨씬 나은 방법이다.

정부가 화폐를 발행하는 것은 현재의 중앙은행 제도가 정비되기 전까지는 오히려 전형적인 화폐 발행의 방식이었다. 근대로 들어와서 미국의 링컨 대통령은 남북전쟁 때 정부 지폐를 발행했으며 케네디 대통령도 정부 지폐 발행을 검토했다. 현재에도 미국과 영국에서는 재무부가 주화를 발행하고 있다. 미국의 오바마 행정부는 한때 1조 달러짜리 주화를 발행해서(미국은 재무부가 주화를 발행한다) 그 주화로 미국의 국채를 청산하는 방법을 검토한 적이 있다. 이 시도는 변형된 형태로 주권화폐를 활용하는 한 방식이다. 정부 부채를 동반해야 하는 현 제도의 자체적인 모순 때문에 주권화폐제도로의 이행은 불가피할 것으로 보인다.

이 연구에서 제시한 재원 마련 방안을 정치사회적으로 실현 가능하게 하고 실제 기본소득 지급으로까지 연결시키기 위해서는 국가가 의지를 가지고 기본소득 중장기 발전계획을 수립하는 것이 중요하다.

Part 3

재원조달의 실현과
기본소득의 길

7장

기본소득
재원 마련의 실현

●

정당성 있는 재원조달 방안

지금까지 기본소득을 지급하는데 공유부에 근거한 정당성을 지니는 가능한 모든 재원조달 방안을 망라해서 제시하고자 하였다. 본 연구는 기본소득으로 지급할 수 있는 재원으로서 공유부에 근거한 정당성을 획득한 가능한 모든 방안을 망라하고자 한다. 특정 기본소득 금액을 정해 놓고 그에 부합한 일정한 재정모델을 설정한 후 해당 금액을 지급하기 위한 재원조달 방안을 제시하는 접근을 취하지 않았다. 그 대신에 조달 가능한 재원의 최대한을 모색한 후 그 규모를 추계해 제시했다.

그 주요 방안은 크게 조세개혁, 공유부에 기반한 신규 세목의 발굴, 재정개혁, 화폐개혁 등으로 구분해볼 수 있다. 그리고 세부적으로는 이 각각의 경우에서도 다시 여러 가지 방안들을 제시하였다. 그 4가지 범주의 주요 연구 결과는 다음과 같이 요약할 수 있다.

조세개혁

조세개혁의 첫 번째 방안으로 제시된 것은 소득세 비과세 및 감면을 정비하는 것이다. 현재 우리나라의 소득세 비과세·감면은 OECD 국가 중 가장 많은 편에 속하는데, 이는 고소득층에 혜택을 많이 주는 역진적인 것으로 조세정의에도 어긋난다. 따라서 이를 폐지 또는 일부 조정함으로써 기본소득 재원을 확보할 수 있다.

둘째, 과거보다 많이 저하된 고소득층의 평균세율을 높일 뿐 아니라, 그 아래 계층의 한계세율을 높임으로써 세수를 확대할 수 있다.

셋째, 기존의 누진적인 소득세와는 별도로 기본소득을 위한 목적세로서 정률의 시민/국민소득세 또는 기본소득세를 신설할 필요가 있다. 이는 비과세·감면의 정비나 세율 인상이 저항에 부딪힐 때 대안이 될 수 있고, 신설의 목적을 기본소득을 통한 재분배로 명확히 함으로써 국민적 동의를 받기도 용이하다.

넷째, 기본소득의 과세소득화이다. 즉, 지급된 기본소득을 기존의 누진적 세율로 과세하는 것인데, 이렇게 되면 기본소득의 재원을 자체적으로 조달할 수도 있고, 특히 고소득자일수록 높은 한계세율로 환수당하기 때문에 부자에게도 기본소득을 주는 것에 대한 반대를 완화할 수도 있다.

다섯째, 기본소득세를 개인에게만 부과할 경우 법인을 통한 조세회피 가능성이 있기 때문에 법인소득에 대해서도 기본소득 목적세와 동일한 세율로 과세할 필요가 있다.

여섯째, 현재 소득불평등보다 자산불평등이 더욱 심하고, 또 부동산 보유세의 경우 실효세율이 역진적이기까지 한데, 이를 완화하기 위해서는 재산세를 강화할 필요가 있다. 구체적으로는 모든 토지에 대해 정률의 토지보유세를 부과하고, 부동산뿐 아니라 금융자산을 포함한 최상위 1% 자산가에게 부유세를 도입할 필요가 있다. 또한 상속·증여세도 기회의 평등이라는 관점에서 소득세보다 중과할 필요가 있다.

마지막으로 장기적으로 유럽보다 낮은 부가가치세 인상도 필요하고, 또 현재의 코로나19 위기를 타개하기 위해 한시적인 재난회복 특별세도 필요하다.

공유부 기반 신규 세목 발굴

기본소득은 사회구성원 모두의 공유부를 모두에게 배당하는 것인데, 공유부에는 토지와 천연자원과 같은 자연적 공유부, 지식, 빅데이터, 화폐발행 등과 같은 인공적 공유부가 있다. 이들 공유부에 대해서는 사회구성원 모두가 권리를 갖기 때문에 모두가 그 수익을 배당받기 위해 공유부 수익에 대해 과세하는 것은 정당성을 갖는다. 그리고 그에 대한 과세는 소득재분배와 경제조절 기능도 갖는다. 구체적으로는 다음과 같은 공유부 기반 신규 세목들을 제안하였다.

첫째, 모든 토지의 지가에 비례세로 부과하는 토지보유세이다. 현시점에서 모든 토지의 공시지가에 0.8%(또는 1.0%)의 토지보유세를 부과하면, 약 31.2(또는 40.9)조 원을 징수할 수 있고, 이를 국민 전체에게 연 60만 원(월 5만 원) 또는 연 79만 원(월 6.6만 원)의 기본소득으로 배분할 수 있다. 이렇게 할 경우(0.8% 부과), 전체 세대의 85.9%가 토지보유세 납부액보다 기본소득 금액이 큰 수혜자가 되며, 부담자는 14.1%에 불과하다.

둘째, 플랫폼 기업들에게 부과하는 빅데이터세이다. 오늘날 경제의 핵심으로 등장하고 있는 플랫폼 기업의 수익 원천인 빅데이터는 사회구성원들이 공동으로 생산하는 공유부이지만, 플랫폼 기업들은 아무 대가 없이 무상으로 빅데이터를 사용하고, 그 수익도 독점한다. 따라서 이들 플랫폼 기업으로부터 빅데이터세를 과세하여 기본소득으로 배당하는 것이 정당하다. 구체적으로 빅데이터세는 국내 기업에 대한 특별법인세와 국외 기업에 대한 한시적 디지털 서비스세로 설계할 수 있다. 특별법인세는 영업이익을 기준으로 부과하고, 디지털 서비스세는 접속자 수를 기준으로 부과한다.

셋째, 기후위기의 주범인 탄소배출을 억제하기 위한 유도적·조정적 조세로서의 탄소세 도입이다. 탄소세는 화석연료의 가격을 인상하여 소비를 억제하는데, 이 경우 저소득층의 부담이 증가하여 탄소세 부과의 지속가능성이 위협받는다. 따라서 탄소세 수입을 사회구성원 모두에게 균등하게 배당함으로써 저소득층의 부담을 경감시킴으로써 지속가능성을 제고할 수 있다. 한편, 탄소세 부과로 인한 화석연료 감축은 핵발전의 증가를 초래할 수 있으므로 핵발전위험세의 신설이 동반되어야 한다. 탄소세율은 2030년까지 탄소배출량 30% 감축을 목표로 할 경우 도입단계에서 CO2e(이산화탄소 환산) 톤당 7만 6천 원에서 시작하는 것이 바람직하며, 핵발전위험세는 kwh당 59.8원을 부과할 필요가 있다. 이 경우 세수는 연간 약 60조 원, 탄소배당은 1인당 월 10만 원 정도가 가능하다. 만약 도입단계에서 고탄소 산업의 저항이 클 경우 도입 초기에는 낮은 세율로 출발해서 점차 세율을 높여나갈 수도 있다.

넷째, 기존의 각종 소득세 외에 기본소득만을 위한 별도의 지식소득세(또는 사회가치소득세)가 필요하다. 이는 지식이 소득의 원천인데, 지식은 인류가 공동으로 축적하여 전승된 공유부이기 때문에 정당성을 가진다. 지식소득세는 근로소득뿐 아니라 자산·금융 양도소득, 상속·증여소득 등 모든 소득에 과세한다. 2019년 기준으로 모든 종류의 소득에 10%를 과세하면, 약 150조의 세수가 확보되며, 이는 1인당 월 24만 원 정도의 기본소득의 재원이 된다.

다섯째, 지역적 차원에서 젠트리피케이션(gentrification)을 방지하고 지역 주민들의 도시권(right to city)을 보장하기 위하여 지역의 평판이나 브랜드 가치 등 무형의 자산가치인 지역 상징자본에 대한 과세가 필요하다. 지역 상징자본의 형성은 공공 또는 주민 다수의 공동의 노력으로 발생하는데, 그로 인한 부동산이나 상권의 가치상승분은 건물주나 상인들이 독점하기 때문에 가치상승분의 일부를 가치상승에 직접 기여한 사람들과 거주자 모두에게 배당하는 것이 정당하다. 즉, 예술가 등 지역 상징자본 형성에 참여한 사람들에게는 참여소득의 형태로, 거주자 모두에게는 지역 기본소득의 형태로 배당할 필요가 있다. 이때 지역 상징자본의 지속적 확대를 위하여 지급수단은 지역화폐가 적절하다.

끝으로 이상의 공유부 기반 세목들의 도입 가능성을 조세정치학적 이해관계, 경제와 사회 전체에 대한 보편타당한 미래 전망, 문제 상황에 대한 대중의 밀착도, 예상 가능한 지지세력의 결집도, 예상 가능한 저항세력의 결집도 등의 측면에서 정성적으로 평가해보면, 토지보유세, 빅데이터세, 탄소세, 지식소득세 순으로 가능성이 높다.

재정개혁

기본소득은 '모두의 몫을 모두에게', 즉 공유부 수익 전액을 사회구성원 모두에게 이전하는 것이다. 따라서 공유부 수익에 대한 과세와 기본소득의 이전은 연동되어야 하는데, 이를 위해 기본소득은 세입과 세출 간의 특별한 견련관계(牽聯關係)가 성립하는 특별회계로 관리하는 것이 타당하다. 그렇게 함으로써 일반회계의 경우 발생하는 납세와 혜택의 불일치감, 즉 납부하는 세금보다 혜택이 적다든가 그 반대의 오해가 발생하는 소위 재정환상(fiscal illusion)이 제거될 수 있다.

이러한 기본소득 특별회계의 세입항목은 과세수입과 세외수입으로 구

분할 수 있다. 먼저 과세수입은 토지보유세, 지식소득세, 빅데이터세 등이
될 것이다. 공유부 세목 중 탄소세는 탄소배출 감축이라는 목표를 위한 유
도적·조정적 과세이기 때문에 그 지속가능성을 높이기 위해 그 자체로 재
정환상을 제거할 필요가 있다. 따라서 별도의 특별회계로 관리하는 것이
좀 더 합리적이다. 지역 상징자본 과세는 지역 기본소득의 재원이므로 지
방재정 특별회계로 관리할 필요가 있다.

그런데 기본소득 특별회계의 세입항목으로서 일반회계로부터의 전입
을 열어 둘 필요가 있다. 그것은 현재의 역진적인 조세감면·비과세를 폐지
할 경우 발생하는 세수를 기본소득 재원으로 전환하기 위해서, 또 기본소
득 지급 수준이 전년도에 비해 감소할 경우 지급수준을 보장하기 위해서
필요하기 때문이다.

다음으로 세외수입과 관련해서는 기존 정부 예산상의 세외수입 중 공
유부 수익에 해당하는 국공유재산의 운용수익을 기본소득 특별회계로 편
입하고, 그 관리·운용의 효율화를 통해 그 수입을 확대하는 방안과 신규
세외수입을 발굴하는 방안이 필요하다. 추가로 발굴할 수 있는 신규 세외
수입으로는 공공데이터 거래수익의 확보와 천연자원에 대한 등록면허세의
인상, 공기나 물의 오염에 대한 배출부과금의 인상 등이 있다.

이 세외수입으로 공유부 기본소득기금을 조성할 수 있다. 그리고 이 기
본소득기금의 수익에 대한 국민 모두의 배당권은 보장되어야 하며, 그중
일부는 투자를 통해 기금의 수익을 늘릴 수도 있다. 또한 국가(일반회계),
개별 기업, 개별 시민 등이 미래산업 육성을 위한 기본자본 풀(basic capital
pool)을 조성한다면, 기본소득기금도 여기에 참여할 수도 있다.

기존의 세출예산 가운데 특권층, 재벌과 기업, 부동산 부자에 의해 공
유자산이 사유화되는 항목들도 기본소득 재원으로 전환될 필요가 있는데,
외국환평형기금이나 혁신도시건설특별회계 등이 대표적이다. 기금전출금,

일반회계, 특별회계에 편성되어 있는 이러한 항목들로부터 기본소득 재원을 확보할 수 있다. 그리고 재건축초과이익이나 개발부담금 등도 포함하면 추가적인 기본소득 재원을 확보할 수도 있다.

화폐개혁

경제가 성장하기 위해서는 화폐의 양(통화량)이 일정한 속도로 늘어나야 한다. 통화량이 늘어나지 않는다면 경제는 디플레이션에 빠져들게 된다. 경제성장이란 생산성의 향상을 의미하며, 생산성의 향상은 일정한 투입에 의한 산출량의 증대이다. 생산성이 향상되는 조건에서 통화량이 고정되어 있다면, 상품의 가격은 하락하고 그 영향으로 경제는 침체하게 된다.

현대 경제에서 화폐는 중앙은행과 상업은행으로 구성된 은행시스템을 통해서 공급된다. 중앙은행은 주로 국채를 매입하여 본원통화(지급준비금과 현금)를 공급하고, 상업은행은 지급준비금을 기초로 삼아 대출을 하는 방식으로 은행(신용)화폐를 공급한다. 이중 상업은행이 공급하는 은행화폐가 유통화폐의 대부분을 차지한다. 이처럼 현대의 화폐 발행 체제에서는 화폐의 공급은 신용의 창조와 결합되어 있다.

이 화폐 발행 체제는 많은 문제점을 안고 있다. 첫째 경제 성장에 필요한 화폐의 공급이 불가피하게 부채의 누적을 동반하게 되고 이로 인해 금융위기의 가능성이 배태된다. 상업은행이 영리적 판단에 따라 대출을 하는 방식으로 화폐를 공급하기 때문에, 쉽게 경기가 과열되고 거품이 형성된다. 둘째, 가계와 기업은 은행화폐를 사용하는 데 금리라는 비용을 부담해야 한다. 셋째, 중앙은행은 예전에는 금을 매입했고 현재는 국채를 매입하여 본원통화를 공급하기 때문에 화폐의 공급에 제약이 따른다. 금은 수량에 자연적인 제약이 있었고, 국채는 정부에 상환 부담을 안긴다. 따라서 화폐 발행 체계를 개혁하여 근대 이전에 정부가 직접 화폐를 발행하던 체계를 복원할 필요가 있다.

화폐는 흔히 물물교환의 불편함을 타개하려던 과정에서 상품으로부터 진화해온 것으로 간주되지만, 역사적 증거에 따르면 화폐는 국가 주권에 의해 탄생했다. 즉, 국가는 구성원에게 세금을 부과하는 동시에 납세 수단을 정함으로써 국가가 정한 화폐를 유통시킬 수 있었다.

주권화폐론은 정부가 화폐를 직접 발행하는 체제를 확립하기 위해서 (1) 상업은행의 부분지급준비제도를 폐지하여 은행화폐의 발행을 정지시키고, (2) 정부가 직접 발행하는 법정화폐로써 은행화폐를 대체할 것을 제안한다.

상업은행이 더 이상 은행화폐를 공급하지 못하게 되면 새로운 화폐제도에서는 유통화폐를 어떻게 공급할 것인가? 주권화폐론은 새로 만들어지는 정부의 통화관리위원회나 새롭게 지위가 규정된 중앙은행을 행정부, 입법부, 사법부와 대등한 제4부로 만들어 화폐 공급을 책임지도록 할 것을 제안한다.

이 제도에서 중앙은행이 화폐공급을 늘리는 기본적인 경로는 화폐를 발행하여 정부의 재정에 보태는 방식이다. 이 화폐는 대출이나 자산 매입이 아니라 정부의 지출을 통해서 유통에 들어가기 때문에 그 자체가 순수한 화폐 발행 이익이다.

정부로 이전된 새 화폐를 어디에 사용할 것인가는 정부와 의회의 소관 사항이지만, 정부의 지출 방식으로는 시민에게 직접 주는 기본소득, 정부 지출의 지원, 세금 감면, 기업 등을 위한 간접적인 자금 제공 등을 들 수 있다. 이 글에서는 기본소득의 재원으로 활용하는 것을 제안한다.

정부가 창조하는 주권화폐로 유통화폐를 대체하고 그 화폐를 기본소득으로 지급한다고 했을 때, 어느 정도의 기본소득을 제공할 수 있는 그 액

〈표 7-1〉 재원조달 항목과 금액, 기본소득 지급액 종합

재원조달 항목	재원조달금액 (원)	기본소득지급액(원) (5천2백만명 기준)
소득세 비과세·감면 정비		
전면적 종합과세 및 비과세·감면 폐지	80조 이상	

근로소득공제, 인적공제, 신용카드 소득공제
   근로소득 세액공제, 자녀세액공제, 교육비세액
   공제 폐지 + 분리과세 유지
	46~54.8조	

근로소득공제, 인적공제, 신용카드 소득공제
   근로소득 세액공제, 자녀세액공제, 교육비세액
   공제 폐지 + 전면적 종합과세
	최소 60조 이상	

소득세 세율 인상		
최저세율 6%→12%, ... 최고세율 42%→60%	99.5~110조	
국민소득세 신설		
세율 5%	62.8조	
세율 10%	125.6조	
기본소득세 신설		지급가능액 구간
세율 5%	67.1조	대략 국민 1인당
세율 10%	134.2조	연 12~15백만 원
기본소득의 과세소득화	–	월 100~125만 원
법인세 10% 인상	7.2조	
국토보유세 신설		
공시지가 0.8%	31.2조	
공시지가 1.0%	40.9조	
부유세(누진세) 신설	25~28.7조	
상속증여세 강화	1.5조 미만	
부가가치세 인상(1%p)	7.9조	
재난회복특별세	13조 이상	
빅데이터세		
특별법인세(2%)	3.7조	
디지털서비스세(3%)	0.2조	

탄소세	30조 또는 60조
핵발전 위험세	8.7조
지식소득세	149.6조
지역 상징자본세	-
세외수입	
국유재산 수익 증대	-
공공데이터 거래	3,500만 또는 916억
주파수대역 경매	-
천연자원 등록면허세 인상	-
대기·수질배출부과금 인상	-
공유세입의 기본소득 재원화	
기존 세수 자연증가	46조
미세먼지+방사능폐기물세	30조
기존 세외수입 자연증가	64조
재건축초과이익환수의 1/2	492억
개발부담금(도시환경정비사업)	100억
주권화폐	91.6조
합계(괄호 안은 구간을 의미)	[931조, 1,127조]*

주: * 중복항목을 포함하여 계산한 결과를 반영.

수를 추정해 볼 수 있다. 만약 2008년부터 2019년까지 12년간 유통화폐가 기본소득의 지급을 통해서 공급되었다고 가정하면, 2019년의 경우에 화폐 발행 이익으로 국민 일인당 연 189만 원(월 16만 원)을 지급할 수 있었다.

결론적으로 본 연구에서 고찰한 기본소득 재원조달 항목, 항목별 조달 가능한 금액, 그리고 전국민에게 지급가능한 기본소득액을 종합할 경우, 기본소득 재원조달 항목과 조달가능 금액은 〈표 7-1〉과 같이 정리하여 제시할 수 있다.

〈표 7-1〉에서 제시하고 있는 국민소득세와 기본소득세는 중복되는 면이 있으므로 둘 중 하나를 선택해야 한다. 그리고 이들은 어느 것이든 상속증여세와 부유세를 포함하여 지식소득세와 중복된다고 할 수 있다. 물론 모두 다 완벽하게 중복된다고 할 수 없으나 크게 보아 비슷하다고 할 때 이들 중 취사선택을 할 수는 있다. 따라서 지식소득세, 국민소득세, 기본소득소득세, 상속증여세, 부유세의 중복성을 감안하여 필요한 세제만 취하면 된다. 이를 구분한 3가지 경우를 제시하면, 다음과 같다. a) 지식소득세 채택(국민소득세, 기본소득세, 상속증여세, 부유세 제외) [149.6조 원], b) 국민소득세, 상속증여세 부유세 채택(지식소득세, 기본소득세 제외) [89.3~155.8조 원], c) 기본소득세, 상속증여세, 부유세 채택(지식소득세, 국민소득세 제외) [93.6~164.4조 원].

한편, 공유세입의 경우는 '기존 세수의 자연 증가(46조 원)'와 '미세먼지세＋방사능폐기물세(30조 원)'가 앞에서 언급한 세제개편 및 신규 세목 발굴에서 다룬 내용과 중복되는 면이 강하다. 그러므로 이들을 포함시키지 않고, '기존 세외수입 자연증가(64조 원)', '재건축초과이익 환수의 1/2(492억 원)', 그리고 '개발부담금(도시환경정비사업), (100억 원)'을 채택할 수 있다. 그리고 좀 더 보수적인 접근법을 취하여 일시적 성격을 띤 재난회복 신설세 신설(13조 원)을 제외할 수도 있다. 여기서 핵발전위험세(8.7조 원)는 마땅히 기본소득 재원에서 제외하여야 한다.

여기서 추정 미정인 항목들의 경우 부득불 추계에는 반영하지 못하게 된다. 따라서 전체 추계치가 나올 경우, 이 추계치는 지극히 보수적인 값이 될 것으로 해석할 수 있다.

재원조달 방안 전체를 하나로 통합한 기본소득 재원조달 가능 금액은 위에서 제시한 세 가지 경우로 구분하여 제시할 수 있다.

a) 지식소득세 채택(국민소득세, 기본소득세, 양도소득세, 부유세 제외)의

경우

－ 조달가능액: [677조 원, 739조 원]

b) 국민소득세, 상속증여세, 부유세 채택(지식소득세, 기본소득세 제외) 의 경우

－ 조달가능액: [693조 원, 791조 원]

c) 기본소득세, 상속증여세, 부유세 채택(지식소득세 제외)의 경우

－ 조달가능액: [672조 원, 799조 원]

이를 전국민(5천 2백만 명 기준)에게 기본소득으로 지급할 경우 국민 1인 당 지급가능할 수 있는 규모는

a) 연 [1,302만 원, 1,421만 원], 월 [109만 원, 118만 원]

b) 연 [1,333만 원, 1,521만 원], 월 [111만 원, 127만 원]

c) 연 [1,292만 원, 1,537만 원], 월 [108만 원, 128만 원]이다.

단, 위에서 제시한 기본소득 지급 가능금액은 실제 현실에서 적용될 수 있는 것이라기보다 이상적인 차원에서 검토한 금액으로 이해할 필요가 있다.

재원조달 방안을 실현하려면

기본소득이 단지 대안 담론이 아니라 현실 정책으로 실제로 도입하기 위해 서는 여러 가지가 필요하다. 즉, 기본소득의 지급방안(지급대상의 범주, 지 급금액, 지급의 주기 등), 그것을 위한 재원조달 방안, 다른 사회보장정책 또 는 경제정책들과의 관계 설정, 기본소득 지급 및 재원조달에 관한 사회적 합의의 도출, 실제 기본소득을 지급하기 위한 행정제도의 구비(명부 확보, 예금계좌 등 지급경로 구축 등), 나아가 기본소득에 우호적인 정치세력의 확

보 등의 문제들이 해결되어야 하는 것이다. 이 연구에서는 이 가운데 재원조달 방안에 대해서 여러 가지 가능한 방안을 모색해 보았다.

여기서 논의된 여러 방안들은 가능성을 탐색한 것이다. 예컨대 소득세의 비과세·감면을 폐지하는 것이 이론적으로 가능하겠지만, 현실적으로 그러한 제도가 발생·유지되는 배경과 폐지에 대한 저항에 관한 분석이 보완될 필요가 있다. 또 주권화폐 발행을 통한 기본소득 재원조달은 현행 화폐발행 제도의 근본적 개혁이 필요한 것으로서 현실화하기에는 장애가 매우 크다 할 것이다. 나아가 토지보유세를 왜 공시지가의 0.8%로 부과해야 하는지, 지식소득세를 왜 10%로 해야 하는지는 비록 전문가적 관점에서 합리적이라 판단되어 그렇게 설정되었지만 보다 엄밀한 수준에서 실증적 연구결과로 뒷받침할 필요가 있다.

재원조달이 가능한 영역이 확대될수록 그 가운데서 현실적인 방안을 찾을 가능성도 확대될 것이다. 그러나 단지 재원조달의 가능성에만 머물러 있을 경우 자칫 공론(空論)으로 끝날 우려도 있다. 따라서 여기서 탐색된 재원조달 방안들을 더욱 현실적인 방안으로 정교하게 가다듬을 필요가 있다. 이러한 측면에서 지난 6월 미래통합당(현재 국민의힘)의 성일종 의원이 「기본소득도입연구를 위한 법률안」을 제출한 것은 의미가 있다. 이 안에 따르면, 대통령 소속으로 '기본소득도입연구위원회'를 설치하며, 정부는 기본소득 도입 및 시행을 위하여 중·장기 정책목표 및 방향을 설정하고, 이에 따른 기본소득연구계획을 5년마다 수립·추진하여야 한다. 이러한 정책적 지원이 실현된다면, 재원조달을 포함한 기본소득 전반에 걸쳐 더욱 구체적이고 현실적인 방안들이 수립될 수 있을 것이다.

이렇게 구체적이고 현실적인 재원조달 방안들이 수립된다면, 기본소득의 '재정적 실현 가능성'은 크게 높아질 것이다. 그러나 그에 못지않게 중요한 것은 기본소득의 '정치적 실현 가능성'이다. 쉽게 말해, 기본소득을 지지하는 정치세력과 그 정치세력을 추동하는 국민의 지지가 없으면 기본소득의 도입은 불가능하다. 따라서 기본소득에 대한 국민의 지지를 획득하기 위한 정책적 노력이 필요하다.

기본소득의 '정치적 실현 가능성'을 높이기 위해서는 추가적인 작업이 더 필요하다. 하나는 기본소득 재원 마련 방안 등 전체적인 도입 프로세스를 더 정밀화하는 작업이다. 기본소득제를 최종적으로 도입할 수 있는지는 결국 국민들이 이를 어떻게 받아들이는가에 달려 있다. 국민들은 제안된 방안들이 그럴듯하고 시도해볼만 하다고 인식할 때 이를 받아들이는 법이다. 그러한 면에서 재원조달 방안은 일반 국민들이 이해하고 수긍할 수 있는 수준으로 더 다듬어져야 한다.

국민들이 기본소득제를 현실적으로 도입 가능하다고 여길 수 있는 중요한 사항 가운데 하나는 중장기적인 일정을 제시하는 것이다. 기본소득제의 도입은 재원 마련뿐만 아니라 법과 제도의 정비, 사회적인 동의를 바탕으로 한 정치적인 결단 등 매우 지난한 과정을 거칠 것으로 예상된다. 따라서 중장기적인 발전전략이 제시될 때 국민들은 비로소 실제로 기본소득제가 도입될 수 있겠다고 생각할 것이다. 제시된 방안들이 앞으로 어떻게 된다는 것인지 막막한 상태에서는 국민들이 쉽게 이에 동의하지 않을 것이다. 이는 기본소득 도입 전략과 절차에 대한 면밀한 연구와 대비가 필요함을 말해준다.

다른 하나의 추가 작업은 기본소득제에 대한 국민들의 인식과 동의를 확대하는 작업이다. 그 한 가지 방안으로 국민들을 대상으로 한 공론화 토론을 확대할 것을 제안하고자 한다. 공론(公論)화 토론이란 특정 사안에 대한 피상적인 이해를 넘어 전문가가 제공하는 지식과 정보를 바탕으로 참가자들의 능동적인 학습과 토론을 거치는 숙의 과정을 말한다. 이러한 공론화 토론을 거칠 경우 사안에 대한 정확한 이해를 바탕으로 올바른 결론을 도출할 수 있을 뿐 아니라 그 결론에 대한 수용성도 높일 수 있다. 이에 현 정부에서도 2017년 신고리 5·6호기 건설 중단 여부와 2018년 대입제도 개편과 관련해 공론화 토론과 조사가 실시된 바 있다.

기본소득과 관련해서도 의미 있는 사례가 있는데, 최근 경기도가 '기본소득 도입과 재원마련 방안'에 관한 숙의토론회를 전후하여 참가자들에 대해 조사한 결과, 찬성 여론이 1차 조사(토론회 참가자 선정 당시, 8월)에서 50%, 2차 조사(토론회 직전 자료만 검토, 10월)에서 66%, 3차 조사(토론회 참가 후, 10월)에서 79%로 점점 증가하였다(경기도, 2020). 즉, 기본소득에 대한 이해도가 높아질수록 찬성 비율도 높아진 것이다. 또한 기본소득에 관한 일반 여론조사(2020년 6월 8일자 리얼미터 조사)에서 찬성 비율(48.6%)이 반대 비율(42.8%)보다 훨씬 높았다. 이를 볼 때, 기본소득에 관한 공론화 토론을 적극 지원함으로써 기본소득에 대한 국민적 지지를 더욱 많이 획득할 수 있을 것으로 보인다.

이제 마지막으로 위에서 제시된 재원 마련 방안들이 어떤 순서로 도입될 수 있을지에 대해 개략적으로 살펴보기로 한다. 우리는 기본소득 재원 마련을 위해 검토해 볼 수 있는 다양한 방안들을 제시하고자 했다. 이러한 방안들을 당장 한꺼번에 도입할 수는 없을 것이다. 어떤 방안들은 현행법의 테두리 속에서 당장의 정치적 결단만으로도 도입이 가능하지만 다른 방안들은 현행의 법과 제도, 그리고 관행까지 고쳐야 도입할 수 있다. 후자의 방안들을 도입하는 것은 장기의 과제일 것이다.

먼저 기본소득 재원 마련을 위해 제시된 다양한 방안들을 실현 가능성의 정도라는 측면에서 세 개의 범주로 구분해보자(일반 예산의 절감을 통해 기본소득을 지급하는 방안은 일단 제외). 첫째 범주는 현행 제도의 큰 틀을 유지하는 가운데 정치적인 결단을 통해 도입할 수 있는 것들이다. 여기에는 현행법에 따른 세수의 자연 증가분, 세외수입의 자연증가분, 비과세·감면제도의 개편 등이 포함될 수 있다. 두 번째 범주는 세율의 변경이나 세목의 신설 등을 거쳐야 도입할 수 있는 것들이다. 여기에는 소득세율, 법인세율, 부가가치세율의 인상, 상속증여세의 강화, 부유세, 국민소득세, 기본소득세, 국토보유세, 재난회복특별세, 지역상징자본세의 신설 등이 포함될 수 있다. 세 번째 범주는 법과 제도의 개정이 필요할 뿐만 아니라 규모가 크고, 또한 산업구조에 끼치는 영향이 크기 때문에 이에 대한 고려와 검토가 필요한 것들이다. 여기에는 탄소세·빅데이터세·지식소득세 신설, 주권화폐 발행제도 도입 등이 포함될 수 있다.

기본소득 재원조달 방안은 이러한 범주별로 순서에 따라 도입할 수 있다. 예를 들어 첫 번째 범주의 방안들은 단기(2~3년), 두 번째 방안들은 중단기(2~7년)에 걸쳐 도입할 수 있을 것으로 보인다. 세 번째 방안들의 경우는 2~10년에 걸친 장단기적인 과제로 두고 연구를 진행해나가면서 도입 가능성을 타진해보기에 적합해 보인다. 우리 연구에 따르면 첫 번째 범주에 속하는 방안을 통해서는 세수의 자연 증가분 46조 원, 세외수입 자연 증가 64조 원, 소득세 비과세·감면 정비를 통해 37~80조 원의 재원을 마련할 수 있다. 이를 합치면 147~190조 원에 해당한다. 국민 5,200만 명 기준, 1인당 연 283~365만 원(월 24~30만 원)을 기본소득으로 지급할 수 있는 금액이 된다. 만약 소득세 비과세·감면 정비 금액만을 기본소득 재원으로 한다고 하더라도 1인당 연 71~153만 원을 지급할 수 있다. 세수와 세외수입의 자연 증가분을 기본소득 재원으로 한다면 1인당 연 211만 원을 지급할 수 있게 된다. 다시 말해서 정치적인 결단이 이뤄진다면 2~3년 사이에도 최소 수준의 기본소득으로 1인당 연 71~365만 원(월 약 6~30만 원)을 지급할 수 있다는 의미이다.

두 번째 범주의 방안을 도입하기 위해서는 더 많은 시간과 노력이 필요하다. 세율을 인상하고 새로운 세목을 도입하는 일은 간단한 절차가 아니다. 이를 위해서는 법을 개정하거나 제정해야 할 뿐만 아니라 관행과 제도도 변경해야 하는데, 따라서 이를 실현하기 위해서는 다양한 이해관계를 반영한 정치적인 과정과 의사결정 절차가 필요하다. 이 글에서는 세율의 인상을 통해 소득세 99.9~110조 원, 법인세 7.7조 원, 부가가치세 7.9조 원, 상속증여세 강화를 통해 1.5조 원, 세목의 신설을 통해 부유세 25~28.7조 원, 국민소득세 62.8~125.6조 원(혹은 기본소득세 67.1~134.2조 원), 국토보유세 40.9조 원, 재난회복특별세 13조 원 등을 마련하는 방안을 제시하고 있다. 이러한 재원 마련 방안을 모두 합하면 379.4~515.2조 원(혹은 383.7~523.8만 원)에 이르는데, 이를 통해 1인당 연 730~1,007만 원(월 약 60~84만 원)을 기본소득으로 추가 지급할 수 있다.

마지막 범주의 재원 마련 방안은 이를 도입하기 위해서 이것이 산업구조에 미치는 영향까지 따져보아야 하고, 또한 그러한 예상되는 영향에 대응하는 대책이 필요하다는 점에서 장기적인 과제에 속한다고 할 수 있다. 예컨대 주권화폐 발행제도를 도입하기 위해서는 그것이 금융산업에 미치는 전반적인 영향을 평가해야 하며, 이를 바탕으로 금융제도와 관행을 주권화폐 발행에 적합하도록 개편하는 작업이 필요할 수 있다. 어쨌든 세 번째 범주의 방안들까지 도입한다면 대략 국민 1인당 연 12~15백만 원(월 100~125만 원)을 지급할 수 있게 된다. 물론 이와 같이 추산한 금액들은 모두 이상적인 차원에서 실현 가능성을 감안하고 개략적으로 계산한 것들이다.

마지막으로 이 연구에서 제시한 재원 마련 방안을 정치사회적으로 실현가능하게 하고 실제 기본소득 지급으로까지 연결시키기 위해서는 국가가 의지를 가지고 기본소득 중장기 발전계획을 수립하여야 한다는 것을 간조하며 글을 맺고자 한다.

사회복지정책 조정과 재정개혁

●

노동시장의 변화와 사회보장제도

복지정책들은 노동시장에서 노동을 통해 소득이 분배된 이후 여전히 남아 있는 불평등과 빈곤의 문제를 조세와 급여를 통해 재분배하는 기능을 가지고 있다. 때문에, 노동시장에서의 1차 분배가 근로기준법이나 최저임금법 등에 의해 적절하게 이루어질 것을 기대하고, 2차적으로 노동자(및 노동자의 가구, 노동을 하지 못하는 집단 등)의 소득분배가 적절하게 이루어 질 수 있도록 재분배하는 것이다. 하지만, 노동시장의 변화에 따라 1차 노동시장에서의 분배뿐만 아니라 표준적 고용관계에 맞추어 설계된 재분배 역시 그 한계를 드러내고 있다. 여기서는 변화하는 노동시장과 기존의 사회보장제도의 부정합성에 주목하며, 기본소득 도입 시 근로연령층 대상의 어떠한 사회복지정책이 조정 및 확대방향으로의 전환 과정을 거칠 수 있는지 살펴보는데 목적을 둔다. 특히 노동시장의 변화와 사회복지제도의 부정합성에 집중하기 때문에 기본소득의 단계적 도입 시 중요한 인구집단인 근로연령층 대상의 참여소득보장제를 제안하고, 참여소득보장제 도입 시 조정 및 전환될 수 있는 복지정책을 살펴본다.

오늘날의 자본주의는 산업자본주의에서 서비스업 기반 금융자본주의를 거쳐 디지털 자본주의라는 형태의 자본주의로 진화해가고 있다. 자본주의에서 일의 방식의 변화가 목격되고 있음에도 불구하고 한국의 소득보장정책은 여전히 산업자본주의라는 시대에 머물러있다. 사회보험은 여전히 근로자성을 인정받은 '일하는 사람'들을 보호하는데 머물러있고, 공공부조나 근로소득장려세제는 생산적 노동을 전제로 작동하고 있다.

기존의 소득보장제도가 전제하고 있는 노동의 모습은 과거의 표준적인 모습에서 벗어난 지 오래다. 과거 표준적인 노동의 모습이었던 정규 고용관계의 특징은 기간의 정함이 없는 무기계약, 전일제, 종속고용이었다. 그러나 이러한 정규고용 관계에서 벗어난 노동자는 2020년 현재 임금근로자의 40%에 달한다(김유선, 2020).

더 나아가 정규직과 비정규직이라는 임금근로자 범주에도 포괄되기 어려운 일의 형태들이 확대되고 있다. 일의 원자화로 인해 노동시간과 임금도 쪼개져 다수에게 분배되는 플랫폼노동이 대표적이다. 일의 원자화는 일 또는 근로의 정의, 임금 수준 및 노동시간 관련 제도와 사회보장제도 전반의 재설계를 요구하고 있다. 이미 취업과 실직의 개념은 모호해졌는데 이에 더해, 이제는 경제활동 인구와 비경제활동 인구의 구분도 모호해졌다. 실직자의 소득보장 욕구를 충족시킬 제도가 고용보험이었다면, 이제 실업 '욕구'와 자격충족 여부를 확인하기 점점 더 어려워짐으로써, 변화하는 노동과 오래된 복지제도의 부정합은 일하는 사람들의 불안정성을 일상화하고 있다.

노동의 액화(the melting of the labour)로 개념화되는(이승윤, 2019), 이러한 변화는 전통적 산업사회를 기반으로 만들어진 복지제도가 현실과 부합하지 못하여 발생되는 '복지정책의 제도적 지체', 그리고 이로 인한 '새로운 배제'를 강화시키고 있다. 지금까지의 복지국가는 임금노동자의 소득보장을 중심으로 발전해왔는데, 이러한 기본전제인 '임금노동자'의 성격이 변화하고 있기 때문이다. 특히, 액화노동으로의 변화는 기존의 고용주를 특정해야 하는 사회보장제도와 노동시장 간의 부정합을 초래했다. 플랫폼노동과 관련하여 그간 노동시장정책의 주요 쟁점이 플랫폼 노동의 근로자성 문제와 그로 인한 사회보험 배제의 문제였던(서정희·백승호, 2017; 이다혜, 2019) 이유가 여기에 있다.

산재보험제도는 근로기준법상의 근로자를 기초로 하는 사회보험제도로 출발했기 때문에 노동관계법제와 밀접하게 연결되어 있다(박은정, 2018a : 41). 따라서 다른 사회보험법제와 같이 근로자가 아닌 자로 분류되는 특수고용노동자들은 원칙적으로 산재보험의 적용대상이 되지 않는다. 다만 산재보험은 2007년 산재보험법 개정을 통해 사회보험 제도 중 최초로 법조문상 특수형태근로종사자를 적용대상에 포함시켜(제 125조 특례규정) 법적 적용 범위가 확대되었다(박은정, 2018b: 49). 그러나 보호 범위의 확대를 위한 제도변화에도 불구하고, 지금까지의 연구들은 여전히 산재보험제도가 디지털 기술의 발전에 따라 증가하고 확장되는 (유사)특수형태근로종사자들을 보호하는데 한계가 있다고 지적한다(박은정, 2018b; 박찬임, 2016; 이승계, 2018; 황기돈 등, 2017).

고용보험제도는 상용직을 전제로 하고 있어 플랫폼노동과 같이 근로일수와 근로시간을 특정하기 어려운 경우, 고용보험 가입 판단 및 산정 여부가 쉽지 않으며 실직이 일어났을 때 급여 수급 역시 불분명하다. 플랫폼노동자와 같이 일감 위주로 일을 하고 있어 노동의 액화가 보이는 경우, 실직의 정의 또한 모호하다. 따라서 현행 고용보험제도로 이들을 포괄하는 것 자체가 어렵다. 산업재해보상보험에 비하여 플랫폼 노동자의 고용보험 적용 논의는 최근 전국민 고용보험 제안으로 논의가 시작되었으나 근본적인 한계 또한 내재되어 있다. 플랫폼 노동을 특수형태근로종사자로 정한다고 해도 특정 사업장에서의 노동 전속성이 확인되어야 하는데, 플랫폼 노동자는 종속성을 입증하지 어렵기 때문이다. 즉, 플랫폼 노동자들의 대다수가 하나의 사업자로부터 일감을 의뢰받는 것이 아니라 경쟁관계에 있는 복수의 사업자로부터 일감을 의뢰받기 때문에 특수형태근로종사자로 인정받기 어려운 문제가 있다(김근주·정영훈, 2018).

또한 플랫폼 노동자나 프리랜서 노동자와 같이 새로운 형태로 일을 하고 있는 노동자들은 소득이 곧바로 있는 일을 하고 있지 않아도, 대기시간 또는 다음 일감을 찾는 등의 시간이 상시적으로 존재한다. 이러한 시간을 근로시간에 포함시킬 것인지 자체가 논쟁적이다. 이렇게 생산적인 시간과 비생산적인 시간의 경계가 모호해지면서, 실업의 의미 역시 모호해지고 있다. 실업보험은 실업으로 인한 소득단절에 대한 보호 장치이므로, '실업'을 명확하게 정의할 수 있어야 하는데, 액화노동의 모습이 보이는 여러 모호한 일의 형태로는 '실업'으로의 분류가 쉽지 않다. 또한 오랜 시간 동안 구직 중인 청년들의 확대, 니트족과 구직단념자의 확대, 경력단절로 인해 노동시장 진입을 포기한 여성과 여전히 많은 부분 사적으로 이루어지고 있는 여성의 돌봄노동 역시 이미 임금 노동과 그것이 아닌 노동의 경계가 녹아내리고 있는 노동의 한 모습이라고 볼 수 있다.

이러한 노동시장 변화로 인한 노동의 액화 그리고 그에 조응하지 못하는 복지제도는 결국 노동의 불안정성을 양산한다. 이러한 불안정 노동의 일상화는 불평등의 확산과 구조화로 이어져 그 문제가 더 심각할 수 있다(신광영, 2013). 특히 플랫폼을 매개로 하는 플랫폼경제에서는 누구나 네트워크와 플랫폼에 접근할 수 있지만 그 플랫폼과 데이터의 소유자는 집중되기 때문에 부의 분배 문제가 심화될 수 있다(여유진 외, 2017: 131). 이와 같이 기술 변화에 따라 노동시장 상황이 변화하면서 복지국가의 새로운 패러다임이 요구되고 있는 가운데 기본소득 등 새로운 정책들이 전통적 복지국가의 대안으로서 논의가 확대되고 있다.

여기서는 노동시장의 변화와 제도적 부정합 문제를 해결하기 위해 근로연령층 대상의 소득보장제도의 재구성이 필요함을 제안한다. 우선 기존의 사회보험을 소득보험으로 개혁할 필요가 있다. 현행 사회보험 체계에서 근로자는 사용자가 확인되어야 사회보험 가입이 가능하다. 사용자가 확인되지 않을 경우, 국민연금과 건강보험은 지역가입자로 전환되며, 고용보험과 산재보험에서는 가입 자체가 불가능하다. 사회보험 가입의 중요한 기준은 근로자로서의 지위에 있고, 현재 노동시장의 모습은 근로자로서의 지위에서 벗어난 모호한 고용형태의 확대가 특징이다. 따라서 사회보험의 자격기준을 근로자로서의 지위가 아닌 소득으로 전환하는 소득보험으로의 전환이 소득비례형 2차 소득보장안전망으로서 재구성될 필요가 있다.

하지만, 사회보험의 소득보험 전환만으로 사회적 보호의 사각지대 문제가 해소되지 않는다. 소득이 있으면 사회보험에 가입할 수 있어 기존의 사회보험에서 가장 큰 문제인 대상 포괄성의 문제는 어느 정도 해결될 수 있지만, 소득보험 자체도 소득에 비례하여 급여가 지급되는 사회보험이기 때문에, 저소득 가입자의 온전한 소득보장에는 한계가 있을 수 있다. 더욱이, 노동시장이 양극화되어 있는 상황에서 보험 방식의 사회보장제도는 급여에서의 이중화가 필연적이다. 이러한 문제는 소득보험만으로는 해소하기 어렵다. 따라서 두 번째로 일하는 사람들을 위한 1차적 소득안전망으로서 새로운 제도를 한층 더 추가할 필요가 있다. 대표적으로 제안되는 것이 기본소득이다. 그러나 호혜성 원칙과 노동윤리가 강고한 한국 사회에서 근로능력이 있는 사람들에 대한 무조건적인 기본소득의 도입이 정치적 지지와 기본소득이 궁극적으로 추구할 시장소득에서의 의존도를 낮추는 결과를 얻기 위해서는 시간과 숙의과정이 필요하다.

지금까지 공유부 배당 기본소득을 실현하기 위한 다양한 단계적 전략들이 논의되어 왔다. 가장 대표적인 것이 보편성 확대전략, 무조건성 확대전략, 충분성 확대전략이다(김교성·백승호·서정희·이승윤, 2018). 보편성 확대전략은 아동, 노인, 청년 등 연령 제한적 인구학적 범주에서부터 기본소득을 실현하여 점차 전체 인구로 확대하는 전략이다. 무조건성의 확대전략은 참여조건의 제한(참여소득)에서 시작하여 무조건성을 없애는 방향으로의 기본소득 실현전략이다. 충분성 확대전략은 낮은 수준의 기본소득에서 시작하여 기본소득의 수준을 상향 조정하는 방식으로의 기본소득 실현전략이다. 한시적 시민소득, 생애선택 기본소득(주은선, 2013; 석재은, 2020; 김태일, 2020)은 생애주기를 한정하는 기본소득에서 출발한다는 점에서 보편성 확대전략이라 할 수 있고, 시간제한 조건에서부터 출발한다는 점에서 무조건성 확대전략이기도 하다. 이러한 다양한 전략들에 대한 논의는 공유부 배당이라는 권리 실현의 정의를 한 층 더 추가하여 미래사회의 새로운 복지국가를 완성하기 위한 과정에서 매우 중요한 함의를 가질 수 있다(백승호·이승윤, 2020).

이러한 고민을 바탕으로, 현 시점을 기본소득의 완전한 도입을 위한 과도기적 단계로 규정하고 단계별 시행 전략으로서 경제활동인구를 대상으로 하는 참여소득보장제를 제안한다. 이를 위해 먼저 앳킨슨(Atkinson, 1996)이 제안한 무조건성의 확대전략인 참여소득의 개념을 적극적으로 포함시킨 참여소득보장제를 소개하고, 이어서 참여소득보장제 도입 시 조정이 필요한 기존의 소득보장정책들을 살펴볼 것이다. 그리고 이러한 기존 정책의 대체가 아닌 확대를 통한 조정을 고려하여 소요재정을 추계하고자 한다.

참여소득보장제 모형

1) 참여소득의 정의와 제안 배경

참여소득은 1990년대 중반 영미권 국가에서 복지국가 개혁의 주류였던 노동연계복지(workfare) 전략과 영국에서 전개되고 있었던 시민소득안의 절충안으로 앳킨슨(1996)에 의해 제안되었다. 그의 참여소득 제안은 시민소득 안의 자산조사 폐지를 수용하는 대신 시민소득의 정치적 실현 가능성을 높이기 위한 무조건성에 대한 양보를 강조하는 것이었다. 호혜성에 대한 강한 믿음이 지배하는 사회에서 무조건적인 시민소득은 실현 불가능할 것이기 때문에 시민소득의 정치적 실현 가능성을 높이기 위해서는 무조건성에 대한 절충안이 필요하다는 것이 그의 입장이었다.

참여소득이란 사회적으로 유용한 활동에 종사하는 사람들에게 일정 소득을 보장하는 제도로 제안되었다(앳킨슨, 1996). 사회적으로 유용한 활동을 가장 광범위하게 정의하고 있는 것은 앳킨슨(1996)이다. 그는 사회적으로 유용할 활동의 예로 유급고용 및 자영업자의 경제활동, 구직활동, 승인된 교육이나 직업훈련, 아동, 노인, 장애인 등에 대한 돌봄 활동, 승인된 자원봉사 활동을 포함하고 있다. 여기에 더하여 질병이나 재해, 장애로 인해 일을 할 수 없는 경우, 최소 은퇴연령에 도달한 경우도 참여소득의 지급 대상으로 제안하고 있다(앳킨슨, 1996: 68).

이에 비해 페레즈 문뇨(Pérez-Muñoz, 2018)는 시장에서 충족될 수 없는 미충족된 사회적 욕구(unmet social needs)의 생산으로 유의미한 활동을 제한하고 있다. 페레즈 문뇨(2018: 271)는 사회적으로 유용한 활동의 가장 전형적인 것이 돌봄이며, 환경보호 활동, 이민자 보호활동, 지역사회 환경 정화 활동 등을 예로 들고 있지만, 미충족된 사회적 욕구는 해당 공동체의 맥락에 따라 달라질 수 있기 때문에 그 범주는 각 공동체 구성원의 참여에 기반한 사회적 합의에 의해 결정되어야한다고 강조한다(백승호·이승윤, 2020).

참여소득을 지지하는 다른 연구들 역시 기본소득의 실현과정에서 가장 큰 장애로 무조건성에 대한 정치인 및 대중들의 부정적 인식을 제시하고 있다(van Parijs & Vanderborght, 2018: 465). 기본소득의 무조건성에 대한 비판은 해안에서 서핑을 즐기는 서퍼와 같이 사회에 대한 기여는커녕 여가만 즐기고 있는 사람들에게까지 자신이 낸 세금으로 소득을 보장해 주는 것에 대해 시민들이 강하게 반발할 것이라는 문제제기에서 비롯된다. 이에 대해 기본소득 찬성론자들은 기본소득이 공유부 배당이기 때문에 모두에게 권리가 있다고 주장하거나, 기본소득이 충분히 지급되어 생존노동에서 자유로워지고 실질적 자유를 누리게 되면 사람들은 사회적으로 유용한 노동에 자발적으로 참여할 것이라고 주장한다.

반면에 페레즈 문뇨(2018)는 기본소득이 지급된 이후에도 사람들이 사회적으로 유용한 활동에 충분히 참여하지 않을 경우 기본소득의 정치경제적 실현 가능성이 위기에 직면할 것이라고 지적하며 참여소득을 제안한다. 기본소득론에서 주장하는 것처럼 사회적으로 유용한 활동은 기본소득의 도입과 함께 자동적으로 충분히 생산될 것이라는 근거가 없다는 것이다. 판빠레이스와 판데르보흐트(van Parijs & Vanderborght, Y., 2018: 472-474) 또한 지속가능한 사회모델의 비전이 아무리 정당하다 하더라도 정치적 지지를 얻지 못하면 실행 불가능하다고 지적하면서, 대상 범위를 가난한 이들로 좁혀 그들을 더욱 철저히 감시하는 제도를 새로운 개혁이라고 떠드는 목소리에 분노하는 이들, 기존 제도의 불합리성에 분노하는 이들의 동의를 얻어낼 수 있어야 하며, 참여소득은 이들의 지지를 얻어 낼 수 있는 전략으로서 유용하다고 보고 있다.

호혜성의 원리에 대한 선호와 노동윤리가 뿌리 깊은 사회에서 참여소득이 기본소득으로 가는 징검다리로서 작용할 수도 있다. 그러나 참여소득은 실제 집행될 때 행정과정의 난점들이 존재한다(Wispelaere & Stirton, 2007, 2018). 그들은 참여소득이 포괄성, 호혜성, 행정적 지속가능성이라는 세 가지 목표 중 두 가지 이상을 달성할 수 없다고 비판한다. 예를 들어, 사회적으로 유용한 활동을 제한적이고 구체적으로 명시할 경우 참여소득을 수급하기 위해 충족해야 할 호혜성 조건들에 대한 수급자나 일선 관료들의 이해도를 높일 수 있고 집행을 위한 모니터링 비용이 높지 않아 행정적 지속가능성을 확보할 수 있지만 포괄성을 달성할 수 없고, 반대로 사회적으로 유용한 활동을 포괄적으로 규정하거나 가능한 모든 활동 리스트를 제시할 경우 포괄성은 달성할 수 있으나 참여조건 충족 여부를 판단하기 어려워 제도에 대한 순응도가 낮아지고 집행을 위한 모니터링 비용이 지나치게 높아질 수 있다는 것이다. 결국 이러한 트릴레마는 행정 집행의 불안정성을 야기하고, 행정 집행의 불안정성은 참여소득에 대한 지지도를 낮춤으로써 정치적 실현 가능성을 확보하기 어렵다는 것이다.

그러나 행정 과정상의 문제들은 현재의 자산조사에 기반한 행정비용보다 크지 않으며, 비용효과성을 따지기보다 국가가 사회복지 전달체계 개선에 더 투자하게 함으로써 사회적으로 유용한 활동들을 장려하는 것이 더 좋은 대안이라는 반론도 제기되고 있다(Atkinson, 2015).

2) 참여소득의 한계와 실현가능한 참여소득

앞서 언급했듯이, 충분하고 완전한 기본소득의 실현의 과정에서 가장 크게 작용하는 장애는 재원의 문제도 있지만, 호혜성 이데올로기, 노동윤리에 대한 신성화가 더 클 수 있다. 참여소득은 기본소득이라 볼 수 없지만, 기본소득 실현과정에서의 이러한 장애를 넘어설 수 있는 대안으로 작용할 수 있을 것으로 판단된다. 현재 한국사회의 사회보장제도를 전제할 때, 기본소득 확대 전략과 참여소득이 결합된 두 가지 전략은 기본소득의 실현 가능성 차원에서 유용한 제안일 수 있다.

첫째, 기본소득의 보편성 확대 전략과 참여소득의 결합을 통한 기본소득 실현전략이다. 한국은 이미 아동수당과 기초연금을 시행하고 있기 때문에 기본소득 확대는 아동이나 노인을 대상으로 하는 범주형 생애주기 기본소득으로 볼 수 있는 아동수당과 기초연금을 현행 수준보다 확대하는 방향의 보편성 확대 전략에서 출발하는 것이 가장 현실적이라고 판단한다. 여기에 더하여 근로연령대의 경제활동 인구에 대해서는 참여소득을 지급한다. 참여소득의 실행을 위해서 가장 중요한 것은 사회적으로 유용한 활동을 규정하는 것이다(백승호·이승윤, 2020).

이 전략에서 사회적으로 유용한 활동은 앳킨슨(1996)과 같이 매우 포괄적으로 규정하거나, 노동연계복지에서와 같이 생산적 노동에만 국한하는 방식이 아니라, 페레스 문뇨(2018)가 제안한 방식을 준용하는 것이 적절하다. 즉, 한국사회에서 보편적으로 합의될 수 있는 '미충족 사회적 욕구'를 사회적 합의를 통해 사회적으로 유용한 활동으로 규정하는 것이다. 사회적 합의는 시민들이 참여하는 숙의공론화 과정을 통해 결정한다. 현재 한국사회의 사회적 맥락을 고려할 때 돌봄 참여소득이 합의 가능한 미충족 사회적 욕구일 수 있다. 돌봄 참여소득은 근로연령대의 남녀 모두에게 돌봄을 필요로 하는 아동이나 노인과 동거하거나 양육 또는 부양 여부만을 확인하여 지급한다.[1]

---

1   전업돌봄에 대해서만 돌봄 참여소득을 지급할 경우 여성들의 재가족화로 인한 돌봄의 젠더화가 심화될 가능성이 높기 때문에, 돌봄 참여소득은 동거양육 여부만으로 판정한다. 이 경우 돌봄참여소득의 지급수준은 최저임금수준을 기본으로 하는 안을 고려

둘째, 기본소득의 충분성 확대 전략과 참여소득의 결합을 통한 기본소득 실현전략이다. 이 전략은 기본소득의 보편성 확대 전략과 함께, 여기에 더하여 참여소득을 보장하는 것이다. 이 경우 사회적으로 유용한 활동은 좀 더 포괄적으로 설정할 필요가 있다. 예를 들면, 노동시장에서의 경제활동, 구직활동, 플랫폼 경제활동, 가사노동, 돌봄활동 등에 종사하는 경우 참여소득을 지급한다. 충분성 확대전략에서의 기본소득 출발점은 현재 기초연금 수준인 월 30만 원, 그리고 마지막으로 생계급여를 보장하는 의미로 중위소득의 30% 수준인 월 52만 원의 지급수준으로 지급보장의 예를 삼을 수 있다. 이 전략에서 사회적으로 유용한 활동의 수행 여부에 대한 판단은 정부뿐만 아니라 사회적 협동조합, 노조 등에 역할을 위임함으로써 이들이 지역사회 공동체를 활성화시킬 수 있도록 유인할 수 있을 것으로 기대된다. 이 경우 일관되지 않은 참여조건 적용의 문제가 발생할 가능성이 있으나(Wispelaere, J. D. & Stirton, L., 2007: 534; Stoker and Wilson, 1998; Meyers et al., 2001), 분권적 방식의 자율적 참여 조건 규정을 통해 시민사회의 자율성 확대와 자정능력을 기대해 볼 수 있을 것이다(백승호·이승윤, 2020).

3) 참여소득보장제 모형

본 장에서 제안하는 참여소득은 근로연령층의 1차적 소득안전망으로 기능하도록 설계한다. 참여소득보장제는 현재 논의되고 있는 고용보험 확대 방안에 두 가지 함의를 줄 수 있다. 먼저 근로연령대의 소득보장제도도 다층소득보장체제 설계를 할 수 있다는 것이다. 이미 노후소득보장제는 1차 소득보장제로 보편성 높은 기초연금이 있고, 소득비례형 사회보장제인 국민

해볼 수 있다.

<보론 표 1-1> 참여소득보장제의 급여수준 안

	참여소득 보장제의 월 급여수준	지급시 참고기준	연간 보장 수준
1안	30만원	기초연금 수준	360만원
2안	52만원	생계급여 수준	624만원

<보론 그림 1-1> 근로연령층의 1차 소득안전망[참여소득보장제]

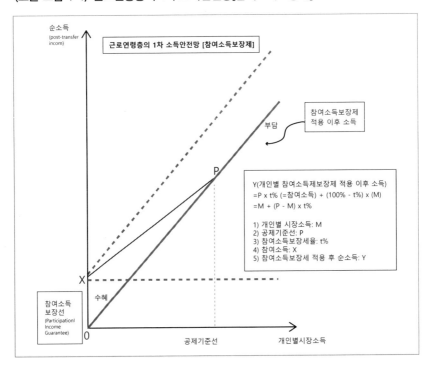

연금이 있다. 현재 2차 소득보장제인 고용보험을 소득보험 방식으로 전환될 필요가 있다. 그리고 참여소득보장제는 소득비례형 소득보장정책보다 훨씬 포괄적이면서 소득분배 효과를 기대할 수 있는 1차 안전망 기능을 할 수 있다.

참여소득보장제는 근로연령대의 모든 개인에게 참여소득수준을 보장하는, 기본소득보장(basic income guarantee)이면서 동시에 노동시장에서 근로활동을 하는 임금노동자에서부터 일감을 찾는 구직자, 플랫폼 노동자, 자영업자, 그리고 가격이 매겨지지 않는 돌봄노동자, 가사노동자 등, 인간의 모든 다중활동을 인정하고 이들에게 무조건적으로 참여소득을 보장하는 것이다. 참여소득보장제는 근로연령대의 모든 개인에게 지급되는 것이고 지급 수준은 2가지로 제안될 수 있다.

1인 생계급여 수준을 참여소득으로 제안한다. 2020년 현재 1인당 52만 원의 참여소득보장제 모형을 제시하면 〈보론 표 1-1〉과 같다.[2]

여기서 필자가 제안하는 참여소득보장제는 현재 논의되고 있는 고용보험 확대 방안에 두 가지 함의를 줄 수 있다. 먼저 근로연령대의 소득보장제도도 다층소득보장체제 설계를 할 수 있다는 것이다. 참여소득보장제는 소득비례형 소득보장정책보다 훨씬 포괄적이면서 소득분배 효과를 기대할 수 있는 일종의 보증소득제(income guarantee)로 1차 안전망 기능을 할 수 있다. 근로연령대의 모든 개인에게 앞서 설명한 '참여소득'을 보장하고, 부의 소득세 방식으로 참여소득세를 부과하는 것이다. 이때 기준공제선 이상의 소득자가 참여소득세를 부담한다. 참여소득보장제는 근로연령대의 모든 개인에게 참여소득수준을 보장하는, 기본소득보장(basic income guarantee)이면서 동시에 노동시장에서 근로활동을 하는 임금노동자에서부터

---

2 "솔루션 2050-04: 국민기본소득제: 2021년부터 재정적으로 실현 가능한 모델 제안" (LAB2050, 2019)은 국민기본소득제를 제안하며 전국민 대상으로 월 35만 원안과 월 45만 원 안으로 기본소득이 지급될 경우의 2021년, 2023년, 2028년의 소요재원을 측정했다. 소득보장 정책의 일부가 대체되는 모델로 시뮬레이션 분석을 실시했고, 이때 해당되는 복지정책으로는 기초연금과 아동수당, 국민기초생활보장법에 따라 지급되는 생계급여의 일부 혹은 전부, 일자리 유지를 위한 사업주 지원정책인 일자리안정자금, 구직지원정책인 청년내일채움공제, 국민취업지원제도, 두루누리지원사업이 대체되는 복지정책으로 고려했다(해당 보고서의 〈표 4-7〉 참고). 여기서는 앞서 설명한 이유에 따라 근로연령층 대상 복지정책에 집중하여 전환 확대될 수 있는 복지정책에 대해 살펴보았다.

일감을 찾는 구직자, 플랫폼 노동자, 자영업자, 그리고 가격이 매겨지지 않는 돌봄노동자 등, 인간의 모든 다중활동을 인정하고 이들의 소득이 무조건적으로 참여소득선 이하가 되지 않도록 보장하는 것이다. 동시에, 참여소득세가 부의 소득세 방식으로 부과되어 시장소득의 격차를 완화시키면서도 근로유인에 대한 영향을 줄이는 효과를 기대할 수 있다. 요약하자면, 개인별 참여소득제보장제 적용 이후 순소득은 참여소득에 [(공제기준선-시장소득)×참여소득세%]를 합한 것이다. 참여소득보장제가 개인들의 가처분소득 수준에 주는 변화를 정확하게 분석하기 위해서는 〈보론 그림 1-1〉과 같이 참여소득세와 함께 분석될 필요가 있다. 궁극적으로 참여소득보장제는 조세개혁과 함께 진행되어, 일차적으로 사회적 유용한 활동을 하는 모든 개인들이 '최소한의 소득을 보장'하고 이차적으로는 공유부의 분배 및 부의 재분배를 목적으로 하기 때문이다. 단, 서두에서 밝힌 연구의 목적에 따라 참여소득보장제를 소개하고, 이 제도가 도입 시 조정될 수 있는 현 복지제도를 분석하여 추가재정을 도출하는데 목적을 두기 때문에 조세개혁 논의는 본 연구의 다른 파트를 참고하기 바란다.

기존 사회복지정책의 조정과 재정

참여소득보장제가 도입된다고 할 때, 참여소득과 유사한 성격의 소득보전 급여는 참여소득으로 대체되는 것이 아니라 확대방식으로 전환되어 조정될 수 있으며, 아동수당과 비용보전 급여는 유지한다. 확대 방식으로 조정 가능한 사회복지정책은 국민취업지원제도(한국형 실업부조), 근로장려세제, 국민기초생활보장법의 생계급여와 양육수당이다.

<보론 표 1-2> 취업지원제도 지원대상

필요요건		구직의사·능력	연령	소득	재산	취업경험
취업지원서비스의 신청자격[제6조]		○	15~64세 (고용여건 등 고려, 별도로 정할 수 있음)	중위소득 100%↓ (청년층 소득수준은 별도로 정함)	×	×
구직촉진 수당 수급요건 [제7조]	요건 심사형 [제1항]	○	15~64세	중위소득 50%↓	3억 원 이내 범위. (청년의 경우 고시로 별도 규정)	최근 2년 이내 100일 또는 800시간 이상
	선발형 [제2항]	○	15~64세 (청년특례: 18~34세)	중위소득 50%↓ (청년특례: 120%↓)		×

자료: 고용노동부(2020)

1) 국민취업지원제도의 구직촉진수당

국민취업지원제도는 수급자의 기여와 관계없이 취업취약계층을 보호하기 위한 '실업부조'제도로서, 취업취약계층에 대해 생활안정을 지원하고, 조속히 취업할 수 있도록 정부가 종합적인 취업지원서비스를 제공하며 구직활동 의무이행 여부를 모니터링하는 제도로서, 기존 고용안전망 사각지대에 있는 저소득층, 청년, 경력단절여성 등 취업취약계층에 대한 추가적 안전망 역할을 담당할 것이다.[3] 정책의 기본방향은 취업취약계층 누구에게나 취업지원 서비스를 제공하며, 저소득층에게는 구직활동을 전제로 소득지

---

3 「구직자 취업촉진 및 생활안정지원에 관한 법률」 시행령(안) 및 시행규칙(안) 입법예고. 고용노동부. 2020. 8. 18.

원을 강화하는 것이다. 이에 맞춰 제도는 2가지 유형으로 구분되며, I유형 (저소득층)은 취업지원 서비스와 소득지원(구직 촉진수당)을 제공, II유형은 취업지원 서비스를 중심으로 지원한다.

정책의 지원대상은 〈보론 표 1-2〉와 같다. 구직촉진수당의 대상은 저소득 구직자, 18~34세의 청년층 중 가구의 소득수준이 일정 수준 이하인 사람으로, 소득수준에 대한 기준은 유형에 따라 차이가 있다. 요건심사형의 경우 만15~64세 구직자 중 취업 경험이 있고, 가구의 기준 중위소득 50% 이하이면서 고액의 자산가(3억 원)를 배제하며 최근 2년 이내 100일 또는 800시간 이상의 취업 사실이 있는 자를 대상으로 한다. 수급요건에 취업 경험을 부여함으로써, 수당 수급만을 목적으로 참여하는 것을 방지했다. 선발형의 경우 만 15~64세 구직자 중 가구의 소득이 기준 중위소득 50% 이하인 가구 고액의 자산가(3억 원)를 배제하나, 18~34세의 청년의 경우 청년특례의 적용을 받으며 중위소득 120% 이하에 대해서 예산범위 내 선발이 가능하도록 했다.

취업지원서비스의 대상은 '취업취약계층'으로서 구직의사·능력취업하지 못한 상태에 있는 사람 중, 연령 15~64세 이하이면서, 소득 월평균 총소득이 기준 중위소득 100% 이하인 가구에 속한 사람으로, 18세 이상 34세 이하인 사람(청년층)의 소득수준은 추후 별도로 규정될 예정이다.

'국민취업지원제도'의 지원내용은 앞서 살펴본 바와 같이 소득지원과 취업지원서비스로 양분된다. 우선 소득지원은 취업지원 서비스 참여 등 구직활동의무 이행을 전제로 최저생계 보장을 위한 구직촉진수당의 형태로 6개월간 50만 원, 총 300만 원이 지급될 예정이다. 50만 원으로 설정된 이유는, 「국민기초생활보장법」 상 생계급여 최저보장수준(1인 가구 51.2만 원) 과 유사하기 때문이다. 이 외에도 장기근속 유도를 위해 취업 후 근속기간에 따른 취업성공수당이 최대 150만 원 한도로 지급될 예정이며, II유형의

〈보론 표 1-3〉 취업지원서비스 제공방안

의지＼능력	능력 낮음	능력 높음
의지 낮음	① 복지지원＋직업훈련·일경험 연계	② 복지지원을 통한 취업장애요인 해소
의지 높음	③ 직업훈련 등 직업능력개발 연계	④ 취업알선을 통한 조기취업

주 1) ①·③: 지역·산업별 수요에 맞는 직업훈련과정 확대, 기업과 연계한 일경험 프로그램 제공
주 2) ①·②: 심리상담·집단상담을 통한 취업의욕 고취, 금융서비스, 육아 서비스 등 지원
주 3) ④: (취업능력 높은 경우) 온라인 서비스를 강화하여 구직기술향상 프로그램 및 구인정보 제공
자료: 고용노동부 (2020)

'취업지원서비스'에서 직업훈련 참여 등 구직활동을 수행할 경우 발생하는 비용의 일부도 지원한다(오은진 외, 2019).

둘째로, 취업지원서비스는 모든 취업취약계층[4]에게 개인별 취업활동 계획에 따라 직업훈련·일경험, 복지서비스 연계, 취업알선 등을 위해 제공 된다. 이는 상호의무원칙에 기반한 것으로, 국가는 소득지원과 취업에 필 요한 지원서비스 제공, 지원대상은 취업지원 서비스에 성실히 참여·취업 을 위해 노력하는 것을 전제한다. 이에 취업지원서비스의 대상이 된다면 진로상담 등을 기초로 취업활동계획을 수립하고, 수립된 계획에 따라 맞춤 형 취업지원 및 구직활동지원 프로그램을 제공받는다(직업훈련 및 일경험 프로그램, 복지·금융 지원 연계, 일자리 소개, 이력서 작성지원 등 포함). 취업 지원서비스의 대상은 근로능력과 구직의사가 있는 모든 취업취약계층으로

---

[4] 취업취약계층의 범위는 고용노동부장관이 고시한 취업지원프로그램의 참여대상
예) 취업성공패키지1: 기초생활수급자(조건부수급자, 보장시설수급자 등), 차차상위이 하 저소득층, 노숙인 등 비주택거주자, 북한이탈주민, 줄소(예정)자, 신용회복지원자, 결 혼이민자, 위기청소년, 여성가장, 국가유공자, 영세자영업자 및 특수형태근로종사자, 건 설일용직, 장애인, FTA피해실직자, 맞춤 특기병 등(고용보험법 시행령 제 26조).

명문화되어있고, 군인, 새터민, 한부모 가정 등은 소득·재산·연령 등이 지원요건에 해당되지 않더라도 지원이 가능하다(은민수, 2019). 개인별 취업활동계획의 수립에 따라 대상자는 네 가지 유형으로 분류되어 지원을 받게 되며, 구체적인 내용은 〈보론 표 1-3〉과 같다. 취업지원서비스 기간은 1년이며, 6개월 범위 내에서 연장이 가능하다.

9월 1일 고용노동부는 2021년 고용노동부 예산안 주요내용을 발표했다. 21년 고용노동부의 예산은 35조 4,808억 원이었으며, 전국민 고용안전망 구축, 디지털·신기술 인력양성, 고용유지 및 대상별 맞춤형 일자리 지원, 안전한 일터 조성 등을 중심으로 편성되었다. 이에 국민취업지원제도는 전국민 고용안전망 구축의 일환으로 예산안에 포함되었다. 보도자료에 따르면 국민취업지원제도는 2021년 1월부터 시행되며, 해당 예산으로 8천 286억 원이 배정되었다. 고용노동부는 고용안전망에서 벗어나 있는 저소득 근로빈곤층 및 청년 40만 명이 국민취업지원제도로 인한 혜택을 볼 것으로 예상했다.

한국형 실업부조에 해당되는 국민취업지원제도는 넓은 사각지대를 가지고 있는 고용보험을 보완해줄 수 있는 부조로 이미 오래전에 도입되었어야 할 근로연령층 대상의 1차 안전망이다. 하지만 앞서 설명한 노동시장의 변화로 실직과 취직의 경계, 비경제활동의 증가 현상에 대응하는데 한계가 크고, 무엇보다 돌봄과 가사노동과 같이 사회적으로 매우 유용하지만 노동으로 인정받지 못하였던 다양한 인간의 활동을 인정하는데 있어 한계가 크다. 본 장에서 제안하는 참여소득보장제의 1안과 2안은 모두 실업부조가 지원할 수 있는 최대지급액을 상회한다. 현금 급여 외에 국민취업지원제도에서 참여를 조건으로 현금 급여를 제공하지만, 참여소득보장제가 지급되면 국민취업지원제도에서 제공할 구인구직 서비스는 모두에게 보편적으로 제공하는 보편적 서비스로 유지 및 확장되어야 한다.

<보론 그림 1-2> 소득수준별 근로장려금

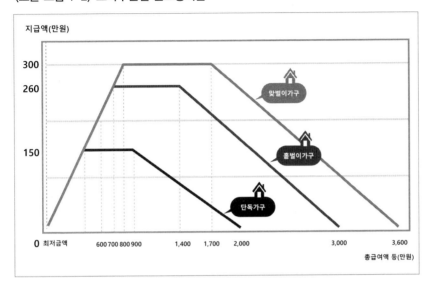

2) 근로장려세제

근로연계복지정책은 적극적 노동시장 정책과 취업유인정책으로 분류할 수 있다. 이중 근로장려세제는 취업유인정책의 성격을 지닌 제도이다(이상은 외, 2005). 근로장려세제는 근로의욕의 하락을 방지하기 위해 설계되었다. 이 제도는 근로인센티브를 강화하기 위해 세제방식으로 취업 및 근로시간 확대 시 순소득을 증가시키고 복지급여와의 차이를 크게 하는 것을 목적으로 한다.

근로장려세제는 기존의 사회보험과 기초생활보장제도로 구성된 사회안전망의 2중 구조에서 저소득 근로빈곤층을 포함한 3중 구조로의 확대를 이루었다. 근로장려세제는 차상위에 위치한 근로빈곤층의 노동공급 증가와 자발적 빈곤의 감소를 목표로 한다. 이를 위해 지원되는 근로장려금은 정부가 근로빈곤층에 일정비율을 지급해주는 제도로, 소득이 늘어날수록 지급액도 늘어난다는 점에서 '부의 소득세 제도'로 볼 수 있다(홍민철 외, 2016).

근로장려금의 개괄적인 설계를 그림으로 나타내면 〈보론 그림 1-2〉와 같다. 가구 구성원의 형태에 따라 구체적인 기준과 지급액은 달라지지만 세 가구 유형 모두, 근로소득이 증가함에 따라 지급액이 일정비율로 증가하여 가구소득이 빠르게 증가하는 '점증구간', 근로소득이 증가함에도 급여가 유지되는 '평탄구간', 근로소득이 일정기준을 초과할 경우 잠재적 한계세율이 적용되어 일정비율로 급여가 삭감되는 '체감구간'이 존재한다.

'점증구간'을 살펴보면 수급자의 순임금율이 상승하여 여가선택에 대한 기회비용을 증가시켜 노동공급이 늘어나는 대체효과와, 근로장려금으로 인한 소득의 상승으로 여가선택이 늘어나는 소득효과가 발생한다. 즉, 근로장려금은 소득효과로 인한 노동공급의 감소와 대체효과로 인한 노동공급의 증가를 동시에 유발하는 정책이다. '평탄구간'에서는 근로소득에 관계없이 최대급여액이 일정하게 지급되기 때문에 근로장려금 대상자는 순임금의 불변으로 대체효과가 나타나지 않게 된다. '체감구간'의 경우 근로소득이 증가할수록 근로장려금이 점차 감소하기 때문에, 대상자의 순임금율이 하락하는 것과 동일한 효과를 보인다. 이에 대상자는 노동공급을 줄이고 여가소비를 늘리려는 소득효과가 발생한다(홍민철 외, 2016).

근로장려세제의 지원대상은 크게 3가지 가구형태로 분류된다. 첫째는 단독가구로서 배우자, 부양자녀, 70세 이상 직계존속이 없는 가구를 의미한다. 둘째는 홑벌이 가구로 배우자의 총급여액 등이 3백만 원 미만이거나, 부양자녀 또는 70세 이상 직계존속이 있는 가구를 말한다. 셋째는 맞벌이 가구로 배우자의 총급여액 등이 3백만 원 이상인 가구를 의미한다.

구체적인 근로장려금의 신청자격은 첫째는 총소득 요건으로 연간 부부합산 총소득이 가구원 구성에 따라 정한 총소득기준 금액 미만이어야 한다. 총소득은 사업소득, 근로소득, 종교인소득, 기타소득, 이자, 배당, 연금

〈보론 표 1-4〉 근로장려금 총소득 기준

가구원 구성		단독가구	홀벌이 가구	맞벌이 가구
총소득기준금액	근로장려금	2,000만 원	3,000만 원	3,600만 원
	자녀장려금	–	4,000만 원	

자료: 국세청

〈보론 표 1-5〉 근로장려금 업종별 조정률

	업종구분	조정률
가	도매업	20%
나	소매업, 자동차·부품 판매업, 부동산매매업, 농·임·어업, 광업	30%
다	음식점업, 제조업, 건설업, 전기·가스·증기·수도사업	45%
라	숙박업, 운수업, 금융·보험업, 상품중개업, 출판·영상·방송통신·정보서비스업, 하수·폐기물처리·원료재생·환경복원업	60%
마	서비스업(부동산, 전문과학기술, 사업시설관리, 사업지원, 교육, 보건, 사회복지, 예술, 스포츠, 여가, 수리 및 기타 개인)	75%
바	부동산 임대업, 기타 임대업, 인적용역, 개인 가사서비스	90%

자료: 국세청

소득을 합한 금액으로 총소득기준금액은 아래 제시된 표를 따른다. 소득종류별 소득금액 계산 방법은 근로소득은 총급여액을 의미하며, 종교인소득은 총수입금액을, 기타소득은 총수입금액에서 필요경비를 제외한 금액, 이자·배당·연금소득은 총수입금액을, 사업소득은 총수입금액에서 업종별 조정률을 적용한 금액을 의미한다.

둘째 기준은 재산요건으로 2019년도 6월 1일 기준 가구원 모두가 소유하고 있는 재산합계액이 2억 원 미만을 기준으로 한다. 주택, 토지 및 건축물, 승용자동차, 전세금(임차보증금), 금융재산, 유가증권, 골프회원권, 부동산을 취득할 수 있는 권리 등의 합계액으로 부채는 차감하지 않는다(조세특례제한법 시행령 제100조의4 3항). 특례로 재산합계액이 1억 4천만 원 이

〈보론 표 1-6〉 가구원 구성에 따른 근로장려금 급여액

가구원 구성	총급여액 등	근로장려금 지급액
단독 가구	400만 원 미만	총급여액 등 × 400분의 150
	400만 원 이상 ~ 900만 원 미만	150만 원
	900만 원 이상 ~ 2천만 원 미만	150만원−(총급여액 등−900만원) ×1천100분의150
홀벌이 가구	700만 원 미만	총급여액 등 × 700분의 260
	700만 원 이상 ~ 1천400만 원 미만	260만 원
	1천400만 원 이상 ~ 3천만 원 미만	260만원−(총급여액등−1천400만원) ×1천600분의 260
맞벌이 가구	800만 원 미만	총급여액 등 ×800분의 300
	800만 원 이상 ~ 1천700만 원 미만	300만 원
	1천700만 원 이상 ~ 3천600만 원 미만	300만원−(총급여액 등−1천700만 원) ×1천900분의 300

자료: 국세청

상, 2억 원 미만인 자는 근로장려금, 자녀장려금 산정액의 50%만 지급한다.

셋째 기준은 신청제외자로 위 요건을 모든 충족하는 경우에도 다음의 조건에 해당하는 경우에는 근로장려금을 신청할 수 없다. 2019년 12월 31일 기준 대한민국 국적을 보유하지 아니한 자(대한민국 국적을 가진 자와 혼인한 자와 대한민국 국적의 부양자녀가 있는 자는 제외), 2019년 중 다른 거주자의 부양자녀인 자, 거주자(배우자 포함)가 전문직 사업을 영위하고 있는 자가 이에 해당된다.

근로장려금은 가구의 총급여액에 따라 차등적으로 급여를 지급한다. 총급여액에 관한 산식은 다음과 같다.

> 총급여액 등 = 근로소득의 총급여액 + (사업소득 총수입금액 × 업종별 조정률)
> + 종교인소득 총수입금액

〈보론 표 1-7〉 근로장려금 지급현황

(단위: 억원, 만가구)

	2016	2017	2018	2019
지급액	10,573	11,967	12,808	43,003
지원대상	143	165	169	388
증감율 (지급액, 전년대비)	0.1%	13.2%	7%	335.7%
증감율 (지원대상, 전년대비)	12.3%	15%	2.4%	229.6%

자료: 2019년도 조세지출예산서 분석(국회예산정책처)

위 식을 바탕으로 가구원 구성에 따른 총 급여액을 산정한 내용은 〈보론 표 1-6〉과 같다.

〈보론 표 1-6〉에서 알 수 있듯이 근로장려금의 상한금액은 단독가구의 경우 150만 원, 홑벌이 가구의 경우 260만 원, 맞벌이 가구의 경우 300만 원이다. 이 지급액은 참여소득보장제의 1안과 2안의 지급액으로 모두 상회될 수 있는 금액으로 대체가 가능하다. 근로장려세제는 차상위층의 노동공급 증가와 자발적 빈곤의 감소를 목표로 하는 소득보장정책이다. 소득이 늘어날수록 지급액도 늘어나 노동시장으로 유인하고 있다는 점에서 '부의 소득세 제도'로 볼 수 있다.

지난 4년간의 근로장려금 지급액은 〈보론 표 1-7〉과 같다. 2019년 근로장려금은 388.5만 가구에게 4.8조 원이 지급되어 전년대비 209만 가구, 3조 원이 증가하였다. 제도 확대 요인 분석결과 연령기준의 폐지가 수급자 가구수 증가에 가장 크게 기여한 것으로 보인다. 30세 미만에서 큰 폭으로 증가했다.[5]

---

5   2019 회계연도 총수입 결산 분석. 국회예산정책처. MABO브리핑. 2020. 08. 07

3) 공공부조(근로연령층 대상) 생계급여

국민기초생활보장법 제3조는 급여의 기본원칙에 대해 다루고 있다. 법률은 '이 법에 따른 급여는 수급자가 자신의 생활의 유지·향상을 위하여 그의 소득, 재산, 근로능력 등을 활용하여 최대한 노력하는 것을 전제로 이를 보충·발전시키는 것을 기본원칙으로 함'을 명시하고 있다. 특히, 국민기초생활보장법 제8조는 생계급여의 내용에 대해 다루고 있다. 법률에 따르면 생계급여는 수급자에게 의복, 음식물 및 연료비와 그밖에 일상생활에 기본적으로 필요한 금품을 지급하여 그 생계를 유지하게 하는 것을 목적으로 한다.

생계급여 수급권자는 부양의무자가 없거나, 부양의무자가 있어도 부양능력이 없거나 부양을 받을 수 없는 사람으로서 그 소득인정액이 "생계급여 선정기준" 이하인 사람이어야 한다. 또한 생계급여 최저보장수준은 생계급여와 소득인정액을 포함하여 생계급여 선정기준 이상이 되도록 하여야 한다. 생계급여액은 생계급여최저보장수준(대상자 선정기준)에서 가구의 소득인정액을 차감한 금액이다.

생계급여액 = 생계급여 최저보장수준(대상자 선정기준) – 소득인정액

이에 따른 2020년 생계급여 최저보장수준은 기준 중위소득의 30%에 해당하며, 세부 내용은 〈보론 표 1-8〉과 같다.

소득인정액은 소득평가액과 재산의 소득환산액을 합한 금액이다. 소득평가액과 재산의 소득환산액을 정하는 방식은 다음과 같다.

〈보론 표 1-8〉 2020년도 생계급여 최저보장수준 및 선정기준

(단위: 원)

구분＼가구규모	1인가구	2인가구	3인가구	4인가구	5인가구	6인가구	7인가구
생계급여수급자 (기준중위소득 30%)	527,158	897,594	1,161,173	1,424,752	1,688,331	1,951,910	2,216,915
의료급여수급자 (기준중위소득 40%)	702,878	1,196,792	1,548,231	1,899,670	2,251,108	2,602,547	2,955,886
주거급여수급자 (기준중위소득 45%)	790,737	1,346,391	1,741,760	2,137,128	2,532,497	2,927,866	3,325,372
교육급여수급자 (기준중위소득 50%)	878,597	1,495,990	1,935,289	2,374,587	2,813,886	3,253,184	3,694,858

※ 생계급여 수급자 선정기준 기준 중위소득 30%는 동시에 생계급여 지급기준에 해당
※ 8인 이상 가구의 급여별 선정기준 : 1인 증가시마다 7인가구 기준과 6인가구 기준의 차이를 7인 가구 기준에 더하여 산정
　- 8인가구 생계급여수급자 선정기준: 2,481,920원 = 2,216,915원(7인기준)+265,005원 (7인기준-6인기준)

자료: 보건복지부 (2020) 2020년 국민기초생활보장사업 안내

- 소득평가액 = 실제소득 - 가구특성별 지출비용 - 근로소득공제
- 재산의 소득환산액 = (일반·금융재산의 종류별가액 - 기본재산액 - 부채 + 자동차 재산가액) × 재산의 종류별 소득환산율

　　실제소득에는 근로소득, 사업소득, 재산소득, 사적이전소득, 부양비, 공적이전소득, 보장기관 확인소득이 포함된다. 재산의 종류에는 일반재산, 금융재산, 자동차 등이 포함된다. 기본재산액은 거주 지역에 따라 달라지는데, 생계급여의 경우 대도시(6,900만 원), 중소도시(4,200만 원), 농어촌(3,500만 원)로 책정된다. 소득환산율은 주거용 재산(월1.04%), 일반재산(월

<보론 표 1-9> 생계급여 예산추이

(단위: 억원)

	2016	2017	2018	2019	2020	2021(안)
예산액	32,728	36,702	37,216	37,617	43,379	46,079
지원대상	135만명	127만명	126만명	126만명	128만명	147만명
증감율(전년대비)	21.2%	12.1%	1.4%	1.1%	15.3%	6.2%

자료: 당해연도 보건복지부 예산안

<보론 그림 1-3> 생계급여 예산액 추이

(단위: 억원)

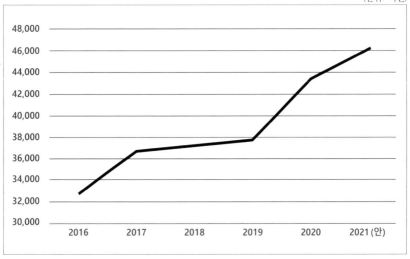

자료: 당해연도 보건복지부 예산안

4.17%), 금융재산(월 6.26%), 자동차(월100%)로 적용되어 계산된다.[6]

---

6   부양의무자의 범위는 수급권자의 1촌의 직계혈족 및 그 배우자로 하며, 부양의무자 유
     무, 부양능력, 실제부양여부에 따라 수급권이 결정된다. 부양의무자가 부양능력이 없을
     경우 수급자로 보장이 결정되며, 부양능력이 미약할 경우 부양비 부과를 조건으로 수급
     자로 보장, 부양능력이 있을 경우 수급자로 보장받을 수 없다. 실제소득과 재산의 종류에
     대한 세부적인 내용은 생계급여 산출방식과 동일하나, 기본재산액과 소득환산율에서 변
     동이 있다. 부양의무자기준 판단 시 기본재산액은 거주지역에 따라 대도시(22,800만 원),

국민기초생활보장법 제9조는 생계급여의 지급방식에 대해 다루고 있다. 법률에 따르면, 생계급여는 금전으로 매월 정기적으로 지급됨을 명시하고 있다. 생계급여는 수급자의 소득인정액에 따라 차등 지급되며, 보장기관은 대통령령으로 정하는 바에 따라 근로능력이 있는 수급자에게 자활에 필요한 사업에 참가할 것을 조건으로 하여 생계급여를 실시할 수 있다.

국민기초생활 보장법 시행령 제7조는 근로능력이 있는 수급자에 대해 다루고 있다. 법령에 따라 '18세 이상 64세 이하의 수급자로서 다음의 근로능력 없는 수급자에 해당하지 않는 사람'을 의미하며 이들은 생계급여의 '조건부수급자'가 된다. 이에 조건부수급자로 결정된 자에게는 자활지원계획에 따라 자활에 필요한 사업에 참가할 것을 조건으로 생계급여가 지급된다.

지난 5년간의 생계급여 예산추이와 2021년 예산안은 〈보론 표 1-9〉와 같다. 이는 각 해당연도 보건복지부의 예산안 보도자료를 종합한 결과이다.

참여소득보장제가 1안으로 30만 원 수준인 경우, 생계급여의 급여수준이 참여소득보장제보다 높기 때문에, 지급될 참여소득의 급여액에 따라 기존 제도가 확대되는 방식의 조정이 필요하다. 참여소득보장제가 2안으로 52만 원 수준으로 지급되는 경우, 생계급여비 동일 금액이므로 조건부 수급과 같이 생계급여 지급 조건이 모두 삭제되고, '사회적으로 유용한 활동'만 지급조건으로 남게 된다.

중소도시(13,600만 원), 농어촌(10,150만 원)로 소득환산율은: 주거용재산(월 1.04%), 일반재산, 금융재산, 자동차, 기타 산정되는 재산(월 2.08%)으로 계산된다.

4) 양육수당

영유아 보육법 제34조의 2에서 양육수당의 법률적 근거를 찾을 수 있다. 법률은 '국가와 지방자치단체는 어린이집이나 「유아교육법」 제2조에 따른 유치원을 이용하지 아니하는 영유아에 대하여 영유아의 연령을 고려하여 양육에 필요한 비용을 지원할 수 있음'을, '제1항에 따른 영유아가 제26조의2에 따른 시간제보육 서비스를 이용하는 경우에도 그 영유아에 대하여는 제1항에 따른 양육에 필요한 비용을 지원할 수 있음'을 명시하고 있다.

양육수당은 어린이집 및 유치원을 이용하지 않는 아동에 대한 부모의 양육비용 부담 경감을 통해 정부지원의 형평성 문제 해소 및 재가 아동의 건강한 성장발달 지원을 목적으로 한다. 양육수당의 지원대상은 대한민국 국적 및 유효한 주민번호를 보유한 만 0~5세(86개월 미만) 영유아이다. 이는 양육수당 신청을 기준으로 판단한다. 단 장애아보육료, 다문화 보육료 등은 해당 지원 요건을 충족한 자에 한한다. 어린이집 및 유치원을 이용하고 있는 아동으로 보육료 및 유아학비를 지원받고 있는 아동이나, 종일제 아이돌봄서비스, 교육부의 유치원은 아니지만 「유아교육법」, 「초·중등교육법」, 「장애인 등에 대한 특수교육법」 그 밖의 교육관계법령에 따른 학교로 유치원과 동일한 성격의 교과과정을 시행하고 있는 기관 등을 이용하고 있는 아동은 양육수당의 지원 자격을 얻지 못한다.

지원대상은 아동이지만, 아동은 주체적으로 복지급여를 신청할 수 없기에 양육수당제도는 신청인에 대해 부가적인 기준을 두고 있다. 양육수당의 신청권자는 아동의 보호자로서 친권자·후견인, 그밖에 영유아를 사실상 보호하고 있는 자에 한하며, 온라인신청은 영유아의 부모로 제한하고 있다. 양육수당의 지원금액은 월령별로 10~20만 원이며, 구체적인 내용은 〈보론 표 1-10〉과 같다.

〈보론 표 1-10〉 양육수당 지원금액

구분	지원금액		
	양육수당	농어촌 양육수당	장애아동양육수당
12개월 미만	월 200천 원	월 200천 원	월 200천 원
24개월 미만	월 150천 원	월 177천 원	
36개월 미만	월 100천 원	월 156천 원	
48개월 미만	월 100천 원	월 129천 원	월 100천 원
48개월 이상~86개월 미만	월 100천 원	월 100천 원	

자료: 보건복지부 「2020년도 보육사업안내 안내」

〈보론 표 1-11〉 양육수당 예산추이

(단위: 백만원)

	2016	2017	2018	2019	2020	2021
예산액	1,219,200	1,224,184	1,089,137	892,330	815,717	760,779
증감액	7,690	4,984	△135,047	△196,870	△76,613	△82,076
증감율 (전년대비)	0.6%	0.4%	△11%	△1.4%	△8.6%	△9.7%

자료: 당해연도 보육사업안내, 기획재정부(2020). '열린재정 – 세출/지출 세부사업 예산편성현황(총지출 및 추경 포함)

　　양육수당은 시·군·구가 양육수당을 지원하기로 결정한 날이 속한 달부터 아동의 초등학교 취학년도 2월까지 지급함을 원칙으로 한다(2020년도 보육사업안내, 보건복지부). 지난 5년간의 양육수당의 예산 추이는 〈보론 표 1-11〉과 같다. 이는 각 해당연도 보건복지부의 보육사업안내의 보육사업 예산안을 종합한 결과이다.

　　참여소득보장제는 특히 돌봄노동을 사회적으로 유용한 활동으로 인정하고 소득을 보장하는 제도이다. 여기서 제안하는 참여소득보장제의 1안과 2안의 지급액은 양육수당의 지급액을 모두 상회하고 아동의 연령층도 확대시킨다. 이에 따라 참여소득보장제는 양육수당을 단순히 대체하는 것이 아니라 기존 제도의 포괄성을 확장하고 지급액은 높이는 제도라고 간주할 수 있다.

참여소득보장제와 재정

본 연구에서 제안하는 참여소득보장제의 급여수준 1안 및 2안과 그에 따른 2021년 기준 재정소요 예산은 〈보론 표 1-12〉와 같다. 1안은 월 30만 원의 참여소득 보장안으로 2021년 19-64세 예상인구 약 3천 5백만 명에 대해 약 127조 원 수준의 재정이 소요될 것으로 예상된다. 2안은 2021년 기준 1인 가구 최저생계비 약 월 55만 원을 참여소득으로 보장하는 안으로 약 233조 원의 재정이 소요될 것으로 예상된다.

　　그러나 국민기초생활보장제도의 생계급여 등에 소요되는 재정을 차감할 경우 참여소득 보장제의 순비용은 더 낮아질 것으로 예상된다. 본 연구에서는 국민취업지원제도, 근로장려금, 생계급여, 양육수당을 참여소득으로 대체하는 것이 아닌 참여소득의 지급액에 따라 기존 제도를 확대방식으로 조정하는 모델을 구성한다. 참여소득 월 55만 원 지급시 소요예산은 약 233조 원에서 2021년 예산 기준 국민취업지원제도 8,286억 원, 근로장려금 4조 6,113억 원, 국민기초생활보장 생계급여 2조 9,812억 원,[7] 양육수당

7　2021년 중앙정부 생계급여 예산액은 4조 6,078억 원이었다. 참여소득은 19-64세 대상이므로, 생계급여 예산 중 노인에게 지급되는 부분은 생계급여 예산에 남아있어야 한다. 따라서 2020년 노인수급자 비율인 35.3%을 고려하여 2021년 생계급여 예산 중 노인수급자 비율인 35.3%를 제외한 예산액을 적용하였다. 그리고 이 예산액은 중앙정부 예산액이기 때문에, 지방정부 예산액을 고려하면 생계급여에서 더 많은 예산이 참여소득재원으로 사용될 것으로 예상된다.

<보론 표 1-12> 2021년 참여소득보장제의 급여수준 안과 연간소요액

(단위: 억원)

	급여수준	인구(19~64세)	총액(억원)
1안	월 30만 원	35,319,497명	1,271,502
2안	월 55만 원		2,331,087

7,608억 원을 제외하면, 참여소득 순비용은 약 224조로 예상된다. 참여소득 월 30만 원 지급 시 소요예산은 약 127조 원에서 2021년 예산 기준 국민취업지원제도 8,286억 원, 근로장려금 4조 6,113억 원, 양육수당 7,608억 원을 제외하면, 참여소득 순비용은 약 121조로 예상된다.

사회복지의 진화 방향

현재 한국 노동시장의 변화는 기존의 사회보장제도를 강화하는 것에 더하여 새로운 제도적 장치를 요구하고 있다. 자산조사에 기반한 공공부조성 현금급여의 강화로는 수급자들의 억압과 통제기제, 관료적 행정의 비효율성과 불합리성 문제를 해결하기 어렵다. 사회보험은 노동시장에서 정규직과 비정규직의 격차가 사회보험 급여에서도 그대로 전이되는 사회적 보호의 이중구조화 문제에서 자유롭지 못하며, 플랫폼노동 등 새롭게 등장하는 일의 형태를 포괄하기 어렵다. 그럼에도 불구하고 소득비례형 사회보험을 통한 중산층의 소득 욕구를 외면할 수 없기 때문에, 사회보험은 소득보험 방식으로의 전면적 개혁이 필요하다. 공공부조성 현금급여는 자산조사 조건을 폐지하되 사회적으로 유용한 활동만을 조건으로 하는 방식으로의 전면 개혁이 필요하다. 이러한 개혁이 없이 기존의 복지를 강화하자는 주장은 공허할 뿐이다.

〈보론 표 1-13〉 참여소득보장제와 기타 현금성 급여의 지급액 수준

	대상	지급액			소요예산 (2021년 기준)
참여소득 보장제	19-64세 – 사회적으로 유용한 활동 참여자	1안) 30만 원 (월)			1,271,502억 원
		2안) 55만 원 (월)			2,331,087억 원
국민취업 제도	15-64세 – 중위소득 50% 이하 ※청년특례(18-34세) – 중위소득 120%이하	6개월간 50만 원 (월)			8천 286억 원 (안)
근로 장려금	가구소득이 총소득기준 금액 아래인 가구 – 단독가구: 배우자, 부양자녀, 70세 이상 직계존속이 없는 가구 – 홑벌이 가구: 배우자의 총급여액 등이 3백만 원 미만이거나, 부양자녀 또는 70세 이상 직계존속이 있는 가구 – 맞벌이가구: 배우자의 총급여액 등이 3백만 원 이상인 가구	가구원 구성	총금여액	근로장려금 지급액	4조 6,113억 원
		단독 가구	400만 원 미만	총급여액 ×400분의 150	
			400만 원– 900만 원 미만	150만 원	
			900만 원– 200만 원 미만	150만 원 –(총급여액 –900만 원) ×1천100분의 150	
		홑벌이 가구	700만 원 미만	총급여액 ×700분의 260	
			700만 원– 1천 400만 원 미만	260만 원	
			1천 400만 원– 3천만 원 미만	260만 원 –(총급여액 –1천400만 원) ×1천 600분의 260	
		맞벌이 가구	800만 원 미만	총급여액 ×800분의 300	
			800만 원– 1천 700만 원	300만 원	
			1천 700만 원– 3천 600만 원 미만	300만 원 –(총급여액 –1천700만 원) ×1천900분의 400	

생계급여	부양의무자가 없거나, 부양의무자가 있어도 부양능력이 없거나 부양을 받을 수 없는 사람으로서 그 소득인정액이 "생계급여 선정기준" 이하인 사람	생계급여액 = 생계급여 최저보장수준(대상자 선정기준) - 소득인정액 - 생계급여 최저보장수준 소득인정액 = 소득평가액 + 재산의 소득환산액			2조 9,812억 원 (2021년 예산액 4조 6,078억 원 에서 2020년 노인수급자 비율인 35.3%를 제외한 금액임)

생계급여 최저보장수준 표:

가구규모	생계급여수급자 (기준중위소득 30%)
1인가구	527,158
2인가구	897,594
3인가구	1,161,173
4인가구	1,424,752
5인가구	1,688,331
6인가구	1,951,910
7인가구	2,216,915

양육수당 (- 만 0~5세 (86개월 미만) 영유아) / 예산: 7천 608억 원

구분	양육수당	농어촌 양육수당	장애아동 양육수당
12개월 미만	월 200천 원	월 200천 원	월 200천 원
24개월 미만	월 150천 원	월 177천 원	월 200천 원
36개월 미만	월 100천 원	월 156천 원	월 200천 원
48개월 미만	월 100천 원	월 129천 원	월 200천 원
48개월 이상 ~ 86개월 미만	월 100천 원	월 100천 원	월 100천 원

재정 조정 후 소요 예산

1안) 참여소득 월 30만 원 지급시: 약 127조 원에서 2021년 예산 기준 국민취업지원제도 8천 286억 원, 근로장려금 4조 6천 113억 원, 양육수당 7천 608억 원을 제외하면, 참여소득 순비용은 약 121조로 예상.

2안) 참여소득 월 55만 원 지급시: 약 233조 원에서 2021년 예산 기준 국민취업지원제도 8천 286억 원, 근로장려금 4조 6천 113억 원, 국민기초생활보장 생계급여 2조 9천812억 원, 양육수당 7천 608억 원을 제외하면, 참여소득 순비용은 약 224조로 예상.

지금까지 공유부 배당 기본소득을 실현하기 위한 다양한 단계적 전략들이 논의되어 왔다. 가장 대표적인 것이 보편성 확대전략, 무조건성 확대전략, 충분성 확대전략이다(김교성·백승호·서정희·이승윤, 2018). 보편성 확대전략은 아동, 노인, 청년 등 연령 제한적 인구학적 범주에서부터 기본소득을 실현하여 점차 전체 인구로 확대하는 전략이다.

무조건성 확대전략은 참여조건 제한(참여소득)에서 시작하여 무조건성을 없애는 방향으로의 기본소득 실현전략이다. 충분성 확대전략은 낮은 수준의 기본소득에서 시작하여 기본소득의 수준을 상향 조정하는 방식으로의 기본소득 실현전략이다. 한시적 시민소득, 생애선택기본소득은 생애주기를 한정하는 기본소득에서 출발한다는 점에서 보편성 확대전략이라 할 수 있고, 시간제한 조건에서부터 출발한다는 점에서 무조건성 확대전략이라고도 볼 수 있다. 이러한 다양한 전략들에 대한 논의는 공유부 배당이라는 권리 실현의 정의를 한 층 더 추가하여 미래사회의 새로운 복지국가를 완성하기 위한 과정에서 매우 중요한 함의를 가질 수 있다.

기본소득의 단계적 확대전략과 참여소득보장제 전략의 혼합을 통해 1차적 사회안전망을 완성하고, 소득보험으로 사회보험을 전환함으로써 2차적 소득안전망이 완성되면 한국 복지국가는 한 단계 전진할 수 있을 것으로 기대된다. 이에 따라 본 연구에서는 국민취업지원제도, 근로장려금, 생계급여, 양육수당을 참여소득의 지급액에 따라 확대하는 방식으로 전환하는 모델을 구성한다. 참여소득 월 55만 원 지급 시 소요예산은 약 233조 원이며, 2021년 예산 기준 국민취업지원제도 8,286억 원, 근로장려금 4조 6,113억 원, 국민기초생활보장 생계급여 2조 9,812억 원,[8] 양육수당 7,608억

---

8   2021년 중앙정부 생계급여 예산액은 4조 6078억 원이었다. 참여소득은 19-64세 대상이
    므로, 생계급여 예산 중 노인에게 지급되는 부분은 생계급여 예산에 남아있어야 한다.
    따라서 2020년 노인수급자 비율인 35.3%을 고려하여 2021년 생계급여 예산 중 노인수

원을 제외하면, 참여소득 순비용은 약 224조로 예상된다. 참여소득 월 30만 원 지급 시 소요예산은 약 127조 원에서 2021년 예산 기준 국민취업지원제도 8,286억 원, 근로장려금 4조 6,113억 원, 양육수당 7,608억 원을 제외하면, 참여소득 순비용은 약 121조로 예상된다.

소요 예산 차원에서 참여소득 지급을 기본소득 지급과 등치로 본다면 월 55만 원을 지급 시 기존 사회복지비에서 절감하는 예산 규모는 총 9조 1,819억 원이며, 월 30만 원 지급시 총 6조 2007억 원이 된다. 이 부분만큼이 참여소득을 지급할 때 사회복지제도에서 충당할 수 있는 재원규모라고 볼 수 있다. 여기에 기초연금 등을 포함시킨다면 확보 가능한 재원 규모는 훨씬 커질 것이다.

한편, 자본주의 역사 속에서 생산구조와 경영기법에 새로운 동학이 작동하고 노동시장의 모습이 변화할 때, 이전까지 작동하던 복지국가 프로그램은 새로운 자본주의의 모습들과의 그 부정합이 커지는 경향을 보여 왔다. 현재 디지털 자본주의에서는 기존의 전통적 사회보장체제가 작동하던 시기와 전혀 다른 조건들이 구성되어 있기 때문에, 제도적 부정합은 강화되고 있다. 우리는 디지털 자본주의에서 자본축적과 가치창출의 방식, 변화하는 노동의 모습과 불안정성의 확대, 그리고 산업자본주의 시대와 다른 양상으로 확대되는 불평등에 대해 새로운 패러다임에 기반한 진화된 복지국가를 상상할 수 있어야 한다.

급자 비율인 35.3%를 제외한 예산액을 적용하였다. 그리고 이 예산액은 중앙정부 예산액이기 때문에, 지방정부 예산액을 고려하면 생계급여에서 더 많은 예산이 참여소득재원으로 사용될 것으로 예상된다.

● 참고문헌 ●

강남훈(2011). "한국에서 기본소득 정책과 기초생활보장 정책의 재분배효과 비교", 「마르크스주의 연구」, 8(3): 76~98.

강남훈(2013). "생태기본소득의 가구별소득 재분배 효과", 「사회이론」, 43.

강남훈(2016). "인공지능과 기본소득의 권리", 「마르크스주의 연구」, 13(4): 12-34.

강남훈(2017). "한국형 기본소득 모델의 가구별 소득재분배 효과", 한국사회경제학회 겨울학술대회 발표문.

강남훈(2018). "경기기본소득 의의와 기본소득위원회", 새로운경기위원회, 정책세미나 자료.

강남훈(2019a). 「기본소득의 경제학」, 서울: 박종철출판사.

강남훈(2019b). "근로소득세 공제 없애고 기본소득을 지급할 때의 재분배 효과 – 근로소득 천분위 자료 분석", 「사회경제평론」, 32(1): 1-27.

강남훈(2020a). "부동산 투기를 막는 토지배당", 기본소득한국네트워크 쟁점토론회 발제문.

강남훈(2020b). "경제정책으로서 기본소득", 유영성 외, 「모두의 경제적 자유를 위한 기본소득」, 제8장. 서울: 다할미디어.

강남훈(2020c). "시민소득세 시민배당", 기본소득한국네크워크 쟁점토론회 발제문.

곽노완(2017). "노동에 대한 보상적 정의와 기본소득의 정의 개념", 「서강인문논총」.

곽노완(2017). "사회주의와 기본소득 – 로머의 사회배당 및 하워드의 기본소득 개념의 재구성", 「마르크스주의 연구」, 14(3): 122-143.

곽노완(2017). "토지기본소득의 사회정의론과 재건축초과이익의 공유", 인문사회과학연구, 18(3): 203-226.

곽노완(2020). "경기도 기본소득 재원 확충방안", 유영성 외, 「모두의 경제적 자유를 위한 기본소득」, 서울: 다할미디어.

권혁진·신우진(2010). "조세지출의 이전지출로의 전환효과: 가족복지를 위한 소득세제의 인적공제를 중심으로", 「사회보장연구」, 26(4): 325-355.

금민(2017). "기본소득과 생태적 전환", 「시대」, 52: 20-41.

금민(2020). 「모두의 몫을 모두에게」, 서울: 동아시아출판사.

김교성·백승호·서정희·이승윤(2018). 「기본소득이 온다. 분배에 대한 새로운 상상」, 사회평론아카데미.

김근주·정영훈(2018). "플랫폼 노동의 고용보험 적용에 관한 법적 검토", 「노동리뷰」, 40-52.

김낙년(2019). "우리나라 개인 자산 분포의 추정", 「경제사학」, 43(3): 437-482.

김우철(2014). "조세지출의 추계와 재분배효과 분석", 「재정정책논집」, 16(2): 67-101.

김유선(2020). "코로나 위기와 6월 고용동향", 「KLSI ISSUE PAPER」.

김윤상 외(2018). 「헨리 조지와 지대개혁」, 경북대학교 출판부.

김윤상(2009). 「지공주의: 새로운 토지 패러다임」, 경북대학교 출판부.

김윤상(2018). 「토지공개념, 행복한 세상의 기초. 지공주의의 이론과 실천」, 한티재.

김은경 (2019). "디지털세(Digital Tax)의 현황 및 쟁점", 경기연구원.

김익(2009). "Special Issue – 전과정평가를 이용한 탄소발자국 계산", *Global Green Growth Policy*, 제6호.

김태일(2020). "기본소득의 한국적 적용을 위한 생애선택 기본소득", Lab2050.

김태일·박종수(2010). "근로소득 조세지출의 수직적 형평성 분석", 「정부학연구」, 16(3): 115-141.

김홍균(2014). "기후변화에 대한 대응: 탄소세의 도입과 설계", 「환경법과 정책」, 12: 117-144.

남기업·이진수 (2020). "부동산이 소득 불평등에 미치는 영향에 관한 연구", 「토지+자유 리포트」, vol. 18.

남기업·전강수·강남훈·이진수(2017). "부동산과 불평등 그리고 국토보유세", 「사회경제평론」, 54: 107~140.

목광수(2020). "빅데이터의 소유권과 분배 정의론 – 기본소득을 중심으로–", 「철학·사상·문화」, No. 33.

민동기(2009). "수질배출부과금 제도 개선방안 연구", 「자원·환경경제연구」, 18(4).

박은정(2018a). "특수형태근로종사자와 노동법적 보호", 「노동리뷰」, 31-42.

박은정(2018b). "특수형태근로종사자의 보호", 「산업관계연구」, 28(3): 47-80.

박지혜·이정민(2018). "근로장려세제가 노동시장 참여에 미치는 효과", 한국노동경제
학회, 41(3): 1–59.

박찬임(2016). "하도급 산업재해 감소의 가능성과 조건", 「노동리뷰」, 3–4.

백승호(2010). "기본소득 모델들의 소득재분배 효과 비교분석", 「사회복지연구」, 41(3) :
185–212.

백승호(2020). "긴급재난지원금이 남긴 기본소득 논쟁의 쟁점과 과제", 「복지동향」,
통권 제261호. 참여연대.

백승호·이승윤(2019). "기본소득기반 복지국가 재설계", 정의정책 연구소.

백승호·이승윤(2020). "사회보장개혁＋기본소득과 참여소득을 통한 한국복지국가의
혁신", IDEA2050_033호.

서익진(2019). "경제학(자)은 왜 화폐의 본성과 그 발행 시스템에 대해 말하지 않는가? –
화폐 공공성 개혁과 기본소득을 위하여–", 사회경제학회.

서정희·백승호(2017). "제4차 산업혁명 시대의 사회보장 개혁: 플랫폼 노동에서의 사용
종속관계와 기본소득", 「법과사회」. 56: 113–152.

석재은(2020). "생애선택기본소득제의 제안", 한국사회정책학회.

신광영(2013). 「한국사회 불평등연구」, 후마니타스.

안현효(2019). "통화정책을 통한 기본소득의 가능성: 헬리콥터 머니", 「마르크스주의
연구」, 16(3).

여유진·김미곤·김수정·박종현·백승호·이상호·이승윤·정준호·주은선·김성아·조한
나(2017). "한국형 복지모형 구축–복지환경의 변화와 대안적 복지제도 연구",
한국보건사회연구원.

오은진·정성미·노우리·길현종(2019). "한국형 실업부조 도입에 따른 여성 고용서비스
발전연구", 한국여성정책연구원.

오지윤·조덕상·이유진·한정민(2019). "국유재산 관리체계 효율화 방안 연구", 한국개
발연구원.

유승경(2019), "현대화폐이론의 실제적 함의", 「시대」, 72호.

유승경(2020), "주권화폐론이 제기되는 이유", 「시대」, 75호.

유영성·강현철(2020). "기본소득과 사회적 경제", 유영성 외, 『모두의 경제적 자유를 위
한 기본소득』, 서울: 다할미디어, pp. 236–268.

유영성·금민·김재신(2020). "기본소득 재원으로서 탄소세 도입 검토", 경기연구원.

유영성·금민·마주영(2020). "기본소득 재원으로서 빅데이터세 도입 검토", 경기연구원.

유영성·마주영(2020). "경기도 적정 기본소득액 추정", 유영성 외, 『모두의 경제적 자유를 위한 기본소득』, 서울: 다할미디어, 458-481.

유영성·천우정(2020). "기본소득 재원조달의 다각화 방안", 유영성 외, 『모두의 경제적 자유를 위한 기본소득』, 서울: 다할미디어, 622-633.

유종성(2018). "기본소득의 재정적 실현 가능성과 재분배효과에 대한 고찰", 『한국사회정책』 25 (3): 3-35.

유종성(2020a). "생애맞춤형 전국민 기본소득제의 필요성과 실현방안." 복지국가연구회 편, 『촛불 이후 한국 복지국가를 묻는다』, 한울.

유종성(2020b). "왜 보편적 기본소득이 필요한가? 기본소득을 중심으로 하는 사회 보장 개혁의 방향", 『동향과 전망』, 110: 60-113.

유종성·전병유·신광영·이도훈·최성수(2020). "증거기반 정책연구를 위한 행정자료의 활용", 『한국사회정책』 27(1): 5-37.

윤상호·정승연·오경수(2019). "4차 산업혁명이 지방세제에 미치는 영향에 관한 연구", 한국지방세연구원.

은민수(2019). "한국형 실업부조, 국민취업지원제도의 개요, 한계, 대안", 한국형 실업부조 국민취업지원제도 평가와 개선방향 모색을 위한 토론회 발제문.

이건민(2018). "기본소득의 소득재분배 효과: 테크니컬 노트", 정치경제연구소 대안.

이건민(2019). "The Effects of Basic Income on Labour Supply", 『사회보장연구』, 34(1): 193-218.

이노우에 도모히로(2019). "거품경제라도 괜찮아", 강남훈 외 번역, 다돌책방.

이노우에 도모히로(2020). "기본소득의 경제학", 송주명 외 역, 진인진.

이다혜(2019). "미국 노동법상 디지털 플랫폼 종사자의 근로자성 판단-2018년 캘리포니아 대법원 Dynamex 판결을 중심으로-", 『노동법학』, 72.

이명현(2010). "시민권과 기본소득: 호혜성 원리 중심의 고찰", 『사회보장연구』, 26(4): 433-457.

이상은·홍경준·손병돈·이정남(2005). "근로빈곤층에 대한 지원제도 및 급여수준 국제비교", 보건복지부.

이선화(2017). "조세기능에 기초한 부동산 보유과세 개편 연구", 한국지방세연구원.

이소영(2011). "기후변화 대응을 위한 탄소라벨링과 WTO규범에 의한 규율가능성", 『국제법학회논총』, 56(4): 167-193.

이승계(2018). "노동의 디지털화와 근로자의 지위 변화에 관한 연구", 『경영법률』, 28(3).

181-215: 433-457.

이원재 외(2019). "국민기본소득제: 2021년부터 재정적으로 실현 가능한 모델 제안", LAB2050.

이원재·윤형중·이상민·이승주(2019). "국민기본소득제: 2021년부터 재정적으로 실현 가능한 모델 제안", LAB2050.

이정훈, 신기동, 한지혜, 조진현(2019). "젠트리피케이션 대안 – 지역자산의 공유재화", 경기연구원.

이항우(2014). "정동 경제의 가치 논리와 빅데이터 폴리네이션", 「경제와 사회」, 104: 142-172.

이항우(2017). "정동 자본주의와 자유노동의 보상: 독점 지대, 4차 산업 그리고 보편적 기본소득", 서울: 한울아카데미.

임소영(2013). "주택용 전기요금의 현황과 개편 방향", 「재정포럼」 3: 8-26.

임주영·박기백·김우철(2014). "소득세 감면제도의 재분배효과 –SCV 지수 활용–", 세무와회계저널.

장원재 외(2010), "개인 승용차 이용에 대한 탄소배출권제도 도입방안", 한국교통연구원.

전강수·강남훈(2017). "기본소득과 국토보유세", 『역사비평』, 2017년 가을호(통권 제120호).

전강수·남기업·강남훈·이진수(2018). "국토보유세, 부동산 불평등 해결의 열쇠" 김윤상 외, 「헨리 조지와 지대개혁」, 경북대학교 출판부.

전강수·남기업·강남훈·이진수(2018). "부동산과 불평등 그리고 국토보유세", 「사회경제평론」, 제54호.

정원호·이상준·강남훈(2016). "4차 산업혁명 시대 기본소득이 노동시장에 미치는 효과 연구", 한국직업능력개발원.

조남경(2017). "기본소득 전략의 빈곤 비판: 호혜성, 노동윤리, 그리고 통제와 권리", 「사회보장연구」, 33(3): 253-269.

조만석 외(2017). "지하수의 효율적 관리재원 확보를 위한 지하수이용부담금 실효성 제고방안", 국토정책연구원.

조향숙(2017). "OECD 7개 국가의 CO2 배출량 감소요인 분해 분석", 「자원. 환경경제 연구」, 26(1): 1~35.

조혜경(2019), "스위스 탄소세 생태배당 모델, 성공적 환경정책의 모범사례로 부상하다", 정치경제연구소 대안.

주은선(2013). "한국의 대안적 소득보장제도 모색: 현행의 복지국가 프로그램과 한시적 시민수당의 결합에 대한 시론", 『비판사회정책』. 38: 83-126.

최승문(2018). "부동산 보유세 현황과 쟁점", 한국조세재정연구원.

최태훈·염명배(2017). "기본소득제가 소득불평등 해소에 미치는 효과 분석: 최저소득 보장제와 비교를 중심으로", 『재정정책논집』, 19(4): 95~120.

하비·데이비드(2014). "반란의 도시. 도시에 대한 권리에서 점령운동까지", 한상연 역, 서울: 에이도스.

한국리서치 컨소시엄 (2020).『2020년 경기도 도정정책 공론화조사 「기본소득 도입과 재원마련 방안」결과보고서(안)』, 2020. 12.

한찬욱(2015). 『문명의 행로』, 공감북스.

허찬국·박기백(2018). "인구구조의 변화가 과세베이스에 미치는 영향", 한국조세재정 연구원.

홍민철·문상호·이명석(2016). "근로장려세제 효과 분석", 『정책분석평가학회보』, 26(2): 1-27.

홍익희(2012). 『미국 중앙은행은 왜 민간은행인가?』, 홍익인간.

황기돈(2017). "디지털화와 노동정책", 『경상논총』, 35(3): 37~56.

환경부(2020). 『온실가스 배출권거래제 3차 계획기간 배출권 할당 완료』, 보도자료. 2020. 12. 24. https://www.me.go.kr/home/web/board/read.do?menuId= 286&boardMasterId=1&boardCategoryId=39&boardId=1420620

Adema, W., P. Fron & M. Ladaique.(2014). "How Much Do OECD Countries Spend on Social Protection and How Redistributive Are Their Tax/Benefit Systems?" *International Social Security Review* 67(1): 1-25.

Akerlof, Georg et al.(2019). "Econimists' Statement on Carbon Dividends", published in the *Wall Street Journal*.

Alt, James, Ian Prston and Luke Sibieta(2010). "The Political Economy of Tax Policy", In Institute for Fiscal Studies, *Dimensions of Tax Design: The Mirrlees Review*, Oxford University Press, pp. 1204-1270.

Amy C. Christian(1992). "Designing a Carbon Tax: The Introduction of the Carbon-Burned Tax", In UCLA *Journal of Environmental Law and Policy,* 10(2), pp. 221-280.

Andrade, Julio(2019). "Funding a UBI by Digital Royalties", In Torry, Malcolm (ed.), *The Palgrave International Handbook of Basic Income*, London: Palgrave Macmillan, pp. 185~190.

Arntz, M., T. Gregory and U. Zierahn(2016). "The Risk of Automation for Jobs in OECD Countries: A Comparative Analysis", *OECD Social, Employment and Migration Working Papers,* No. 189. pp. 1~35, Paris: OECD Publishing.

Arrieta Ibarra, Imanol and Goff, Leonard and Jiménez Hernández, Diego and Lanier, Jaron and Weyl, Eric Glen(2017). Should We Treat Data as Labor? Moving Beyond 'Free', *American Economic Association Papers & Proceedings*, Vol. 1, No. 1, Forthcoming.

Asen, Elke(2019). "*Carbon Taxes in Europe*", Tax Foundation.

Atkinson, A. B.(1996). "The Case for Participation Income", *The Political Quarterly*, vol. 67(1), 67–70.

Atkinson, A. B.(2015). "*Inequality: What can be done?*", Harvard University Press.

Atkinson, Anthony(1995). "*Public Economics in Action, The Basic Income/Flat Tax Proposal*", Oxford University Press.

Autor, D. and D. Dorn(2013), "The Growth of Low–Skill Service Jobs and the Polarization of the US Labor Market*, American Economic Review* 103(5), pp. 1553–1597.

Autor, D. H., F. Levy and R. J. Murnane(2003). "The Skill Content of Recent Technological Change: An Empirical Exploration", *The Quarterly Journal of Economics*, 118 (4). pp. 1279–1333.

BAFU(2020). "*Rückverteilung der CO2–Abgabe an die Wirtschaft*", Bundesamt für Umwelt.

Bakhshi, H., Bravo–Biosca, A. and Mateos–Garcia, J.(2014). "*Inside the Datavores: Estimating the Effect of Data and Online Analytics on Firm Performance*", Nesta.

Barba, Aldo and Giancarlo de Vivo(2012). "An 'Unproductive Labour' View of Finance", *Cambridge Journal of Economics*, vol. 36, no. 6, pp. 1479–1496.

Barcelona Digital City(2016). "*City Data Commons*".

Barnes, Peter(2008). "*Kapitalismus 3.0: Ein Leitfaden zur Wiederaneignung der Gemeinschaftsgüter*", Hamburg: VSA–Verlag.

Bell, Stephanie(2001). "The role of the State and the Hierarchy of Money", *Cambridge Journal of Economics*, 25(3).

BIEN(2016). "*The report from the General Assembly*", by Toru Yamamori, Oct 11, News.

Bowles, J.(2014). "*The computerisation of European jobs–who will win and who will lose from the impact of new technology onto old areas of employment?*", Bruegel blog.

Boyce, James K. (2019). *The Case for Carbom Dividends*, Medford: Polity.

Bria, Francesca(2018). "A New Deal for Data", In McDonell, John(ed.), *Economy for the Many*, London; Verso.

Brynjolfsson, E. and A. McAfee(2012b). "Thriving in the Automated Economy", *The Futurist*, March–April 2012, 27–31.

Brynjolfsson, E. and A. McAfee(2016). "*The second machine age: work, progress, and prosperity in a time of brilliant technologies*", Paperback, New York and London: W. W. Norton & Company.

Brynjolfsson, E., L. M. Hitt and H.H. Kim(2011), "*Strength in Numbers: How Does Data–Driven Decisionmaking Affect Firm Performance?*".

Brynjolfsson, Erik and Mcafee, Andrew(2012a). "Jobs, Productivity and the Great Decoupling", *The New York Times*, Dec 12.

Brynjolfsson, Erik and Mcafee, Andrew(2013). "The Great Decoupling", *New Perspectives Quarterly*, January, Vol. 30(1), pp. 61~63.

Bundesministerium fur Verkehr und Digitale Infrastruktur(2017). "*Eigentumsordnung für für Mobilitätsdaten*".

Carrascal, Juan Pablo and Christopher Riederer, Vijay Erramilli, Mauro Cherubini, Rodrigo de Oliveira(2015). "*Your browsing behavior for a Big Mac: Economics of Personal Information Online*".

Cohen, Mark A. and Michael Vandenbergh(2012). "The Potential Role of Carbon Labeling in a Green Economy", In Resources for *the Future Discussion*, Paper No. 12–09.

Cole, George Douglas Howard(1935). *"Principles of Economic Planning"*, London: Macmillan.

Cole, George Douglas Howard(1944). *"Money: Its Present and Future"*, London, Toronto, Melbourne, Sydney: Cassell.

Coppola, Francis, *"The Case For People's Quantitative Easing"*, 유승경 역, 미소 들, 2019.

Creutz, Helmut(2002). "Vollgeld und Grundeinkommen", *Zeitschrift für Sozialökonomie,* 133. pp. 14–19.

Crocker, G.(2015). "Keynes, Piketty and Basic Income", *Basic Income Studies,* 10(1), pp. 91–113.

Crocker, Geoff. *"Basic Income and Sovereign Money"*, Palgrave, 유승경 번역. 2020.

Cummine, Angela L.(2011). "Overcoming Dividend Skepticism: Why the World's Sovereign Wealth Funds Are Not Paying Basic Income Dividends", *Basic income studies*, Vol. 6(1), pp. 1–18.

Daum, Timo(2017). *"Das Kapital sind wir: zur Kritik der digitalen Ökonomie"*, Hamburg: Nautilus.

Daum, Timo(2019). "Die künstliche Intelligenz als vorerst letzte Maschine des digitalten Kapitals", Butollo, Florian and Sabine Nuss(ed.), *Marx und die Roboter. Vernetzte Produktion, Künstliche Intelligenz und lebendige Arbeit,* Berlin: Dietz Verlag, pp. 311~326.

Delaney, Kevin J.(2017). "The robot that takes your job should pay taxes, says Bill Gates", *Quartz*, February 18.

Delvaux, Mady(2016). *"Draft Report"*, European Parliament with recommendations to the Commission on Civil Law Rules on Robotics.

Drexl, Josef(2016). *"Designing Competitive Markets for Industrial Data – Between Propertisation and Access"*(October 31, 2016). Max Planck Institute for Innovation & Competition, Research Paper No. 16–13.

Duch–Brown, Nestor, Martens, Bertin and Frank Mueller–Langer(2017). *"The economics of ownership, access and trade in digital data"*, JRC Digital Economy Working Paper 2017–01.

Dyson Ben; Hodgson, Graham: Jackson, Andrew(2015). *"Would a sovereign money systrem be flexible enough?"*, Positive Moeny.

Dyson Ben; Hodgson, Graham: Jackson, Andrew(2016) *"Svereign Money"*, Positive Moeny.

Ekardt, Felix(2010). *"Soziale Gerechtigkeit in der Klimapolitik, Hans–Böckler–Stiftung"*, Staat und Zivilgesellschaft, No. 249.

Eriksson, Ralf and Jan Otto Andersson(2010). *"Elements of Ecological Economics"*, London: Routledge.

European Commision(2018). *"Time to establish a modern, fair and efficient taxation standard for the digital economy"*, Brussels(21. 3. 2018), COM(2018) 146 final.

European Union(2016). "General Data Protection Regulation", *Official Journal of the European Union*, L 119, Vol. 59(4. May).

Flomenhoft, G.(2012). "Total Economic Rents of Australia as a Source for Basic Income", in R. Pereira(ed.), *Financing Basic Income Guarantee,* Palgrave.

Flomenhoft, Gary(2012). "Applying the Alaska model in a Resource–Poor State: The Example of Vermont" In Karl Widerquist and Michael W. Howard, *Exporting the Alaska Model, Adapting the Permanent Fund Dividend for Reform around the World*, Palgrave Macmillan, 85–107.

Ford, M. and J. Cumming(2015). *"Rise of the Robots: Technology and the Threat of a Jobless Future"*, New York: Basic Books.

Frank, R. H.(2014). *"Let's Try a Basic Income and Public Work"*, Resoponse essay, Cato Unbound, August 11.

Frey, Carl B. and Michael A. Osborne(2013). *"The future of employment: how susceptible are jobs to computerisation?"*, Oxford Martin School, Programme on the Impacts of Future Technology, Reprint: Technological Forecasting and Social Change 114, 2017, pp. 254~280.

Fried, Stephie, Novan, Kevin, Peterman, William B.(2018). "The distributional effects of a carbon tax on current and future generations". In *Review of Economic Dynamics*, Volume 30, October 2018, pp. 30–46.

Garfinkel, Irwin, Chien–Chung Huang, and Wendy Naidich(2003). "The Effects of

Basic Income Guarantee on Poverty and Income Distribution". In: *Redesigning Distribution*, Chapter 8, pp.117~141.

Gentilini, Ugo, Margaret Grosh, Jamele Rigolini, and Ruslan Yemtsov eds.(2020). *"Exploring Universal Basic Income: A Guide to Navigating Concepts, Evidence, and Practices"*, Washington, DC: The World Bank.

Goos, Maarten, Manning Alan, and Anna Salomons(2014). "Explaining job polarization: routine biased technological change and offshoring", *American Economic Review*, 104(8). pp.2509~2526.

Government of Canada(2021), *"How carbon pricing works"*. https://www.canada.ca/en/environment-climate-change/services/climate-change/pricing-pollution-how-it-will-work/putting-price-on-carbon-pollution.html

Graetz. Georg and Guy Michaels(2015). *"Robots at Work"*, IZA Discussion Paper No 8938.

Gray, M. and D'souza, D.(2019). *"Brown is the new green – Will South Korea's commitment to coal power undermine its low carbon strategy?"*. London: Carbon Tracker Initiative: https://carbontracker.org/reports/south-korea-coal-power/

Graziani(1990). *"The Theory of the Monetary Circuit"*, Économies et Sociétés 7.

Gregory, T., A. Salomons and U. Zierahn(2015). *"Technological Change and Regional Labor Market Disparities in Europe"*, Mannheim: Centre for European Economic Research.

Hardt, Michael and Antonio Negri(2000). *"Empire"*, Harvard: Harvard University Press.

Harper, Christina K.(2007). "Climate change and tax policy". In *Boston College International and Comparative Law Review*, Vol. 30(2), pp.411–460.

Haskel, Jonathan and Stian Westlake(2017). *"Capitalism without Capital – The Rise of the Intangible Economy"*, Princeton and Oxford: Princeton University Press.

Huber, Joseph and Robertson, James(2000). *"Creating New Money"*, New Economics Foundation.

Huber, Joseph(1998). *"Vollgeld: Beschäftigung, Grundsicherung und weniger*

Staatsquote durch eine modernisierte Geldordnung", Duncker & Humblot.

Innes, Mitchel(1913), "What is Money?", *The Banking Law Journal*.

Kampa, Alex(2016). "*The credit conversion theory of Money*", Godel Press.

Keynes, J.M. "*A Treatise on Money*", 신태환, 이석륜 역, 비봉출판사(1992).

Knapp Georg Friedrich(1924). "*The State Theory of Money*," Clifton, NY: Augustus M. Kelley.

Korpi, Walter and Joakim Palme(1998). "The Paradox of Redistribution and Strategies of Equality: Welfare State Institutions, Inequality and Poverty in the Western Countries", *American Sociological Review* 63(5), pp.661–687.

KPMG(2020). "*Taxation of the digitalized economy: Developments summary*", 8. September.

Lanier, J.(2013). "*Who owns the future?*" London: Penguin Books.

Lavoie, M.(2013). "The monetary and fiscal nexus of neo–chartalism: A friendly critique", *Journal of Economic Issues*, 47(1). 2013.

Locke, John(1988b[1689]). "*Second Treatise*", edited by Peter Laslett, Two Treatises of Government, Cambridge: Cambridge University Press.

Mabel, E. and Dennis Milner(1918[2004]). "Scheme for a State Bonus". In Cunliffe, John and Guido Erreygers(Eds.), The Origins of Universal Grants. *An Anthology of Historical Writings on Basic Capital and Basic Income*, New York: Palgrave Macmillan, pp.121–133.

Macfarlane, Laurie and Ryan–Collins, Josh and Bjerg, Ole and Nielsen, Rasmus and McCann, Duncan(2017). "*Making Money From Making Money, Seigniorage in the Modern Economy*", New Economics Foundation.

Mankiw, N. Gregory(2019). "Yang vs. Warren: Who Has the Better Tax Plan?" *The New York Times*.

Marcolin, L., S. Miroudot and M. Squicciarini(2016). "Routine jobs, employment and technological innovation in global value chains", *OECD Science, Technology and Industry* Working Papers, 2016/01, OECD Publishing, Paris.

Martin, Felix(2013). "*Money*", 돈, 한상연 역, 문학동네.

McLeay, Thomas & Radia(2014), "*Money creation in the modern economy*", Quarterly Bulletin England of Bank.

Meade, James(1989). "*Agathotopia: The Economics of Partnership*", London: Pergamon and Abreden University Press.

Meade, James E.(1993[1964]). "Efficiency, Equality and the Ownership of Property", Reprinted in James Meade, *Liberty, Equality and Efficiency*, Basingstoke: Palgrave.

Meyers, Marcia K., Norma M. Riccucci, and Irene Lurie.(2001). "Achieving Goal Congruence in Complex Environments: The Case of Welfare Reform." *Journal of Public Administration Research and Theory* 11(2): 165–201.

Mirlees, J., et al.(2011). "*Tax by Design: The Mirlees Review*", Oxford University Press.

Mokyr, Joel, Chris Vickers and Nicolas L. Ziebarth(2015). "The History of Technological Anxiety and the Future of Economic Growth: Is This Time Different?", *Journal of economic perspectives*, 29(3), pp.31–50.

Naito, Atsushi(2019). "*Money, Credit and the Sate*", Post Keynesian Credit Theory and Chartalism.

Nevejans, Nathalie(2016). "*European Civil Law Rules in Robotics*", Directorate–General for Internal Policies(Policy Department C: Citizens' Rights and Constitutional Affairs), European Parliament.

Niall Ferguson(2008). "*The Ascent of Money*", 금융의 지배, 민음사.

Oates, W.(1988), "On the Nature and Measurement of Fiscal Illusion: A Survey", In G. Brennan et al., eds., *Taxation and Fiscal Federalism: Essays in Honour of Russell Mathews*, Australian National University Press, pp.65–82.

Paine, Thomas(1969[1796]). "*Agrarian Justice*", The Complete Writings of Thomas Paine, New York: Citadel Press, Vol. 1, pp. 605–624.

Pavlina Tcherneva(2016). "*Money, Power, and Monetary Regimes*", Levy Economics Institute, Working Paper No. 861.

Perez-Munoz, C.(2018). "Participation income and the provision of socially valuable activities", *The Political Quarterly*, 89(2), 268–272.

Rankin K.(2016). "*Basic Income as Public Equity: The New Zealand Case*". In Mays J., Marston G., Tomlinson J.(eds), Basic Income in Australia and New Zealand. Exploring the Basic Income Guarantee. New York: Palgrave

Macmillan, pp. 29–51.

Rankin, Keith(2019). "*Public equity, basic income and democracy: A case of political arithmetic*". Brisbane: Social Alternatives, 2019, Vol. 38 (2), pp. 28–38.

Richard Vague(2019), "*A Brief History of Doom, Two Hundred Years of Financial Crises*", University of Pennsylvania Press.

Richard Vague(2019). "*Toward a New Theory of Money and Debt*", Richard Vague, Gabriel Investments.

Roemer, John E.(1994). "*A Future for Socialism*", Cambridge, MA: Harvard University Press.

Rothstein, Bo(1998). "*Just Institutions Matter: The Moral and Political Logic of the Universal Welfare State*", Cambridge: Cambridge University Press.

Rothstein, Jesse(2010), "Is the EITC as Good as an NIT? Conditional Cash Transfers and Tax Incidence", In *American Economic Journal*: Economic Policy, Vol. 2, No. 1, February 2010. pp. 177–208.

Rushkoff, D.(2016). "*Throwing rocks at the Google bus*", New York: Portfolio.

Ryan, Calo(2014). "*The Case for a Federal Robotics Commission*", Center for Technology Innovation at Brookings.

Ryan, Calo(2015). "Robotics and the Lessons of Cyberlaw", *California Law Review*, Vol. 513, No. 3, pp. 513–563.

Ryan–Collins, Josh & Greenham, Tony & Werner, Richard & Jackson, Andrew (2011). "*Where Does Money Come From?*", A guide to the UK monetary and banking system. p. 37.

Ryan–Collins, Josh(2012). "*Where Does Money Come From?*", The New Economics Foundation.

Saez, Emmanuel and Gabriel Zucman(2019). "*The triumph of injustice: how the rich dodge taxes and how to make them pay*", New York, NY: W.W. Norton & Company.

Schachtschneider, Ulrich(2014). "*Freiheit, Gleichheit, Gelassenheit: Mit dem Ökologischen Grundeinkommen aus der Wachstumsfalle*", München: Oekom.

Schwartmann, Rolf and Christian Henner Hentsch(2015). "Eigentum an Daten – Das Urheberrecht als Pate für ein Datenverwertungsrecht", In *Recht der Datenverarbeitung(RDV)*, 5/2015, 221ff.

Schwartz, P. M.(2004). "Property, Privacy, and Personal Data", *Harvard Law Review*, 117, pp. 2056–2128.

Sigurjonsson, Forosti(2015). "*Monetary Reform: a Better Monetary System for Iceland*", commissioned by the Prime Minister of Iceland.

Simon, Herbert A.(2000). "A Basic Income for All". *Boston Review*, 1 October.

Smith Adam, "*The Wealth of Nations*", 최임환 역, 국부론 1. Olje Classics, 1776.

Srnicek, Nick(2017). "*Platform Capitalism*", Cambridge: Polity Books.

Stoker, Robert P., and Laura A. Wilson(1998). "Verifying Compliance: Social Regulation and Welfare Reform", *Public Administration Review* 58(5): 395–405.

The Economist(2017). "*Data is giving rise to a new economy: How is it shaping up?*".

Tobin, James(1963). "Commercial banks as creators of money", In: D. Carson and D. Irwin, eds. *Banking and monetary studies*, edited by D. Carson, for the Comptroller of the Currency.

Torry, Malcolm(2016). "*The Feasibility of Citizen's Income*", London: Palgrave Macmillan.

Torry, Malcolm(2016). "*The Feasibility of Citizen's Income*", New York: Palgrave Macmillan.

Tymoigne, Eric(2017). "*On the Centrality of Redemption: Liking the State and Credit Theories of Money Through a Financial Approach to Money*", Working Paper No. 890, Levy Economic Institute.

Van Parijs, Philippe(1995). "*Real Freedom for All. What (if anything) can justify capitalism?*", Oxford: Oxford University Press.

Van Parijs, Ph. & Vanderborght, Y.(2017). "*Basic Income*", Harvard.

Varoufakis, Yanis(2016). "*The Universal Right to Capital Income*", Project Syndicate.

Walsh, Steven and Zarlenga, Stephen(2012). "*AMI's Evaluation of "Modern Monetary Theory*".

Wary, L. Randall(2012). *"Introduction to an Alternative History of Money"*, Levy Economics Institute, Working Paper No. 717.

Widerquist, K. and M. Howard(2012). *"Alaska's Permanent Fund Dividend. Examining Its Suitability as a Model"*, eds., New York: Palgrave Macmillan US.

Widerquist, K.(2012). *"Citizens' Capital Accounts: A Proposal"*, in K. Widerquist & M. W. Howard(ed.).

Widerquist, Karl(2017). *"The Cost of Basic Income: Back-ofthe-Envelope Calculations"*, bepress.

Wispelaere, J. D., and Stirton, L.(2007). "The public administration case against participation income". *Social Service Review*, 81(3), 523–549.

Wispelaere, J. D., & Stirton, L.(2018). "The case against participation income-political, not merely administrative". *The Political Quarterly*, 89(2), 262–267.

Wray, L. Randal(2005). *"Modern Money Theory"*, 홍기빈 역, 「균형재정론은 틀렸다」, 책담.

Yang, Andrew.(2018). *"The War on Normal People: The Truth About America's Disappearing Jobs and Why Universal Basic Income Is Our Future"*. New York, NY: Hachette Books.

Zelleke, A.(2018). "Work, Leisure, and Care: A Gender Perspective on the Participation Income", *The Political Quarterly*, 89(2), 273–279.

Zuboff, Shoshana(2019). *"The Age of Surveillance Capitalism: The Fight for a Human Future at the New Frontier of Power"*, New York: Public Affairs.

경기도청(2020). 「경기 데이터배당 실행계획」.

경실련(2020). 「문재인 정부 이후 땅값 상승액 추정」.

고용노동부(2019). 「국민취업지원제도」.

고용노동부(2020). 「구직자 취업촉진 및 생활안정지원에 관한 법률」.

관계부처합동(2020). 「한국판 뉴딜 종합계획」.

국가재정정보원(2020). 「2020 주요 재정통계」.

국세청. 「국세통계연보」, 각 연도.

국회예산정책처(2016). 「대한민국 재정 2016」.

국회예산정책처(2020). 「2019회계연도 총수입 결산 분석」.

국회예산정책처(2020). 「2020 대한민국 재정」.

국회예산정책처(2020). 「2020 대한민국조세」.

국회예산정책처, 「조세의 이해와 쟁점」, 각 연도.

기획재정부(2019). 「2019회계연도 결산개요(통계편)」.

기획재정부(2020). 「2021년도 부담금운용종합계획서」.

대한민국국회(2019). 「2019. 10월 국회예산결산위원회 수석전문위원 검토보고(부처별 I)」.

대한민국국회(2020). 「2020. 11월 국회예산결산위원회 수석전문위원 검토보고(부처별 I)」.

대한민국정부(2019). 「2020년도 예산」.

대한민국정부(2020). 「2021년도 조세지출예산서」.

대한민국정부(2020a). 「2021년 기금운용계획안 개요」.

대한민국정부(2020b). 「2021년도 예산안」.

대한민국정부(2020c). 「2021년도 예산안 첨부서류」.

대한민국정부(2020d). 「2019회계년도 국가결산보고서 첨부(별책) 중앙관서별 결산보
        고서」.

법제처(2020). 「재건축초과이익 환수에 관한 법률」.

보건복지부(2020). 「국민기초생활보장사업안내」.

보건복지부. 「보육사업안내」, 각 연도.

온실가스종합정보센터(2019). 「2019년 국가 온실가스 인벤토리 보고서」; e-나라지표,
        「국가 온실가스 배출현황」.

통계청(2020). 「장래인구추계」.

한국데이터산업진흥원(2020). 「데이터 거래 및 가격책정 절차 안내서」.

한국은행. 「우리나라의 국민계정체계」, 2015.

행정안전부. 「지방세통계연감」, 각 연도.

환경부 (2018). 「공공부문 온실가스 에너지 목표관리 운영 등에 관한 지침」 해설서.

"[경제와 세상] 국민에 '기본자본'도 나눠 주자", 경향신문, 2017.03.15.

"2017년 온실가스 배출량 7억 9백만 톤, 전년 대비 2.4% 증가", 환경부, 2019. 10. 17.

"국민취업지원제도, 국정과제로 추진… 총선과 무관", 고용노동부, 2019.06.05.

"기본소득 도입 찬성 여론, 토론과 숙의 거쳤더니 1.6배 상승", 뉴스캅, 2020.10.17.

"차기 대통령 임기 내 GDP 10% 기본소득 실시하자. [기본소득 시대를 향해] ①-下 세
        금 개혁, 재정지출 개혁이 필요", 프레시안, 2020.6.18

IMF(2014). "*How Much Carbon Pricing is in Countries' Own Interests? The Critical Role of Co–Benefits*", IMF WP/14/174.

IMF(2019). "*How to Mitigate Climate Change*", Fiscal Monitor.

ISO(2004). "*Life cycle assessment – Best practice of ISO 14040 series*", Eco-product Research.

ISO(2006). "*ISO 14040: Environmental management –Life cycle assessment – Principles and Framework*".

OECD(2014). "*Data–driven Innovation for Growth and Well–being*", Interim Synthesis Report.

OECD(2015). "*Government at a Glance 2015*".

OECD(2015). "*The Labour Share in G20 Economies*", Report prepared for the G20 Employment Working Group, 26–27 February 2015.

OECD(2019). "*Taxing Energy Use 2019: Figure 3.7, Explicit carbon taxes do not cover all energy–related emissions*", Oct. 15, 2019.

World Economic Forum (2016). "*The Future of Jobs: Employment, Skills and Workforce Strategy for the Fourth Industrial Revolution*", Global Challenge Insight Report.

World Bank(2017), "*Report Of the High–Level Commission on Carbon Prices*".

World Bank(2019). "*Carbon Pricing Dashboard*".

● 표차례 ●

● 그림차례 ●